U0645025

历史学就像雅努斯，
它有两副面孔，
既面向过去，
也面向未来。

历史学的真相

张耕华 著

THE TRUTH OF HISTORY

人民东方出版传媒
東方出版社

图书在版编目（CIP）数据

历史学的真相 / 张耕华 著 . — 北京：东方出版社，2020.6
ISBN 978-7-5207-1499-0

Ⅰ. ①历… Ⅱ . ①张… Ⅲ . ①史学—研究 Ⅳ . ① K0

中国版本图书馆 CIP 数据核字（2020）第 054868 号

历史学的真相
（LISHIXUE DE ZHENXIANG）

作　　者： 张耕华
责任编辑： 李　森
责任审校： 孟昭勤　谷铁波
出　　版： 东方出版社
发　　行： 人民东方出版传媒有限公司
地　　址： 北京市东城区朝阳门内大街 166 号
邮　　编： 100010
印　　刷： 北京联兴盛业印刷股份有限公司
版　　次： 2020 年 6 月第 1 版
印　　次： 2024 年 1 月第 3 次印刷
开　　本： 660 毫米 ×960 毫米　1/16
印　　张： 25
字　　数： 370 千字
书　　号： ISBN 978-7-5207-1499-0
定　　价： 69.00 元
发行电话：（010）85924663　85924644　85924641

序言　历史与理论　/ 何兆武

当代实践的历史学家们往往习惯于“低头拉车”而不习惯于“抬头看路”。（这里借用的是一个“文革”中的术语。）这里的前提假设仿佛是说：结论是早已经摆好在那里的了，自己的工作只不过是为它再填充一些材料作为例证而已。你能填充一份例证，就算是作出了一分成绩，你能补充两份例证，就算是作出了两分成绩。至于结论则是早就铁案如山摆好了在那里的。历史学家的任务，无非就是为它再一次地补充上一份例证而已。正有如诸葛大丞相在“空城计”中的名言：“国家事用不着尔等劳心。”这种为学的态度乃是经学的态度，《圣经》里面每提到一桩事件时，往往总是要强调“这就应了经上的话”云云。原来真理早在经上就都有了，人们所见证的事实无非是为经上的真理再一次地提供一个例证而已。自来经学家的神圣职责无非就在于代圣贤立言、弘扬经义，而绝不可以对经义本身加以反思乃至“拷问”。然而真正的科学或哲学则恰是要对历来的经义不断地加以反思、质疑和“拷问”。实验、数据、资料和思想理论，双方永远是相互作用并互相促进的。

如果学术的目的是在于追求真理，而不仅是要弘扬经义，代圣贤立言，那么学者就不应该单纯局限于找材料来充实自己的观点，而应该同时不断地反思并批判自己所据以立论的根据。这里的“批判”一词是用在它 18 世纪的原来意义上，即学者必须在自己的思想上经历一番逻辑的洗练或自我批评，借以检验自己立论的可实证性（或可证伪性），而不是用在它现代化了的那种贬义上，如所谓的“一棍子打死，叫他永世不得翻身”之类的那种贬义上。任何学术思想，凡是不经过一番批判的洗礼的，都只能是一种经学的信仰，而不可能是一种科学的论证。

传统的历史学是通过一套伦理道德的教诲所传承下来的，即所谓“善善，恶恶，贤贤，贱不肖”，那目的并不在于通过知识去寻求真理，而是以事例进行说教，引导人们更好地去实践某种伦理价值（如忠君、爱国）。一直要到20世纪之初，史学界才开始自觉地开展一场史学革命，即所谓“新史学”的出现。新史学的登场对于传统的经学说教，确实是有一番摧陷廓清之功，使人们的思想认识焕然一新，不再局守在陈腐的说教束缚之下。到了五四时期，新的历史学已经从传统的政治伦理说教之下解放出来，获得了自己的独立地位。学术有其自己的尊严和价值，它不再单纯是神学说教的女仆，为某种流俗的利益而服务。但是五四运动在其理论方面也不免有其局限。当时的学术思想界大抵是在西方19世纪实证主义思潮的大气候之下进行的，而以历史学尤甚。当时大多数代表新潮流的历史学家大都认同这样一个基本事实，即历史学并不是（或者基本上并不是）一门实证的科学，所谓历史事实本身大抵上也往往并不是可以实证的。尽管它并不排摒有其实证的一方面，但从根本上却决不可把它限定在实证的范围以内。五四的功绩在此，五四的缺点也在此。它力图把历史学拉到朴素的事实的层面上来，但事实本身却并不构成其为历史学。历史本身在很多情况下并不是实证的，历史学也并非一门实证的科学，尽管它并不排斥自己有其实证的一方面，然而归根到底，它在其本性上并不就是一门实证的科学，也不可能把自己限定在实证的范围之内。证件或史料本身是不会说话的，说话的乃是掌握了这些材料的人。

自然科学的研究是以自然世界为其对象，自然世界本身是纯客观的，研究者设定它是没有思想、意志或感情的，所以并不考虑其间有任何的人文动机。然而历史学所研究的对象恰恰是人文世界，它彻头彻尾贯穿着人们的思想、意志和感情，否则就无所谓历史了。故而历史的研究方式就不可能简单地等同于对自然世界的研究方式，尽管它也要利用自然科学的某些操作方式，如对某些古物的成分与年代的鉴定，对某些社会现象的数量化模型，等等。人们总是习惯说：事实就证明了什么什么。但是事实本身仅仅是事实，它并不能进行论证，进行证明的乃是使用这些材料进行论证的人。即任何人都是为自己的思想和价值观所制约着的，因此就没有通常意义上那种所谓的客观。即使是人人都有目共睹的，也并不是就意味着客观。例如，彩虹是人人有目共睹的，但它并没有客观存在。自然现象尚且如此，人文现象就更加微妙得多了。历史就其是自然世界的一部分因而不可能不是与自然世界的必然律相一致的这一方面而言，它是不会脱离或者是违反自然世界的，故而也要服从自然界的必然规律。但是人文世界则是人的创造，而不是（或不单纯是）自然的创作，或者借用一位哲学家的话来说：历史乃是自由人所创造的自由的事业。因而它就是人为的而非自然的。或者，我们不妨使用一种形象的说法：历史的轨迹是在这样一个坐标系上在运行的；这个坐标系的两个轴，一个代表着物质世界的必然，另一个则代表着人文精神的自由创造。因此，历史本身运动的轨迹就具有两重性，它是受这两者共同制约的结果；或者也可以把它比作一个平行四边形的对角线，它的走向乃是这一平行四边形两邻边的合力。所以历史学的研究，一方面是要探讨历史行程之必然的、不以人的精神作用为转移的必然规律；但同时另一方面就要探讨历史行程之中那些非必然的人文动机的作用。因而，不但历史本身有其两重性，历史学本身也有其两重性。于是，这里就是一阕两个两重性的两重奏。未能够明确地理解这一点，正是导致以往大多历史学家在对历史和历史学的认识上未达一间的原因。自然科学研究的对象是无思想意识的自然界（有人认为原子也有自由意志，另当别论），所以它不以人的意愿为转移；历史学研究的对象则正恰是人文动机在其中起着主要作用的历史，人文世界本身乃是人文动机在起作用的产物。在历史学的研究中，无论是研究的客体抑或是研究的主体，都彻头彻尾地在贯穿着人的意志和愿望。既然人的主体性始终贯彻于其间，所以它就始终是受着人的意志的影响的。在这种意义上——而不仅仅是在“事在人为”

的意义上——它同时也就是以人的意志为转移的。

任何学术总是材料与理论二者双方相辅相成共同结合而促进的。理论不可能毫无事实的根据，对事实的理解也必然促进理论不断深入。双方都不可能在原点上停滞不动。我们今天的认识应该已经远远超过了一个世纪或半个世纪之前我们的那些前辈了。当然，我们也还是站在他们肩上才超越了他们的。过去长期以来，我国史学界习惯于旧实证主义的思维方式和探讨方式，往往满足于把自己浸沉在成堆的史料和现成给定的思想体系之中，而从不萦心于自己所由以出发的思想的前提假设的条件及其局限性（或者说，它那有效性范围的界限）。这种盲目往往会导致人们钻之愈深则失之愈远。史家在自己对待历史世界的态度上，也必须既是入乎其内而又出乎其外；亦即既要入乎其内深入探索史实的真相，同时又能出乎其外随时反思并批判自己是如何理解历史世界的，亦即它的有效性的范围和程度究竟如何。正如一位航海家在大海之中是要时时刻刻调整着自己的方向的，而并非罗盘一旦定了向，就一劳永逸可以永远地勇往直前了。一项史实是一旦如此就永远如此的，但是我们对它的认识却是永远在不断深入和永远不断在改变着的，从而我们对它的解读（也就是我们的思想）也是不断在改变和更新的。没有丰富的资料发掘作为依据，我们对历史的理念就会是空洞的；而没有深刻的自我反思，我们对历史的理解就会是盲目的、武断的。这一点对于许多传统的实践历史学家来说似乎是一件言之匪艰、行之惟艰的事。一种学术风尚一旦形成了一种舆论的气候，虽有豪杰之士往往也难以从其中脱身，更谈不到要力挽狂澜了。不过对这一点也不必过于消极。一方面，一个时代的大潮固然是个人难以抗拒的；但是另一方面却也要看到事在人为。历史毕竟是人创造的，历史学是历史学家所创造的。颜习斋不是就说过吗："学者勿以转移之权委以气数（即，不以人的意志为转移），一人行之为学术，众人从之为风俗。"理性不是不可以战胜盲从的，批判不是不可以战胜信仰的。这就又回到了上述的两重论：历史创造人，人也在创造历史。历史学家就是在这样一阕两个两重奏之中不断前进的。

随着改革开放的大潮，人文科学近年来也呈现出某些前所未有的新气象和新思路。史学思想和理论正在经历着一番更深层次的新的反思，尤其是有一批中青年的专业历史学家正在从事于历史理论与历史学理论更深层次的探讨。人们常常要问：人生有什么意义？史家也往往要问：历史有什么意义？如果有意义的话，那意义也不是客观世界先天给定的，而是要待到人们探索之后才给定的。这便是通常所谓的历史哲学。凡是未能对此作出答案的，可以说都未能上升到哲学的高度。对历史本身作出答案的，可以说是历史哲学中的形而上学；对历史学本身作出答案的，就可以说是历史哲学中的认识论。以中国悠久的历史学中的优良传统与现代科学的思想方法和操作方法相结合，我们可以期待着我国历史学研究出现新的局面。不先批判地认识历史学本身的性质，又怎么可能认识历史呢？

华东师大张耕华先生最近以他多年钻研的心得撰成《历史哲学引论》一书[①]，深入探讨了历史和历史学的本性及其认识论的问题。承耕华先生不弃，于书成之后赐寄一份给我，使我先睹为快。我深恐未能很好地体会作者的原意，爰拉杂写出自己读后的随感如上，以就教于耕华先生和对这个问题有兴趣的同道。

2004 年 9 月

北京　清华园

---

① 是为本书初版、增订本的书名，现改为《历史学的真相》。——笔者注

目 录

三 历史的真实

四 理解与解释

五 叙事与想象

六 历史的重演

七 因果关系与理论命题

八 历史学的人文性

九 历史之用的特殊性

引言

哲学家保罗·利科曾说："在最近的二十年中，没有任何一门人文科学像历史学那样在其本身方法论方面，进行了如此彻底的再思考。"[①]利科的这一番话，针对的是20世纪50—70年代西方史学理论界的一般状况，借用利科的话来概括近二十年来中国史学理论研究上的变化[②]，倒也是合适和贴切的。只是中国的史学理论研究，不仅讨论了历史学的方法问题，更深入到历史学的本质特性问题。然而，史学理论研究上的一些变化，对于一般意义上的史学研究的影响，似乎是微乎其微。理论研究者与历史学者之间难以交流沟通，恐怕是中外学术界普遍存在的现象。一般的历史学者认为，史学理论的这种研究，有故弄玄虚之嫌，不仅无益，反而有害，甚至是人为地把问题复杂化。而理论学者则像法国哲学家雷蒙·阿隆所表达的那样：大多数的历史学家还没能走出康德所说的"教条式的昏睡"，他们没能意识到自己学科里的问题[③]。这种沟通、交流上的隔阂，就中国史学界而言，在进入新世纪之后，好像也未见得有什么改观。

本书所要讨论的是有关历史学的问题，而不是历史的问题。不过，这两者并不能截然分开。因为讨论历史学的问题，总是会牵连到许多历史的

---

① 保罗·利科主编，李幼蒸、徐奕春译：《哲学主要趋向》，商务印书馆1988年版，第240页。

② 此处所说"近二十年"，系指20世纪最后的二十来年。

③ 雷蒙·阿隆著，西尔维·梅祖尔编注，冯学俊、吴泓缈译：《论治史——法兰西学院课程》，生活·读书·新知三联书店2003年版，第29—30页。

问题；反之，讨论历史的问题，也总是会碰到有关史学的问题。比如我们讨论历史学的规律理论，它的前提就是历史本身存在着规律，如果历史没有规律，我们的规律理论及体系只能是空中楼阁。这样的研究，西方学术界称之为“历史哲学”。但是，有关历史的理论探讨与有关史学的理论探讨，毕竟不是一回事，在具体的研讨中，仍有进一步区分的必要。所以，英国历史哲学家沃尔什最先提出了一对新术语：把讨论历史理论问题的，称为“思辨的历史哲学”；把讨论史学理论问题的，称为“批判的历史哲学”[①]。前者是指黑格尔、斯宾格勒、汤因比等学者的研究，后者是指狄尔泰、文德尔班、李凯尔特等学者的研究。20 世纪以后，亨佩尔、威廉·德雷等学者虽然也是以史学理论为研讨对象，但他们的研究方式与狄尔泰等学者有所不同。为了加以区别，又出现了“分析的历史哲学”一词，用来专指历史哲学向语言、命题、逻辑等问题转向后形成的一种研究路数。不过，习惯上我们常常将这两者统称为“分析、批判的历史哲学”。本书的讨论大体与“分析、批判的历史哲学”相当。虽然沃尔什的划分为后来的学术界所接受并沿用，但“历史哲学”这一术语已经为大家熟悉和习用，如沃尔什的著作虽然讨论史学问题，而书名仍称《历史哲学——导论》，威廉·德雷的著作也题名为《历史哲学》。

在中国史学理论界，相关的名称术语还未统一。有关历史的理论，有“历史的形而上学”、“历史本体论”、“史学本体论”[②]、“历史的哲学”、“历史理论”等；有关史学的理论，有“历史学的知识论”“历史学的哲学”“历史认识论”“史学认识论”“史学方法论”“史学理论”等。其中，“历史认识论”一词，使用得较为广泛。

“历史认识论”，顾名思义，就是有关历史学的认识论或知识论，它的

① 沃尔什著，何兆武、张文杰译：《历史哲学——导论》，广西师范大学出版社 2001 年版，第 6、8、18 页。有关“批判的历史哲学”与“分析的历史哲学”的区分，可参见黄进兴：《历史主义与历史理论》，陕西师范大学出版社 2002 年版，第 85—95 页。

② 如李振宏所著《历史学的理论与方法》（河南大学出版社 1999 年版），其上编“史学本体论”，既讨论历史是什么（诸如历史的定义、历史运动中的必然与偶然、历史规律性）的问题，也讨论历史学是科学的根据、历史科学的特性和任务等问题。

最终成果，就是一种史学观。“历史认识论”也可以表示理论研究的特殊视角，即以认识论的方式来研讨史学问题，这实在也反映了近三十年来中国史学理论研究的实际[①]。就笔者所见材料来看，采取认识论的视角来研讨史学问题，主要是中国和苏联学者的研究路数，而西方学者大多是采用科学哲学的视角。这两种研究路数，何者更优？只能说是难分伯仲、各有千秋，也各有利弊。科学哲学的问题意识突出，论域清晰。只是按照笔者的理解，历史学是一门极其复杂的学科，它几乎囊括了我们所有的认知形式和知识品种，如史实的确认、史事的理解、历史规律的概括、历史意义的评价等。这些不同的认知形式生产不同的知识产品，体现不同的学科属性。所以，历史学与一般意义上的自然科学并不具有直接的可比性，史学哲学与一般意义上的科学哲学也不可相提并论。前者比后者所涉及的问题更多，也更复杂。从这个意义上说，科学哲学的视角似乎还不能涵盖全部的历史认识活动。在西方学术界，参与这方面研究的学者，有史学家、哲学家、逻辑学家、语言哲学家等，他们不仅研讨史学的方法、逻辑，还考察史学的表述工具和形式，这似乎表明史学哲学的内容远远超出了一般认识论的研讨范围，而需要有一种广义的历史认识论来处理这许多问题，尤其是要对学科不同的认识层次、不同的知识产品及其性质特征分别加以研讨。在这一点上，雷蒙·阿隆的批评是合理的，他认为英美分析哲学家过于看重史学的叙事形式，就会把历史理论局限于叙事理论，结果很多属于历史认识范畴的成分就会被我们排斥在外[②]。然而，过于局限于传统的认识论模式，也常常会忽视对历史学科的本质特性的探讨，这也是中国20世纪80年代后兴起的“历史认识论”研究的主要缺陷。

虽然笔者在此领域已有过一番思索和研究，但能够见之于文字的，只能说是一种看法或意见。1874年，英国哲学家布莱德雷的《批判历史学的前提假设》问世，这是一本被视为开“分析、批判的历史哲学”之先河的著作。作者在序言中说：“我这些想法为什么要终于刊行出来，那原因就是

---

① 此处的“近三十年来”，系指自20世纪80年代起。

② 雷蒙·阿隆：《论治史——法兰西学院课程》，第186—187页。

我愿意并且希望着，它们会协助一些更有能力的人们一劳永逸地清理和处理一个应该加以处理的题材。”[①]这一领域的问题，能否有可能一劳永逸地清理完成？这是让人颇感怀疑的事，至少笔者不敢有这样的奢望。这么说并不是什么谦虚客套，而是因为按照笔者的理解，这里的问题恐怕难以有一劳永逸的、完满的解决。以笔者的知识和能力，所能做的工作只是：整理问题，梳理逻辑，找出症结，作点解读，其间也包含一些个人的理解——仅仅是一种个人的看法或意见。其作用大概可以为后续的研究提供便利和门径[②]，故取名为《历史哲学引论》[③]。

著 者

---

① 布莱德雷:《批判历史学的前提假设》，何兆武主编:《历史理论与史学理论》，商务印书馆1999年版，第369页。

② 本书作为初学者的一种门径和阶梯，有必要让读者了解本领域的学术争论及争论双方的一些基本观点，为此，本书在正文或注文中，引录了许多学者的有关论述以及一些精彩的论断，引文尽可能直录原用，并注明出处或来源，读者按图索骥，可以进一步阅读这一领域里的许多经典著作和论文。尤其是某些最先或较早提出的观点、看法，笔者尽可能都有所引述（也只是就笔者的阅读范围而言），一则表示不敢掠美，二则也算是学术史上的纪念。但此类引文不可误解为是笔者叙事或论辩时的证据。

③ 见本书“序言”第5页注释。

一　史学是什么

对历史学的反思，也就是对历史思维特点、历史研究的逻辑前提以及历史知识性质的反思，这不仅有助于澄清史学研究的实际困难，也可以让人们明白：历史学能够做什么，不能做什么；它该做什么，不该做什么；我们能够期待它做什么，不能期望它做什么。

1. 质疑与批评

说来奇怪，还没有哪一门学科的研究，会像历史学那样，存在着那么多的分歧、怀疑和批评。这里所说的分歧、怀疑和批评，不仅是指具体的历史问题的争论，还包括对历史学科性质的质疑。后者主要集中在两个方面：第一，历史学能够向我们提供怎样的知识产品，是单称判断（如秦始皇是中国历史上第一个皇帝，淝水之战发生在公元 383 年），还是普遍性命题（如我们以前一直相信的那样，历史学是一门研究和阐明人类社会发展过程及其规律的学科，它最重要的知识产品，就是揭示了人类历史发展的普遍规律[①]）；历史学所提供的这些知识是否真实可靠？是否具有客观性？怎么才能证明它的真实性或客观性？第二，即便历史研究所提供的知识是确实可靠的，并具有客观真实性，那么，这样的知识有什么用？——历史知识有什么用？任何一门学科以及它的研究，如果在这样两个基本的问题上遭到人们的怀疑或否定，那就等于是怀疑或否定了这门学科的合法性。

---

① 关于普遍性命题与历史学科的性质，学术界有多种不同的理解，国内史学界通常的看法是：历史学是一门古老的学问，但在相当长的历史时期里，它始终未能发展成为科学。只是在科学的唯物史观创立之后，历史学才发生了伟大的变革，马克思主义史学能够在纷繁复杂的历史现象中揭示出人类历史的普遍规律，从而使历史学成为一门真正的科学。参见《简明社会科学词典》“史学”“历史科学”条，上海辞书出版社 1982 年版，第 227、92 页。

不过，长期以来，史学家们并不太在意这些怀疑和批评，因为他们认为，这是不言而喻或理所当然的事情。自从分析、批判的历史哲学兴起之后，前辈学者的乐观主义和称心如意才彻底地被搅乱，上述两个问题不仅显得严峻，而且还难以回答、难以回避。今天，每一位从事这一行当的研究者都会碰到这一类疑问：当历史学家正在滔滔不绝地谈论一大堆历史事实时，门外汉向历史学家所提的唯一问题是："我们知道这些东西有什么用？"法国物理学家、哲学家马尔奎斯·杜·查特理特曾对历史知识以及以此为目的的研究感到困惑，她说：

> 一大堆混乱的无联系的事实，一千个关于不带任何决定性的战争的叙述。一个和我一样的法国妇女有什么必要知道在瑞典埃格利继承了哈奎恩和奥托曼是奥托古尔的儿子？[①]

而这一类历史知识，随着历史学的发展还不断地与时俱增。在今天，马尔奎斯还可以进一步质问：为什么她要操心关于17世纪英国妇女生育率的一大堆资料？为什么她要关心现代美国炼钢工人以及诸如维多利亚资产阶级的家具、法国军队新兵中的痛风病的发病率等历史问题和知识？而这些问题，以及有关这些问题的历史知识在专业的历史著作中比比皆是。

"我们知道这些东西有什么用？"这是让历史学者犯难的问题，即便是终身以史学研究为职业的历史学家，恐怕对此也未必能说出个究竟来，或者如20世纪30年代美国历史学协会主席、历史学家卡尔·贝克尔那样，干脆承认历史研究对社会生活的作用是微不足道的[②]。我们可以无视门外汉的质疑，说那是出于对历史学的无知和误解；我们也可以说卡尔·贝克尔在发一时之感叹，是对世人忽视历史经验教训所表示的一种愤慨（的确，贝克尔的话不能从字面上去理解，他其实并非真的认为历史学无用。详见

---

① 转引自恩斯特·布莱萨赫：《历史、历史学和史学史》，《世界史研究动态》1986年第10期。

② 卡尔·贝克尔：《什么是历史事实？》，汤因比等著，张文杰编：《历史的话语——现代西方历史哲学译文集》，广西师范大学出版社2002年版，第299页。

本书第九章的讨论）。但是，这里的问题并没有解决。而且如果你越是深入去思考、越是对历史学有过一番真切的了解和深入的反思，你越是会陷入一种百思不得其解的困惑。

历史学究竟是一门怎样的学科，它是不是一门科学，抑或它只是一种艺术。这些在其他学科里不会有的问题，或者是被视为理所当然的事，在历史学中却充满了疑问与分歧。哲学家康德曾表达过这么一种看法：在哲学上不首先去探讨认识的本质和能力，而径直着手去认识世界的本质，就好像飞鸟要超过自己的影子，那是一桩完全不可能的事。深受康德影响的英国历史哲学家柯林武德将康德的这一观念变为他反思史学的宗旨：历史学家如果没有对自己的了解，那么，他对历史的了解总是不完备的。柯林武德说，他的主要工作在于使史学界认识到：

> 对历史科学进行哲学的反思，乃是必要的而又重要的，而且严肃的史学必须使自己经历一番严格的逻辑的与哲学的批判与洗练。[①]

有一位学者曾这么说：一门科学成熟的程度，取决于它对自己的成果的自觉程度，决定于该门科学用以达到并证明真理的方法的理解程度[②]。由此可见，任何一门学科的研究，都不仅要致力于认识自己的对象，还要对自己的认识活动进行反思。从这个意义上说，历史学虽然是一门古老而悠久的学科，但它还不是一门成熟的学科。因为，从事这门学科研究的人常常不能自觉地去反思自己的研究活动，他们对自己所从事的研究活动及其研究成果的性质常常未能有真切的了解[③]。

半个多世纪前，英国历史学家爱德华·卡尔在谈论“历史是什么”的

---

① 柯林武德著，何兆武、张文杰译：《历史的观念》译序，中国社会科学出版社 1986 年版，第 34、41 页。

② 孔阶平：《认识论与自然科学》，《东岳论丛》1980 年第 2 期。

③ 何兆武先生说：如果说以往的历史理论家大多不够重视史实，那么同样可以说，以往的实践历史学家就更加忽视自己的理论思维有不断进行自我反思与自我批判的必要；这一点或许是古老的历史学到了近代落后于其他科学的重要原因之一。参见何兆武：《苇草集》，生活·读书·新知三联书店 1999 年版，第 173 页。

时候，很担心“有人认为这个问题毫无意义或者提得多余”[①]。另一位英国历史哲学家沃尔什也大声向学术界呼吁：既然你们已经普遍同意科学哲学完全是一门真正的学科，那么“至少也应该以其形式而承认历史哲学的可能性”[②]。直到1972—1973年，雷蒙·阿隆在法兰西学院以“什么是历史？”为题作演讲时，仍担心此类研究“可能是最让人吃力不讨好”的事情[③]。当时，分析、批判的历史哲学的研究在有些国家（如苏联等东欧国家）被视为一种概念的游戏，是资产阶级史学家的故弄玄虚。大多数职业的历史学家都认为那是一些完全没有价值的问题，此类研究不仅无用，还会增加许多思想上的混乱[④]。半个多世纪以后的今天，爱德华·卡尔或雷蒙·阿隆的担心似乎仍然存在，尤其是在缺乏自觉的反思意识和自我批判精神的中国学术界，对史学自身的讨论和研究仍然会受到人们的质疑。这大概是因为历史研究者很少，也很不习惯，甚至很不情愿去反思自己的研究活动，反思乃至批判自己所使用的研究工具——理论、方法和概念的合理性，因为任何反思都足以干扰他们的工作、扰乱他们的平静和自信[⑤]。

---

① 这是1959年爱德华·卡尔在“特里威廉”演讲时的第一句话。卡尔在“特里威廉”讲座所作的系列演讲，于次年结集出版，题为《历史是什么？》。中译本有吴柱存译《历史是什么？》（商务印书馆1981年版）和陈恒译《历史是什么？》（商务印书馆2007年版）。为了加以区别及注文的方便，下文分别称为“吴译本”和“陈译本”。

② 参见沃尔什著，何兆武译：《历史哲学——导论》，第8页。

③ 1972—1973年，雷蒙·阿隆在法兰西学院以“什么是历史？”为题作演讲，演讲的第一句话就说：“今天我讲本课程的中心部分，可能是最让人吃力不讨好的部分，有时候也是技术要求最高的部分。”参见雷蒙·阿隆：《论治史——法兰西学院课程》，第95页。

④ 参见何兆武：《苇草集》，第156页。

⑤ 雷蒙·阿隆曾谈到过史学家与哲学家在有关历史哲学问题上的无法沟通。他认为：只有少数史学家会非常认真地对待逻辑学家和哲学家的讨论，而大多数的史学家还没能全部走出康德所说的“教条式的昏睡”，他们没能意识到重建历史所带来的问题。参见雷蒙·阿隆：《论治史——法兰西学院课程》，第29—30页。就笔者所见的材料来看，这种缺乏反思态度的现象，似乎具有某种普遍性。美国学者理查德·汪的《转向语言学：1960—1975年的历史与理论和〈历史与理论〉》一文，说到历史哲学的研究在世界各国都不被重视的情况，他说：“直到第二次世界大战结束，相当程度上甚至到今天，几乎在任何地方，历史哲学都是一个学术孤儿。在荷兰，它被当作指导历史学研究的常规部分讲授；在美国，大多数历史学系将这门学科限制在历史方法论导论性质的研讨班内，将它委托给一位愿意分担研究生新生指导重任的在职教授来主持（极少数系例外，他们有人对这门学科有着特殊兴趣）；在英国，历史学的研究生通常自由选择专业，一些人蹒跚地进入历史哲学专业，但是，当他们依旧对专业中任何形式的反思无动于衷时，（像大部分历史学家一样）照样不会受罚。”参见陈新主编：《当代西方历史哲学读本（1967—2002）》，复旦大学出版社2004年版，第22页。

历史学家布克哈特曾把历史哲学比作一种半人半马的怪兽，他说：历史哲学说起来有点像半人半马的怪物，是一种明显的自相矛盾，因为，历史的本质在于以协调的方式进行整理，因此它有别于哲学，而哲学的根本在于以归纳的方式进行概括，所以它也不同于历史[①]。换言之，历史是具体的，哲学是抽象的，将历史用作哲学的注释，这是思辨的历史哲学的风格，故称其为“半人半马的怪物”。分析、批判的历史哲学，如何避免成为这种怪物呢？本书大约给它这样的定位：说它是哲学的，因为它是反思的；说它是史学的，因为它仍是具体的。古人云“言理在事，理不离事”，这大概可以摆脱“半人半马”的状态。

其实，讨论历史学的本质特性，讨论史学是不是一门科学，并非为历史学争得一个科学的头衔和称号，而是借助对这一个题目的讨论，使我们能够明白历史学大概是一门怎样的学科。因为，只有明白了这一点，我们才能清楚历史学能够做什么，不能做什么；才能明白历史学者应该做什么，不该做什么；能够期待历史学什么，不能期望它什么[②]。对历史学的反思研究，并不能增加我们历史知识的总量，也不能形成我们对历史的新理解；不过，它对历史思维特点、历史研究的逻辑前提以及历史知识性质的反思，有助于澄清史学研究的实际困难[③]；它仅仅是为职业的历史学家提供一份反思和检讨的工作报告，而不是指手画脚地去教人家怎样研究历史。

---

① 布克哈特著，金寿福译：《世界历史沉思录》，北京大学出版社 2007 年版，第 2 页。

② 雷蒙 · 阿隆曾说：“我在当时和现在一直用康德的三个问题来表达这一思考：Was kann ich wissen？ Was soll ich tun？ Was darf ich hoffen？（我能知道什么？我应该做什么？我有权期望什么？）。”参见雷蒙 · 阿隆：《论治史——法兰西学院课程》，第 16 页。

③ 参见沃尔什：《历史哲学——导论》，第 8 页。大多数历史哲学家都清楚自己工作的界限，他们决不会“越俎代庖”地去做实践史学家的工作。海登 · 怀特在《元史学》的导论中也曾很简明地交代了自己研究的宗旨和范围，他说：“我不会努力去确定某一个史学家的著作是不是更好，它记述历史过程中一组特殊事件或片断是不是比其他史学家做得更正确。相反，我会设法确认这些记述的结构构成。”参见海登 · 怀特著，陈新译：《元史学》，译林出版社 2004 年版，第 3 页。

当人们把历史学当作科学来谈论时，通常会指向两种不同的研究样式：一种是思辨式的，试图发现“放之四海而皆准”的历史规律；一种是实证式的，致力于真实而客观的历史知识。两种研究都积累了巨量的史学遗产，但与人们的期望还相差甚远。

2. 历史学的科学化

在西方学术史上，历史学从它诞生之日起，就未被人们视为科学。在古希腊时期，科学是一种求得“真知”的学问，历史知识不属于“真知”，历史学也就不属于求取“真知”的那一类学问。这样的划分，并不是古典时代的人们有意要贬低历史学的作用和价值，相反，史学与“诗”并立，由缪斯女神之一克丽奥（Clio，亦有译作克莱奥）女神司职，地位崇高，职能神圣[①]。古典时代的史学家，看重的是史学的艺术性功能：它陶冶人的情操、提升人的智慧、提供道德评判的依据。那时，历史学家没有什么非分之念，也不会因为它不能提供“真知”而有什么苦恼。

古典时代结束以后，历史学的地位也随之改变。史学成为神学的一个分支，它的责任和使命就是在世俗世界的历史里论证宗教神学的合理性，为其作佐证和诠释。如果那时有什么科学的话，那么，承当这种责任和使命的研究学科，都是最重要的、无可怀疑的科学，史学的地位崇高神圣，不容置疑。

自近代自然科学产生以后，科学才有了特定的含义，并成为一切学问研究的成功典范。见贤思齐，历史学家自然而然地产生了一种新的期望

---

① 美国历史哲学家 A. 斯特恩曾说：对希腊人来说，历史编纂学是对各种事实的估价，是一种对被认为伟大的、不可思议的、光荣的事件的选择。这种选择预先假定一个价值的概念，是历史学家头脑中的各种价值的等级序列。希腊的历史学家们有意识地使用了这个等级序列。……历史编纂学从一开始就不可辩驳地与价值的领域联结起来，正因为如此，它常常被责备不公平和缺乏科学的普遍性，因为价值的判断是主观的和多变的。……对希腊人来说，这种境遇无论如何是不应受到指摘的。反之，挂满桂冠而且分配光荣与谴责的克丽奥在他们的眼中在履行着一种庄严的职能。A. 斯特恩：《历史哲学——其起源及宗旨》，收入汤因比等著，张文杰编：《历史的话语——现代西方历史哲学译文集》，第 338—339 页。

和追求——向自然科学看齐，以便使历史学也能成为一门真正意义上的科学[①]。于是，历史学开始了学科史上的科学化历程[②]。

历史学的第一次科学化的努力，起始于18世纪，其实践者就是思辨的历史哲学家，其中最具代表性的学者如维科、康德、赫尔德、黑格尔，以及20世纪的两位历史哲学家斯宾格勒和汤因比。思辨的历史哲学家们为后人留下了丰富的思想财富，富有哲理、充满睿智。阅读他们的著作，你能体会到一种强烈的、对整个人类命运的关爱和对人类前途的忧患之情，这正是历史学的根本精神和史学家的根本责任。人们可以怀疑、批评思辨的历史哲学的研究方法或具体结论，却不可怀疑它的精神及其所思索和探究的问题。

思辨的历史哲学的研究试图在历史世界里发现一种普遍规律——一种牛顿式的规律，历史学如果能够找到这种“放之四海而皆准”的普遍规律，那么，它就可以当之无愧地跻身于科学的行列。然而，这种努力及其实践，在19世纪就已经受到学术界的批判，特别是思辨的历史哲学家们常常为了自己心爱的理论而不惜以“普罗克拉斯提斯”的方式来处理史实，这就违背了历史学的基本原则，破坏了“历史事件的完整性、叙述与文献的统一

① 学科向科学化的努力，尤其是向经典物理学看齐，并非历史学特有的现象。哈耶克在《知识的僭妄》一文中，曾批评经济学向物理学的效仿是一种全盘的失误。他说：“在我看来，经济学家在指导政策方面没有做得更为成功，同他们总想尽可能严格地效仿成就辉煌的物理学这种嗜好大有关系——在我们这个领域，这种企图有可能导致全盘失误。关于这种往往被人称为‘科学态度’的方法，我在大约三十年以前就曾说过，‘就科学一词的真正含义而言’，这种态度‘没有任何科学性可言’，‘因为它将一个领域中形成的思维习惯，不加批判地、死板地运用于其他不同的领域’。今天我首先想解释一下，这种唯科学主义的谬误，如何直接导致了最近的经济政策中的一些最严重的错误。”参见哈耶克：《知识的僭妄》，刊于《经济、科学与政治——哈耶克思想精粹》，江苏人民出版社2000年版，第459—460页。

② 劳伦斯·斯通在《历史叙述的复兴：对一种新的老历史的反省》一文中，对“科学化的历史”进程有一个不同的归类和叙述，他说：“科学化的历史”，首先是由兰克较有系统地提出，这种看法认为，对于埋藏在各国档案中的迄未发表的记载，加以精详的考据研究，将可确立永远不必修改的政治史实。自兰克以后，又产生了三种不同的“科学化历史”，即马克思的经济解释模式、法国的生态—人口学模式和美国的“计量经济学”模式。法国的生态—人口学模式，可以法国史学家拉杜里（E.Le Roy Ladurie）为代表，他的名言就是：“凡是不能量化的历史是没有资格称为科学的。”计量经济学家则宣称：只有他们这类的特殊量化方法，才够资格称得上是科学的。参见劳伦斯·斯通著，古伟瀛译：《历史叙述的复兴：对一种新的老历史的反省》，（台北）《历史：理论与批评》第2期，2001年。

性和发展的内在性”[①]。英国历史学家麦考莱有一段批评说得极好，他说：

> 近代最好的历史学家都偏离了真理，不是由于想象的诱惑，而是由于理智的诱惑。他们在从事实归纳一般原理方面远远超过了他们的先辈。但不幸的是，他们犯了歪曲事实以迎合普遍原理的错误。他们通过观察现象的某个方面达成理论；其他方面则通过夸张或割裂事实以适应理论。[②]

这样的批判无疑在昭示后人，以这样一种研究模式来表明历史学的科学性只能是“此路不通”。1961 年，汤因比的皇皇巨著、12 卷本的《历史研究》最终出齐，这是思辨的历史哲学研究的最后一座高峰，在此之后，此类研究日趋式微[③]。

18 世纪被称为哲学的世纪，19 世纪则是史学的世纪。当历史年轮进入到史学世纪之时，新一轮的历史学科学化的努力又开始了，其实践者就是 19 世纪执西方史学牛耳的客观主义史学，大名鼎鼎的兰克学派可以看作这一实践的代表[④]。兰克学派的口号是“如实地说明历史”，历史学家的工作就是发

---

① 克罗齐著，傅任敢译:《历史学的理论和实际》，商务印书馆 1982 年版，第 230 页。卡西勒说：“他们构造出一种历史的逻辑思想，试图把历史学家的实际工作伸展到他们自己的理论的普罗克拉斯提斯之床上。”(参见卡西勒:《历史哲学》，何兆武主编:《历史理论与史学理论》，第 595 页）普罗克拉斯提斯是希腊神话中的强盗，常常使被劫者卧其床上，比床长者砍其长出的部分，比床短的则与床拉齐。此处比喻思辨的历史哲学家常用其理论来歪曲、改造历史史实。

② 麦考莱:《论历史》，何兆武主编:《历史理论与史学理论》，第 270 页。

③ 通常我们都认为汤因比是思辨的历史哲学的最后一位大师，他的《历史研究》是思辨的历史哲学的最后丰碑。然而，自弗兰西斯 · 福山的《历史的终结》(弗兰西斯 · 福山著，本书翻译组译:《历史的终结》，远方出版社 1998 年版）问世，笔者对思辨的历史哲学是否真的已经结束产生了怀疑。我们不必同意福山的“历史终结论”，但福山所思考的问题，仍是思辨的历史哲学的延续。从某种意义上说，只要人类存在，只要历史继续，思辨的历史哲学所焦虑的问题，仍是史学的永恒主题。从这个意义上说，思辨的历史哲学的问题的研究仍将继续。

④ 兰克在《拉丁和条顿民族史》的序言里说：历史指定给本书的任务是：评判过去，教导现在，以利于未来。可是本书并不敢期望完成这样崇高的任务。它的目的只不过是说明事情的真实情况而已。兰克虽然重视史实的求真，但他在本质上仍是德国历史主义思想的继承人，也不排斥历史哲学，他本人的思想非常复杂，将“客观主义史学”与兰克学派等同起来，是兰克的史学考证方法和思想传到德国以外，被人局部理解的产物，但这一片面的理解恰好反映了 19 世纪史学界向自然科学学习，追求“客观化”的趋势。参见张广智主著:《西方史学史》，复旦大学出版社 2000 年版，第 211—217 页。

现史料、考订事实，建立起客观的历史知识。在这个口号的指引下，整个 19 世纪的史学取得了巨大的成就。卡尔·贝克尔曾这样说：

> 19 世纪常被人们称为科学的时代，同时也被称为历史的时代。这两种说法是完全正确的。从 1814 年到 1914 年这以往的一百年中，人们进行了空前的、令人惊异的大量研究，研究伸展到了历史的每一个方面——研究是细致的、带批判性的、详尽的（甚至使人精疲力竭）。我们的图书馆塞满了大量的这样积累起来的关于过去的知识。[①]

虽然历史学家仍不断地埋头于挖掘事实，热衷于这种无尽而绵密的研究，而圈外人士却失去了耐心，并产生了新的疑惑：普通人抱怨历史学家所发现的历史事实引不起他们的兴趣，可供发现的事实是无穷无尽的，他们看不出这桩或那桩事实的发现与否究竟有些什么关系；哲学家则认为，只要历史学家抱住单纯的事实不放，它就不是科学[②]。虽然，19 世纪的历史学家们为我们留下了极其丰厚的史学遗产，但他们这一番努力的结果，只是在比较平凡的意义上达到了科学性，而与一般意义上的科学性相去甚远[③]。

虽然关于分析、批判的历史哲学的兴起时间有不同的理解，但它的兴起，标志着史学理论的研究由关心和研究历史的问题，

---

① 卡尔·贝克尔：《什么是历史事实？》，《历史的话语——现代西方历史哲学译文集》，第 298 页。

② 柯林武德：《历史的观念》，第 144 页。

③ 历史学可以在弄清事实真相上达到科学性，这是许多学者都同意的一种看法。比如，罗素就认为“（历史学）既是科学又是艺术”。他说：当人们把历史作为科学来谈论时，也许有两种很不相同的意思。从一种比较平凡的意义上说，科学只是指弄清历史事实。另一种是指“自然科学已成功地发现了各种事实之间的相互联系这种意义上说”的科学，即历史学用同一种方法去发现联结各种事实的因果律。参见罗素著，何兆武、肖巍、张文杰译：《论历史》，生活·读书·新知三联书店 1991 年版，第 63—65 页。

转变到关心和研究史学的问题。此后，蔚然成风，有关历史学的本性特质的研讨逐渐成为史学理论的“显学”。

3．彻底的批判与反思

正当兰克学派的影响如日中天之时，生命哲学的创始人狄尔泰，新康德主义哲学家文德尔班、李凯尔特，在19世纪下半叶，开始酝酿一种对历史学的全新研究——一种前所未有的彻底的批判与反思。思辨历史哲学和兰克学派的史学实践已经清楚地表明，历史学与一般意义上的科学有着相当大的差异。求“同”的努力既然失败，那么，思考的路向应当移到“异”的一面。于是，理论研究的路数为之一变：由关心和研究历史问题，转变到关心和研究史学自身的问题，即有关历史学的本性特质问题逐渐成为学者们关注的新热点，这就是通常所说的分析、批判的历史哲学的研究[①]。

有关分析的历史哲学的兴起时间，学术界尚有不同的理解，提出这一名称的沃尔什认为，批判的历史哲学兴起于19世纪末20世纪初。也有学者如路易斯·O.明克以1938年为其兴起的标志，因为此年雷蒙·阿隆的《历史哲学绪论》和美国史学理论家曼德尔鲍姆的《历史知识的问题》相继问世。何兆武、陈启能先生在《当代西方史学理论》一书中，把其兴起的时间定在1874年布莱德雷《批判历史学的前提假设》的发表。庞卓恒先生认为，如果将狄尔泰、文德尔班及克罗齐等人视为“批判分析历史哲学”的最初表达，那么其兴起的时间可以划在20世纪初[②]。这是历史学中常见的

① 如上所述，对史学的理论研究不同于对历史的理论研究，分析、批判的历史哲学的研究不同于思辨的历史哲学的研究，但常有将这两者混同起来的误解。卡尔在剑桥大学“特里威廉”讲座发表演讲时，该讲座的命名者、已是95岁高龄的英国历史学家特里威廉，每周一次让人在屋里读卡尔的演讲给他听，他向卡尔表达谢意，并称此演讲是“非常好的一个开端”。他说卡尔的演讲，使他想起了六七十年之前他读过的黑格尔的《历史哲学》，并称黑格尔的书“充斥的只是些非常贫乏的材料，因此我从不使自己再烦恼于历史理论，仅仅实践而已”。[爱德华·卡尔:《历史是什么？》(陈译本)，导言，第28页]因卡尔的演讲而联想到黑格尔的历史哲学，这是对史学理论研究的误解。

② 参见何兆武、陈启能主编:《当代西方史学理论》，中国社会科学出版社1996年版，第12页；庞卓恒:《唯物史观与历史科学》，高等教育出版社1999年版，第350页。

分歧：要在一个逐渐演化的历史过程中划出它的起点，总会有各种不同的看法。不过，此种分歧与我们这里讨论的主题并无太大的关系。如果我们将 1874 年《批判历史学的前提假设》的问世看作起点的标志，那么其兴起则在 19 世纪的末期，因为狄尔泰、文德尔班、李凯尔特等学者的有关著作都发表于此段时间内[①]。20 世纪以后，这一领域的研究吸引了更多的学者，如克罗齐、柯林武德、雷蒙·阿隆、沃尔什、威廉·德雷、爱德华·卡尔、亨佩尔、海登·怀特等等，有关的研究蔚然成风，逐渐成为史学理论研究的“显学”。

狄尔泰的哲学理念是生命哲学，他以此归纳出历史学与自然科学的两大差异：其一，历史是人的精神生命，而自然界谈不上这一点；其二，对精神生命的研究，只能是内在的体验，而自然科学是因果的解释。文德尔班的研究路向也侧重在“异”的一方，但与狄尔泰稍有不同。他以价值哲学为基点来展开他的历史个别论，认为历史不同于自然界的特殊之点就在于它的个别性与价值性，这种不可重复，反映了个别的不可替代的价值。他由此提出学科分类的原则是它们的认识目标的形式性质：有些学科研究一般的规律，有些学科研究特殊的事实，前者的目标是普遍的定然判断，后者的目标是单称的实然判断；前者所考察的是永远如此的东西，后者是现实事件的一次性的、特定的内容；前者是规律科学，后者是事件科学；前者是制定法则的，后者是描述特征的[②]。李凯尔特更把价值问题作为自然科学与人文科学的划分标志。他说：只有借助于价值的观点，才能从文化事件和自然的研究方法方面把文化事件和自然区别开。因此，我们必须明确地把历史的、个别化的方法标志为与价值联系的方法，反之，自然科学是一种对规律的或普遍概念的联系进行的研究，它不研究文化价值，也不

---

① 狄尔泰的《精神科学序论》发表于 1883 年，文德尔班的《哲学史教程》出版于 1892 年、《历史和自然科学》出版于 1894 年，李凯尔特的《文化科学和自然科学》出版于 1899 年，都处于 19 世纪的后期。

② 文德尔班：《历史与自然科学》，洪谦主编：《西方现代资产阶级哲学论著选辑》，商务印书馆 1964 年版，第 55—56 页。文德尔班强调历史的一次性和不可重复性，他甚至认为，人的活动如果是重复性的，那么他就不在历史领域之内了。

研究它的对象和文化价值的关系[①]。他引用哲学家柏格森的一段颇为风趣的比喻：

> 自然科学只缝制一套对保罗和彼得都同样适合的、现成的衣服，因为这套衣服并不是按照这两个人的体形裁的。如果自然科学“按照每个人的体形”进行工作，那它就必须对自己所研究的每个对象构成新的概念，但这是与自然科学的本质相违背的。
>
> （文化科学）不想缝制一套对保罗和彼得都同样适合的标准衣服，也就是说，它们想从现实的个别性方面去说明现实，这种现实决不是普遍的，而始终是个别的。[②]

三位学者的论述虽有差异，但其基本观点却是一致的，即历史学与一般意义上的科学完全不同，它是一门特殊的学科。如果我们把他们的观点称为“史学特殊论”，那么，这种观点无异于向学术界宣告：前人的种种历史学科学化的努力全属枉然，历史学不是，也不可能是科学。在今天，我们可以很容易找到不少有关对这几位学者及其观点的批判性论文。但不可否认的是，他们的研究开创了分析、批判的历史哲学的先河，并为以后近一个多世纪的西方历史哲学的研究指明了方向、规定了范围。20世纪以后，这一研究才逐渐成为西方史学理论的显学，后继者有柯林武德、克罗齐、沃尔什、波普尔等等。从表面上看，分析、批判的历史哲学的研究大多由哲学家们所从事，他们的研究极其抽象，与史学实践相隔甚远，对史学家的影响微乎其微。但是，如果长远地观察史学实践的演变，在促使和推进由“规律史学”、“史实史学”转向“理解史学”的过程中，分析、批判的历史哲学的研究功不可没[③]。到20世纪80年代，卡尔、柯林武德、克罗齐

---

① 李凯尔特著，涂纪亮译：《文化科学和自然科学》，商务印书馆1986年版，第76—77页。

② 李凯尔特：《文化科学和自然科学》，第42、50页。

③ 王加丰先生认为，20世纪的新史学的总体特征是“理解”。这一特征，既可以体现在史学的功能上，也可以体现在史学的方法上。由此，或可以概括为“理解史学”，与以前的“规律史学”“史实史学”相区别。参见王加丰：《理解：二十世纪西方历史学的追求》，《历史研究》2001年第3期。

等人的学术著作和观点，对于正处于转型时期的中国历史学也产生了巨大的冲击，尤其是他们那些“蛮横极端”的名言，如柯林武德的“一切历史都是思想史”，克罗齐的“一切真历史都是当代史”，一度成了校园学子的“口头禅”。我们可以不同意他们的观点，但不能无视他们的存在。只要你踏入这个“研究领地”，就无法回避或绕过他们给我们留下的种种难题。

在我国，自觉而有意识地对历史学的本性特质进行反思，是“新史学”的产物，其后，还掀起一个“史学概论”著述的小高潮。但总体而言，介绍多于探讨、转述多于创新；与同期域外的有关研究相比，在问题之深入发掘和观念之创新独到上，有着明显的差异。

4．史学理论研究的起步

说起对史学的理论性反思，中国古代有两部足以引以为豪的史学理论著作，即刘知幾的《史通》和章学诚的《文史通义》。从学术史的角度来看，这是中国史学史上绝无仅有的两部理论性的史学著述[①]。然而，以今天的眼光看，这两部著述大体还局限于对史学编撰方法、史书体例的批评，而不是对史学本性特质的思考，虽然它也可以归入史学理论的研究范畴，

---

① 章学诚已是传统史学理论的最高峰，提出了许多传统史学理论未曾有的新观点，说他的史学观点是史学转型的先声，恐怕也不过分。但是，他毕竟未能冲破传统史学的羁绊而跻身近代史学理论的范畴。关于这一点，汪荣祖先生有专门的评述，他说：“欧人之历史主义既脱理性主义而肇史学之自立，与实斋求史学之反奴为主，如出一辙。其相异者，乃实斋未能就史学之特性，深入探求，不免浅尝即止。实斋以史非徒托圣人之空言，求史学之自立；不以理概事，而就事见理。以心术正识见，以识见求史事之义，议论不凡。苟能由心术而探‘内心法则’‘心理素质’；由识见而探‘文化背景’‘民族特色’，则章氏史义，何难跻近代‘历史哲学’之林乎？奈《文史通义》泛论文史，博而未约，散而难精。虽云：‘吾于史学，贵其著述成家，不取方圆求备，有同类纂。’心向往之，实有未至矣。”参见汪荣祖：《史传通论——中西史学之比较》，中华书局 1989 年版，第 158 页。

但其主要关心的乃是历史编撰学的问题，而不是历史学的本性特质问题[①]。

有学者认为：章实斋与柯林武德两人的史学思想多有可比较的地方，如章实斋的“别识心裁”与柯林武德的“先验的想象”可以互通，章实斋赞扬纪事本末体的“因事命篇，不为常格”正是柯林武德强调“研究问题”观念的实际表现[②]。然而，这里的同异，恐怕也是见仁见智的事。以柯林武德为例，他的史学观念全出于史学“自律论”，而中国传统史学的理论则从未有对史学学科的本性特质的考量，这并非刘知幾、章学诚的智力不逮，而是处于当时文化背景下的史学思想，不会生出此类问题。

从这个意义上说，对史学本性特质的反思性研究，属于20世纪“新史学”的范畴。1902年，梁启超的《新史学》，激烈批判传统史学的种种弊端，倡议学术界进行一场“史学革命”。《新史学》的问世标志着中国史学由传统向现代的转化，梁氏的倡议也得到诸多学者的呼应[③]。稍后，梁氏在《中国历史研究法》中进一步阐述了他的史学理念：史学是“记述人类社会赓续活动之体相，校其总成绩，求得其因果关系，以为现代一般人活动之资鉴者也”[④]。这一番史学观念的新思考、新定位，为20世纪的史学理论研究拉开了序幕。

如与西方的同类研究相比较，中国现代史学理论研究的起步，似乎晚了二三十年。但事实上，新康德主义诸学者的研究在19世纪末期的西方学术界也未引起普遍的重视和反响，分析、批判的历史哲学之成为西方史学理论研究的主流，那是20世纪三四十年代以后的事，从这个意义上说，中

① 从历史编撰的形式进而讨论历史学科的性质，那是20世纪70年代以后，以海登·怀特为代表的后现代主义史学理论的研究路数，见本书第五章第三节的讨论。

② 学者认为“章实斋和柯林武德两人在历史观念方面如此地不谋而合，自然不是全出于偶然，就某种意义说，这正象征着中、西史学思想在发展过程上有其大体相近似之处”。其实，章实斋赞扬纪事本末体的“因事命篇，不为常格”是不是柯林武德所强调“研究问题”——阿克顿所主张的“研究问题而不是时代”——观念的实际表现，恐怕还值得推敲，至少是见仁见智的问题。参见余英时：《章实斋与柯林武德的历史思想——中西历史哲学的一点比较》，《史学、史家与时代》，广西师范大学出版社2004年版，第166、172、173页。

③ 参见姜义华、武克全主编：《二十世纪中国社会科学——历史学卷》，上海人民出版社2005年版，第74页。

④ 梁启超：《中国历史研究法》，商务印书馆1933年版，第1页。

国现代史学理论研究的起步并不算太晚。

起步不太晚，发展却甚速。到20—40年代，史学理论的研究已形成了一个小高潮。为数众多的史学概论、史学通论性的著述相继问世，表明了对史学本身的理论研究已引起中国学者广泛的兴趣和关注①。通观这一阶段的研究，学者对研究对象的把握比较到位，问题意识比较清晰，论域也比较集中。与此后三四十年，即80年代初史学理论研究的不到位、不清晰相比，此种特点更加明显（详见下文的讨论）。翻阅当年出版的一些史学概论著作，令人吃惊的是，它们比起40年后出版的一些“史学概论”更像“史学概论”②。这一特点无疑与西方同类研究的影响和启发有关。该时出版的史学概论性的著述，都有相当多的篇幅介绍或评述西方分析、批判的历史哲学的主要理论和观点③。有关史学的学科性质，学者也是各有所宗，彼此争

① 按照出版时间的先后，这一类著述主要有：曹佐熙《史学通论》(1909年)、徐敬修《史学常识》(1923年)、李大钊《史学要论》(1924年)、刘剑横《历史学ABC》(1929年)、卢绍稷《史学概要》(1930年)、吴贯因《史之梯》(1930年)、罗元鲲《史学概要》(1931年)、赵吟秋《史学通论》(1931年)、周容《史学通论》(1933年)、李则纲《史学通论》(1935年)、胡哲敷《史学概论》(1935年)、杨鸿烈《史学通论》(1939年)、朱希祖《中国史学通论》(1943年)、蒋祖怡《史学纂要》(1944年)、傅振伦《中国史学概要》(1944年)、柳诒徵《国史要义》(1948年)等。此外，还有朱谦之《历史哲学》(1926年)、李季谷《历史之理论与实际》(1935年)、林楚《怎样研究历史》(1943年)、姜蕴刚《历史艺术论》(1944年)、吕思勉《历史研究法》(1945年)、陆懋德《史学方法大纲》(1945年)、翦伯赞《历史哲学教程》(1946年)、常乃德《历史哲学论丛》(1947年)、胡秋原《历史哲学概论》(1948年)、刘节《历史论》(1948年)等，都设有专门章节，论述史学的学科性质问题。还有一些译作，如黎东方译法国史学家施亨利的《历史之科学与哲学》(1933年)，余楠秋、谢德风译英国史学家司各脱的《史学概论》(1933年)，周谦冲译意大利史学家沙耳非米尼的《史学家与科学家》(1945年)等。有关20世纪中国历史学概论性著述的学术史回顾，可参见刘泽华《近九十年史学理论要籍提要》(书目文献出版社1991年版)、赵世瑜《20世纪历史学概论性著述的回顾与评说》(《史学理论研究》2000年第4期)和邹兆辰、江湄、邓京力《新时期中国史学思潮》的第四章(当代中国出版社2001年版)。

② 如李大钊的《史学要论》，完全围绕着“史学”这一主题展开，该书论述的问题有：什么是历史、什么是历史学、历史学的系统、史学在科学中的位置、史学与其他相关学科的关系、现代史学的研究及与人生态度的影响等。杨鸿烈的《史学通论》，当年曾用作大学教材，其论述的内容包括：历史与史学的本义、史学是否是科学、史学的今昔、史学的目的、史学的功能、史学的分类、史学与各门学科的关系等。

③ 李大钊的《史学要论》有对文德尔班、李凯尔特的观点介绍，刘剑横的《历史学ABC》有对文德尔班理论的批判，杨鸿烈的《史学通论》在讨论史学的科学性质时，引用的西方学者的观点达十余种，包括佛林、叔本华、朗格诺瓦、瑟诺博斯、狄尔泰、李凯尔特、文德尔班、孔德、维尔戈斯、鲁滨孙、施亨利、巴斯、席勒等。李大钊《史学要论》对文德尔班、李凯尔特及其观点的介绍，简略扼要，颇能抓住要领，李氏将他们的观点概括为两点：一是强调自然科学关心一般的东西，历史学关心的是特殊的东西，前者是法则学，后者是事实学；二是强调自然不含价值，“故用离于价（转下页）

鸣，如姜蕴刚持史学艺术论[①]，李大钊持史学科学论，傅斯年认为史学就是史料学[②]，刘节认为历史学是科学、艺术双重特性[③]，雷海宗认为历史学是科学、哲学、艺术三者特征兼而有之[④]。各种观点，五花八门，莫衷一是。

虽然在传统的史学理论中，可以找到许多与现代史学理论相类似的，甚至可以相衔接的理论、观念，但现代史学理论研究的旨趣及其问题意识，则是传统史学所没有的。这也是时代所限，非前人智力不逮。因此，处于起步阶段的中国现代史学理论的研究，大都属于介绍、转述性的，介绍多于探讨、沿袭多于创新。一些批评和对话，大都是原则性或纲要性的论述，而未能有充分深入的研讨[⑤]。至20世纪50年代前，对史学本身的研究都是以“史学概论”的模式展开，尚未能发展出一种独立的学科研究。反观西方史学理论的研究，到20世纪上半叶，分析、批判的历史哲学的研究已有长足的发展：克罗齐的《历史学的理论和实际》（1915年）、雷蒙·阿隆的《历史哲学绪论》（1938年）、曼德尔鲍姆的《历史知识的问题》（1938年）、柯林武德的《历史的观念》（1946年） 等相继问世。中外史学理论的研究，

（接上页）值的方法”，文化则含有价值，“故用价值关系的方法”。（商务印书馆1999年版，第117—118页）。而中国史学理论界将这两个要点再次提出并加以讨论，则是20世纪90年代的事了。

① 姜蕴刚先生深受斯宾格勒和福利德尔的影响。斯氏认为历史是一个诗人的工作。福利德尔曾说：一个诗人和一个历史家的区别，只是程度上的问题，并不是性质上的问题。诗人和历史家都需要一种玄想。姜先生同意上述观点，他说：“我觉得像我们这样对于历史的认识和态度，既不能说是属于历史科学的，也不能说是属于历史哲学的，一定要强名之，只可名之曰历史艺术的。因它既不在‘考据’，也不在‘史观’，而是在一个‘有边际的玄想’。”“历史艺术论者既不反对考据，亦不反对史观，它不过要在考据及史观之上，来一个有边际的玄想，以盼望获得一种过去的可贵之暗示罢了。”参见姜蕴刚：《历史艺术论》，商务印书馆1944年版，第8—11页。

② 傅斯年：《史学方法导论》《历史语言研究所工作之旨趣》，刊于《历史语言研究所集刊》第1期，1928年。

③ 刘节：《历史论》，正中书局1947年版，第41、47、66页。

④ 雷海宗：《西洋文化史纲要》，上海古籍出版社2001年版，第6—7页。

⑤ 此一时期学术界的商榷批评，大都属于学术范围内的争论，唯刘静白的《何炳松历史学批评》（上海辛垦书店1933年版）稍有不同。该书以何炳松的史学理论为批评对象，实际上是对整个西方资产阶级史学思想作了全面系统的清算和批评。刘氏说“若果要执行中国历史底批评，应该是选梁启超，其次也应该选顾颉刚”，而何炳松因为介绍西方史学理论甚多，正好用来作批评的靶子。刘氏认为，只有解决了历史观问题，历史学才能成为一门科学。何氏不接受李大钊的史学成就，反而承袭了西方即阶级史学的一些消极内容，当然就不能正确认识历史必然，也看不到历史的规律。该书态度激烈，语带讥讽，这种系统性的批评著述，在当时尚不多见，但其影响力不可低估。

就问题之深入发掘和观念之创新独到来看，已显示出明显的差异。

20世纪的下半叶，“史学概论”一度被取消，不久又重启研讨。但“重启”后的史学理论界一时对“史学概论”应该包括哪些内容竟然茫无头绪——学术研讨没有了问题、对象和方向，——那是特殊年代所有的特殊困惑。

5．“史学概论”，概论什么？

1949年10月，《学习》创刊号发表艾思奇先生的《从头学起——学习马列主义的初步方法》一文，标志着中国史学理论研究进入了一个“革命”与“转型”时期。此时的史学界，全然摒弃此前的研究及其成果，一切从头开始，史学工作者人人都得“洗心革面”，抛弃旧的历史观，接受新的历史观。自此，历史唯物主义（其实只是“苏版”的、斯大林模式的、教条主义的历史唯物主义）的学习取代了史学概论性的研究。大约到了50年代的中期，理论的学习逐渐转向理论的运用，于是，便有了古史研究中的“五朵金花”和“亚细亚”社会性质、封建社会长期延续和历史人物的评价等理论问题的讨论。学科自身的理论研究和“史学概论”课程都被取消，取而代之的是历史唯物主义和辩证唯物主义的教学和学习。

值得注意的是，此种取消与替代，并非完全出于行政的命令，其背后仍有一种史学观念为支持。最能代表这一观念的是胡绳先生的《社会历史的研究怎样成为科学》一文，该文开宗明义地指明：“马克思主义把辩证唯物主义的观点和方法应用到社会历史的研究上来，从错综复杂的历史现象中发现客观规律，并按照客观规律来说明社会历史的发展过程。这样，就使得社会历史的研究真正成为一门科学。”[①]史学理论研究者的任务，一方面是批评和清算国内外封建的、资产阶级的各种史学理论；另一方面是赶快学习和掌握历史唯物主义。理论学习的最终成果是将唯物史观（其实仍然是“苏版”的、斯大林模式的、教条主义的历史唯物主义）转换成最一般意义上史学工作者的理论预设和研究范式。

这一时期出版的史学理论书籍，主要是各种马克思主义经典作家论历史科学或论研究历史的选辑。这些选辑的内容结构大体相似[②]，主要是历史唯物主义基本理论的阐述和它在历史研究中的具体运用，其实是经典作家“论历史”，而不是“论史学”。当然，在“论历史”的同时，也论述了“历史科学”，其基本要点有二：其一，就人类整个史学的发展历程来说，虽然在马克思主义产生以前，史学研究已经取得了很大的成就，但在本质上，因为没能摆脱唯心史观的束缚，历史学始终没有能成为一门科学，历史学之所以能够成为科学，就是因为马克思创立了历史唯物主义，并使之成为历史科学的理论基础和方法论的结果。其二，有关史学本身的理论问题的研究，马克思等经典作家早已完成，当今的任务只是如何尽快地学会和使用科学的理论与方法来研究中国历史，从而使现阶段的中国历史研究成为一门科学。此种理论逻辑及其影响下的研究模式，对中国史学理论界的影响巨大且深远[③]。然

---

① 胡绳:《社会历史的研究怎样成为科学》,《历史研究》1956 年第 11 期。更早的还有潘梓年的《社会历史的研究怎样变成科学》(刊于《读书月报》1940 年第 2 卷第 1 期）一文，该文的思路和论证逻辑，与胡文大体相同，标题也仅差一字。

② 以 1961 年初至 1975 年增补修订出版的黎澍主编《马克思恩格斯列宁斯大林论历史科学》(人民出版社 1961 年版，1963 年再版）为例，全书共设有八编，分别是：一、历史唯物主义是唯一科学的历史观；二、人类历史是在社会的基本矛盾运动中发展的；三、有文字记载的全部历史都是阶级斗争的历史；四、社会存在决定社会意识，社会意识在历史发展中的作用；五、人民群众是历史的创造者，个人在历史上的作用；六、历史发展是辩证的；七、研究历史的方法；八、研究历史必须为无产阶级革命斗争服务。另有一篇附录，关于历史人物的若干论述。同类著述有:《马克思恩格斯列宁斯大林论研究历史》，人民出版社 1974 年版;《马克思恩格斯列宁斯大林论历史科学》(征求意见本)，人民出版社 1975 年版。

③ 自 20 世纪 80 年代开始到新世纪初年，已经出版的各种类型的以“史学概论”或“史学理论和方法”为书名的著作，在论述“历史学如何才能成为一门真正的科学”时，其绝大多数仍然沿用了这样的观念，甚至论证逻辑也完全一样。另外，半个多世纪以来出版的各种社科工具书，其“史学”“历史科学”之类的条目释文，也是按照这个观念与逻辑书写的。

而，经典作家的有关历史认识论的某些论断反而被我们忽视[①]，比如马克思有关社会学科研究与一般自然科学研究的差异的论述[②]，恩格斯有关历史唯物主义不是“随意粘贴的标签”的论述以及有关历史认识相对性的论述[③]，都极为深刻而精彩，却没有引起我们充分的关注和重视。

早在20世纪50年代，已经有一些学者敏锐地感觉到对史学本身的研究不能取消。白寿彝先生是较早体会到唯物史观不能代替史学理论的学者之一，他在回忆早年对这一问题的思考时说：

> 在50年代，同志们在一起谈天，提起史学概论来，都认为应该在马克思主义基本原理指导下，写这么一本书；同时也认为，在高等学校历史系应该开设这门课程。[④]

60年代，姜义华先生也体会到应该有一门关于历史认识论的研究，它应该是一门与历史本体论、历史方法论既有联系又有区别的独立的学科。但当时许多学者对“历史认识论”这一观念能否成立都表示怀疑[⑤]。学理上的客观要求，由于没有社会外在环境的配合一直迟迟不能付诸实践。直到“文革”结束之后，才产生一种普遍的反思思潮，学者们才感到有必要对史学本身进行一番理论研究。于是，被人遗忘了许久的“史学概论”，到了

---

① 参见姜义华：《历史认识论的可贵起步》，《史学理论丛书》编辑部：《当代西方史学思想的困惑》，中国社会科学出版社1991年版。

② 马克思曾说：“在政治经济学领域内，自由的科学研究遇到的敌人，不只是它在一切其他领域遇到的敌人。政治经济学所研究的材料的特殊性，把人们心中最激烈、最卑鄙、最恶劣的感情，把代表私人利益的复仇女神召唤到战场上来反对自由的科学研究。”（马克思：《资本论》，《马克思恩格斯全集》第23卷，人民出版社1965年版，第12页）这里虽然以政治经济学为例，事实上反映的是包括历史学在内的社会学科的研究与一般自然科学研究的特征差异。

③ 关于历史认识的相对性，恩格斯曾说：“我们在人类历史领域中的科学比在生物学领域中的科学还要落后得多……在这里认识在本质上是相对的……谁要是在这里猎取最后的、终结的真理，猎取真正的、根本不变的真理，那么他是不会有什么收获的，除非是一些陈词滥调和老生常谈，例如，人一般地说不劳动就不能生活……拿破仑死于1821年5月5日，如此等等。”恩格斯：《反杜林论》，《马克思恩格斯全集》第20卷，人民出版社1971年版，第98页。

④ 白寿彝主编：《史学概论》题记，宁夏人民出版社1983年版，第1页。

⑤ 姜义华：《历史认识论的可贵起步》，《当代西方史学思想的困惑》，第11页。

80年代初，重新被提上了研究日程。

或许是学术脉络被中断以后一时不易衔接，或许是近三十年所造成的思维定式一时难以打破。80年代初最先问世的一本《历史科学概论》（1983年版），虽然把它概论的任务规定在历史认识论和历史方法论，但其大部分内容，仍然是一种运用历史唯物主义研究中国历史的演示，只是增加了史料学、中外史学史及国外史学方法的述评等内容[①]。"复苏"后的史学界一时对"史学概论"究竟应该包括哪些内容竟然茫无头绪——全然没了研讨的对象和方向。白寿彝先生曾回忆过当年撰写"史学概论"时的困惑：

> （史学概论）这本书应该怎么写，这门课程应该讲些什么，大家一时想不出办法来。一年一年过去了，对这个问题一直没有认真讨论过。后来，我在北京师范大学历史系开了这门课程，主要讲的是历史唯物主义。但我并不认为这种讲法是对的。因为我觉得，如果只讲历史唯物主义，这门课就应该叫历史唯物主义，不应该叫史学概论。[②]

已经体会到应该有对史学本身的研究，却不知道该研究些什么，这真是特殊年代遇到的特殊困惑。于是，针对这种情况，史学界引发了一场不大不小的有关史学概论的研究对象、学科体系及其相关问题的热烈讨论。此次讨论主要集中在三个问题上：其一，"史学概论"应该概论"史学的问题"，还是"历史的问题"？其二，此种研究是有特定对象、有自己的内容体系和内在逻辑，还是"拼盘"式的各种史学相关学科的综合或节录？其三，史学概论与历史唯物主义的关系如何？这场讨论虽是以史学概论的名义展开的，实际上是一次对史学理论研究对象、内容、范围、目的的新思

① 葛懋春主编：《历史科学概论》，山东教育出版社1983年版。
② 白寿彝主编：《史学概论》题记，宁夏人民出版社1983年版，第1页。

考、新定位[①]。

80年代初的史学概论的“大讨论”，带来的是史学概论研究和出版的又一个高潮，就著作的总量来说，与前一阶段大体相当[②]。与前一次的理论研究“众说纷纭、莫衷一是”的状况不同，这一阶段的史学理论研究，都恪守历史唯物主义的指导。不过，这仅是表面上的一致，差异和分歧不仅存在，而且最终导向不同的研究路数。1983年，姜义华先生发表《马克思主义认识论与历史研究》一文，提出“无论是马克思本人，还是其他杰出的马克思主义者，都没有也不可能完成或穷尽使历史研究成为科学的工作”[③]。次年，宁可先生发表了《什么是历史科学理论——历史科学理论学科建设探讨之一》一文，明确提出：我们要研究的对象是“史学的理论”，而非“历史的理论”，两者不能替代和混淆[④]。这一场讨论并没有能解决“‘史学概论’概论什么”的问题（详见下文），但是，任何个人都不可能完成或穷尽历史科学的理论，我们有必要对历史学本身进行理论探讨和研究，这两个观念逐渐为史学界的同仁所接受，并最终形成一种共识。这样，史学理论研究的迷茫而无方向的时代才宣告结束。

“历史认识论”的兴起，终于揭开了被遮蔽的问题：历史是什么？过去是真实的存在吗？历史陈述能客观吗？什么是历史

① 有关这场讨论中的部分代表性论文，后来结集出版了一本论文集，题为：《历史科学的反思》，由中州出版社1987年出版。更简洁地概述此次讨论中的分歧与症结，可参阅拙文《近年来史学概论研究中的若干问题讨论综述》，《历史教学问题》1987年第5期；以及姜义华、武克全主编：《二十世纪中国社会科学——历史学卷》，第80—82页。

② 参见姜义华、武克全主编：《二十世纪中国社会科学——历史学卷》，第82页。

③ 姜义华：《马克思主义认识论与历史研究》，刊于《沿着马克思的理论道路前进》，上海人民出版社1983年版。

④ 宁可：《什么是历史科学理论——历史科学理论学科建设探讨之一》，《历史研究》1984年第3期。

解释？怎样理解因果关系？怎样理解历史的价值判断？至此，史学理论界才有了真问题和真研究。

6．“历史认识论”的兴起

史学概论的“大讨论”所取得的成果是有限的，学者们只是在一个问题上取得了共识，即历史唯物主义不能代替史学自身的理论研究。即便如此，也已跨出了一大步！从当年参与讨论和发表的论文来看，大多数学者不赞成把史学概论弄成“拼盘”的模式，强调它应该有自己特定的内容体系和逻辑结构。但是，究竟是“史学概论”不是“拼盘”，还是史学理论不是“拼盘”，当年的研讨并未深究；多数学者都认为我们要概论的是“史学”，而不是“历史”，但是，究竟是作一番史学研究范例的演示，还是对史学进行全面系统的理论反思？这些问题，从后来的发展情况来看，似乎也没有解决，直到20世纪90年代出版的史学概论教材，不仅其内容继续采取“拼盘”模式，而且其所拼入的“菜肴”还越来越多[①]。这或许说明史学概论作为高等院校历史专业的一门基础课程，从教学的实际需求出发，有必要向学生介绍有关史学及其相关学科的内容，反映在教学内容和教材编写上，即这种“拼盘”方式的史学概论颇能符合教学上的需要。然而，作为一门独立的学科研究，史学理论应该有自己特定的研究对象和问题，它的内容体系应该是针对这一特殊问题而展开的，不能是相关学科内容的“拼盘”。所以，到20世纪80年代中期以后，史学理论研究逐渐由“史学概论”转入到“历史认识论”，而“史学概论”则继续存在，但它更多的只是作为高等院校历史专业的一门课程而存在，并继续有学者进行研讨[②]。

---

① 由贾东海、郭卿友主编的《史学概论》（中央民族学院出版社1992年版）教材，不仅采取“拼盘”模式，而且其所拼入的内容极其丰富，它包括了史学原理、唯物史观的基本理论、史学认识论、史学方法论、史学理论史以及二战以后国际史学发展的趋势与特征等内容。

② 史学概论的问题，当下已渐趋式微，有关的专题论文，偶尔还有刊出，但已不太为人注意。这仍反映了中国史学界的一个老问题：学术研究的新课题、新热点不断转换，但热热闹闹了几年之后，弃之如敝屣，少有人愿意孤守寂寞作更深入的研究。其实，史学概论的一些问题，远没有充分地讨论，更不要说达成共识了。

真正从认识论的层面上来考察历史研究活动，发端于20世纪80年代中期。姜义华和曹伯言先生几乎同时尝试了一种新的“史学概论”研究模式，即从认识论的角度来设计学科的内容体系和逻辑结构[①]。刘泽华、张国刚诸先生的一系列“历史认识论”的论文，向学术界演示了一种从一般认识论角度和方法来考察历史认识活动的研究模式。这些初步的尝试在中国史学理论研究史上具有重要意义——它最终引起了史学理论研究上的一次历史性转折。多年以后的今天，我们很容易看出，当初的这一转向最终会遇到类似西方分析、批判的历史哲学所面临的问题，导致与之类似的研究路数。不过，当时的学者们对这一趋向并不十分清楚，比如，刘泽华等先生在1986—1989年先后发表的一系列历史认识论的专题论文，对历史认识活动及其过程的研究可谓深入细致，但始终没有涉及对历史学本质特性的思考[②]。1987年出版的《历史科学的反思》一书，汇集了“史学概论”大讨论中各种不同意见的论文，其中收入的陈广乾先生的《什么是史学理论》一文，分六个部分对西方史学理论的研究概况作了全面的介绍，分别为：（一）历史是什么？（二）过去是真实的存在吗？（三）什么是历史陈述的客观性？（四）什么是历史解释？（五）怎样理解历史中的因果关系？（六）怎样理解历史中的价值判断？[③] 如此全面系统地向国内同行介绍

---

① 从学术编年史的角度来看，从一般认识论的层面来研究历史认识活动，较早的是姜义华和曹伯言先生。姜义华先生在《用现代思维科学武装历史研究工作》（刊于《复旦学报》1985年第1期，此文后来收入由葛懋春、项观奇编的《历史科学概论参考资料》）一文中，提出了开展历史认识论研究的设想，这一设想后来部分体现在由陕西师范大学出版社出版的《史学导论》（该书由姜义华、瞿林东、赵吉惠、马雪萍合著，后由复旦大学出版社于2003年8月修订再版）一书中。曹伯言先生的研究，反映在由吴泽先生主编的《史学概论》（安徽教育出版社1985年版）的“前言”中，曹先生也是从认识论的角度来讨论史学理论问题，并按认识论的理论体系来设计“史学概论”的体系框架，可惜这一设想在该书正文内容中没有得到充分体现和全盘落实。曹先生的有关研究，还可以参见曹伯言：《“史学概论”三题》（《学术月刊》1987年第6期），江波：《略论“史学概论”的逻辑结构》（《历史教学问题》1985年第3期），曹伯言、张耕华：《试论史学概论之对象》（《学术界》1989年第1期）等。

② 有关论文可参阅刘泽华、张国刚：《历史认识论纲》（《文史哲》1986年第5期）；刘泽华、张国纲：《历史研究中的价值认识》（《世界历史》1986年第12期）；刘泽华、叶振华：《历史研究中的考实性认识》（《文史哲》1989年第1期）。

③ 参见中国社会科学院历史研究所史学研究室编：《历史科学的反思》，中州古籍出版社1987年版。

西方史学理论研究的论题、论域、分歧、症结等情况，这在国内学术界还是第一次，可惜当时没有引起史学理论界的重视。而在此之前已经由金重远、张文杰等先生翻译出版的《现代西方史学流派文选》和《现代西方历史哲学译文集》两书中的许多论文①，也没有引起史学理论界，尤其是史学概论研讨者的普遍关注。

1987 年 9 月，第四届全国史学理论研讨会在四川成都召开，大会议题是“历史认识论”。陈启能先生的大会发言，对这次讨论会所反映出来的“有些论文和发言不甚切题，讨论的‘论域’不够确定，对历史认识论以及一般认识论缺乏一致的共同理解，对国外研究历史认识的情况缺少了解等”问题提出了批评②。同年，陈先生在《史学理论》上发表了《论历史事实》一文，向国内同行系统介绍了西方学术界在这一领域里的研究概况以及国外同行的研究兴趣和热点③。论文新颖而涵义深刻——历史事实是历史知识的组成“细胞”，是构建历史大厦的基石，但是，“历史事实”这一范畴的涵义在近百年来的演化变革的深度，只有 19、20 世纪之交自然科学中的“物质”范畴的命运可以比拟④。西方及苏联、东欧的有关研究，都是以“历史事实”作为讨论研究的切入点来展开对历史学的本质分析。第四届全国史学理论研讨会以后，“历史认识论”的研究形成了一个小高潮，围绕着历史认识的主体、客体，历史认识活动的特征，历史认识的客观性和相对性等问题，进行了详尽细致的讨论，发表了一系列有价值的专题论文⑤。20

① 田汝康、金重远选编:《现代西方史学流派文选》，上海人民出版社 1982 年版；张文杰等编:《现代西方历史哲学译文集》，上海译文出版社 1984 年版。

② 参见陈启能:《史学理论与历史研究》，团结出版社 1993 年版，第 101—107 页。

③ 参见陈启能:《论历史事实》，《史学理论》1987 年第 4 期。另可参阅陈光前:《关于历史事实的概念》，《东北师大学报》1988 年第 4 期。

④ 巴尔格著，莫润先、陈桂荣译:《历史学的范畴和方法》，华夏出版社 1989 年版，第 144 页。

⑤ 这一研究领域的主要论文、论著，可参阅邹兆辰、江湄、邓京力《新时期中国史学思潮》的第四章“历史认识论研究与当代中国史学的理论建设”的介绍。与此同时，哲学界的一些学者也展开了“社会认识论”和“历史认识论”的研究，这方面的代表作有：景天魁的《社会认识的结构和悖论》（中国社会科学出版社 1990 年版）、欧阳康的《社会认识论导论》（中国社会科学出版社 1990 年版）、袁吉富的《历史认识的客观性问题研究》（北京大学出版社 2000 年版），以及王锐生、陈荷清等的《社会哲学导论》（人民出版社 1994 年版）和张尚仁的《社会历史哲学引论》（人民出版社 1992 年版）里的部分章节。较全面的研究成果还有林璧属的《历史认识的科学性》（科学出版社 2008 年版）。

世纪80年代以后的历史认识论专题研究，在中国史学理论史上具有特殊的地位和价值。唯有从这时开始，才出现了一系列真正研究史学本身的理论论文。至此，距离西方分析、批判的历史哲学的兴起和发展已有近百年了，距离20世纪初中国第一次史学理论研讨高潮也有半个多世纪了。

历史认识论的一系列专题研究，最终带出一个根本性问题：历史学究竟是怎样的一门学科？何、庞的争论，仅是“浅尝辄止，意犹未尽”，而问题的症结已暴露无遗，就看学界肯不肯盯住问题、穷追不舍。

7．何、庞之分歧

20世纪90年代，中国史学理论研究进入到一个新阶段，一系列的专题研究，水到渠成地引出了一个根本性的问题，即历史学的学科性质是什么。最能代表当时国内这一领域的研究水平和动向的是何兆武与庞卓恒先生的有关论文及其争论。

1996年，何兆武在《史学理论研究》杂志上发表了《对历史学的若干反思》[①]一文（下文简称“何文”），阐述了他对历史学学科性质的理解。何先生把历史学分为“历史学Ⅰ”与“历史学Ⅱ”两个层面，他认为：

> 历史学Ⅰ是科学，历史学Ⅱ是哲学。

什么是“历史学Ⅰ”和“历史学Ⅱ”呢？何先生认为，“历史学Ⅰ”就是对史实或史料的认知或认定；“历史学Ⅱ”则是对“历史学Ⅰ”的理解或

---

① 何兆武：《对历史学的若干反思》，《史学理论研究》1996年第3期。

诠释。他说：

> 历史学Ⅱ包括两个部分，即理性思维和体验能力，二者的综合就成为历史理性。理性思维是使它认同于科学的东西，体验能力是使它认同于艺术，从而有别于科学的东西。因此，历史学既是科学，同时又不是科学；它既需要有科学性，又需要有科学性之外的某些东西。没有科学性就没有学术纪律可言，它也就不能成为一门科学或学科。但是仅仅有科学性，还不能使它就成其为历史学。历史学之成其为历史学，却全有待于历史学Ⅱ给它以生命。

次年，庞卓恒先生在同一刊物上发表了《历史学是不是科学》一文，对何兆武先生的上述观点提出了商榷。庞先生认为，“科学”一词，学界虽然有不同的界定，但其基本含义已渐趋一致，“那就是把科学视为从特殊现象求出一般规律（尽管什么是一般规律，理解上还有很大歧异）的学问或知识体系”。因此，历史学的科学性主要不是体现在“历史学Ⅰ”，而是体现在它对历史规律的概括总结上[①]。1998年，何先生又发表了《历史学两重性片论》一文，这是作者为《西方近代思潮史》一书所写的序言，着重论述了人类历史活动中的人文成分，尤其是人文成分中的非积累的部分，如人们的价值观、道德取向和人生境界等，以及历史学对这一类非积累性的人文成分在理解评说上的困难。他说：

> 作为历史的主人的人所追求的，乃是物（科学技术作为手段）与人文价值（目的）二者相结合的最佳值。一切人文价值——自由、平等、博爱、生命权、财产权与追求幸福之权以及英明远见、大公无私、毫不利己专门利人乃至一切精神境界与道德情操，——都不是，也不可能是从科学里面推导出来的结论。它们是信念、是理想，而不

① 庞卓恒：《历史学是不是科学》，《史学理论研究》1997年第3期。

> 是客观规定的事实和规律。——因此要理解历史，我们就需要还有科学之外以至之上的东西：价值、目的、理想、信念。它们不属于科学实证的范围之内，是科学所不能证实或证伪的，却又是人生和人的历史所非有不可的东西。我们之需要它们，丝毫不亚于我们之需要科学。[①]

这些论述，可以看作对自己早先论述的补充，也可以看作上述讨论的继续。1999年，庞先生的《唯物史观与历史科学》一书出版，在书中的最后一章，作者针对西方历史哲学的研究，选择了史学理论研究中的关键性问题，如历史学家是否应该或是否能够运用“普遍规律”对历史作出解释、历史认识或历史解释是否具有客观性、科学主义与人本主义等问题——作了深入的探讨。他强调：

> 唯物史观，按恩格斯的定义，是“关于现实的人及其历史发展的科学”。它证明，人类自身谋求生存和发展的实践活动，必然要推动自身的物质生产和精神生产力从低级向高级发展，从而也就必然要推动人们相互之间的社会交往方式和社会组织形态从低级向高级发展，而且都必然要发展到社会主义和共产主义的社会形态。这是全人类历史的普遍规律。它的这一基本内核决定了它是指引全人类走向真正的自由和解放的科学，同时也是指引历史学乃至一切社会科学成为真正科学的指针。[②]

这一段论述，也可以看作上述讨论的继续，但这似乎又把讨论的起点退回到了上世纪的50年代[③]。对于何、庞两先生的这场讨论，笔者在1999

---

① 何兆武：《历史学两重性片论》，《史学理论研究》1998年第1期。

② 庞卓恒：《唯物史观与历史科学》，第1页。

③ 持此种观点的学者，都认为唯物史观揭示了“全人类历史的普遍规律”，但对这个“全人类历史的普遍规律”的具体表述则有很大的差异。庞先生认为：“马克思本来就反对把他的论述‘变成一般发展道路的历史哲学理论’，所以在他的著作中我们找不到他按社会形态或社会发展阶段依次更替的序列来表述全人类历史发展的普遍规律的论述。”参见庞卓恒：《唯物史观与历史科学》，第56页。

年发表了《从怀疑论、配景论说到历史学Ⅱ的普遍性》[1]一文，对讨论中所涉及的问题——实际上也就是历史认识论的问题及其症结、难点作了一番整理和澄清。

2002年1月，邓京力女士在对何兆武先生的采访中，再次提及这场讨论并询问何先生是否对庞先生的观点再作回答，何先生说："我觉得庞先生的观点和我的没有矛盾，他说的和我说的不是一个问题。我不是说历史没有规律，而是说这个规律和自然科学的规律是不同的。历史学如果是科学的话，也不是自然科学意义上的那种科学。"[2]对于何、庞两先生来说，这场讨论似乎已经结束了。不过，对于中国史学理论界而言，真正的研究还只是刚刚开始。何、庞两先生的讨论及其分歧，几乎涉及这一领域里所有的重要问题——而这也正是西方历史哲学家一直关心、研究和争论不休的问题，以此为起点，延续何、庞两先生的讨论及其涉及的问题，正好能帮助我们将这一领域的研究和问题作一番全面而彻底的清理。

历史学是一门极其复杂的学科，它几乎涉及我们大部分的认知形式和知识品种，如史实的确认、史事的理解、历史的理论概括、历史意义的评价等等，这些不同的认知形式，生产不同的知识产品，体现不同的认知属性，单纯的科学哲学式的视角，远不能涵盖历史认识的多样性和复杂性。

8. 元问题及其研讨路径

历史哲学的研究对象和工作目的，是探讨历史学的学科本质及其特

① 参阅拙文《从怀疑论、配景论说到历史学Ⅱ的普遍性》，《史学理论研究》1999年第1期。

② 何兆武、邓京力：《没有哲学深度，就不能真正理解历史——何兆武先生访谈》，《历史教学问题》2002年第3期。

性，从而确定历史学在学科谱系中的地位、找到历史知识在人类知识地图上的恰当位置。所以，它所研讨的是“历史学究竟是一门怎样的科学”而不是“历史学怎样才能成为一门科学”。这两种提问在字面上只有少许的差异，但内含的问题意识却大相径庭[①]。借用科学哲学的说法，学科的本质特性的探讨，属于元问题范畴，它涉及的是有关学科的本质，学科研究的逻辑、概念，学科知识的性质等一系列有关学科的根本性问题。元问题的研究，或分析、批判的历史哲学的研究，与史学概论的研究都是以史学本身为对象的理论性研究，两者表面上颇为相似，然实质大不相同。所谓表面上的相似，在于这两者的许多研讨问题都是重叠和重复的；所谓存在着根本的差异，在于其研究路向和目的宗旨全然不同。史学概论式的研究，如以 1889 年德国史学家伯伦汉写的《史学方法论》和 1897 年法国朗格诺瓦与瑟诺博司的《史学原论》为源头，此类研究的对象是史学，其宗旨是叙述历史研究的合法性和合理性，并为初学者提供一种类似研究工作的手册或入门书。元问题或历史哲学研究的研究对象也是史学，但它的宗旨是质疑史学研究的合理性或合法性，为职业的历史学家提供一份反思或检讨的报告[②]。

由于学术传统和社会背景上的差异，欧美的历史哲学研究，从其开始

---

① “历史学怎样才能成为一门科学”和“历史学究竟是一门怎样的科学”虽仅是文字排列上的差异，但两者的研究宗旨、路径及问题之指向大相径庭。这里的差异，也就是“史学概论”研究模式与分析、批判的历史哲学的研究模式的差异。

② 以爱德华 · 卡尔为例，他既不是科班出身的历史学家，也不是正宗的历史哲学家，他的著作《历史是什么？》，虽然不同于那种纯真的分析、批判的历史哲学的研究，但它的主旨显然不属于史学概论的范畴。2002 年 4 月，英国史学家约翰 · 托什（John Tosh）在他的《史学导论》的“修订第三版序言”中说：“本书（引者按：托什的《史学导论》）属于历史学概论类的著作，这种类型的著述始于卡尔在 1961 年（引者按：应为 1960 年）出版的《历史是什么？》”，“从某些方面看，《历史是什么？》的持续流行是令人惊讶的。卡尔是从一种间接的角度来审视历史专业的。他未受过历史学的系统训练，……它是在冷战背景下写作的，……这本书（引者按：《历史是什么？》）深受作者所处时空背景的影响”。又说“《历史是什么？》由此并未被证明是指导未来历史研究的一部宪章就不令人奇怪了”等等。（参阅约翰 · 托什著，吴英译：《史学导论》修订第三版序言，北京大学出版社 2007 年版，第 1—2 页）以上引录的“第三版序言”的部分论述，似乎表明托什将上述两种不同的研究相混淆了；或许托什想将这两种研究合而为一。从托什《史学导论》的副书名（现代历史学的目标、方法和新方向）来看，它的主要内容是“史学概论”，但书中篇幅最大的第七章为“历史知识的局限性”，则分明属于分析、批判的历史哲学的研究范围。

时，就确立了比较清晰的问题意识。从学术发展史上看，分析、批判的历史哲学是对思辨的历史哲学和实证主义史学实践的一种批判与反思，它想纠正的，就是把历史学视为通常意义上的那种科学。有了这样的问题意识，他们的研究自然就转向了一些更为本源性的问题：历史学究竟是一门怎样的学科？历史学科的本质特性是什么？它与一般意义上的科学有什么区别？这种元问题的思考，是欧美历史哲学的研究主题，狄尔泰、文德尔班、波普尔、沃尔什、亨佩尔、海登·怀特等学者的著作都明显地带有元问题的特征。

科学哲学式的问题意识和科学哲学式的研究模式，有助于凸显问题意识，而这正是国内史学理论研究最为欠缺的。但是，科学哲学的研究模式也有其一定的局限性。相对而言，自然科学是比较单一的，当我们问"物理学是不是一种科学？"时，我们实际是问：以这种研究逻辑来研究物理世界所获得的知识是否可称之为科学。然而，当我们以同样的方式来问历史学时，情况就大不相同了。众所周知，历史学是一门极其复杂的学科，它几乎涉及我们大部分的认知形式和知识品种，如史实的确认、史事的理解、历史的理论概括、历史意义的评价等等，这些不同的认知形式，生产不同的知识产品，体现不同的认知属性。所以，历史学与一般意义上的自然科学并不具有直接的可比性，历史哲学与一般意义上的科学哲学也不可相提并论，前者比后者涉及更多的问题。比如，历史学不可避免地会牵涉到价值评判，而一般的科学研究则不会介入；自然科学使用的是"覆盖律"（Covering Law Model）的解释模式，而在历史学里，不仅有（类似）"覆盖律"的解释模式，或许还有移情式的体验、类比想象、理解认同等。自然科学认知形式的相对单一，使得科学哲学不需要对它有分层的研究。另外，晚近以来，西方历史哲学向语言学的转向，借助分析哲学、语言学、符号学对历史学的叙事形式、语言概念、术语范畴的研究剖析，也说明了单纯的科学哲学的视角，已远远不能涵盖历史认识的多样性和复杂性了。而借助一般认识论的考察视角和体系框架，将历史认识活动划分成不同层面，对不同的历史认识形式和知识性质分别加以研究，对于理解历史学的本性特质仍有相当的价值。

虽然在西方史学史上，也有一些学者从历史认识的不同层次、不同形式来谈论学科研究的性质问题，如英国历史学家乔治·屈维廉[①]，但分析、批判的历史哲学一般不愿对历史学作过细的分层研究。这样做，自然也有他们的理由，他们一般认为，历史研究虽有史实的考证，但它不是学科研究的主要工作，不能代表学科的本质特征，故在讨论中不必过多地去注意或停留在这一层面上[②]。但是，因缺乏分层而笼统地讨论历史学的性质、历史认识的客观性等问题，则会产生以偏概全的毛病，也容易引起误解。结果，他们所概括的命题常常被人误解，其中的合理性也不易为人领会[③]。

如果我们的目标是想建立一种有系统的、有自己特色的理论体系，而不是停留于西方历史哲学成果、观点的介绍，那么探索和建立一种新的、更适宜的研究模式，当是不容忽视且至关重要的工作。正是出于这样的考虑，本书采取一种介乎科学哲学与一般认识论之间的研究模式，以科学哲学的方式来提问，以一般认识论的方式来展开对史学的不同层面的考察。即分层讨论历史学中不同形式的历史认识、历史知识以及它们所体现出来的学科研究的本质特性。分层研究或许有些烦琐，但它便于澄清分歧、找出症结、界定论域。笔者不敢奢望能解决问题（或许不可能有什么根本的解决），但至少可以与西方分析、评判的历史哲学家交流对话，提出我们自己的理论解释。此外，我们还应该关注分析哲学、符号学的视角，分析历史学的语言、概念，探讨历史叙事的本质，而不是像以往，仅仅把它归于历史编撰学的范围，视为体裁和叙事上的技巧问题。

---

① 乔治·屈维廉:《克莱奥——一位缪斯》，刊于田汝康、金重远选编:《现代西方史学流派文选》，上海人民出版社 1982 年版，第 192 页。

② 正如爱德华·卡尔所说:“叙述准确，是历史学家进行工作的必要条件，却不是主要职能。”[爱德华·卡尔:《历史是什么？》（吴译本），第 5—6 页] 柯林武德的“一切历史都是思想史”、克罗齐的“一切真历史都是当代史”、沃尔什的“配景论”，都包含这样的观念与理解。

③ 详见本书第八章第二节的讨论。

二　史实与史家

历史就是过去的事，如果我们没有对它的记忆或认知，那么它又在哪里呢？独立于认知者之外的历史，除了肯定它的曾经存在、肯定它的一去不复返，我们还能说些什么呢？

1. 历史学的“月亮问题”

20 世纪自然科学最为骇人听闻的争论之一，恐怕是量子力学的那个著名论断：月亮在无人看它的时候，它不存在[①]。月亮是否真的不存在？月亮在我们不去看它时，它是否真的存在，或真的不存在？这原本是没人会怀疑的事，想不到在与我们人类彼此相望了数百万年之后，居然连月亮的存在与否都受到了科学家们的怀疑。当然，这只是一种比喻，这一论断的主旨意在突出微观研究领域的特殊性：认识客体的非直观性，认识活动中主、客体的难以分离，主体因素对认识活动的影响，主体因素对认识结果的渗透等等。令人意想不到的是，量子力学的这个骇人听闻的论断，居然在一门古老而悠久的学科 —— 历史学那里找到了知音，获得了“回响”——因为，20 世纪的史学理论界也在争论一个历史学的“月亮问题”，即“历史事实在哪里”的问题。

与一般的、以现实存在的事物为研究对象的认识活动不同，历史研究的对象是既往的事实。作为认识对象的历史事实已经消逝，它既不能直接

① 所谓“月亮问题”，来自美国康奈尔大学一位物理学教授的比喻。在量子力学的研究中，科学家们发现，对象（电子）没有位置。确切地说，如果观察者不去测量对象（电子）的位置，对象（电子）便没有位置。爱因斯坦不同意这一结论，他设计并提出了“EPR 理想试验”（“EPR”是 Einstein、Podolsky 和 Rosen 三个人名的缩写形式）来进行反驳。但“EPR 试验”却没有获得他所希望的结果。物理学教授大卫便把这一结果表述为：月亮在无人看它时是不存在的。玻尔以及哥本哈根学派的学者反倒可以依据“EPR 试验”给出的结论说：我们现在知道月亮在无人看它时肯定不存在。

观察，也不能通过任何实验的方式来复制、再现（这里只是说具体的历史事件、人物等不能通过实验方式来复制再现，至于历史能不能再现，或者是在何种意义上能或不能够重演再现，本书将在第六章中讨论）。面对这些看不见、摸不着的认识对象，历史学家偶尔也会疑问“历史事实在哪里”之类的问题。不过，这只是偶尔闪现的问题。因为长久以来，历史学家并不认为这是什么需要认真探讨或反复推敲的问题，通常的看法是：历史事实是客观的，它存在于历史学家之外并不受其影响。历史事实以直接的方式“封存”在史料，尤其是原始资料之中，历史学家只要按照一定的规则和程序（统常称为史料的外部批判和内部批判），就可以获得它们，将它们移入自己的历史著作中[①]。

自史学产生以后，这样的理解似乎从没有被人怀疑过，作为一种常识，它为大家认可并视为理所当然。然而，近一百多年来，这一常识却遭到了众多的历史学家、历史哲学家的质疑和批评。贝克尔的批评最具代表性，他认为：历史事实“并不像砖头那样是轮廓分明的，可以测出重量的，某种坚硬的、冷冰冰的东西”，客观的历史已经一去不复返了，历史学家不可能与历史事实本身打交道。他说：

> 这些已经消失了的客观事实被关于它们的暗淡的反映和模糊的印象或观念所代替，而且这些触摸不到的、暗淡模糊的反映和印象都是发生过的真实事件所留下的全部东西。[②]

爱德华·卡尔也认为：

> 相信历史事实的硬核客观地、独立地存在于历史学家的解释之外，这是一种可笑的谬论，然而这也是一种不易根除的谬论。[③]

---

① 参见巴尔格：《历史学的范畴和方法》，第 145 页。

② 卡尔·贝克尔：《什么是历史事实？》，《历史的话语——现代西方历史哲学译文集》，第288页。

③ 爱德华·卡尔：《历史是什么？》（吴译本），第 7 页。

那么，历史事实究竟在哪里呢？贝克尔说，如果有人问我："历史事实在哪里？"那么，我的回答是：

不管听起来多么刺耳，我都会不假思索地回答：历史事实在某些人的头脑中，不然就不存在于任何地方。历史领域是一个捉摸不定的领域，它只是形象地被再创造，再现于我们的头脑中。[①]

雷蒙·阿隆也持类似的看法，他说：

（历史事实）本身是不存在的，它的存在只是通过意识并且为了意识。……独立于科学之外而又能被科学真实再现的历史现实是不存在的。历史学家所见到的战役在如下的意义上是一种观念的存在，即它只在意识中才是现实。[②]

英国哲学家奥克肖特则说：

历史就是历史学家的经验。历史不是别人而是历史学家"制造出来"的：写历史就是制造历史的唯一办法。[③]

美国著名的批评家、史学理论家海登·怀特认为：

认识到对所研究的客体并不存在什么单一正确的观点，而有许多正确的观点，每一种都要求有其自己的再现风格。这将使我们认真对

---

① 卡尔·贝克尔：《什么是历史事实？》，《历史的话语——现代西方历史哲学译文集》，第287、291页。

② 雷蒙·阿隆：《历史哲学导论》，参见陈启能：《史学理论与历史研究》，第77页。

③ 奥克肖特：《经验及其模式》，转引自爱德华·卡尔：《历史是什么？》（吴译本），第19页。

待那些创造性的曲解，提供这些曲解的人都能以和我们一样的严肃性看待过去，但却怀着不同的情感和知识指向。因此，我们不应该再幼稚地期待关于过去某一特定时代或复杂事件的陈述与某些事先存在的“原始事实”“相对应”。我们应该认识到构成这些事实本身的东西正是历史学家像艺术家那样努力要解决的问题……[①]

这一系列有悖于常理的论述，把原来毫无疑问、理所当然的“历史事实”变成了历史领域中的捉摸不透的“月亮问题”。有学者说，这是西方的那些爱弄玄虚的学者有意地给问题增加诡谲迷离的色彩，是一些怀有与历史本身不相干的目的而加入争论的人所造成的混乱和迷惑。不少学者对分析、批判的历史哲学的研究，抱着一种冷漠和反感，认为这样的研究简直是玩弄概念游戏，“不但无用，反而有害，因为它徒然增加许多思想上的混乱”[②]。说他们是故弄玄虚或有意制造混乱，这既省事又痛快，但省事痛快之余，也就连带地取消了问题，自然也看不到这些论断所包含的某些合理性。分析、批判的历史哲学家在讨论历史学的本质特性时，常常选择“历史事实”作为剖析和讨论的对象[③]，为此，他们不惜将“简单问题”复杂化，因为历史事实及其多重属性正可以用来说明历史学的复杂性。于是，历史学的“月亮问题”就被提了出来——什么是历史事实？是历史的事实，还是历史学的事实？是过去的事实，还是当下的事实？是历史学家的事实，还是历史学家背后的那个社会的事实？有哪几种历史事实？等等等等。历史事实既是构建历史大厦的基石，也是历史认识活动的起点，又正好是我们研讨反思历史学的起点，分析、批判的历史哲学家就是把它用作理论研究

---

① 海登·怀特著，陈永国、张万娟译：《后现代历史叙事学》，中国社会科学出版社 2003 年版，第 58 页。

② 参见何兆武：《苇草集》，第 155—156 页。

③ 值得注意的是，从上世纪 60 年代起，苏联史学理论的研究虽然多采取历史认识论的研究模式，但其研究的切入点也集中在对“历史事实”的含义分析和分层辨析，其研究之深度和广度，也可为我国史学理论界所借鉴。参见陈启能、于沛、黄立茀：《苏联史学理论》，经济管理出版社 1996 年版，第 123—155 页。

的逻辑起点[①]。

人们常说：史实胜于雄辩，似乎只要摆出史实，史实就会自己发言，就会充当争辩的仲裁。其实，情况正好相反：是史家让史实显现，是史家让史实发言，史实背后站着的是史家。

2. 事实能否自己说话？

一个命题，如果不深入到它内在的思想含义，而仅仅停留在它的字面上，往往会变得荒谬不堪或不可理解[②]。所以，"月亮在我们不去看它的时候它不存在"的论断，也不能从字面上去理解它，而应当联系它内含的思想来加以解读。同样，历史学中的"事实问题"，也可以释读为：历史事实在我们不去认识它时，它是不是存在？这就是我们经常听到的一个简单的疑问：历史事实能否自己说话？

人们常说：事实胜于雄辩。又说：摆事实，讲道理。似乎只要摆出事实，事实就能自我申辩，事实就能说明一切。长久以来，历史学家也一直认为应该让历史事实自己来说话，而且他们也一直相信历史事实能够自己

① 恩斯特·卡西尔曾别开生面地把"历史事实"的研讨引入符号学领域，或者说他是以符号学的方法来剖析"历史事实"。他在《人论》的第十章"历史"里，将物理事实与历史事实加以比较，他认为：历史学家像物理学家一样生活在物质世界之中，然而在他研究的一开始他所发现的就不是一个物理对象的世界，而是一个符号宇宙——一个由各种符号组成的世界。他首先必须学会阅读这些符号。一切历史的事实，不管它看上去显得多么简单，都只有借着对各种符号的这种事先分析才能被规定和理解。除了各种文献或遗迹以外，没有任何事物或事件能成为我们历史知识的第一手的直接对象。只有通过这些符号材料的媒介和中介，我们才能把握真实的历史材料——过去的事件和人物。恩斯特·卡西尔著，甘阳译：《人论》，上海译文出版社 2004 年版，第 240—241 页。

② 正如 20 世纪 80 年代初，当西方历史哲学的理论刚刚传入中国时，就有学者批评克罗齐"一切真历史都是当代史"的命题，说他把历史全都归入当代史，那岂不取消了古代史、中世纪史和近代史？这样的批评自然是误解。克罗齐的命题想要表达的是，一切史学都有当代性，或者说，一切历史的书写都有当代性。

说话。法国历史学家福斯太·德库朗惹在课堂上给学生讲早期的法国制度，他用大量的历史事实来证明，那种认为政治自由是由早期的德国人带进高卢的说法是错误和荒谬的。话未说完，在座的学生对老师的讲演报以热烈的鼓掌，德库朗惹激动地对学生说："请不要为我鼓掌，不是我在向你们讲话（历史），而是历史通过我的口在讲话。"历史学家巴兰特也声称："我想让人们看到，而不是听人家描述 15 世纪的历史"，"读者所看到的不再是历史学家或作者，而是事实本身"[①]。他们相信，排除了史学家的干扰和侵入，研究结果便可以"与己无关"，历史学家的责任是让历史事实自己说话，最好的历史学家，就是能让事实自己说话的历史学家。英国历史学家阿克顿曾说：

> 人们说一个历史学家只有在其不在场时才能被人看出其最大的优点，就是有道理的了。对我们来说，一个更好的例子是牛津主教（即英国史学家威廉·斯塔布士），他从不让我们知道他对任何事情的看法，而只让我们知道他面前的事情。[②]

历史学家收集事实，把它们带回书房，然后加以"烹调"。不过，他不能只按自己的"口味"来"烹饪"，阿克顿对历史编纂的要求是：

> 我们的滑铁卢必须使法国人、英国人、德国人和荷兰人同样都能满意。[③]

从兰克到阿克顿，整个 19 世纪的历史学家都明确地以此为追求的目标。为了能让事实自己说话，历史学家必须努力使自己成为一个客观的人。

---

① 乔治·皮博迪·古奇著，耿淡如译：《十九世纪历史学与历史学家》，商务印书馆 1989 年版，第 368、317 页。

② 阿克顿：《历史研究讲演录》，《历史理论与史学理论》，第 349 页。

③ 爱德华·卡尔：《历史是什么？》（吴译本），第 4 页。

他们认为，对历史认识真实性的威胁主要来自历史学家自身，为此，历史学家应该做到排除“自我”、消灭“主体”，达到一种“不偏不倚”。兰克是历史学家中“不偏不倚”的典范，阿克顿曾这样描述他：

（兰克能）有效地压抑自己身上的诗人、爱国者、宗教和政治党徒，不支持任何事业，并使自己从书本中完全摆脱出来，并决不写作会使满足自己感情或宣示个人信念的任何东西。当一位像他一样写作宗教改革史的勤奋的牧师称他为同志时，兰克拒绝了他的恭维。他说：“您首先是一个基督徒，而我首先是一个历史学家。我们之间存在着差距。”[①]

历史学家是一位客观的人，他应该是一件工具、一面镜子、一架传递历史场景和声音的机器。“历史学家从第一手资料提取历史事实后，即可‘直接’把它搬到自己的史学著作中去，既不用改变它在历史链条上的位置，也不用涉及它在这个链条上的作用和意义。”[②]只有这样，才能真正达到如兰克所说的“如实地说明历史”。

事实能够自己说话，历史学家的任务和责任就是让历史事实自己来说话。这是19世纪历史学的目标，也是那个时代历史学家的普遍信念。不过，即使是在那个时代，这种信念也遭到了少数几位目光敏锐的思想家的嘲笑，尼采便是其中最具代表性的一个。尼采曾用嘲讽的口吻称这样的历史学家是“一面镜子、一件工具”。他说：

事实上，客观的人是一面镜子，习惯于服从他想要知道的每一件事，希望只是知道它并反映它，他等待着，直到有些事情出现了，他就敏感地把自己这面镜子展开，即使那些精灵的轻微的脚步和一闪而

① 阿克顿：《历史研究讲演录》，《历史理论与史学理论》，第357页。

② 巴尔格：《历史学的范畴和方法》，第145—146页。傅斯年先生曾说：历史学就是史料学。这从某种意义上，是说出了历史研究的特殊性，历史学家的任务之一就是从史料中看出史实。但是，怎样才能从史料中看出史实？历史学家在从史料中看出史实的工作中，究竟做了些什么呢？这些工作对于史实的确定发生了怎样的关系、影响和作用？这是需要进一步思考的。

过的动作也不至于在他的表面和底片上消失。无论他还具有什么样的“个性”，对他来说似乎都是一种妨碍。他已经完全把自己看成是外部形式和事件的通道与反映了……不管人们希望从他那里得到爱或恨，他总是要做他力所能及的事，并提供他所能够提供的东西。如果他做得不多的话，人们也不应该感到奇怪……他正在反映的、不断地自我完善的灵魂再也不知道如何去肯定，如何去否定……他只不过是一种工具，……他本身什么都不是（几乎什么都不是）！[①]

作为“一面镜子、一种工具”，史学家是被动的、消极的、胆小谨慎和诚惶诚恐的。卡尔后来也曾这样描述他们：

19世纪对文件的崇拜使这一时期对于事实的崇拜更是无以复加，且更具有理由。文件就是事实这座圣殿里那个盛摩西十诫的大柜。虔诚的历史学家低着头走近它们，用敬畏的音调谈论它们。[②]

罗兰·巴尔特曾以符号学的方式来剖析历史学的话语，他认为无论你如何小心翼翼地排除主体，历史研究中的主体性总是无法藏匿的，并不无讽刺地称德库朗惹以消灭史家主体来保证“历史的贞洁”，实在只能造成一种历史在“自言自语”的错觉[③]。

尼采、卡尔和罗兰·巴尔特的批判是入木三分的，他们敏锐地察觉

---

① 参见卡尔·贝克尔：《什么是历史事实？》，《历史的话语——现代西方历史哲学译文集》，第291—292页。

② 爱德华·卡尔：《历史是什么？》（吴译本），第12页。

③ 在罗兰·巴尔特《历史的话语》一文中，我们能读到一段与尼采、卡尔异曲同工的描述，他写道：“作者企图通过故意省略对作品创作者的任何直接暗示，以避开他本人的话语的地方，历史似乎在自行写作。这一方法被极为广泛地运用着，因为它适合历史话语的所谓‘客观的’方式，而历史学家本身则从不在这种方式中出现。实际的情况是，作者放弃了人性的人物（human persona），而代之以一个‘客观的’人物；作者的主体性依然明显，但他变成了一个客观的主体。这就是福斯太·德库朗惹如示真谛地或不如说天真地称作‘历史的贞洁’的过程。在话语层次上，客观性，或者说对讲述者的存在的任何提示的阙如，结果就成为一种特殊形式的虚构，这是可被称作指示性幻觉（referntial illusion）的产物，历史学家企图通过指示性幻觉给人以这种印象：所指物在自言自语。”罗兰·巴尔特：《历史的话语》，《历史的话语——现代西方历史哲学译文集》，第115—116页。

到“排除自我”和“消灭主体”只是一种自欺欺人，那是完全做不到的事情。不过，我们也不能因此而全盘否定客观主义史学理念的历史价值，看不到它的历史的合理性。这种“排除自我”“消灭主体”的口号，是出于对19世纪以前的思辨的历史哲学的一种厌恶和反叛。他们看到，历史事实如何在思辨的历史哲学家的手里被严重地歪曲——“他们就为了有利于他们的体系而对事实施加强暴，结果就以一种‘普罗克鲁斯提斯’的方式割弃某些最重要的事实，而对其他被接受下来的事实则加以歪曲，使它们符合一种不是真正的而是强加于他们的意义。甚至那些仅仅作为叙述的实际助手的年代学划分也受到了折磨，希望它们能被提升到合乎理想的划分的地位。”[①]客观主义史学家对这种研究方式深恶痛绝，出于对前辈学者的一种纠正，他们把历史学的任务、目的，还原到事实的发现和确定上，认为历史学家无须向事实提问，任何抽象、概括、综合、评价都足以破坏历史学的真实性。从这个意义上说，客观主义历史学的“消灭自我”是由其所肩负的批判思辨的历史哲学的学术使命所规定的，也是史学发展史上合乎逻辑的一环。

史事是先已发生并存在的，我们的认知当以史事为准，应该尽量按照史事的原貌来言说史事，这是大家都认可和接受的看法。但这种观念，只看到了事情的一个方面而忽视了另一方面。

3. 以事实为中心的史学理念

作为一种纠正，客观主义历史学建立起一种新的史学理念，我们称其为“以事实为中心的史学理念”，其特征是以历史事实为中心，完全从史实

① 克罗齐:《历史学的理论和实际》，第226页。

方面来理解历史认识活动。

以事实为中心的史学理念，强调史实是历史认识的基础与前提，强调史实在历史认识中的主导地位与决定作用。这种史学理念对历史认识活动持一种客观主义和自然主义的解释。所谓客观主义，是指一种对历史认识本源问题上的客观主义。他们认为，历史认识的对象——历史事实是先于认识和独立于历史学家之外的客观实在，它们是历史认识的基础和前提。所谓自然主义，是指他们以一种直观而自然的观念来解释历史认识的发生和形成等问题。把历史认识的形成看作由外在的史实对历史学家的“给予”或“被打上印记”，历史学家在历史认识活动中只是处于一种被动、消极的地位和等待的状态，等待着承接“给予”或“被打上印记”。

在日常生活中，尤其是在我们的感性认识的阶段，认识活动似乎还可以用“给予”或“被打上印记”来描述（其实也是说不通的），还可以说是外在的对象刺激了我们的感官。然而在历史认识活动中，即使是在历史认识的初始阶段——历史事实的发现和确定，也总是表现为思想与对象的相互关系。思想所把握的总是一般性规定，思想与对象的关系总是表现为普遍性的概念与个别性事实的结合。如果历史学家只是一种被动、消极的工具，客观的历史事实又怎么会进入历史学家现实的认识活动而成为认识对象呢？这种客观主义和自然主义的理解内含着一个明显的逻辑矛盾，我们会问：既然历史学家只是像“一面镜子”或一张白纸似的去等待被打上印记的消极工具，那么，凭什么说历史事实是先于认识和独立于历史学家之外的客观存在呢？因为上述判断本身就是认识的结果。无条件地肯定认识（被给予或被打上印记）之前的历史事实的客观存在，不就是肯定了一种可以不通过给予的认识吗？不就肯定了一种先于认识的认识吗？

这种逻辑上的矛盾来自历史认识本源与历史认识发生、形成问题的混淆。就认识的本源而言，客观存在的历史事实确实是历史认识的基础和前提，不可设想，历史学家会将并不存在的东西当作他的研究对象而写进他的历史著述中。肯定这一点，也就是肯定了历史学不是小说或艺术，历史认识活动从本质上说不是在观念中凭空创造或生成历史的过程[①]。但是，一旦我们的考察进入到历史认识的过程和历史认识的形成，就不能简单地将原先本源上的“基础与前提”，提升为历史认识过程中的“主导与决定”。事实上，客观存在的历史事实并不会因为它的存在而自然而然地或必然地成为我们的研究对象，它并不会向我们自然涌现。正像恩格斯所说：“如果我们不能对事物加以研究，那么它们对我们来说就是不存在的了。”[②]或者说，它们只是一种自然的存在。这种自然存在的历史事实，还不是历史学家的历史事实。

当代思维科学的研究已经证明，认识总是在主体先存的认知图式的统摄下进行的，相对于认识客体来说，主体总是处于一种主动态势和能动状态，没有主体的主动介入，没有主体认知图式的操作和运转，认识活动是无法进行的，主体对客体的认识也无法获得。历史认识活动也不例外，历史学家在历史认识活动中也不是处于一种被动、消极、等待的地位和作用，而是在史家主体的统摄下进行的。哲学家罗素曾说，摆脱主体性的愿望，已经在有关的认识论方面，把一些近代哲学引入迷途。这种情况在史学理念界也同样存在，以事实为中心的史学理念导致了历史学家对自己研究工作的误解和史学实践的偏差，这在19世纪的史学研究中表现得最为明显。比如，那个时代的历史学家对历史认识真理持绝对主义的信念，热衷于发现和确定事实，而对概括归纳少有问津；只注重对史料的考订鉴别，而不愿对史事作诠释、概括、综合和评价等等，因为在他们看来，解释、概括、评说，都足以破坏历史学的客观性。

---

① 小说可以虚构创作，历史必须以事实为依据，这是一般的有关历史与小说的区别的看法。海登・怀特则认为，这里的区别并不像通常人们所认识的那么明显。他说：尽管小说家可能只与想象中的事件打交道，而历史学家则只与真实的事件打交道，但把想象与真实事件融为可理解的整体，并使其成为表述客体的过程，实际上是一个想象的过程。有关这些问题，将在本书的第五章中讨论。

② 恩格斯：《自然辩证法》，《马克思恩格斯全集》第20卷，第584页。

已经过去的史事，如果我们没有记忆、不去认知，那么它确实只是“死的历史”。只有我们记忆它、认知它了，它才成为“活的历史”。所以，史事与史家总是相关联的。这是事情的另一面，不可忽视。

4．事实与非事实

以事实为中心的史学理念只强调历史事实的客观性一面，而所忽视的另一个方面，即历史事实与历史学家的相关联性，这需要史学史上的后继者，也是它的批判者来加以弥补和完善。到了 20 世纪，统治了西方史学界一个多世纪的史学理念，被视为 19 世纪不可能实现的幻想之一。新一代的史学理论家采取了一种全然不同的史学理念：一种从主体方面来解释历史认识活动的史学理论。其主要特色是强调史学研究中的主客体的无法分离，强调历史学家的主体因素对史学研究活动的渗透，强调历史学家在历史研究中的主导地位和决定作用。为了行文的方便，我们把它称为“以史家为中心的史学理念”。

20 世纪以后，史学家们很少再有相信能够让事实自己来说话的了。他们认为，如果在一般的认识活动中，还能勉强地做到“让事实自己说话”的话（实际上也是做不到的），那么，在历史领域则完全做不到这一点，因为历史事实早已消失。“让事实自己来说话”，无非是 19 世纪史学家们信奉的一个神话。客观存在过的历史事实之所以能够进入我们的视野，成为我们认识的对象，不仅在于它的客观性，还在于它与历史学家之间存在着一种关联性。如果说已经发生的历史事实不以任何研究者的思维活动为转移而独立存在，那么作为历史学的历史事实则恰恰是与历史学家的思维活动相关联的。雷蒙·阿隆、贝克尔、奥克肖特等学者的论述都旨在强调历史事实的这一层含义[①]，而这正是长期以来为人们所忽视的“历史事实”的另

① 参见本章第二节。

一属性。

汤因比曾谈论过历史学家对历史事实的选择，他说：

> 假使某人掌握着单独一天之内在全世界出版的所有报纸，并假设他得到保证说所有报道的每一个字都是像福音一样的真理，那么他拿着这些报纸能干些什么呢？他又如何组织它们呢？再进一步假设他认为所有的事实都是同样重要的，可他就是无法写成一部掺合所有这些事实的单独一天的历史。他不得不进行选择，而且，即使他把所有事实都转载出来，他也只能突出一些事实，并贬低另外一些事实。①

根据历史事实与我们的关联性来进行选择，是历史学家的工作，也是他们特有的权利。这样，历史学家对历史事实似乎持有一种“生杀大权”：选择一些历史事实，把它们写进我们的历史书，成为活的历史事实；抛弃另外一些历史事实，让它们沉入遗忘之海，成为死的历史事实。爱德华·卡尔把历史事实分为两种，一种是“有意义”的历史事实，一种是“不重要”的非历史事实，他说：

> 他（历史学家）有双重的责任，一方面发现少数有意义的事实，使它们变成历史事实；另一方面把许多不重要的事实当作非历史事实而抛弃掉。②

从历史与我们的关系来划分出两种不同的历史事实，更早的还有克罗齐的“活的历史”与“死的历史”、“历史”与“编年史”划分。克罗齐说：

---

① 汤因比著，王少如译：《汤因比论汤因比——汤因比与厄本对话录》，上海三联书店 1997 年版，第 14 页。

② 爱德华·卡尔：《历史是什么？》（吴译本），第 10 页。

> 编年史与历史之得以区分开来并非因为它们是两种互相补充的历史形式，也不是因为这一种从属于那一种，而是因为它们是两种不同的精神态度。历史是活的编年史，编年史是死的历史；历史是当前的历史，编年史是过去的历史；历史主要是一种思想活动，编年史主要是一种意志活动。一切历史当其不再是思想而只是用抽象的字句记录下来时，它就变成了编年史，尽管那些字句一度是具体的和有表现力的。……我们得以拒绝一种极其常见的假设——认为编年史先于历史的假设。老文法学家马里奥·维托里诺所说的编年史，先有年代记，然后才写成历史，曾被人反复引述，被人概括化，被人普遍化。但是，研究这两种做法或态度的性质从而也是研究这两种做法或态度的来历的结果表明，情形恰恰相反：先有历史，后有编年史。先有活人，后有死尸；把历史看作编年史的孩子等于认为活人应由死尸去诞生；死尸是生命的残余，犹之编年史是历史的残余一样。[①]

有不少苏联的学者对卡尔的“历史事实”与“非历史事实”的区分持批评的态度[②]。如茹科夫就反对这种区分，他认为，如果由于一些历史存在暂时未进入我们的史学，就认为它们是“非历史事实”，那就会事先把我们寻找新的历史存在的可能性大大缩小，并把自己束缚在某种固定的“历史事实”的圈子内。历史是一门不断发展的科学，昨天的“非事实”明天可能成为公认的事实。再说，历史学家甲没有发现的某一事实，历史学家乙或丙将会在不同的时候、不同的情况下发现，因而，把没有被发现的事实

---

① 克罗齐：《历史学的理论和实际》，第8—9页。

② 就史学观而言，苏联的史学家们大都不同意西方那种“以史家为中心的史学理论”，并对其大加批判。但是，考察其具体的史学实践和史学著述，却发现他们所标榜的史学理念与其实际进行的史学研究却大相径庭：一方面他们对西方的这种“以史家为中心”的史学理念，口诛笔伐，强调历史研究的客观性和科学性；另一方面，他们所撰写的史学著述却表现为一种完全是让“历史事实”围着历史学家转的研究模式，甚至把历史事实用来为现实政治作注释。所以爱德华·卡尔说：“不顾事实、任意解释、丝毫不为这种危险的现实所动的例子，我见得太多了。读一些苏联史学学派和反苏的史学学派的比较极端的著述，有时便使人产生一种怀旧之感，怀念那种迷人的、19世纪纯事实的历史。”［参见爱德华·卡尔：《历史是什么？》（吴译本），第25页］这种情况与20世纪五六十年代的中国史学很相似，其极端的事例，就是“文革”期间的所谓“为革命而研究历史”。

说成“非事实的”、不存在的事实，那是错误的。他认为，“把那些史学史上给予某种阐明（在很多情况下是片面的）的事实称为‘史学事实’就已经足够了。可以设想，对历史事实不应再重构其他人为的分类”[①]，他甚至认为这一领域的研究，存在着一种“故意把历史事实的问题弄得复杂化”的倾向[②]。巴尔格认为，没有明确地把客观现实的事实（社会科学的原始材料）与科学的事实（客观现实的事实的认识结果）区别开来，是有成效地讨论事实的解释问题的主要障碍。但是他反对以历史事实的意义来区分历史事实和非历史事实。因为历史事实是否具有历史意义，是相对的，从不同角度和要求，其显示的意义也就不同[③]。还有的苏联学者认为，历史事实与非历史事实的划分多少是人为的，如果说它是有意义的话，那只是就某项具体的研究而言，因为“任何事实在一种情况下可以是‘历史的’，在另一种情况下又可以是‘非历史的’”[④]。

苏联学者的批评，有些是出于对历史事实意义上的理解分歧（详见下文的讨论），有些则是对“非历史事实”一词的误解。从字面上看，卡尔的“非历史事实”确实容易被理解为“不存在的历史事实”[⑤]。其实，不存在的历史事实，在计量史学中被称为“反历史事实”。而“历史事实”与“非历史事实”的区别，不在于它是否客观存在过，而在于它是否进入了我们的认识视野，是否已经为我们的认识所指向。为此，曹伯言先生提出用“潜在客体”与“现实客体”两个观念来加以区分，把尚未进入我们认识指向的那些历史事实称为“潜在客体”，把已经为我们的认识所指向的、纳入了我们的认识活动的那些历史事实称为“现实客体”，并认为二者的区分不是一成不变的，而是可以相互转化的[⑥]。爱德华·卡尔的“历史事实”与

---

① 茹可夫著，王瓘译:《历史方法论大纲》，上海译文出版社 1988 年版，第 200 页。

② 茹可夫:《历史方法论大纲》，第 198 页。

③ 巴尔格:《历史学的范畴和方法》，第 152—156 页。

④ 季雅科夫:《过去和现在的史学方法》，参见陈启能:《史学理论与历史研究》，第 100 页。

⑤ 苏联学者较多使用的术语是“客观现实的事实”与“科学的事实”、“作为客观实际的事实”与“作为研究对象的事实”等等。参见茹可夫:《历史方法论大纲》，第 199 页。

⑥ 曹伯言:《“史学概论”三题》，《学术月刊》1987 年第 6 期。

“非历史事实”也当从这种含义上去理解它。

从表面上看，史事与我们的关联性表现为我们对史事的选择或确认，其背后则是史事对于我们的意义。由此就可以区分出“死的历史”与“活的历史”、“过去的历史”与“现在的历史”。

5. 史实与史家的关联性

其实，将历史事实与非历史事实加以区分，根本的目的都在于凸显历史事实与历史学家之间、过去与现实之间的某种关联性。卡尔的术语（即历史事实与非历史事实）和克罗齐的命题一样，都有一个“荒谬的外观”①。但撇开这里的“荒谬外观”，他们的区分，使我们更容易察觉到史学研究中的主客体的关联性，而此点则是我们一直忽视的。

一个单纯的历史事实是出于什么原因（或条件）变成了历史学家的历史事实的呢?

我们首先想到的是史料方面的条件和原因。比如，几千年前的“花剌子模”的古代文化，由于一直没有发现有关的史料，有关这一文化的历史事实一直处于“非历史事实”状态。直到20世纪考古学家发现了它的遗迹，这段历史才由一种“非历史事实”变为“历史事实”。这当然是一种很符合实际的解释。但是，这样的解释还不能使人满意。因为有许多历史事实之所以还处于“非历史事实”的状态，并非缺乏有关的史料，而是我们不想去研究它、去认识它。或许我们还可以从研究范围和对象之间的联

① 克罗齐自称他的“一切真历史都是当代史”有荒谬的外观。参见《历史学的理论和实际》，第6页。

系强弱等原因来作点解释，陈启能先生在《论历史事实》一文中讨论了这个问题，他说："研究拿破仑帝国的历史，不必记录同时代巴黎木匠的生活，研究 1792 年普奥与法国的战争，不必引用歌德的某一封信或歌德的某一句话。"[①]但这只是说明了为什么我们要舍弃某些历史事实，如巴黎木匠的生活或歌德的某一封信；而没有说明我们为什么要去研究另外一些历史事实，如拿破仑帝国的历史或普奥与法国的战争。如果刨根问底，再进一步追问隐藏在选择和舍弃背后的深层原因，我们多少能触摸到一些历史学的本质特性。

确实，像有人所坚信的那样，历史学家可以漫无目的地或者全凭自己的一时兴趣来选择一些东西来进行研究，这至少在逻辑上是可能的，在史学实践中也是存在的。这样的研究成果，我们也不能说它不是历史学。但是，如果我们肯定历史学并不是一种休闲消遣的智力游戏，那么，除了个别偶然的心血来潮或为好奇心所驱使，一般说来，人们不会无缘无故地去回忆和认识过去的事情；如果承认"历史是由活着的人和为了活着的人而重建的死者的生活"[②]，那么人们认识历史的根本目的是解决现实生活中的种种问题，历史学家就是一些为解决现实问题而到历史领域中去寻找答案的人（能否找到答案，这里暂且不谈）。他们之所以关心、研究这一些历史事实，那是因为对这些历史事实的研究认识有助于他们对现实问题的解答，这些历史事实与他们以及他们所生活的那个社会时代的需要存在着一种关联性，表现为一种有用性。路易十五与彭柏杜尔夫人之间的暧昧关系之所以成为历史学家感兴趣的、关注的，并要深入探讨的历史事实，那是因为"抛开了这些私事，全部法国革命前的历史就不可理解"[③]。而这种兴趣、关注和理解的要求，是由现在的社会所引发的，尤其是经历了法国大

---

① 陈启能:《论历史事实》,《史学理论》1987 年第 4 期。

② 雷蒙 · 阿隆:《历史哲学》,《现代西方史学流派文选》，第 95 页。

③ 恩格斯在《流亡者文献》中写道：私事和私信一样，是神圣的，不应在政治斗争中加以公开。如果这样无条件地运用这条规则，那就只得一概禁止编写历史。路易十五与杜芭丽或彭柏杜尔的关系是私事，但是抛开这些私事，全部法国革命前的历史就不可理解。参见《马克思恩格斯全集》第 18 卷，人民出版社 1965 年版，第 591 页。

革命时期数十年的动荡之后的法国人民，迫切希望从有关历史中寻找理解革命的答案[①]。

所以，一旦某一历史事实进入了我们的认识范围，那么，这个历史事实就不仅具有客观性，它还具有一种相对于主体而言的有用关系和为我关系，存在着一种与我们的内在需要的同一性。在古希腊、古罗马时期，选入史学著作中的历史事实主要都是些政治和军事活动；在古代中国，历史学家载入史书里的主要都是帝王将相的活动和王朝的兴衰更替。这种历史事实的选择，受到后人的批评，被斥为相斫书、墓志铭和“蜡人馆”。同样，中世纪的历史编纂学，都是以记录人间俗世的灾难、战争、瘟疫、饥馑、地震、水旱灾害等为主，而有关古代埃及、希腊、罗马文明的历史事实则一概进不了它们的视野。站在今人的立场上，我们很容易指出这种选择的缺点和不足，但这只是说明了它们是如何不适合我们今天的需要，丝毫不能否认其在当时的合理性和有用性。北宋王溥所撰的《唐会要》中有这么一段叙述：

> 凡功名不足以垂后，而善恶不足以为诫者，虽富贵人，第书其卒而已。陶青……皆为汉相，爵则通侯，而良史以为龌龊廉谨，备员而已。无能发明功名者，皆不立传。伯夷……皆终身匹夫，或让国立节，或养德著书，或出奇排难，或守道避祸，而传与周、召、管、晏同列。故富贵者有所屈，贫贱者有所伸。孔子曰：“齐景公有马千驷，死之日，民无得而称焉。伯夷、叔齐饿于首阳之下，民到于今称之。”然则志士之欲以光辉于后者，何待于爵位哉！富贵之人，排肩而立，卒不能自垂于后者，德不修而轻义重利故也……[②]

① 威廉·德雷认为，历史的视野有两个限定，首先它与人类的活动有关，即便涉及个人的活动，它也不是“就个人活动而关涉个人活动”，“一个行为，除非它具有曼德尔鲍姆所说的‘社会意义’，才能成为历史学家的课题”。参见威廉·德雷著，王炜、尚新建译:《历史哲学》，第 7 页。

② 王溥:《唐会要》卷 64，中华书局 1955 年版，第 1108 页。

先不论“重义轻利”者该不该名垂后世，这些历史事实之所以被当年的历史学家所关注、所重视，并不是出于一种完整客观的叙事需要，而是为了给后人树立言传身教的范例和法式。这种“历史事实”与“非历史事实”的选择，与其说反映了历史学家的目的、动机和兴趣，倒不如说是反映了历史学家所生活的那个社会和时代的需要。正是在这种意义上，克罗齐说：“一切真历史都是当代史。”他甚至以历史事实对我们的意义为衡量区分的标准，他说：

> 历史是活的编年史，编年史是死的历史；历史是当前的历史，编年史是过去的历史；历史主要是一种思想活动，编年史主要是一种意志活动。一切历史当其不再是思想而只是用抽象的字句记录下来时，它就变成了编年史。
>
> 因此，我们不能不说，在每一顷刻，我们都知道我们所须知道的全部历史；其下余的既与我们无关，我们就无法知道它，或，到有需要时我们就会有办法知道它。[①]

关于这一点，卡尔说得最好[②]，他说：

> 历史学家和历史事实是相互需要的。没有事实的历史学家是无根之木，是没有用处的；没有历史学家的事实则是一潭死水，毫无意义。因此，我对“历史是什么？”这个问题的第一个答复便是：历史是历史学家跟他的事实之间相互作用的连续不断的过程，是现在跟过去之间的永无止境的问答交谈。[③]

① 克罗齐：《历史学的理论与实际》，第 38 页。
② 所谓“最好”，也就是卡尔说的不那么绝对，不那么容易引出歧义。
③ 爱德华·卡尔：《历史是什么？》（吴译本），第 28 页。

意义由谁决定？一说意义是史事本身固有的，一说意义是史家所赋予的。或说：意义只存在于史事与史家之间，而史家总处于主导性的地位；离开了史家，无所谓意义。

6. 谁决定了历史的意义？

矫枉过正，可以说是思想演进史上的一种“规律”，它至少在西方史学思想史上已经反复“重演”了两次——从思辨的历史哲学演变到客观主义史学理念，再从客观主义的史学理念演变到主观、相对主义的史学观念①。

当分析、批判的历史哲学将他们的研究重心由历史事实转到历史学家这一边时，当他们加重强调历史学家的主观作用和影响时，却未能注意到这种转向和强调的有条件性，未能对自己的论断作出适当的限定。结果，他们的理论又走向了另一个极端：形成了一种以历史学家为中心，让历史事实跟着历史学家转的史学理念。

这些学者敏锐地看到，是历史事实的意义而不是历史事实本身将一个单纯的历史事实变为历史学家的历史事实。这确实是问题的症结所在。但是他们又不恰当地认为历史事实的意义完全是由历史学家所赋予的，而历史事实本身就成了历史学家随意摆布的材料而已。卡尔说道：

> 过去有这样的说法，事实本身就能说话。这一点当然并不真实。史实本身要说话，只有当历史学家要它们说，它们才能说；让哪些事实登上讲坛说话，按什么次第讲什么内容，这都是由历史学家决定的。……事实就像一只袋子——你不放一些东西在里面，它是站不起来的。……相信历史事实的硬核客观地、独立地存在于历史学家的解释之外，这是一种可笑的谬论，然而也是一种不易根除的谬论。②

---

① 参阅拙文《有关历史认识论的几点思考》，《历史研究》1995 年第 4 期。

② 爱德华·卡尔：《历史是什么？》（吴译本），第 6、7 页。

波普尔说得更直截了当："事实本身没有意义，只有通过我们的决断，才能获得意义"，"历史虽无意义，但我们能给它一种意义"[①]。海登·怀特也说：一位史学家如何把"丰富的文献"组合成一种"似乎合理的叙事说明"，完全出于他的"自愿"决定[②]。不管上述学者的主观意图如何，由于不加限制地强调历史学家的作用，便使原先颇为合理的理解走到了反面。结果，20 世纪的历史学家的形象，由原先的 19 世纪的胆小谨慎、谦卑恭敬变得蛮横、粗暴和专制。

这种蛮横粗暴、随意决定史事命运的历史学家，引起了茹科夫、巴尔格等苏联学者的批评[③]。巴尔格认为：事实的意义是其本身所具有的，而不是历史学家外加的。他说：

> 一切社会上有意义的事件，一切纷繁的社会生活现象，一切在社会领域中作为历史现实被表现出来的层出不穷的东西——不管现象的意义和参数的标度如何，不管事件在当时人们的心中是留下了强烈的印象还是在他们身边悄然滑过，——所有这些，都是潜在的（在理想意义上的）历史事实。必须再一次强调指出，历史的不竭性在于历史本身，而决不是认识者主观给它灌注的东西。[④]

① 波普尔：《历史有意义吗？》，《现代西方史学流派文选》，第 166 页。

② 参见乔治·伊格尔斯著，王贞平译：《介于学术与诗歌之间的历史编纂——对海登·怀特历史编纂方法的反思》，（台北）《历史：理论与批评》第 2 期，2001 年。

③ 苏联史学界的史学观念与其史学实践常常是不合逻辑的，即其所说与所做的全然不一致。如他们大多强调历史的意义是历史本身所具有的，不是历史学家强加的；但他们的史学著述却常常是由历史学家决定了历史的意义。这也是史学史上一种很常见很值得深思的现象。

④ 巴尔格：《历史学的范畴和方法》，第 155 页。巴尔格之所以反对以历史事实的意义来区分历史事实与非历史事实，恐怕还与他对历史意义的理解分歧有关。通常所说的历史意义，可以分为两种情况，一种是指历史事实对历史上的那个时代的人及其社会的意义，一种是指历史事实对现实的人及其社会的意义。后一种情况，又可以分为两个类别，第一类是指对现实的历史学家的研究实践有意义，第二类是对现实的人及其社会实践有意义。卡尔用来区分历史事实与非历史事实的历史意义，主要是指第二类历史意义，即历史事实对于现实的人及其社会实践的意义。但巴尔格对历史意义的理解有所不同，他说："各种历史事实在事件的现象层次上是同一级别、同一类型的界标。在本质的层次上，这些事件的复杂程度、容量大小和客观意义显然是极其多样的，正如社会生活望不到边际。由此可见，如果认为只有历史上有意义的事物（按当时人们的评价，更不用说按后来历史学家的评价）才是历史事实，那就错了。因为这将重新提起如何确定历史上、社会上和文化上有意义（转下页）

史实的意义究竟是它本身所有的，还是由历史学家所赋予的？要对上述分歧作出我们的答复，先要分析一下什么是历史的意义。通常，我们把意义看作一种效应，表示一种作用与影响。说某一件事情有意义，实际上就是说这一件事情能够产生肯定或满足我们某种需要的效应。从这个意义上说，意义也就是价值。和“价值”范畴一样，意义也是一个关系性的范畴。深埋于地下的矿藏是有价值的，这是因为矿藏的某种属性或功能能够满足我们的某种需要，产生一种现实积极的效应，这种现实积极的效应就是价值，或者称之为意义。如果矿藏本身不具有某种属性或功能，当然也就不会产生什么价值；如果我们没有某种需要，同样也谈不上什么价值或意义。因此，价值或者意义既不是单方面地存在于矿藏本身，也不是单方面地存在于我们的需要之中，而是存在于这两者之间，存在于这两者的关系之中。在“非历史事实”向“历史事实”转变中起作用的历史意义，也当作这样的理解。

同是客观发生的、先于我们历史学家而存在的历史事实，有些已经成为我们历史学家的研究对象，有的还处于潜在的地位，那是由历史事实本身的性质与历史学家及其生活的社会和时代的一般状况所决定的。由于历史事实的性质本来就是客观存在的，要使这些客观存在的东西，能够为历史学家的研究所指向，主要还是取决于主体方面的状况，如他们的认识水平和能力，他们所生活的那个社会的一般状况和需要等等。同是客观发生过的历史事实，有些是历史学家所关心、所记载的历史事实，活的历史事实；有些则是无人知晓的历史事实，死的历史事实。这种历史事实与非历史事实的选择和转变，不能说与事实本身无关，但更多的是与历史学家有

（接上页）的东西的问题。拿破仑的想法和兴趣与巴黎郊区无名木匠的想法和兴趣，拿破仑的‘事业’与这个木匠的日常生活，这在一定历史断限的具体场合下是同等重要的事件。不仅如此，就社会史、民族史而言，后者比前者重要得多。假如人的求知欲为我们保存了哪怕是一个巴黎木匠（拿破仑的同时代人）的日常生活的详细资料，而不是为帝国的建立者树碑立传，那么历史学作为科学就更有说服力了。”巴尔格在这里所讨论的，主要是指上文所说的第一类历史意义，关于这一点，可参阅笔者《有关“历史事实”及其相关问题》，《史学理论研究》1993 年第 4 期。

关，是历史学家的决定，而其背后则包含着历史学家所生活的那个社会或时代的需要[①]。

如果上述分析可以成立，那么，我们可以作出这样的小结：第一，历史事实的意义，存在于历史事实与历史学家的关系之中。第二，意义虽然存在于主客体之间的关系之中，但主体始终处于一种主导地位并起到决定作用。正如马克思所说：

> 对象如何对他说来成为他的对象，这取决于对象的性质以及与之相适应的本质力量的性质；因为正是这种关系的规定性形成一种特殊的、现实的肯定方式。[②]

由于历史事实的性质本来就是客观存在的，要使这种客观存在并具有自身属性的历史事实成为我们有意义的认识对象，主要还是取决于历史学家和他所生活的那个社会、时代，从这种意义上说，历史事实的意义既有源于客体的一面，主要还是取决于主体[③]。不过，需要指出的是，历史事实的意义与矿藏的意义毕竟不同，后者表现出的是一种实在的使用价值，而前者则是一种虚拟的价值；后者表现为一种普遍有效性，前者则是因人因时而异。所以，过于强调史家主体在这里的主导地位和决定作用，就会隐含着一种对历史的误用和滥用的危险[④]。

---

① 一百多年前，被古奇称为缺乏思想深度的史学家麦考莱却说过一段很有思想的话，他说：当我们说过去的某件事情重要而另一件不重要时，我们的意思是什么呢？任何过去的事情，都没有内在的意义。历史的知识只有当它们引导我们对未来形成正确的估计时，才有价值。不能服务于这个目的的历史学，尽管可能充满战争、条约和暴乱，却仍像马休·迈特爵士搜集的公路票一样毫无益处。参见麦考莱：《论历史》，刊于何兆武主编：《历史理论与史学理论》，商务印书馆1999年版，第274页。古奇的原话是："麦考莱既不是一个思想家，也不是一个预言者，而只不过是一个懂情理和有文化的庸人。"（参见古奇：《十九世纪历史学与历史学家》，第492页）

② 马克思：《1844年经济学哲学手稿》，《马克思恩格斯全集》第42卷，人民出版社1979年版，第125页。

③ 李连科先生认为，事物的意义"来源于客体，取决于主体"。参见李连科：《哲学价值论》，中国人民大学出版社1991年版，第83—84页。

④ 详见本书第九章的讨论。

过往的事实，与认知中的事实，究竟是一回事，还是两回事？将后者等同于前者，或者是用后者取消前者，实在都只肯定了一种事实。那么，究竟有几种事实呢？

7. 有几种历史事实？

究竟有几种历史事实？这也是一个搞得有些混乱，需要作一点清理的问题。

在学术思想史上，客观主义史学理念产生于经验主义时代，也很典型地体现了经验主义对知识的看法。经验主义的知识理论是预先假定主体和客体完全分离，认识是外在的事实在空如白纸的人的心灵上打上印记，如此，心灵中的事实就能等同于外在的事实。用这样的理论来解释历史认识活动，历史认识就是外在的历史事实对历史学家的“给予”，就是心灵的白纸承受历史事实的印记，心灵越是“一无所有”，映出来的历史事实就越真实。如此，心灵中的历史就是外在的历史，达到如德库朗惹所宣称的：不是我在讲历史，而是历史通过我的嘴来讲它自己。或者说，他讲的历史，就是客观的历史。所以，在客观主义的史学理念中，史学著述中的历史事实，就是史料中的历史事实，同样也就是客观的历史事实。这三者是同一的东西，换言之，他们的史学理论只存在一个“历史事实”。

自经验主义的观念逐渐受到批评和怀疑以后，客观主义的史学理念也受到后继者的批评和嘲笑，作为一种纠正，后继者的研究思路是朝着相反的方向发展的。不过，在这个问题上——究竟有几个历史事实——批判者与被批判者的结论却如出一辙，即在主观主义的史学理论里，也只存在一个“历史事实”。贝克尔曾这么解释说：

> 我们承认有两种历史：一种是一度发生过的实实在在的一系列事件，另一种是我们所肯定的并且保持在记忆中的意识上的一系列事件。第一种是绝对的和不变的，不管我们对它怎样做法和说法，它是什么便是什么；第二种是相对的，老是跟着知识的增加或精炼而变化的。

> 这两系列事件或多或少是相应的，我们的目的便是求这两种相应尽量确切；但是事实的实在的一系列，在我们看来，只存在于我们所肯定并且保持在记忆中的那意识上的一系列之中。这便是为什么我不得不把历史和历史知识等同起来。为了一切实用的宗旨，对我们和对目前的一时来说，历史便是我所知道的历史。[①]

两种完全不同的史学理念却获得了相同的结论，都认为观念中的历史事实就是客观的历史事实。所以，就实际的情况来看，客观主义的史学理念与主观主义的史学理念，都只存在着一个“历史事实”。

然而，不管是把观念中的历史事实等同于客观的历史事实，还是用观念中的历史事实来取代客观的历史事实，只要你的史学理论只使用一个“历史事实”，就难以说清楚我们的历史认识活动。换言之，从实用的宗旨和目的出发，我们总是需要几个不同含义的概念术语，才能把我们的历史认识活动说清楚。比如，从公元前 2000 年克里特岛上出现的最早的奴隶制国家到公元前 12 世纪迈锡尼灭亡，爱琴海地区的上古国家存在了约 800 年之久。有关爱琴海文明的历史事实，如今已经被写进了我们的史学著述中。但是，即便如此，我们也不能说爱琴文明不是存在于公元前 2000 年，而是存在于我们今天的历史学家的意识中，存在于历史学家的史学著述中；即使在我们的史学著述中，有关爱琴文明的描述非常详尽、非常真实，我们也不能说，这就是爱琴文明本身，不是我们在讲爱琴文明，而是爱琴文明在借我们的口说话。把观念中的历史事实等同于客观的历史事实，是这两种史学理念的共同错误。

正是针对上述情况，许多学者，尤其是苏联、波兰的一些历史学者，对“历史事实”范畴的涵义以及它的各个层次进行了更深入的分析，并提出了许多有价值的意见。有关的讨论极其复杂，甚至是烦琐的[②]，简单地说，

---

① 卡尔·贝克尔:《人人都是他自己的历史学家》，刊于《现代西方史学流派文选》，第 259—260 页。

② 有关研讨的情况，参见陈启能、于沛、黄立茀:《苏联史学理论》。

“历史事实”范畴，当有三个不同的层次和三种不同的涵义：一是指历史事实的本体，这是一种存而不在的历史事实；二是指有关历史事实的观念，这是存在于历史学家意识之中的历史事实；三是指有关历史事实的信息，是历史本体的残存和遗迹，也就是通常所说的史料中的历史事实。在这里，客观的历史事实并非都遗存为史料信息中的历史事实，史料信息中的历史事实并非都表征着客观的历史事实；客观的历史事实并非全是历史学的历史事实，历史学的历史事实也并非全是客观的历史事实[①]。

三种不同的历史事实，大体可以勾勒出历史认识活动的基本结构，即由史家主体、史料中介和历史客体三要素组成的特殊的认识结构。为了进一步说明历史认识活动及其结构的运作，学者们还提出了一系列有关“历史事实”的概念术语，如“潜在客体（历史事实）”和“现在客体（历史事实）”、“原形客体（历史事实）”和“遗存客体（历史事实）”、“直接的客体（历史事实）”和“间接的客体（历史事实）”等。上述讨论似乎还不足以说明历史事实结构的复杂性。为此，我们需要建立一个历史事实结构的示意图[②]。

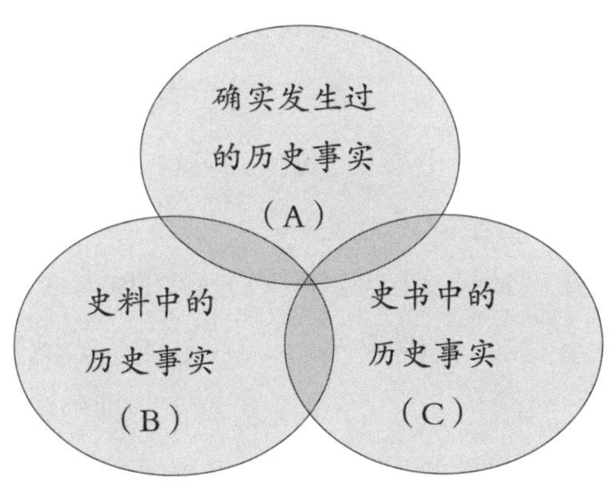

历史事实结构示意图

---

① 有关历史事实能否区分为“客观的事实”与“史学的事实”或“客观的事实”与“主观的事实”，我国学者也有不同的意见，可参阅赵吉惠先生《当代历史认识论的反省和重建》一文（《历史研究》1993年第4期），以及拙文《关于历史认识论的几点思考》(《历史研究》1995年第4期）的有关讨论。

② 有关“历史事实结构示意图”，参见笔者《有关“历史事实”及其相关问题》,《史学理论研究》1993年第4期。

“示意图”所列出的A、B、C、AB、AC、BC、ABC等七个项，分别表示“历史事实”的不同构成，它们是：

A：确实发生过的历史事实。其中未与B、C重叠的部分，表示已发生过却未留有史料的历史事实，这是全然处于我们认识之外且永远不能认知的历史空白。此类历史事实，因为全然未知，所以不能举出事例。

B：史料中的历史事实。

C：史书中的历史事实。其中未与A、B重叠的部分，表示既未发生过，也未留有史料的历史事实，即纯粹出于史家杜撰或假设的历史事实。如计量史学中的反事实假设、一般史学研究中的历史假设。

AB：客观存在过的，且留有史料但尚未进入我们史书中的历史事实。因尚未为我们认识所及，故也不能举出事例。

AC：客观发生过的，却未留存史料，依靠类比推论等方法而写进我们史书中的历史事实。如汉代桑弘羊以“赀选”入宫[①]。

BC：未曾发生过，却错误地记载于史料之中，又被错误地当作历史真实而写进我们史书中的历史事实。这些已经写进史书中非真实的历史事实，正等待历史学家的清理剔除，如“章罗同盟”“胡风反革命集团”等等。

ABC：此类史书中的历史事实，既有客观的根据，又有确实的史料留存，即苏联学者所说的科学的历史事实。

借助“历史事实结构示意图”，我们大致可以“收纳”历史研究中的几种不同的“历史事实”，其中的ABC、AB、AC，大致规定了历史学的合法领地和合理边际。问题是未与A、B重叠的C，即纯粹出于史家假设的历史事实，是不是也该从我们的史书中剔除出去呢？因为计量史学中的反事实研究与一般史学研究中的假设，都属于这一种历史事实。

① 汉桑弘羊如何入宫，史书没有记载。一般推论他是通过“赀选”为郎的，也有认为他是因擅长心算而征召入宫的。然都是推论，难以证实。

> 这是一件事，这是一种状况。一件事不等于一种状况，一种状况由许多同类的事组成。为此，我们还需要在时空位置上对事实加以分类，即特殊事实、普通事实和普遍事实。

8. 历史事实的类型

从知识产品的属性上看，通常所说的历史事实，都有一定的时空定位。如此，我们就可以将历史著述中的“事实”做另一种分类，它们可以分为特殊事实、普通事实和普遍事实。

翻阅任何一部史学著述，它的叙事通常会涉及三类“事实”：第一类事实，是有关特殊时空点位上的事实，可以称其为“特殊的历史事实”。如秦始皇生于某年某月、赤壁之战发生在某年某地等等，都属于这一类历史事实。事实总是以特殊的时空为其必要成分的[①]，将发生于某地某时的历史事实，称为特殊的历史事实，那是最为恰当的。这也是上述三个名词术语中，唯一不会引起歧义而恰当合适的概念术语。特殊的历史事实，通常以特殊的真命题来表示或肯定。一件件特殊的真人真事是构建历史大厦的最基础部分，这也是史学著述与文学作品在叙事上差异最大的地方。

历史叙述里还常常涉及一种“历史事实”，是有关特定时段、特定空间范围里的某种流行的史实，比如“清朝人有发辫”“秦汉间的人视死如生”“汉人迷信看相”等等，都属于此类事实。沃尔什在《历史哲学——导论》一书中讨论过这类普遍性命题，他称之为普遍性的“封闭”类（“closed”class）命题，就是针对“一定时间和一定地域里的普遍性”[②]（详见本书第六章的讨论）。金岳霖先生的《知识论》，曾对这一类“事实”有过专门的讨论，他说：

> “清朝人有发辫”这一命题，在清朝时候可以随时证实，在清朝版

① 金岳霖：《知识论》，商务印书馆 1996 年版，第 846 页。

② 沃尔什：《历史哲学——导论》，第 34 页。

> 图之内也可以随地证实，虽然我们可以想出例外，然而这一命题底证实大致可以如此说。可是，在该限制范围之外，这类命题底证实就发生了问题，我们不能随时随地证实这类命题。……这类命题虽比普遍的命题接近事实些，然而它既不表示普遍的事实，也不肯定一件一件的特殊事实。这样的普遍命题实在是历史的总结。[①]

对于“清朝人有发辫”这样的历史总结，我们该用什么术语来称呼它呢，即历史总结所指称的是一种怎样的“事实”？金岳霖先生说：

> （清朝人有发辫）虽不是一普遍的命题，也不是一特殊的命题，显而易见，它不只是说清朝人中的张三有发辫，也不只是说清朝人中的李四有发辫。它是介乎普遍与特殊之间的命题。它是历史上特殊的事实底结合。本段叫它做普通命题。[②]

介于普遍与特殊之间的命题，可以称其为普通命题；那么，介于其间的事实不妨称其为“普通事实”。一般说来，在“事实”一词之前面加上“普通”二字，总是一个矛盾：因为事实总是特殊的，没有普遍的事实。不过，按照我们的经验，一时一地某种流行的事实还是存在的。金先生将指称此类事实（结合）的命题称为普通命题，我们则称此类事实是“普通的事实”或“普通的历史事实”。需要指出的是：其一，它（如“清朝人有发辫”）是“普通”，不是“普遍”，它所指向的历史上某时某地某种普遍存在的事实；而“普遍”所指称的对象，是古今中外，没有时空的限定。其二，“清朝人有发辫”不等于清朝人中某一个具体的张三、李四有发辫，所谓“普通的历史事实”只是指称一时期一地域中的普通流行的事实，它只是历史上特殊事实的结合，并不就是一件件特殊的历史事实本身[③]。

---

① 金岳霖:《知识论》，第 754 页。

② 金岳霖:《知识论》，第 753 页。

③ 金岳霖:《知识论》，第 754、846—847 页。吕思勉先生将这两类情况称为“特殊事实”与“一般状况”（吕思勉:《吕著史学与史籍》，第 21 页），详见下节的讨论。

第三类事实，就是普遍命题所肯定的历史事实。此类事实该如何称呼？按照金岳霖先生的说法，命题有特殊和普遍的分别，事实却只有特殊而没有普遍。没有普遍的事实，那么普遍命题的对象是什么呢？金先生认为，特殊命题的对象是特殊事实，普遍命题的对象是“理”而非“事”①。关于“理”与“事”的问题，我们将在本书的第七章讨论。为了简化问题，此处采用“普遍的事实”来指称这一类历史事实。从字面上看，“普遍的事实”就是遍及古今中外不同时期、不同地域而普遍存在的事实，即存在着许多特殊事实的同类②。如果这样的分析尚不致引起误解，那么，历史学中一些理论命题所指称的史实，我们不妨称其为“普遍的事实”。比如，恩格斯曾归纳过一条理论命题：“不同阶级的联合虽然在某种程度上说总是一切革命的必要条件，这种联合却不能持久，——一切革命的命运都是如此。当战胜共同的敌人之后，战胜者之间就要分成不同的营垒，彼此动起武来。”③在这条理论命题背后，我们可以找出古今中外许许多多为命题所指称的同类史实④。

在历史著述里，史事的书写总是在这三类事实中展开的。比如，一段有关西汉中期的历史概述，就包含三类事实：

> 公元前140年，汉武帝继位，此时西汉开国已有六七十年了，经过汉初以来的轻徭薄赋，与民休养，到武帝当政时，人口增殖，经济富庶，国家强盛。史书的描写是：“民则人给家足，都鄙廪庾皆满，而府库余财。”西汉王朝达到了空前的繁荣阶段。然而，也是在这六七十年间，西汉社会积聚了多种矛盾：贫富分化、土地兼并，繁盛之中隐

① 金岳霖：《知识论》，第846页。

② 金岳霖：《知识论》，第847页。其实，除了特殊的历史事实外，普通的历史事实与普遍的历史事实，都是指多件特殊事实的同类。

③ 恩格斯：《德国的革命和反革命》，《马克思恩格斯选集》第1卷，人民出版社1972年版，第530页。

④ 黎澍《马克思主义对历史学的要求》（收入《再思集》，中国社会科学出版社1985年版）一文，列举中国史上太平天国的内讧、辛亥革命时同盟会的分裂、北伐时期第一次国共合作的分裂、日本投降后第二次国共合作的分裂等史事来证明恩格斯的这一论断。详见本书第六章的讨论。

含着深刻的社会危机，正所谓“物盛而衰，固其变也”。

“公元前140年，汉武帝继位”，这是第一类事实；“物盛而衰，固其变也”，这是第三类事实，中间一大段叙述的是西汉中期社会的一般状况，那是属于第二类事实。其实，非但是历史的叙事，即便通常所说的史实考证，也并非只限于特殊事实，而往往会考实其他二类历史事实。陈寅恪先生的《元白诗笺证稿》，是“以诗证史”的范例，其所考证的史实也可归入这三种类型。如《元白诗笺证稿》的《官牛》一则，陈先生专考篇序中的“讽执政”究系何人[①]，是为求取“特殊的历史事实”。又如《井底引银瓶》一则，专考唐贞元、元和年间的“止淫奔”“始乱终弃”等现象，均是当时社会流行或习见的史实[②]，属于上文所说的“普通的历史事实”。再如同书《时世妆》一则，则多涉及“普遍的事实”。该篇云：

> 乐天则取胡妆为此篇以咏之。盖元和之时世妆，实有胡妆之因素也。凡所谓摩登之妆束，多受外族之影响。此乃古今之通例，而不须详证者。又岂独元和一代为然哉？[③]

此所谓“凡所谓摩登之妆束，多受外族之影响。此乃古今之通例”，则属于上文所说的“普遍的事实”。此外，在《元白诗笺证稿》中的《艳诗及悼亡诗》一节，陈先生反复吟诵的那段名言：“凡士大夫阶级之转移升降，往往与道德标准及社会风习之变迁有关。……其不同之新旧道德标准

---

① 陈寅恪云：元和四年时，三公及宰相凡五人。其中郑细裴垍李藩三人皆不应为乐天所讥诮，而新乐府司天台一篇则专诋杜佑，是则此篇之所指言者，其唯于頔乎？陈寅恪：《元白诗笺证稿》，生活·读书·新知三联书店2001年版，第288页。

② 陈寅恪云：乐天新乐府与秦中吟之所咏，皆贞元元和间政治社会之现象。此篇以“止淫奔”为主旨，篇末以告诫痴小女子为言，则其时社会风俗男女关系与之相涉可知。此不须博考旁求，元微之莺莺传即足为最佳之例证。盖其所述者，为贞元间事，与此篇所讽刺者时间至近也，……夫“始乱终弃”，乃当时社会男女间习见之现相。乐天之赋此篇，岂亦微之和李校书新题乐府序所谓“病时之尤急者”耶？陈寅恪：《元白诗笺证稿》，第287—288页。

③ 陈寅恪：《元白诗笺证稿》，第267—270页。

社会风习并存杂用，正不肖者用巧得利，而贤者以拙而失败之时也。”[1]撇开“不肖者”“贤者”的字面义，此句“新旧道德标准社会风习并存杂用，正不肖者用巧得利，而贤者以拙而失败之时”可在古今中外的历史中找到许多适例，则属于“普遍的事实”。

> “求状况非求事实。”状况是普遍现象，事实是个别现象。然而，即使这些都是亲眼所能见，也一定是见仁见智，判断上大有出入，更何况是历史？更何况社会生活中的个别，有时只有“典型性”，而无普遍性。

9. 普通事实的量化问题

上文所述的历史中的普通事实，通常是用归纳方法来获取。清代史学家赵翼《廿二史札记》，就有不少是用归纳法获得的普通事实，如“汉时以经义断事”“武帝时刑罚之滥”“南朝多以寒人掌机要”“南宋取民无艺”等等[2]，都是表示盛行于一时一地的历史事实，它反映的不是某一种特殊现象，而是一时一地的一般状况。史学家吕思勉先生认为，普通事实常常比特殊事实更为重要，这是因为不了解一时一地的普通事实，我们就难以明白此时此地的特殊事实。所以他认为，现代史学的格言是“求状况非求事实”：

> “求状况非求事实。”这不是不重事实，状况原是靠事实然后明白的，所以异于昔人的，只是所求者为“足以使某时代某地方一般状况可借以明白的事实”，而不是无意义的事实而已。……所以求状况的格

---

① 陈寅恪:《元白诗笺证稿》，第 85—86 页。

② 参见赵翼著，王树民校证:《廿二史札记校证》，中华书局 1984 年版。

> 言，是“重常人、重常事”，常人、常事是风化，特殊的人所做的特殊的事是山崩。不知道风化，决不能知道山崩的所以然，如其知道了风化，则山崩只是当然的结果。①

这种借助普通事实来理解或解释特殊事实，很像亨佩尔所说的“覆盖定律”②，只是它适用的范围比较小，往往只能“覆盖”某一时段或某一地域里的特殊事实。

从方法上说，普通事实的获得来自归纳，而归纳之能否成立，则视其涵盖同类事例的多寡：涵盖的同类事例越多，归纳所获得的普遍性越高，反之则越低。虽然事实上总存在着反例，但就求取历史的一般状况而言，个别或者少数之反例，可以不加计量③。然而，如何量化才能保证获得确实可靠的普通事实呢？这是史学研究中的一大难题。对此，余英时先生曾有清醒的认识，他在《中国近世宗教伦理与商人精神》一文中这样写道：

> 我们的重点是在说明商人在伦理上的实践，不仅是他们持有某些道德信条而已。但是这里我们碰到的一个方法论上的困难：我们固然可以找到不少明清商人实践其道德信条的证据，然而在现实世界中这种实践究竟有多少代表性？据我对于有关的这一方面的明清史料的认识，这个问题是无从用量化的方法求得解决的。不过这一方法论上的困难在史学上是普遍性的。它同样存在于韦伯有关新教伦理的研究之中。我们只能说：这个问题和史学家对于他们所研究的历史世界的全面判断有关。如果我们承认明清的商业世界中存在某种秩序，而此秩序又多少是由某些伦理观念在维系着，那么当时文献中所透露的占有

---

① 吕思勉:《吕著史学与史籍》，华东师范大学出版社 2002 年版，第 22—23 页。

② 参见本书第四章第五节。

③ 此处所谓“不加计量”，是指枚举归纳过程中允许存在反例，并非指对其（反例）研究无价值。比如，有明一代，无论是官学还是知识阶层，都以程朱理学为儒学的正统和权威，这是当时的“普通事实”。而李贽却以孔孟儒学的“异端”自居，斥程朱理学为伪道学，主张不“以孔子之是非为是非”。这自然在“普通事实”之外，但此种特立独行的思想，自有其研究价值且一向为研究者所重视。

> 主导性质的商人伦理便应该受到研究者的严肃注意。至少到今天为止，言行完全一致在任何社会、任何时代都还没有存在过。而言行完全相反或基本上背道而驰则是社会秩序即将或正在崩溃的象征。以十六至十八世纪的中国社会而言，商人阶层正处于上升发展的阶段，因此当时流行的商业道德对他们大体上确是发挥了约束的作用的。明清商人虽有欺诈之事，如明末《杜骗新书》之所示，却不足以否定商业伦理的存在。十六、十七世纪的欧洲和英国商人又岂能人人都依新教伦理而行，全无欺诈之事？即以今天的情形而言，我们也不能因为有经济犯罪的现象而否认经济世界中仍受某种伦理规范的支配。事实上，“欺骗”或“犯罪”正是相对于某种公认的“规范”才能成立的概念。因此以下仅在客观地刻划出一般的常态，绝不是美化传统的商人。[①]

这是因马克斯·韦伯的观点而引出的一番讨论。马克斯·韦伯在《新教伦理与资本主义精神》中指出，西方近代资本主义的兴起，除了经济本身的因素之外，还有一层文化上的背景，即所谓“新教伦理”的“入世苦行”。借助韦伯的这一理论，余英时先生对17、18世纪的中国社会作了一番“韦伯式”的追问，结果发现，中国近世宗教伦理和商人精神在此时已发生了深刻的变化，但由于政治结构上的阻力，他们只是走近传统的边缘，却未曾突破传统。这里的结论自然不是本书讨论的问题，但笔者之所以引录上述一大段文字，还是因为这里涉及的问题具有一定的普遍性。

在16、17世纪的欧洲和英国商人中，在17、18世纪中国传统社会里的商业活动中，“诚信不欺”和“欺诈作伪”这两种现象都有存在，问题是：何者为主流，可视为社会的一般状况？何者为少数，可以忽略不计？换言之，当我们借助归纳方法来求取普通的历史事实时，当搜罗“诚信不欺”的史实，还是当关注“欺诈作伪”的史实？这是否取决于量上的比较呢？昔日罗尔纲先生曾写过一篇《清代士大夫好利风气的由来》，刊登在

① 余英时:《中国近世宗教伦理与商人精神》,《士与中国文化》，上海人民出版社 1987 年版，第 553—554 页。

《中央日报》的副刊上，他的老师胡适读后，对他大加批评，说这样的文章做不得，这样的题目不能成立。胡先生说：

> “西汉务利，东汉务名，唐人务利，宋人务名”……我们做新式史学的人，切不可这样胡乱作概括论断。西汉务利，有何根据？前人但见东汉有党锢清议等风气，就妄下断语以为东汉重气节。然卖官鬻爵之制，东汉何尝没有？……凡清议最激昂的时代，往往恰是政治最贪污的时代，我们不能说东林代表明代士大夫，而魏忠贤门下的无数千儿子孙子就不代表士大夫。①

同样的批评，还有针对梁漱溟先生《东西文化及其哲学》中的一个论断的，胡先生批评说：

> （梁先生认为：）中国人的思想是安分知足，寡欲摄生，而绝没有提倡要求物质享乐的；却亦没有印度的禁欲思想。不论境遇如何，他都可以满足安受，并不定要求改造一个局面。梁先生难道不睁眼看看古往今来的多妻制度、娼妓制度，整千整万的提倡醉酒的诗，整千整万恭维婊子的诗，《金瓶梅》与《品花宝鉴》，壮阳酒与春宫秘戏图？这种东西是不是代表一个知足安分、寡欲摄生的民族的文化？只看见了陶潜、白居易，而不看见无数的西门庆与奚十一；只看见了陶潜、白居易诗里的乐天安命，而不看见他们诗里提倡酒为圣物而醉为乐境，——正是一种“要求物质享乐”的表示：这是我们不能不责备梁先生的。②

既有好利之徒，也有好名之士；既有乐天安命，也有醉生梦死，何者代表当时的普通事实呢？是取决于量上的多寡比较，还是取决于研究或叙

① 胡适：《致罗尔纲》，李敖编：《胡适语粹》，文汇出版社 2003 年版，第 182 页。
② 胡适：《读梁漱溟先生的〈东西文化及其哲学〉》，《胡适语粹》，第 321 页。

史者的主旨目的?

更为烦难的是，与自然科学的研究资料不同，历史资料，尤其是以文字形式记载和保存下来的史料，总是“好”事记得多，“坏”事记得少，以至于有人感慨地说：“好思想写在书本上，一点儿都未实现过，坏事情在人世间全已做了，书本上记着一小部分。”[①]大约言行的不一致，是人性的普遍特征，这就给人文研究造成了特殊的困难。16、17世纪中国传统社会的商人精神究竟发生了怎样的深刻变化，这自然要收集大量的史料记载加以归纳推论[②]。记载于族志、家谱、墓志铭、寿序、传记以及“商业书”“经商手册”之类文献中的，诸如做生意要讲究信誉，做人要克勤克俭、诚信不欺等告诫，以及类似的“语录”“格言”式的摘录，究竟在多大程度上可以表明那已是社会的一般状况，而非纸上的“官样文章”，这更是不易判断的事，况且如族志、家谱、墓志铭、寿序、传记以及“商业书”“经商手册”之类，大都总是正面的材料，岂会记载或教人“欺诈之事”?[③]回到上文所说的孟子“无恒产而有恒心，惟士能之”，这究竟是当时士的一般状况，还是孟子的“理想典型”?余英时先生也认为：“孟子所谓‘无恒产而有恒心’，事实上只能期至于极少数突出之‘士’，因此但有‘典型’的

---

① 周作人:《灯下读书记》,《苦口甘口》，河北教育出版社2002年版，第36页。

② 文献记载中的某种现象，聚而观之则多，然比之全社会的实际，仍然不能谓其多。赵翼《陔馀丛考》卷三十九“累世同居”，引多种史料说明“宗族百口、累世同居”之事。但吕思勉先生对此表示怀疑，他说：累世同居之事，虽若甚多，实则九牛之一毛耳。(《中国社会史》，上海古籍出版社2007年版，第253—255页)“大家族不见记载者，自亦有之，且其数必不少，然即具记之，在全社会中，亦必仍微不足道，则理有可信者也。”(吕思勉:《魏晋南北朝史》，上海古籍出版社2005年版，第816页)此点，现已成为史界的共识。(参见参阅杨际平:《创新与重复劳动的界线：以中国宗族制度史研究为例》,《光明日报》2000年9月1日)可见，但凭史料记载之多寡来推断某为社会之普遍事实，仍有可能不确。

③ 卢建荣先生《欠缺对话的学术社群文化——二十世纪石刻史料与中国中古史的建构(1935—1997)》一文，曾说到过墓志中叙事性文字资料的引证问题，他说：墓志在言及妇女生前角色扮演上，千篇一律都是成功的典范。它在叙及妇女生前事迹的用笔上，有虚写和实写两种，虚写绝对不能采信，实写则只能证明某特定事件有可能发生过，但还不能遽予断言这是某人一贯的持行。此外，作墓志者的叙事观点更涉及事情切入点的问题，切入点是全面抑局部，都影响作志者对已发生事件的掌握面向和程度。参见《“中华民国”史专题论文集第四届讨论会》(上册)，“国史馆”(台北)1998年版，第30—31页。

意义，而无普遍的意义。”[①] 换言之，孟子所说的“无恒产而有恒心”，大部分“士”都做不到。为此，孟老夫子才要反复呼吁、一再褒扬；如果大家都能做到，这样的呼吁岂不是无的放矢？社会历史领域的“典型性”不等于普遍性[②]，这是此类研究容易出错的一个原因。从“典型案例”研究中提炼出来的理论命题，如果用作演绎工具来解读史事，更易产生“强史就我”的弊病（详见本书第八章的讨论）。

① 余英时:《士与中国文化》，第 99 页。

② 关于科学与艺术的异同问题，有学者提出一种解释的思路：科学是在“一般”层面上显示因果必然性的规律，而艺术则是在“个别”层面上显示因果必然性的规律。由此可以说，两者的关系是：科学是从“个别”推出“一般”的艺术，艺术则是从“一般”推演出“个别”的科学。把这样的认识运用到历史学，就可以说，历史学既是科学，也是艺术，因为它既要从“一般”或“类型”（如生产力和生产关系、经济基础和上层建筑、阶级和国家、社会形态和意识形态等等）的共性层面揭示因果必然性的规律，也需要在“个性”（如独特而不重复出现的历史人物、事件、过程等等）上揭示因果必然性的规律。（参见庞卓恒、刘方现、王京春:《真理、规律与历史研究》,《江海学刊》2008 年第 2 期）但是，如果考虑到历史学中的“个别”有些只是“典型性”而无普遍性，此说还可再斟酌。

三　历史的真实

相对而言，自然科学较纯正单一，历史学则复杂得多；它既有关于史实的确认与复原，对史事的理解和解释，也有关于历史规律的概括总结，还有对历史意义的评价。这些不同层面的认识活动，需要分别加以研讨。

1. 历史学的分层

沃尔什曾说：有关历史知识的客观性、真实性，是“批判的历史哲学中最为重要而又最令人困惑”的问题[①]。说其重要，那是因为客观性、真实性是整个历史哲学研究的基石，有关历史学的本质特征以及一些相关问题的论断，都与客观性问题的解释相联系，甚至以其为前提；说其令人困惑，那是因为这一问题充满了分歧与争论，许多观点被重新思考，一些原本被视为理所当然的结论，现在看来也充满了疑问、受到了怀疑。不过，沃尔什的这两个“最”，还没有说到问题的症结所在，如果再深入下去，我们就会发现，与其他学科的同类问题相比，历史学的客观性、真实性还是最为复杂、最为麻烦的问题。

通常，我们总是习惯将历史学与其他社会科学，如政治学、经济学、法学等学科相提并论，似乎它们都是社会科学中相互并立的不同门类。其实，政治学、经济学、法学是门类学科，历史学则不是一个以门类来划分的学科，它是以对象所处的时段来划分的学科，能与它对应并提的，似乎是未来学（如果有这门学科的话），而非一般的各门社会科学。在我们的学科群中，它是唯一一门以“过去”为研究对象的学科研究，研究对象的

---

① 沃尔什：《历史哲学——导论》，第 8 页。

既往性、非直观性以及对象的无边无际（凡属过去，无不是历史研究的对象）等特征，都给历史学的客观性、真实性问题，带来与众不同的困难与复杂性。

然而，历史学的特殊性不仅来自对象方面的原因，还来自我们不易察觉的主体方面。由于历史学研究的是人类自己的事情，它的研究者——历史学家很难像自然科学家那样，以一种局外人或旁观者的身份地位来静观自然景观的存在和变化。对于我们来说，自然界只是一个事实问题，涉及的是实然问题；而人事活动及其结果，就不仅是一个实然的问题，还是一个应然的问题。这种差异，使得历史学家与自然科学家在研究态度、立场和要求上产生了不同的特点，使得史学研究要比一般的科学研究多出了许多东西。英国历史学家伯瑞的名言是：

> 历史学就是科学，一点也不多，一点也不少。

何兆武先生则说：

> 历史学不就是科学；它比科学多了一点什么，又少了一点什么。①

它多了什么？又少了什么呢？众所周知，历史学家虽然总是在他的历史领地里挖掘事实，但他不是单纯地去发现和描述对象，除了要考订“是什么”、追问“为什么”之外，还直接间接地涉及“该怎样”的问题。也就是说，历史学家不可避免地会采取一种批判的态度和立场。如前文所述，当我们问自然科学是不是一种科学，实际所涉及的只是“以这种研究逻辑来研究自然界，所获得的结论是否可称之为科学”。然而，当我们以同样的问题来问历史学时，情况就大不相同了。

相比较而言，自然科学是纯正单一的，而历史学要复杂得多，它几乎

① 何兆武：《历史理性的重建》，北京大学出版社 2005 年版，第 114—115 页。

涉及我们所有的认识方式和知识品种。在历史学里，既有关于史实的确认与复原，对史事的理解和解释，也有关于历史规律的概括总结，还有对历史意义的评价（历史学该不该包含对历史规律的概括和对历史意义的评价，这里暂且不论）。这些不同层面的认识活动，所体现出来的认识形式和知识性质是各不相同的，其所涉及的客观性问题也大不相同。

在西方史学史上，也有一些学者从史学认识的不同层次、不同形式来谈论史学的性质问题。如英国历史学家乔治·屈维廉曾认为，历史学有三种任务和步骤：就积累资料和检验证据，那是科学的工作；在此基础上的推测和概括，那是推测和想象的工作；整理研究结果，用文学的形式表达出来，那是艺术的工作[①]。而分析、批判的历史哲学一般不采取分层的研究，而更倾向于科学哲学的研究方式[②]。但是，史学要比一般意义上的科学更为复杂，它与自然科学相对单一的认识形式和知识品种之间并不具有直接的可比性。不将历史学进行分层，而笼统地讨论历史学的性质、历史学的客观性等问题，就会产生以偏概全的毛病，也容易带来一些误解，甚至混乱。比如，柯林武德的一些论断[③]，应该是指“历史学Ⅱ”或“历史学Ⅳ”的客观性问题，若不作具体的界定，旁人在理解上就容易发生误解[④]，以至于被视为怀疑论。而沃尔什的配景论也适用于“历史学Ⅱ”或“历史学Ⅳ”，

---

① 屈维廉:《克莱奥——一位缪斯》,《现代西方史学流派文选》，第192页。屈维廉认为，把历史同自然科学类比的做法，在过去三十年里错误地引导许多历史学家离开了他们的职业的正确道路。历史如何能成为一门“科学”呢？你可以解剖一个人的身体，由此而论证其他人的身体的一般构造。但是你不能解剖一颗心灵：即使你能够的话，你也不能由此论证其他的心灵。因此，历史学的工作不是科学的演绎，而是一种对于最可能的概括的想象的猜测；历史的价值不是科学，而是教育的。它能够使人们回想过去，从而教育人们的心智。参阅《克莱奥——一位缪斯》,《现代西方史学流派文选》，第180页。

② 威廉·德雷的《历史哲学》中有一段话，说到分析、批判的历史哲学如何借镜于一般科学哲学研究模式，他说:“当代历史哲学家在写作时，通常理所当然地用一只眼盯在科学哲学上。因此，提醒读者注意如下事实可能十分有益，即在科学哲学的领域中，很少能相应地区分思辨的和批判的这样两大部分。一般所谓科学哲学完全相应于这里所说的‘批判的’历史哲学。它阐明了科学研究的概念与结构。自然体系的哲学研究，或宇宙论那类玩意儿，如今似乎有点儿不合时宜。”威廉·德雷:《历史哲学》，第2页。

③ 此处是指柯林武德在1936年所写的那份手稿中的一段论述，详见本书第七章第二节的讨论。参见柯林武德:《历史的观念》编者序言，第9页。

④ 参阅本书第八章的讨论。

但他也没有加以必要的限定。结果，他们所概括的命题就容易引起误解，而其中的合理性也不易为我们所体会。

在我国，有意识地对历史学的学科性质作分层研讨，可以追溯到20世纪前期的刘节、雷海宗等学者[①]，但真正进行深入的专题研究，则起于80年代中期以后，姜义华将历史认识分为感性认识（历史事实的认定）、知性认识（历史过程的复原）和理性认识（历史规律的探寻）三个层面。刘泽华则分为史事考实、规律概括、史学评价三个阶段。何兆武将历史学分为"历史学Ⅰ"和"历史学Ⅱ"两个层次，其中，"历史学Ⅰ"实际上属于一种事实性认识，而"历史学Ⅱ"是指对史事的理解或体验，有时也是指对史事的评价。理解、体验或许都可以归入事实认知，而评价则属于价值判断。庞卓恒主要讨论的是历史学中对历史规律的概括归纳问题，他也是在这一层面上强调历史学的科学性。虽然就认识的性质来说，概括归纳与史事的考订一样，也可以归入事实认知一类，但它们在认识形式和知识的性质上又有很大的区别，也应该分开来考察。史事的认定、理解和历史规律的概括，都还是解决"是什么"和"为什么"的问题，与史事的评判又不能混在一起。这些不同的认识形式和知识成果，都需要分层、分别地加以讨论。所以，理想的历史哲学，应该能涵盖上述几个层面，它大体是一种比科学哲学和传统认识论的研究范围更为宽泛的历史认识论和历史知识论（传统的认识论只关注事实认知，不涉及价值评判），它应该将历史学的元问题"一分为四"，在史实的确认、史事的理解、历史的理论概括、历史意义的评价等几个层面上，讨论这些不同的认知形式、不同的知识产品及其不同的学科属性等问题。正是出于上述考虑，本书将历史学分为四个层

---

① 刘节认为："史料考证是一种科学，排比史料却与艺术有莫大的关系"，"历史家应该自己造成一套哲学系统，从这套系统以内产生一种历史的独到见解"。所以他认为"历史学是一种科学，也是一种艺术，而总其成者，还是一种哲学"。参阅刘节：《历史论》第一篇，正中书局1947年版，第41、47、66页。雷海宗则认为，有价值的史学著作应为科学、哲学和艺术的统一：要做审查、鉴别与整理材料的分析工作；以一贯的概念与理论来贯穿说明史实的综合工作，用艺术的手段以叙述历史的表现工作。三者之间，分析是必要的历史基础，有如选择地点，准备建筑材料；综合为史学的主体，乃修建言情本身；艺术则是装饰而已。参阅雷海宗：《西洋文化史纲要》，上海古籍出版社2001年版，第6—7页。

面，即史实的确认、史事的理解、历史规律的概括、历史意义的评价，并分别称之为“历史学Ⅰ”、“历史学Ⅱ”、“历史学Ⅲ”和“历史学Ⅳ”，有关历史学的客观性以及历史学学科的本质特性的讨论，也将分别在这四个层面上逐次展开[①]。

史家撰写历史，有的强调应取“无我之境”，有的肯定该是“有我之境”，两者虽彼此对立，实质殊途同归：都认为“我”——历史学家的存在及其作为，足以妨碍、影响乃至破坏历史认识的真实性。

2．“无我之境”与“有我之境”

客观主义史学理念[②]对历史认识的真实性、客观性抱着一种乐观和肯定的态度。他们认为，通过对可靠资料的批判考证，不偏不倚的理解，客观的叙述，所有这些结合起来，可以如实地再现全部历史真相。同时，他们相信，随着文献档案资料的开放，全部的资料都可以获得，一切问题都变得可以解决。“终极的”历史学和“完善的”历史学的时代虽然尚未到来，但已经为期不远，“人类历史中全部最细微事实的集合终将说话”[③]。阿克顿曾满怀信心地说：

① 李幼蒸先生也曾简略地说到过，历史认识的分层研究，便于我们对其客观、主观成分的分辨。他说：“无论在日常经验中，还是在社会历史经验中的现实概念，均可在史学话语层次上无限扩大其精确性，只要将此历史写作实践在指称的、因果的、心理的和道德评价的等不同经验性层次上分别运作，以增加对各层次上客观成分和主观成分之分辨即可。”参见李幼蒸：《论后现代主义的历史理论》，《哲学杂志》（中国台湾）第 37 期。

② 为了行文的方便，下文将以事实为中心的史学理念，称为客观主义史学理念；将以史家为中心的史学理念，称为主观主义、相对主义的史学理念。

③ 巴勒克拉夫著，杨豫译：《当代史学主要趋势》，上海译文出版社 1987 年版，第 9—10 页。

> 在我们这一代还不可能有终极的历史。然而我们能够抛弃因袭的历史。既然一切情报资料都可能得到，每一问题都有可能加以解决，我们也就能够指出从这一历史过渡到另一历史的道路上，我们已经到达的境地。[①]

与此相反，主观主义、相对主义史学理念对历史认识真实性、客观性抱着一种悲观和否定的态度。他们嘲笑客观主义史学家所标榜的"如实地说明历史"只是不切实际的幻想，"史学家不可能展现某个事件的全过程，即使最简单的事件也不可能"[②]。克罗齐说：

> 事实上，关于罗马或希腊诸国的源流、关于希腊和罗马文明以前各该国的民族，尽管我们拥有学者们的全部研究，我们究竟知道些什么呢？如果关于这些民族的生活有什么断简零篇传到我们手里，人们对它的解释又是多么不确凿啊！如果有些传说流传到了我们手里，那又是多么贫乏、混乱和矛盾百出啊！而关于这些民族之先的民族，关于从亚洲和非洲向欧洲的移植或者倒过来，欧洲向亚洲和非洲的移植，关于它们和海外各国甚至和神话中的大西洲的关系，我们就知道得更少了。此外，关于人类起源的一元发生说或多元发生说又是一个使人非常头痛的问题，可以有各种各样的推测。……我们就不谈大历史吧！至少对于一件小历史，姑且不说有关我们的国家、城镇或家庭的小历史而说我们每一个人自己的最小的小历史，我们能不能完全知道呢？[③]

从表面上看，这两种观念彼此对立、截然相反，但对立和相反也可能导致殊途同归，这至少表现在两个方面。

其一，两者都以一种完全、彻底的尺度来衡量历史认识的真实性和客

---

① 爱德华·卡尔：《历史是什么？》（吴译本），第1页。
② 卡尔·贝克尔：《什么是历史事实？》，《历史的话语——现代西方历史哲学译文集》，第291页。
③ 克罗齐：《历史学的理论和实际》，第35—36页。

观性。客观主义史学理念所肯定的真实性，就是认识与对象的完全同一，不仅可以完全、彻底地认识历史事实，而且可以解决一切问题，产生终极的历史学。而主观主义、相对主义的史学理念认为，既然这种真实性是完全不可能实现的幻想，那么历史认识领域就无真实性可言。其实，认识的客观性不同于事实存在意义上的客观性，故有学者称其为“主体化的客观性”或“主体性的客观性”[①]。客观主义史学理念因看不到两者的差异，而把认识的客观性等同于事实存在的客观性，认为历史认识可以达到完全的真实和纯真的客观；主观主义、相对主义的史学理念则看到了两者的差异，但也用完全、彻底的尺度去衡量它——既然完全的真实和纯真的客观达不到，那么，历史认识根本就不可能有什么客观性。两者结论不同，但用来衡量客观性、真实性的尺度则完全相同。

其二，客观主义史学理念和主观主义、相对主义史学理念对造成历史认识失真的原因分析也基本一致，即两者都把历史学家的存在看作一种破坏认识客观性的消极因素。

我们知道，客观主义史学理念对历史认识真实性的肯定，主要是限于有关历史事实的认定范围。在他们看来，唯有在事实认识范围里，历史学家才能做到排除“自我”，消灭主体，如此，才能保全历史的“贞洁”[②]。所谓“真正的知识是自然在完全被动的心灵中留下的印记，心灵的能动性只能带来偏见与曲解”[③]，“每件事实都要被思考为不仅独立于其他一切事实之外，而且也独立于认知者之外，因此历史学家观点中的一切主观成分必须一概删除”[④]。一旦超出了这个范围，史家主观因素就会掺入到认识的结果

① 于沛先生在《史学的科学认识功能和理论思维》(《史学理论研究》1992 年第 3 期）一文中，讨论了历史研究中的客观性问题。他认为：“历史学的客观性不是客观实在的纯客观性，而是带有主观性的客观性，或者是主观范围内的客观性。”庞卓恒先生则认为，“一切历史著述都是主体化的历史”，“所谓主体化的历史，就是历史认识的主体根据自己对客体历史的认识而描述和归纳出来的历史”。参阅杜经国、庞卓恒、陈高华：《历史学概论》第一篇第二讲，高等教育出版社 1990 年版，第 30 页。

② 罗兰 · 巴尔特：《历史的话语》，《现代西方历史哲学译文集》，第 87 页。

③ 参阅拉卡托斯著，兰征译：《科学研究纲领方法论》，上海译文出版社 1987 年版，第 28 页。

④ 柯林武德：《历史的观念》，第 148 页。

中，历史认识的真实性、客观性就会遭到破坏。

主观主义、相对主义的史学理念看到要在历史认识活动中排除、消灭主体是不可能的，历史认识活动必然是有主体的参与，认识的结果也必然是渗透着史家主体的因素和凝结着史家主体的属性。同时，他们看到，历史认识也不是纯粹的事实性认识。柯林武德说：历史学家重演前人的思想，"它并不是消极地委身于别人心灵的魅力；它是一项积极的，因而是批判思维的工作"，"他之重演它，乃是在他自己的知识结构中进行的，因而重演它也就是批判它并形成自己对它的价值的判断"[①]。即使是一些事实认识，其背后仍然隐含着一定的价值选择和价值倾向。他们甚至认为，所有"文件——这些法令、条约、地租账簿、政府或议会的报告书、公文、私人信件和日记——到底告诉了我们什么呢？没有一个文件能告诉我们比文件的作者想到的更多的东西——他想象中的已经发生了的事情，他认为应该发生或将会发生的事情，或者只是他希望别人想到他所想的事情，甚至只是他自己认为他想了的事情。所有这一切，在历史学家在它上面加过工，作过解释以前，是毫无意义的"[②]。于是，"终极历史学"的信仰被当作空想抛弃了，历史的客观真理也并不存在：

> 晚一代历史学家并不憧憬这样的远景。他们希望别人一次次地超过自己的工作。他们认识到，关于过去的知识是通过某个人或某些人的脑子，即经过了他们的"加工"才传下来的。因此，其中不可能包含不可变更的基本元素或与人无关的原子。……探索似乎是无止境的，一些缺乏耐心的学者躲避到怀疑论里去，或者至少用下列原理来作为遁词：既然一切历史判断都掺杂着人和他们的观点，那么，它们彼此都是一样正确的，而且不存在什么"客观的历史真理"。[③]

---

① 柯林武德：《历史的观念》，第26页。

② 爱德华·卡尔：《历史是什么？》（吴译本），第12页。

③ 巴勒克拉夫：《当代史学主要趋势》，第14页。

王国维在《人间词话》中说到诗词创作中的两种境界："采菊东篱下，悠然见南山"，这是"无我之境"；"泪眼问花花不语，乱红飞过秋千去"，这是"有我之境"。王氏所说的两种境界，正好借来比之于史学界的两种史学观念："无我之境"，那是客观主义的史学所追求、向往的治学境界；"有我之境"，则是主观主义、相对主义史学所提倡、所认同的治学精神。前者主张客观的史学研究应该是一种无我之境，一旦"有我"，便破坏了历史学的客观性；后者认为真正的史学研究只能是有我之境，不过，有了史家之"我"之后，历史学不得不放弃对客观性的追求。两种彼此对立的观点，在此殊途同归，即都认为"我"——历史学家的存在及其作为，足以妨碍、影响乃至破坏历史认识的客观性和真实性。于是，历史学便面临着这样的选择：应该是像客观主义史学理念那样通过抑制、排除和消灭主体性来保全历史认识的客观性呢？还是像主观主义、相对主义史学理念那样，肯定、强化和高扬主体性而放弃、牺牲历史认识的客观性？这可以简化为这么一个问题：历史学家主体的存在和作为是否必然地破坏认识的客观性，主体性是否等同于主观性？

历史认识总是在先行的认知图式的统摄下进行的，它（认知图式）是史家加工处理历史信息、形成历史认识的思维工具，除了知识、方法、理论、观念等认知要素，还有史家个人的性格、气质、感情等因素，都不可避免地参入、渗透并凝结在他的历史著述里。

3. 认知图式与双向建构

当代学者大都认为，认识不是主体的"被动给予"，而是他的积极参与和思维加工。一般认识活动是如此，历史认识活动也是如此。而且，这种积极的主动参与，历史学家不是“空手”而来，而是带了“工具”有备而来的。这里所说的“工具”，自然是指历史学家头脑中所有的思维工具。有关这一点，当代学者也已经达成了共识：认识总是在认识者先有的意识准备的加工操作下进行并完成的。这种先行的意识准备，皮亚杰称其为“认知图式”，海德格尔称其为“理解前结构”，迦达默尔称之为“成见”，名称术语虽然不同，其所指称的对象及其性质、功能基本一致。就历史认识而言，所谓认知图式，可以解释为历史学家加工处理历史信息、形成历史认识的思维工具。

历史学家通过自己先行的认知图式去认识历史，这就不可避免地会将他自己的各种主体的因素渗透到认识活动中，并最终凝结在他的认识结果上。这种主体因素的渗透和凝结，学者们称它为认识活动的主体性。只要是人的认识，一定具有主体性的特征，因为认识总是在先行的认知图式的统摄下进行的，人总是自觉或不自觉运用自己的思维工具去观察、理解和把握对象的，不带主体性的认识活动是没有的[①]，自然科学如此，历史学也不例外。

在一般的认识活动中，主体性的存在并不必然地破坏认识的客观性和真实性。皮亚杰的“发生认识论”认为，主体的认知图式虽然是先存的，但不是先验的。更主要的是，认知图式并不是主观随意的建构，“主体绝对不能随意地好像玩一个游戏或画一幅画那样来自由地安排结构”[②]。从根本上说，主体的认知图式是客观图式的内化和积淀。在具体的认识活动中，主体一方面用先存的认知图式去操作加工，以形成客观的图式；另一方面，又以客观的图式为蓝本不断地修正自己的图式。随着认识活动的不断深化，主体的认知图式越来越逼近客观的图式，主体也就能越来越真实客观地反映历史，这是一个主客体图式的双向建构过程。

《庄子·养生主》记载了一则“庖丁解牛”的故事，可以用来帮助我们

① 周文彰：《认识的主体性和客观性》，《求索》1989 年第 2 期。
② 皮亚杰著，倪连生、王琳译：《结构主义》，商务印书馆 1987 年版，第 43 页。

理解这个双向的建构过程。故事说：

> 庖丁为文惠君解牛，手之所触，肩之所倚，足之所履，膝之所踦，砉然响然，奏刀騞然，莫不中音：合于《桑林》之舞，乃中《经首》之会。文惠君曰：嘻，善哉，技盖至此乎。庖丁释刀对曰：臣之所好者，道也，进乎技矣。始臣之解牛之时，所见无非牛者，三年之后未尝见全牛也。

从"所见无非牛者"到"三年之后未尝见全牛也"，其间，有庖丁（主体）按照自己的图式来描述牛的图式的过程——皮亚杰称之为"同化"过程；也有庖丁（主体）按照牛的图式来建构、修正自己图式的过程——皮亚杰称之为"顺应"过程。两个过程不断交替，就是主体图式不断逼近客体的图式，也是主体越来越客观、真实地反映客体的过程。所以，认识的主体性不等于认识的主观性[①]。

如果历史认识也可以作这么理解，即视为历史与历史学家之间的一种双向的建构[②]，那么，史家的主体性并不必然破坏认识的客观性[③]。李幼蒸先生也持类似的看法，他说：

> 在写作历史和社会过程时的一切再现活动均不同程度地受到作者主观视角的制约，然而，此主观的因素并不必然否认与其相关的客观部分。一种再现的视点主义并不逻辑必然地否定有关历史事件的原初存在性。存在有单一的（实际的；客观的）历史现实，虽然对其进行的描绘可以多种多样。历史话语中的观点主义或主观表现只证明人类

---

① 关于史家的主体性不等于历史认识的主观性，可参阅拙文《试论历史认识的主体性——兼评西方史学思想的两种倾向》，《探索与争鸣》1992 年第 3 期。

② 卡尔曾把历史研究活动比作"一个连续不断的把他的事实放进自己的解释的模型中加以塑造，又把他的解释放进自己的事实的模型中加以塑造的过程"。爱德华 · 卡尔：《历史是什么？》（吴译本）第 28 页。

③ 参阅拙文《关于历史认识论的几点思考》，《历史研究》1995 年第 4 期。

认知条件中的不可避免的局限性。[①]

不过，历史认识远比“庖丁解牛”要复杂得多。《淮南子·泛论训》云：“今夫盲者行于道，人谓之左则左，谓之右则右。遇君子则易道，遇小人则陷沟壑，何则？目无以接物也。”这是说盲人行道，看不见外物，只得听从他人的指挥，说其向左则左，说其往右则右。历史研究岂非如此？历史学家不仅被史料套着走，还被前辈的同行牵着走。况且，历史之“牛”看不见、摸不着，如同盲人摸象，摸着大腿，说大象像柱子；摸着耳朵，说大象像扇子。盲人摸象还能亲手触摸之，而历史之“象”，则看不见、摸不着，彼此间的“同化”和“顺应”过程远比“庖丁解牛”“盲人摸象”来得困难和复杂。

其实，主体的认知图式是一把双刃剑：一方面，认识离不开认知图式的操作，正是有了它的操作，认识不再是客观历史的临摹复写，而是能动的创造构建；不是消极的等待感知，而是积极的探索和主动的提问。主体认知图式的介入使主体能有选择、有指向地在混乱杂多的历史信息中迅速而准确地捕捉到自己的对象，并将它们整理成一定的秩序和规则，否则便会沉没于历史信息的汪洋大海而不能自拔。星星点点、若隐若现的历史材料，经过主体认知图式的分析综合，才能联属成一个个完整的感性形象。不如此，历史认识无法进行，历史认识的客观性也无法达到。这是主体性的正效应，可称为主体性的积极方面或肯定方面。

另一方面，也正是主体性的存在和操作，不可避免地造成认识上的偏离，这是主体性的负效应，或称为主体性的消极方面或否定方面。尤其是当历史学家不肯时时按照客观历史图式来修正，乃至重构自己的认知图式，而是“强物就我”式地把历史图式纳入自己的认知图式，并以此来保持和强化自己原有的认知图式，这便造成了认知危机——认识过程的“顺应”环节发生了障碍，认知图式趋于停滞僵化。结果，“同化”过程就变成

---

① 李幼蒸：《论后现代主义的历史理论》，《哲学杂志》（中国台湾）第37期。

了“强物就我”或“削足适履”。20世纪90年代，历史学家黄宗智先生指出的中国经济史中的悖论现象与史学界规范认识的危机问题，可以作为因史学家认知图式的僵化而造成的史学研究困境的一个典型案例[①]。

与自然科学家的认知图式不同，历史学家的认知图式的内在要素更多样、更复杂[②]：它不仅有知识、方法、理论、观念等理性的认知要素，还有史学家个人的性格、气质、感情等非理性因素。这一系列思维操作的工具，有些只是在事实考证层面上使用，有些则使用在史事的理解或历史意义的评价层面。在历史学里，有些认识层面所使用的思维工具比较少，有些则是“十八般兵器”都要使用；有些认识层面所使用的思维工具比较统一，有些则是“五花八门”“种类不一”。使用的工具品种越少、越统一，主体的参与度越不易察觉；使用的工具品种越多、“种类”差异越大，主体的参与度越凸显。所以，我们常常认为主体性在“历史学Ⅰ”、“历史学Ⅱ”、“历史学Ⅲ”和“历史学Ⅳ”中的参与力度和深度是不同的，其对认识结果的影响也是不同的。就总体特征而言，从史实的考实、对史事的诠释到概括抽象、意义评说，主体性参与度逐级增强，对于认识结果的影响也逐级加大。参与度低，使用的工具品种越少，历史学家就会形成一种错觉，似乎进入了一种“无我之境”（或说史学家的不在场）[③]。尤其是当史学

---

① 1993年，美国洛杉矶加利福尼亚大学历史系教授黄宗智先生发表了《中国经济史中的悖论现象与当前的规范认识危机》一文，引起了国内学者的关注并引发热烈的讨论。黄先生认为，明清时期中国商品经济的长足发展为何没有使中国像西方国家那样走上现代化道路，是中国经济史研究中的一个大问题。半个多世纪以来，中外学者就这个问题提出了众多的解释，可以归纳为两大理论四派论说。但众多的且相互对立的理论解释却存在着一个共同的出发点：都是从“商品化导致近代化”这个“规范信念”或“规范认识”出发来进行论证。结果，对明清以来中国经济史以至社会史中长期存在的“悖论现象”，任何一派都难以作出令人信服的解释。黄先生认为，各家各派解释上的障碍，归根到底是“商品化导致近代化”这一“规范认识”造成的，由此，从史学理论和方法论上，提出“规范认识”的危机问题。（参见黄宗智：《中国经济史中的悖论现象与当前的规范认识危机》，《史学理论研究》1993年第1期）受黄先生此文“规范认识”的危机一说的启发，笔者将认知图式的负面效应称为认知图式的危机，其意思大体与黄先生所说的“规范认识”的危机相当。

② 参见李振宏：《论史家主体意识》，《历史研究》1988年第3期。

③ 事实上，自然科学也不可能做到主体的“不在场”，然而由于学科的范式关系，自然科学家总认为，他们的研究能够排除一切“人”的成分，并以此为特征来区别于历史学的研究。恩斯特·卡西尔曾说到过这一问题，他说：“一位伟大的科学家——麦克斯·普朗克，把科学思想的全部过程形容为一种排除一切‘人类学’成分的不断努力。为了研究自然并且发现和制定自然规律，（转下页）

家们所使用的工具相同一致时，那么，他们所获得的认识结果也就相同一致，历史知识就表现出一种“硬”性——一种很强的客观性。参与度高，使用的工具品种越多、差异越明显，历史学家就容易体会到他自己的存在，是明显进入了一种“有我之境”。尤其当史学家们所使用的工具各不相同，甚至五花八门、彼此对立，那么，所获得的认识结果一定是众说纷纭，历史知识就表现出一种“软”性——一种明显的主观性。

传统符合论错误地认为史事与认识是两个独立的东西，可以两相对照，相信史事自己可以充当检验的仲裁者。其实，过去的史事只有被理解、被描述后才能用来同我们的认识比较对照，要用纯粹的史事来对照我们历史认识的符合与否，实在做不到。

4. 对符合说的诘难

客观性问题的另一番麻烦，在于它的检验[①]。所谓历史认识的客观性、真实性，究竟是一种个人独享的东西呢，还是一种公认共享的东西呢？如果某人坚持说他的历史认识是“真实”，而他人却不接受、不认可[②]，那么，

（接上页）我们必须忘掉人。在科学思想的发展中，拟人的成分逐渐地被迫退入后台，最终在物理学的理想结构中完全消失。历史学则是以完全不同的方式从事研究的。”不过，卡西尔仍认为：“历史学从根本上讲就是拟人的，抹杀它显示人的特点的方面，也就毁灭了它独特的个性和本性。但是历史思想的这种拟人性并没有对它的客观真理构成任何限制或妨碍。……我们可以说，历史学正努力追求一种‘客观的拟人性’。”参见恩斯特·卡西尔：《人论》，第263—264页。

① 对于认识成果的检验，通常按成果性质的不同而采取不同的方式，如借助实验方式来检验某一结论，我们一般称其为“验证”；借助证据来检验结论，我们一般称其为“证明”或“证实”。历史学的大部分结论，只能通过“证明”的方式来检验，至于借助现实的社会实践来印证一些历史的普遍性结论，是否也能称为“验证”呢？参见本书第七章的讨论，此处不加区分。

② 真的认可，可以有两种理解：如我们有时说，真理常常掌握在少数人手中，而后才逐渐为大家接受认可，这主要是指“真”从发现到普遍接受是一个过程。有时讨论“真”的认可，乃是讨论“真”的界定，即说某一认识是“真”，是因为它符合对象，还是它能获得大家普遍的认可？此处主要讨论后一种情况。

他就有必要向他人出示“真实”的理由，这便涉及历史认识真理性的检验证明问题。

“真实”一词，通常可以有两种用法：一种是指客观的历史事实，意指一种真实存在过的历史事实。例如我们说，南京大屠杀是真实的，意指这件历史事实存在的客观性。这种含义的“真实”，实际上可以等同于“史实”，与之相类的概念术语还有“客观史实”“历史实际”“历史本体”等等。“真实”的另一种用法是与“虚假”相对立的，用来表示某一判断与史实相符合。例如我们说，某某书中对南京大屠杀的叙述是真实的。这里所说的“真实”是与“虚假”相对立的，意指一种符合史实的认识，有时也称为“真理”，或指一种“真”的判断、“真”的陈述。尽管“真实”一词可以用来指称两种不同的事物，但其间的含义区分是明显的：一是表示历史事实的客观存在，意指历史事实的客观性；一是表示历史认识的客观性。为了不引起误解，下文所说的都是认识上的“真实”，而不是事实上的真实①。

怎样的历史认识才能称为真理呢？②通常的说法，即符合历史实际的认识就是“真”或“真理”，这也就是一般认识论中对“真”或“真理”的符合论解释。一般认识论对真理的符合论解释，是否也同样适用于历史认识活动呢？学者曾提出过怀疑：历史已经云消雾散，通常所说的客观存在，其实只是存而不在，对于这些存而不在的历史事实，怎么将它与历史认识

① 因“真实”与“真理”本身的词语歧义，而在史学理论研究中产生的混用，并由此带来论证上的矛盾或错误，似乎是中外史学界都有的现象。李幼蒸先生在《论后现代主义的历史理论》一文中，曾就西方学者如费耶阿本德对这两个词语的混用提出过批评和澄清。有关国内史学理论研究中“真实”一词含义的混用及其澄清，可参阅拙文《关于历史认识论的几点思考》(《历史研究》1995 年第 4 期)。

② 一般认识上的“真实”，可否径直称为“真理”？这也有不同的理解。“真理”一词，学术界至今尚无公认的定义。一些学者认为真理必须具有普遍性的特征，即只有普遍的知识才能称为“真理”，而像“拿破仑死于 1821 年 5 月 5 日”这类陈述，就不能称为“真理”。也有学者认为，“拿破仑死于 1821 年 5 月 5 日”反映了确凿无疑的个别事实，不管科学如何发展，其可靠性是不可能被推翻的，所以这一类命题倒可以称为“永恒真理”。也有的把前者可称狭义的真理，把后者可称广义的真理。参阅赵轶峰:《历史认识的相对性》,《历史研究》1988 年第 1 期；齐振海:《认识论新论》，上海人民出版社 1988 年版，第 366 页。

作符合与否的检验呢？言下之意是：对象是既有的，可以用符合说；对象是既往的，不能用符合说。不少国内学者都持这样的看法（详见下文的讨论）。然而，在西方学术界，对符合论的批评不仅早已有之，而且更加彻底。

众所周知，符合真理论是一种历史最悠久的真理论，它可以追溯到古希腊的亚里士多德。亚里士多德的名言：每一事物之真理与各事物之实必相符合[①]。这个被称为关于真理的古典定义，在古代、近代一直颇为盛行。符合真理论的基本立场是在认识与事物的关系上来界定真假问题，但在符合的具体操作、有效性的验证等问题上，还存在着一些漏洞[②]，受到了自康德以来的许多学者的批评和诘难[③]。其中，最受诘难的是这一解释忽视了检验过程中的主体介入。在符合论者看来，外在的事物在被用作检验证据时，仍能像它在未被用作证据之前一样，以其纯粹的原貌参与对认识结果的检验。他们看不到事物在被用作证据后，已经渗入了若干检验者的主观因素。这种自然主义的理解受到了许多哲学家、历史哲学家们的批评。沃尔什在《历史哲学——导论》中，对此问题作了详细的分析，他说：

> （符合真理论的）难点却一直也没有得到澄清。……我们大家都倾向于设想，理论就是只存在于人们头脑里的东西；而事实则是摆在那里，不管我们是不是喜欢它们。理论采取的形式是判断，是肯定的或否定的命题，或者（在技术性上更小一些）是说出来的、写下来的或者是蕴涵着的陈述；而事实则是据以作出陈述或总结出判断的材

---

① 亚里士多德著，吴寿彭译：《形而上学》，商务印书馆1959年版，第33页。

② 比如，它把认识与事实的关系看作一种照相式的符合关系，看作照片与底片的关系。这种看法来源于日常生活的经验，日常生活中的意象、想象，确有照相式的符合情景。但是，一旦进入到知识领域，命题与事实的关系就无法用照相式的符合来描述了。哲学家詹姆士曾批评说：对于可感觉的事物的真实观念的确是模拟这些事物的，可是像对于钟的机件的观念就很难说是一个摹本了，至于说到钟的“计时功用”和发条的“弹性”等等，那就更难看出观念所模拟的是什么了。威廉·詹姆士著，陈羽纶、孙瑞禾译：《实用主义》，商务印书馆1979年版，第102页。

③ 参阅陈德荣：《符合真理论的困难：康德的挑战》，《德国哲学》第11辑，北京大学出版社1990年版。

料。但是我们所面临的问题乃是，我们是怎样获得那些我们的理论必须与之相符合的独立的事实的；而这却是一个一点也不容易给它找出答案来的问题。因为当我们在想它的时候，我们的理论本身（它以实际的或可能的陈述的形式而存在）就要靠与别的陈述相参证而加以检验。……经验本身并不能用来检验理论，它们在能用之于那个目的之前，必须先被表述出来，被赋予概念的形式并被提高到判断的水平。但是在这一表述的过程中，我们所由以出发的那个实际经验就不可避免地被改造过了。它是由于被人解说而被改造了，——它被带入了与以前同类经验的关系之中，并被归之于各种普遍概念之下。①

当然，对于客观主义的史学家来说，符合论的困难是不存在的。因为他们相信：无论是认识过程，还是检验过程，主体的因素都是可以消除干净的，只要做到这一点，外在的历史事实就可以以它纯正的原貌来检验我们的认识结果。然而，一旦肯定我们的认识过程和检验过程中的主体因素并不能消除干净，那么，有关的批评和质疑就成了一个难题：

（符合真理论）要求我们对自己的语言表达与语言之外的实在的对应情况进行检查，为了做到这一点，我们必须谈到实在，而要谈到实在，我们必然已把自己语言所特有的某种概念系统强加给了实在。这样我们就仍然是在语言的界限内涉及实在。如此推论下去，那个把语言与未被概念化的实在进行客观比较的任务就像西西弗斯的不幸劳役一样永远不可能完成。②

① 沃尔什:《历史哲学——导论》，第72—73页。沃尔什在讨论一般意义上的真理检验问题，与他在讨论历史学的认识检验时，有一些不一致的地方。当他在讨论一般意义上的认识检验时，他明确地指出事实与认识并不能直接进行比较对照，事实只有被理解、被描述，至少被人有意识地领会时，才能用来核实我们的认识。所以，事实即使呈现在眼前，也不可能实现符合论者所相信的那种将认识与事实两相对照式的检验。但是，沃尔什在论述历史认识的检验时，却又感慨我们不能在与历史事实的两者比较中，看出认识的正确性。参阅沃尔什:《历史哲学——导论》，第92页。

② 张盾:《无须存在公理的指称理论》，《哲学研究》1989年第6期。

传统的符合论把命题与事实的检验看得过于简单，仔细分解一下认识的检验过程，我们就会发现这里还存在着一个将事实转变为事实命题的环节。实践活动的主要功能是为我们的检验工作提供切实可靠的证据材料，从而避免了那种以某种权威言论、神灵启示、宗教教义等为标准的检验方式。但是，从实践中获得的证据材料本身并不会说话，它自己并不会充当检验的仲裁者。只有把客观的事实转变为事实命题，即对客观事实作出一定的语言陈述，成为事实命题，才能和另一命题比较对照，从而来检验它的是非正误。在日常生活里，将客观事实转变为事实命题的过程是非常自然地进行的，以至于我们常常不能自觉地体会到它的存在，而产生一种错觉，似乎事实与认识是两个独立的东西可以两相对照。把日常生活中的经验（错觉）推及到知识领域的检验问题上，就会产生这种简单化的理解。

外在的事实只有被理解、被描述后才能用来同其他认识比较对照，而理解、描述的过程又不可避免地会渗入一些检验者的主观因素。指出并强调这一点，是康德以来诸多哲学家的贡献，但是因此而认为在认识与事实之间存在着一条不可跨越的鸿沟，则似乎又从一个极端走到了另一个极端。金岳霖先生对这个“鸿沟”作了这样的描述：

> 命题在我，事实在客；命题在内，事实在外。……大致说来，用得着符合说的时候，事实一定在外在客，如果它不在客在外，我们用不着符合说，……事实既非在客在外不可，符合说似乎不可能。真要坚持事实在外，我们怎样知道它与命题符合与否呢？如果我们知道它，它又已经在内。真要坚持事实在外，则命题与事实之间有鸿沟一道，命题过不去，事实过不来，而我们老在命题这一岸。……符合本身既得不到，符合说当然说不通。[①]

① 金岳霖：《知识论》，商务印书馆 1996 年版，第 914 页。

不过，金先生并不赞成“鸿沟说”。他说：如果鸿沟是不可免的，它的确给符合说以致命的困难。但是，“鸿沟”只是学术上的困难，而不是事实上的困难。它只是接受了某种学说之下的困难而已。金先生的解决方案是：肯定“有经验之内的客观的事实。其所以如此者，主要点在本书（即《知识论》）以正觉为出发点。正觉所供给的所与本来就是客观的，它是客观的呈现”①。

其实，批评符合论的学者，自己也还是在运用符合论——沃尔什说：“一种未经描述而单纯是被感受到的经验，是不可能在我们需要知道我们的陈述必须与之相符合的那些事实的那种意义上而为人知道的”，“一种经验只有在这样加以解说时，才能被描述；并且只有它在被描述时，——或者至少是被具有它的人有意识地领会了的时候，——它才能用来核察一种理论”②。这里所说的“能”和“不能”的判断又是依据了什么呢？这又何尝不是将认识与事实实际比较之后所得到的认识呢？——用自己的符合论来批评他人的符合论，这岂不是逻辑上的自相矛盾③。由此看来，符合真理论虽然有漏洞，但它的基本立场不该放弃，况且它又为大家习惯而常用。

历史认识是一个史家对史事信息的接收、加工、整理的过程。当我们直接或间接地接收史事的信息，把它整合进我们的观念时，观念就有了来自史事或与史事相符合的内容，以此来比较

---

① 金岳霖：《知识论》，第914页。

② 沃尔什：《历史哲学——导论》，第75页。

③ 这种自相矛盾的现象，也可以用来质疑后现代主义，理查·伊凡斯曾写道：“假如每一件事实际上是主观的，假如我们确实对过去不能有所知，意义只能由阅读文本的人灌输到文本中，那么，为什么我们还要相信后现代主义者本人正在叙述的事情呢？我们为什么不可以把与后现代主义者意欲表达的相反意义灌输到这些文本中呢？”参见爱德华·卡尔：《历史是什么？》（陈译本），导言，第35页。

> 对照，以辨别哪种认识与史事较为符合，只是它是一种非常“弱化”的检验。

5. 一种弱化的检验

一些学者看到命题与事实之间有着不可渡的鸿沟，符合与否无法验证，便放弃了符合真理论的立场。既然“求真于主客二者底合”不可能，“不如求真于主”[①]。“求真于主”也有两种方式：一是移到实际效用上来界定；一是以命题与命题的关系来界定。前者强调真理的有效性或有用性，后来发展成工具真理论；后者强调命题间的融洽一致，后来形成了真理融贯论。

沃尔什认为：

> 我们不可能实现符合论的全盘纲领，因为我们不可能考察过去，看看它是什么样子；但是我们对它的重建却并不因此就是随意的。历史思维是受着对证据必须做到公正这一需要所支配的；虽说这并不是以某些人想要使我们相信的那种方式被固定下来的，然而却也不是由历史学家所制造出来的。它里面有着某种“过硬”的东西，那是辩驳不倒而必须老老实实加以接受的。无疑地正是这种成分，才引导符合论的拥护者们试图去发现那种能与之对独立的已知事实的陈述相一致的对历史真实性的检验标准。这个计划是一个注定要失败的计划，然而却始终都存在一种持久不断的诱惑，使人要进行这种计划。[②]

在这里，沃尔什有点左右为难：一方面要肯定有一种“过硬”的东西，那是辩驳不倒而必须老老实实加以接受的，显然，这可以作为符合论的合理基础；另一方面他又看到无法落实史实与认识的互相比较，进行符合与

① 金岳霖:《知识论》，第 892 页。
② 沃尔什:《历史哲学——导论》，第 89 页。

否的检验，那是一个注定要失败的计划。

其实，认识是主体对外在事物的一种观念的反映，它的实现是以整个物质世界的相互作用以及与这种相互作用相伴随的信息的传递、接收、保存等过程为基础的。在认识过程中，外在的事物及其状况以信息的方式为我们所接受，经过思维的加工整理而转变成我们观念的内容。认识之“真”不仅表示它与对象的符合一致，而且具体地表示它具有与对象符合一致的客观的内容[①]。虽然我们只能在观念中谈论事实，但观念中的事实并不就是主观的事实；为了把握事实，我们不得不使用语言、概念，不得不进行描述、解说，但是语言、概念只是观念的形式，观念还有内容。观念获得了来自客体的客观性内容，就意味着“有经验之内的客观的事实”[②]，将它与我们原有的观念比较对照，就体现了认识与事实的符合检验。

当然，这只是在一种弱化意义上的检验。所谓“弱化”，并不是指检验的间接性，而是指检验本身的不完善和不确定性。通常所说的检验不确定性，是指事实证据本身的不确定性，这是由实践本身的局限性所带来的一种不确定性。而“弱化”所表示的不确定性，是指我们在将实践结果转化为检验证据的过程中，因主体的选择、陈述等操作而使得事实证据渗入了许多主体的因素，从而影响或破坏了它原来的纯正性和确定性。虽然我们仍沿用符合论的解释，只是它已经不是传统意义上的符合论了，像传统符合真理论所设想的那种将事实原封不动地搬进观念或“骑”在事实与命题之间将两者相互比较的符合检验是无法实现的。

上述讨论表明，传统的符合论之所以受到众多学者的批评，原因在于它忽视了检验过程的主体介入，而不在于对象是否是现实地存在。但哲学界的这一番讨论及其成果，对于历史学界，尤其是对史学理论的研究来说，还是陌生和不甚了解的。史学理论的研究者更多是从史学实践出发去发现问题、思考问题。他们直观地体会到传统的符合说在历史学里行不通，办不到。比如，有学者认为：

---

① 夏甄陶:《认识论引论》，人民出版社 1986 年版，第 352 页。

② 金岳霖:《知识论》，第 914 页。

> 对于自然科学的认识，我们可以说：符合实际的认识便是真理。过去我们一般也把这个真理标准应用于历史认识领域，认为符合历史实际的认识便是历史认识的真理。但是，细致推敲起来，这是有问题的，谁能知道早已发生过的“历史实际”是什么样子呢？我们前面已经叙述过，所谓“历史实际”，便是历史学家的主体重构，这个“重构”的历史，是不是原来发生过的那个历史的样子呢？历史学家只能根据历史文献资料提供的信息，作出历史假设性的描述和根据历史假说所作的历史推断，而难以得出像自然科学真理那样经过确证的结论。因此，教条式地说历史真理是“符合历史实际”的认识这句话，就可能成为一句无法落实的话。这个说法本身的方法论、认识论根源，就是把历史真理等同于自然科学真理，就是否认历史真理的特殊性，就是历史认识领域的科学主义、教条主义影响的表现。[①]

既然检验者没有对历史事实进行直接考察，认识与事实的符合检验没有落实，又怎么可以在认识与历史事实的符合关系上来界定认识之真呢？其实，认识也好，对认识的检验也好，都是一个主体对客体的信息的接收、加工、整理的过程，当我们直接或间接地接收到客体的信息，并把它整合进我们的观念，观念就具有来自客体与客体相符合的内容，以此来比较对照待检验的命题，就体现了认识与外在对象的符合关系的检验。苹果尚未吃完，我们可以直接看、直接尝，直接感受客体的信息来检验某甲的判断正误，这当然体现了认识与外在对象的检验；苹果已经吃完，我们无法直

---

① 赵吉惠：《科学主义、教条主义对当代历史认识论研究的影响》，《学术月刊》1994年第4期。这是一种较为普遍的看法，比如，王正平先生就认为：历史研究要从历史实际出发的提法不科学，因为历史事实是既往的事实，它们看不见、摸不到，无法用实验的方法来再现它们，当我们对历史实际茫然无知的时候，怎么能够做到从历史实际出发呢？历史研究包括若干必经的阶段或层次，其中弄清历史真相，认识历史实际是它的基础阶段或层次。如果否定认识历史实际是历史研究的必经阶段和不可逾越的基础层次，而倡言什么历史研究要从历史实际出发，那就是无视了历史研究对象的特殊性。（参阅王正平：《历史实际与史学研究》，《史学理论》1997年第1期）显然，按照这样的逻辑，只有对象是现实的存在，我们才能做到从事实实际出发。

接看和尝，无法直接感受客体的信息，只能通过接收它留存在现存物质系统中的某些信息来间接检验某甲的判断，这也体现了认识与外在对象的检验。当然，与直接证实相比，间接证实是一种更为弱化的检验，这一点在历史认识检验上表现得更为明显。

符合说认为：陈述“A”是“真”，是因为陈述“A”符合它所指称的对象；融贯说认为：对陈述“A”与它所指称对象的关系，大家有一致的、肯定性的看法，于是我们就说它是符合。这两种解读并不对立，凡可以用作“符合说”的案例，同样可以用作“融贯说”的解读。

6. 真的融贯说

主张符合说的，常常举出“拿破仑死于1821年5月5日”之类的陈述，来证明符合说之可靠、可行。说“拿破仑死于1821年5月5日”是符合史实的“真”，想来不会有人反对，除非有人发现了足以推翻这一陈述的新史料。这样的理解与我们日常生活的经验保持一致。在日常生活中，说某个陈述是“真”，那是因为它“符合”史实。这就是“真”的符合说。如果你在这时，想对大家说“真”还能作融贯说的解读，说这个“真”其实也是我们大家的一致认可、一致同意，大家就会感到不可理解，甚至怀疑你是否“神志不清”，以至于要想否认“拿破仑已死”的史实。

那么，我们能不能说“拿破仑死于1821年5月5日”的“真”，也是我们大家的意见相同、一致认可呢？能否对这个陈述作融贯论的解读呢？这自然不是想否认“拿破仑已死”，而是想探究一下，为什么有人认为“真”也是我们的意见一致。

如果我们想要推敲“拿破仑死于1821年5月5日”这一陈述是否符

合史实，先看看我们的词语是如何描述史实的，即要辨析一下“死亡”一词的含义，对它做一个界定。一个人进入到怎样的状况才可以算是“死亡”呢？这在今天有好几种界定，但似乎都不太令人满意：“呼吸停止”说，然而因抢救之后“缓过气”来的事例不在少数；“心脏停止跳动”说，但经过抢救，也有好多人又重新恢复了心跳；有一种叫“脑死亡”说，说只有“脑死亡”才算是真正的“死亡”，但“脑死亡”者的心脏仍在跳动，医学上称之为“植物人”，并不能径直宣布他已死亡。如此我们就要推敲，说“秦始皇死于公元前 210 年 7 月的某一天”，究竟是按“呼吸停止”说、“心脏停止跳动”说，还是按照“脑死亡”说所下的断言？因为不同的界定，自有不同的时间节点，当有不同的相对应、相“符合”的史实。还有一种说法：死亡是一个过程，有些甚至是一个很缓慢的过程[①]。如按“死亡是过程”的界定法去描述拿破仑的“死亡”史实，那么它只能表述为“拿破仑从某年某月某日开始一直死到某月某日为止”。这样的表述是否就是符合了史实之“真”呢？如果这才是“真”，要求历史书写都以这样的方式来陈述，那么，历史如何才能写成呢？写成的史书又如何能让人阅读？

当然，上述情况，在实际的历史写作中是不会出现的，因为我们对“什么才算死亡”有约定俗成的说法，没人会推究拿破仑究竟是死于“呼吸停止”“心脏停止跳动”，还是“脑死亡”。然而，这也让我们看到事情的另一面：当我们大家都认可用“拿破仑死于 1821 年 5 月 5 日”来指称历史上的那件事时，我们实际上也认可了使用这种简捷有效但难免有些粗暴的方法来化解难题，这就是李凯尔特所说：“与现实本身相比，认识总是一种简化。”[②]所以，关于拿破仑死亡的陈述，与其说是它符合史实，倒不如说是我们大家一致认可、普遍接受以这样的方式来陈述对象，至于它是否“真”的符合史实，实在无法验证。

---

① 恩格斯曾说：“要完完全全地确定一个人的死亡时刻是不可能的，因为生理学证明，死并不是突然的、一瞬间的事情，而是一个很长的过程。”恩格斯：《反杜林论》，《马克思恩格斯全集》第 20 卷，第 25 页。

② 李凯尔特：《文化科学和自然科学》，第 30 页。

曼德尔鲍姆是赞同符合说的，他用的案例是"恺撒跨过鲁比孔河"，他说：

> "恺撒"一词体现了真实的恺撒，"鲁比孔河"一词（在这个语境中）体现了一条真实的河，"跨过"一词体现了一个属于某种类型的、已完成的实际动作。如果这个陈述所表达的关系在事实上的确存在于它所涉及的各个对象之间，如果它所陈述的动作的确实际地完成了，那么"恺撒跨过鲁比孔河"这个陈述便是真的。真理符合论的含义就是如此，别无其他：一个已作出的陈述"符合于"它声称的事实。[①]

其实，这个案例是不恰当的。根据《剑桥古代史》(第二版）的看法："我们并不知道鲁比孔河的确切位置，我们也不能够确定恺撒是否是在1月10日渡过了鲁比孔河。"[②]鲁比孔河的确切位置无从考实，自然也就谈不上对这条河流的宽窄深浅有所了解，而没有关于鲁比孔河的这些历史信息，我们便无从讨论"跨过"一词是否如曼德尔鲍姆所说的"体现了某种类型的、已完成的实际动作"。这不是要落实"全部等同"的要求或目标，只是想验证哪一种陈述可以与史实更加贴近。据记载，恺撒赴鲁比孔河时的交通工具是马车，中途似乎也没有弃车换马，但用马车来"跨"河，似乎不太可能，大约"跨"河之际，改用了马匹。但这都是推测，我们不知道恺撒究竟是用什么交通工具过河的。如果河流很窄，骑马确实可以一跃而过，使用"跨过"一词，可谓恰如其分；如果河流很浅，骑马冲驰而过，使用"跨过"一词，似不如用"涉水急驰"更能"体现"实际。如果河流很宽很深，那就需要架桥过河，使用"跨过"，不如说是从桥上快马

---

① 曼德尔鲍姆著，涂纪亮译：《历史知识问题——对相对主义的答复》，北京大学出版社2012年版，第129页。

② J. A. Crook，Andrew Lintott, Elizabeth Rawson，eds.，*The Cambridge Ancient History*，Second edition，vol.9，Cambridge University Press，1994，p.424. 此系康凯先生所提供，在此致以感谢。

而过。然而，我们既不知道鲁比孔河此时的宽窄深浅，也不知道恺撒过河时究竟做了哪种“类型的、已完成的实际动作”，那该用什么词来“体现一个属于某种类型的、已完成的实际动作”呢？按曼德尔鲍姆的原文：the word “crossed” symbolizes a certain real type of action done，其中“symbolizes”一词，本义是“象征，作为……的象征”，或是“用象征表示，用符号表示”。“跨过”一词，作为一个文字符号，是用来“表征”恺撒当时做过的“属于某种类型的、已完成的实际动作”，至于这个“动作”是什么，我们无法坐实。如此说来，所谓的“符合”便是：使用了一个大家都这么使用的文字符号（跨过）来“表征”恺撒的那个“某种类型的、已完成的实际动作”——不是它“符合”对象而说它是“符合”，而是大家一致同意说这样的“表征”就算是“符合”。

然而，恺撒与他的将士毕竟是过了河！至于他们究竟过的是怎样一条河，他们究竟是如何过的河，大家都觉得不必计较；使用“跨过”一词来陈述这件事，千百年来无人表示过异议；无人异议，且习以为常，大家很自然地便认为这个陈述符合史实。但上述的分析，也让我们看到了隐藏在符合论背后的东西——符合说认为：陈述“A”是“真”，是因为陈述“A”符合它所指称的对象；这句话也可以换一种方式来表达，即融贯说认为：对陈述“A”与它所指称对象的关系，大家有了一致的、肯定性的看法，于是我们就说它是符合。不是因为它“符合”对象而说它是“符合”，而是因为大家都算它“符合”才说它是“符合”。所以，“恺撒跨过鲁比孔河”之能够成立，在表面上强调的是陈述“体现”或“符合”那个“实际行动”，实质上端赖大家的一致同意和一致认可。

自然科学的个别是普遍概念的例证，不用考虑其本身的差异和特殊。历史学关注的是一些不可替代的个别，歌德不可替代李白，始皇不可替换汉武。如果用“诗人”的“一般”来概述歌德、李白，用“皇帝”的“一般”来概述秦皇、汉武，那就取消了对“个别”的叙事，那就没有了历史学。

7. 李凯尔特的文化科学观

李凯尔特的研究目的是给学科进行分类，即“要在科学生活的丰富多彩的杂多中划出若干界限”[①]，目的是要回答“文化科学是什么？它与自然科学处于怎样的关系”[②]。李凯尔特认为，一门学科的性质，不完全取决于研究对象，也取决于我们的研究方法。他说：当我们从普遍性的观点来观察现实时，现实就是自然；当我们从个别性和特殊性的观点来观察现实时，现实就是历史[③]。所以，文化科学与自然科学的区分，既是对象上的——文化和自然的差异（即李凯尔特所谓质料的区分），也同时是方法上的不同（即李凯尔特所谓形式的区分）。

为了说明文化科学的特殊性，李凯尔特首先向我们说明，通常所说的自然科学的方法，其本质究竟是什么？对此，李凯尔特有一段充满哲学味的叙述，他说：

> 科学概念如何获得对现实之物的把握权力；而这个问题的答复也是显而易见的。只有通过在概念上把差异性和连续性分开，现实才能成为“理性的”。连续性可以在概念上加以把握，只要它是同质的；而异质的东西也能成为可以把握的，只是我们能够把它分开，从而把它的连续性变成间断性。于是，在科学面前甚至出现两种恰恰彼此相反的形成概念的方法。我们把每个现实中的异质的连续性，或者改造为同质的连续性，或者改造为异质的间断性。只要这一点能够做到，也就可以把现实称为理性的。只有对于那种想要反映现实而不改造现实

① 李凯尔特：《文化科学和自然科学》，第 7 页。
② 李凯尔特：《文化科学和自然科学》，第 5 页。
③ 李凯尔特：《文化科学和自然科学》，第 51 页。

的认识来说，现实才始终是非理性的。[①]

对于研究具体史学的人来说，这些“同质”“异质”“连续性”“间断性”等概念术语只能使人眼花目眩、不知所云。其实，李凯尔特想要说是：自然科学对自然现象的认识，实际上是我们在概念上对对象的改造过程，因为自然现象本身是无限的杂多，且彼此联系，如果我们不能在概念中从无限杂多之中分离出共性，不能对彼此联系加以分离，那我们就无法在思维中把握对象。迄今为止的科学研究，在本质上都是以一种简化改造的方式在进行，它可以分为几个层次：首先是撇开个别事物的特殊和差异，提取它们的共性或一般，形成一些可以涵盖住（或称管辖住）诸多个别的普遍性命题。其次，一旦形成了这样的命题，原先用来提取共性时所用的个别，就无甚价值了。换言之，个别只是普遍性命题的“例证”。就“例证”而言，例证A与例证B个别是同等的，因而是可以彼此替换的。再次，在前次提取共性过程中暂时被撇开的某种差异、特殊之点——作为一种“余物”，仍是用作下一次的研究之素材[②]，由此再一次提取另一种共性，形成另一个普遍性命题。如此不断地有第三、第四次……研究，形成第三、第四个……理论命题，以管辖第三、第四类不同的个别。这样，通过自然科学的这种方法，我们就形成了一张由普遍概念联结的网，将自然界里各种各样的特殊事物收容起来，并整理得条理有序。

自然科学的这种研究方法，相应地与自然现象的本质特征及自然科学研究的宗旨目的有关。这表现在：其一，自然界中没有纯粹的个别，没有不能纳入普遍归纳的个别。那么，通常所说的“天底下没有两片完全相同的树叶”又当怎么理解呢？其实，“天底下有没有相同的树叶”取决于我们用怎样的方法去看树叶，这便回到前文所说的李凯尔特的观点：当我们用普遍性的观点来看树叶，那么天下的树叶都一般；当我们用个别性或特殊性的观点来看树叶，则天下没有两片完全相同的树叶。换言之，只要按照

① 李凯尔特：《文化科学和自然科学》，第32页。
② 李凯尔特：《文化科学和自然科学》，第40页。

自然科学的研究方式，我们自能收容各种个别，而没有纯粹异质的个别[①]。其二，到目前为止，我们认识自然、控制自然、利用自然的基本方式，都是建立在提炼、抽取事物的普遍共性的基础上[②]。只要抱着这样的宗旨和目的，采取这样的方法，我们就可以将科学的成果使用于实际生活[③]。

如果把众多的经验科学比作一个系列，李凯尔特的研究，只限于对此系列的两端加以比较。即自然科学和文化科学，分别处于学科系列的两个不同方向的端头，而历史学又可以列在文化科学一段的最顶端。至于其间的中间状态和混合形式，李凯尔特撇开不论。俗话说，“两刃相割，利钝乃知；两论相订，是非乃见”，非如此，不足以体现学科的差异和个性。与自然科学相比较，文化科学的特殊性是什么呢？李凯尔特认为：

> （历史学）不想缝制一套对保罗和彼得都同样适合的标准服装，也就是说，它们想从现实的个别性方面去说明现实，这种现实决不是普遍的，而始终是个别的。而一旦对个别性进行考察，自然科学概念就必定失去其作用。[④]

或许我们可以质疑李凯尔特的观点，历史学也要使用普遍概念，我们也经常地要使用诸如“皇帝”“官僚”“农民起义”之类的普遍性概念，没有这些概念，历史认识或历史叙事将寸步难行。但是，普遍概念在自然科学与历史学中的地位和作用是不一样的，自然科学中的个别只是普遍概念的例证，而概念则剔除了例证本身的差异性和特殊性。历史学则不同，历

---

① 没有纯粹的个别，也就是没有不可上升为普遍性的个别。从理论上说，自然科学家可以从任何一种个别之中提炼出一般，任何因果性都可以上升为因果律。详见本书第六章第八节的讨论。

② 李凯尔特：《文化科学和自然科学》，第 41 页。

③ 李凯尔特说：我们能够把自然科学的成果应用于现实，也就是说，我们能够借助于这些成果使我们在自己的环境中识别方向，对现实进行计算，甚至通过技术来支配现实。这个事实并不使人感到惊奇，更不能被看作对我们的见解提出了异议。这种应用决不能扩大到个别和特殊之物。我们只能预示现实中的普遍之物，并且正是借助于这一点，才能洞察普遍之物。如果没有通过普遍化的方法对世界进行简化，那就不能对世界进行计算和支配。在个别和特殊之物的无限多样性没有通过普遍概念得到克服之前，这种多样性是使我们头晕目眩的。李凯尔特：《文化科学和自然科学》，第 41 页。

④ 李凯尔特：《文化科学和自然科学》，第 50 页。

史学所关注的都是一些不可替代的个别。歌德不可替代李白，秦始皇不可替换汉武帝，当我们试图用自然科学的方法，形成“诗人”的普遍概念去“管辖”歌德和李白时，歌德、李白就不见了，只留下诗人的一般。历史学家也不能用一个“皇帝”的普遍概念，来代替对秦始皇、汉武帝等君主皇帝的具体描述。李白不能替代歌德，秦皇也不能替换汉武，他们都是独一无二的。一旦我们借用“诗人”的一般（概念）来概述歌德、李白等诗人，用“皇帝”的概念来取代秦皇汉武的具体叙述，就没有了对独一无二的个别的叙事描述，也就没有了历史学。

社会历史领域里的特殊、个别没有天然的同一性，这使得史学家们在个别、特殊的研究上花费极大的工夫，他们不清楚某一特殊或个别的研究与一般性、普遍性研究有怎样的关系，不清楚这些特殊和个别可在何种意义上用作一般研究的典型。

8．历史个别的非同一性

从 19 世纪的狄尔泰、文德尔班、李凯尔特，到 20 世纪的沃尔什、波普尔等，西方的许多学者都有一种类似的看法，就是将历史学视为一种事件学科或描述学科。他们认为历史中只有特殊和个性，没有一般和共性；历史学只能是对个别或特殊的描述，而不能进行一般或普遍的概括。这种观点能否成立暂且不论，但有一点还是可以确定的，即历史学特别关注个别和特殊，它对于个别、特殊的处理方式也与自然科学不同。

众所周知，无论是自然科学，还是历史学，理论研究都是从特殊、个别事物的考察开始的。然而，由于学科研究的侧重有不同，学科考察的对象有差异，这两种研究活动从一开始就呈现出不同的特征。从目前人类实践水平和学科研究的状况来说，人类对自然界的控制和利用，主要还是建立在对自然界的共性认识的基础上，因此，自然科学研究的侧重也就相应地放在以揭示对象的共性方面为目标。这种特征，当然是与自然科学的研究对象——自然界本身的某些特征相适应的。自然科学的研究对象有一个明显特征就是它的个别、特殊常常具有天然的同一性。庞卓恒先生说得好：

> 自然科学家研究分子完全不是从横向上考虑中国、英国、苏联、美国等等国家的分子的区别，也不必从纵向上考虑公元 1 世纪和公元 20 世纪的分子有什么不同，只要从任何一个实验室里归纳出 R 这个常数，就可以断定这个常数必定适用于任何国家任何世纪的分子气体。[①]

这种状况就为自然科学的研究提供了极大的便利，自然科学家不必在个别、特殊的认识阶段停留太久，对特殊、个别事物的研究从一开始就有明确的目的，它是为提取普遍性服务的。于是，个别、特殊的东西主要被看作某种关系、本质或属性的表征，被作为普遍性中的一个典型事例来加以研究。这样的研究目的和研究方式自然是可以将特殊、个别的具体内容忽略不计，如它的大小、轻重、长短，它时空的定位等等，一旦它们被撇除之后，它就成了某种关系、本质或属性的表征，它就可以随时随地加以“复制”。正如雷蒙·阿隆所说：物理学家所说的“在空中，物体以同样的速度下降”这个命题，在 1973 年与在 1983 年（甚至于在 2083 年）是一样真实的，不存在与时间的关系问题[②]。因此，自然科学家不会为某个特殊、

① 庞卓恒、谭天荣：《关于历史学和量子力学中的非决定论——不确定性问题的探讨》，《史学理论研究》1987 年第 1 期。

② 雷蒙·阿隆认为，历史学家从加工的材料出发，通过智力的作用，勾画出一个可理解的世界，因此正像物理学并不是自然的再现一样，历史学也不是曾经存在过的东西的完全再现。但在科学条件的范围里，感性的形态、知识的范畴，由于适用于所有的人而确保了一种普遍性。反之，有关历史知识的价值或利益，却没有这种普遍有效性，它们随时代而变化。这就证明了这么一个经典性的公式：每一个社会有它的历史，历史的记叙随着社会本身的变化而变化。这个过去只有当它不再有未来的时候才能最终地固定下来。雷蒙·阿隆：《论治史——法兰西学院课程》，第 10 页。

个别事物的“过去”而烦恼，也不必对个别、特殊进行逐个研究，他们的研究可以“以一当十”，甚至“以一当百”。也正是同样的原因，自然科学家要对某个结论重新进行验证，似乎也不存在有什么特别的困难。

社会历史领域的情况有所不同，类似的事件，不一定是同类；表征同类的事件常常并不类似，社会历史领域里的特殊、个别没有天然的同一性。“人具有比分子、原子、细胞等等运动实体都高得无法比拟的复杂性和能动性，由此决定由人本身引起的社会历史现象比其他一切自然现象的恒定性和复杂性要低得多，……史学及其他社会科学学科研究农民、工人、地主、资本家等等，都不得不时刻注视时间、空间的区别。”[①]“历史学对象本身的质的非单一性”[②]，或说历史对象的非同一性，使得历史学家不得不在对个别、特殊的研究上花费极大的工夫，他们不清楚某一特殊或个别的研究与一般性、普遍性研究有怎样的关系，不清楚这些特殊和个别将在何种意义上可以用作一般研究的典型。严中平先生曾较早指出过这一点，可惜没有引起学术界的足够重视和后续的讨论。他说：

> 典型研究的意思就是通过对个别事物的调查研究去发现诸多事物的一般规律，这种研究的有效性，取决于典型和它所代表的事物之间的质的关系，即典型的个性反映多大范围的事物的共性。这里应该指出社会现象和自然现象是有差异的，在社会关系上，个别事物和诸多事物之间，并不存在个别麻雀和诸多麻雀之间那种天然的一致性。它们可能全面一致，也可能全不一致。于是典型的代表性就大成问题。[③]

历史学家无法像自然科学家那样，把个别、特殊的具体内容忽略不计，将它的大小、轻重、长短，它时空的定位等完全撇开。这样，特殊、个别

① 庞卓恒、谭天荣：《关于历史学和量子力学中的非决定论——不确定性问题的探讨》，《史学理论研究》1987 年第 1 期。

② 李晓风：《历史研究的逻辑：解释和假说的形成》，《八十年代的西方史学》，中国社会科学出版社 1990 年版，第 178 页。

③ 严中平：《科学研究方法十讲》，人民出版社 1986 年版，第 56—57 页。

就具有了既往性，就不能在实验条件下“复制”，历史学家并不能像自然科学家那样，研究了一个特殊、个别之后，就可以以此类推，特殊、个别的“既往性”以及它们的“非同一性”，使得历史学家不得不花费大量的时间和精力用来重建历史上的一个个特殊或个别。长年累月地埋头于特殊或个别事实的清洗、确定，很容易给人造成一种错觉，似乎自然科学是致力于一般规律的研究，历史学则致力于特殊个别的复原，甚至于历史学家自己也认为他们的研究目的就是真实地复原这些特殊和个别，而不是概括和总结。新康德主义的史学个别论以及沃尔什、波普尔等学者的有关论述，在一定程度上也反映了史学与自然科学的这种差别。

历史学对个别事实的这种处理方式，决定了历史学家常常要为历史材料的缺失而苦恼，胡适曾谈到过这一苦恼，他说：

> 不但材料规定了学术的范围，材料并且可以大大地影响方法的本身。文字的材料是死的，故考证学只能跟着材料走，虽然不能不搜求材料，却不能捏造材料。从文字的校勘以至历史的考据，都只能尊重证据，却不能创造证据。
>
> 自然科学的材料便不限于搜求现成的材料，还可以创造新的证据。实验的方法便是创造证据的方法。平常的水不会分解成氢气、氧气；但我们用人工把水分解成氢气和氧气，以证实水是氢气和氧气合成的。这便是创造不常有的情境，这便是创造新证据。[①]

虽然有此限制，历史学还是能获得许多可靠的、能长久获得普遍认可的结论。在历史学里，我们常常看到这种情况：一些只能作出间接证实的特殊认识，常常被冠之以真理的“大字眼”。如有学者认为历史认识的绝对性只存在于两种情况：一种是作为人类历史认识无限发展的承继系列的只能逐步接近的方向，另一种是某些关于具体史实的单称判断。也有学者认

① 胡适：《治学的方法和材料》，《胡适作品集》（11），（中国台湾）远流出版事业公司 1986 年版，第 143—156 页。

为，这些认识在科学的进一步发展中也不可能被推翻，它反映了确凿无疑的个别事实，也可以称它们为永恒真理[①]。将一些稳固而不易被推翻的特殊命题称为永恒真理，很容易忽视命题本身的相对性[②]。同样，仅仅从符合对象实际来界定真理，也很容易忽视其另一方面的问题。

> 对于以往的史事，只要史家的认知图式有一致性，那他们的认识也一定有一致性。反之，如果史家众说纷纭，那一定是他们的认知图式有差异。所以，认识的“客观性”，不仅表示它与史事相符合，也意味着史家的意见一致（即认知图式的一致性）。然而，历史学不易形成这种一致性（“范式”）。

9. 历史学有没有“范式”？

苏东坡的《前赤壁赋》有两句词写得很妙：

> 耳得之而为声，目遇之而成色。

---

① 赵轶峰：《历史认识的相对性》，《历史研究》1988 年第 1 期；齐振海：《认识论新论》，上海人民出版社 1988 年版，第 366 页。

② 把历史认识中的某些单称判断看作绝对性的认识，称之为永恒的真理，这恐怕与列宁的有关论断以及我们片面的理解有关。（参阅齐振海：《认识论新论》，第 366 页）列宁在《唯物主义和经验批判主义》中曾这么说：“如果你不能断定‘拿破仑死于 1821 年 5 月 5 日’这个命题是错误的或不确切的，那么你就得承认它是真理，如果你不能断定它在将来会被推翻，那么你就得承认这个真理是永恒的。”（《列宁选集》第 2 卷，人民出版社 1972 年版，第 131 页）其实，如果我们不是停留在字面上，或个别论断上，而是从马、恩一贯的思想来理解这段话的原意，那么这里所说的永恒性，应该是指“拿破仑死于 1821 年 5 月 5 日”这个命题在特定条件下的完满性和确定性以及由于这种特定条件的稳定性而使命题持久有效。但是，如果改变了限定条件，它的完满性、确定性就不再是绝对和永恒的了，就显示出它的相对性。其实，“拿破仑死于 1821 年 5 月 5 日”这个命题对于拿破仑死亡时间的描述也是近似的和不完全的，正如恩格斯所说，要完完全全地确定一个人的死亡时刻是不可能的，因为生理学证明，死并不是突然的、一瞬间的事情，而是一个很长的过程。（恩格斯：《反杜林论》，《马克思恩格斯全集》第 20 卷，第 25 页）这同样也显示了命题的近似性和不完满性。

类似的、富有哲理的诗句还见之于苏氏的《琴诗》：

> 若言琴上有琴声，放在匣中何不鸣？
> 若言声在指头上，何不于君指上听？

倘若用现代认识论的理论来分析，这几句诗正好暗合了皮亚杰的发生认识论的基本观点，即道出了认识过程中认识主体的作用，以及认识结果是认识主、客体彼此作用的产物："声""色"的形成，既有客观的基础，又有主体感官的加工。所以，事物的客观存在——一个现实地放在桌子上、可以直接让认识或检验者亲眼看、亲口尝的红苹果，并不意味着就能保证我们必然看法一致，理由很简单，虽然我们观察的是同一个对象，但我们无法保证所有的观察者都有着相同的视觉官能。因为"红"是相对于我们常人的视觉官能而言的，如果某人是色盲，那么，他所看见的，就不是一个"红"苹果。反之，如果我们能够获得一致的看法，那么，我们一定是具有相同的视觉官能。

历史认识也是如此。对于某一"过硬"的、必须老实接受的东西，只要史家的认知图式具有一致性，其最终的结果也一定具有一致性。反之，如果历史学家众说纷纭、莫衷一是，那么，一定是他们的认知图式有差异。所以，所谓历史认识的"客观性"，不仅表示着它与历史实际的符合，还意味着史家的意见一致，即史家认知图式的一致性。当研究者的认知图式具有高度的一致性，认知结果就能获得普遍的共享，那就涉及所谓学科研究的"范式"问题。

"范式"一词是美国科学哲学家托马斯·库恩在科学哲学研究领域中提出的一个概念，意指一定的科学研究群体普遍拥护、接受和遵循的行动准则。库恩认为科学的发展就是"范式"的更新，科学发展的历史就是"范式"不断更替的过程，并把有无"范式"视为科学与非科学的区分标准。库恩的理论，被誉为20世纪科学哲学最重大的成就之一，对知识界产生了广泛的影响，同时，也遭到了诸多批评[①]。比如，他的“范式”独占和新旧“范式”的更替、科学发展模式以及科学与非科学的区分等说法，都被指责为与经验事实不尽相符。尽管如此，“范式”理论仍有相当的价值，它或多或少地反映了科学事业中的一些以前被人忽视的侧面[②]，对于考察科学的发展和演变具有方法论上的意义。

一方面是受到库恩“范式”理论的启发，另一方面是20世纪中叶的历史学正面临着一场全方位的革新，于是就有许多历史学者借助库恩的“范式”理论来解释当时的史学变革。同时，史学史的研究也借助“范式”概念来描述史学的发展和演变，如将史学史划分为“资鉴范式”、“叙事式范式”和“结构—功能主义范式”等不同阶段[③]。这是不拘泥于“范式”理论的特定含义，借用“范式”的最普遍含义来表示史学研究方式的最一般的特点及其变化[④]。在这里，我们不妨借用库恩的“范式”理论来显现历史学与一般科学的差异。

如上所述，“范式”是指科学家们所拥护、接受和普遍遵循的行为准则。这些准则包括：科学理论和方法部分，如定律、理论、模型等；价值观念和标准部分；形而上学部分，如宇宙观、自然观等内容。它们是研究者共同掌握和使用的思维操作要素，所以，库恩又称之为“专业基质”。如果以这样的标准来衡量历史学，那么，我们便发现历史学并没有“范式”[⑤]，正如美国历史学家伍德沃德曾在《历史的未来》(1969年全美历史学会主席

---

① 托马斯·库恩在他的《科学革命的结构》一书中，表达了一种新的科学观：科学是通过常规科学和科学革命的交替而发展的，在常规科学时期，科学是在“范式”(Paradigm)的指导下进行解谜活动，其间，范式会受到不断积累的反常现象的冲击，致使“范式”遇到危机，最终由新范式取代旧范式。库恩的研究改变了科学的传统形象，在学界引起了极大的争论，有人批评他的范式理论是陈腐、含混的，更有的称他是“科学的谋杀者”。蔡汀·沙达著，金吾伦译:《库恩与科学战》，北京大学出版社2005年版，第5、6、8、9页。

② 邱仁宗编译:《科学方法和科学动力学——现代科学哲学概述》，知识出版社1984年版，第109页。

③ 杨豫:《西方史学史》，江西人民出版社1993年版，第346—348页。

④ 参阅陈启能:《史学理论与历史研究》，第115—117页。

⑤ 有学者认为，历史学尚处于“前范型阶段”。参阅王巍:《科学说明和历史解释》，《中国社会科学》2002年第5期。

演讲）一文中写道：

> 历史学与科学还有一点不同，它不是每隔一段时间就被赋予一种共同的“范例”，而据说这种“范例”把科学界解放出来，使其不必时时审视最初的原则。①

其实，历史学有没有“范式”，是不能直接给出一个“有”或“没有”简单答复的问题，因为历史学与自然科学并没有直接的可比性。恰当的思路是将历史学作分层的考察——考察历史学中哪些研究层面有“范式”，哪些研究层面没有“范式”。这需要作反向的推论：既然个别、特殊命题具有“硬性”特征，那么与之相对应的史家的认知图式也一定具有类似库恩所说的“范式”——不是说整个图式的一致性，史家图式中的历史理论、价值观念等难以达到一致性，而是指图式中那些参与事实认知诸要素的一致性。如果这样的分析可以成立，那么，我们可以肯定“历史学Ⅰ”有“范式”②。知识产品的“硬性”，事实认识层面上认知图式的一致性，使得我们有理由肯定“历史学Ⅰ”有科学性，当然，它只是事实认定（单称判断）的科学性，而不是规律概括（普遍性命题）的科学性。

既便如此，历史学在事实认定层面上的科学性，也受到当代史学理论

---

① 王建华等译:《现代史学的挑战》，上海人民出版社 1990 年版，第 171 页。后现代主义的海登 · 怀特也持这种看法，他说:“自然科学似乎通过一致见解取得进步，既定的科学家群体成员就何为科学问题、科学解释必须采取的形式以及在对现实的正规科学解释中哪些数据可以用作证据等问题，不时地达成一致见解。在历史学家中，没有或不曾存在过这样的一致见解。这可能反映了历史修撰的原始科学性，但重要的是要记住在对特定的历史现象进行特定的历史解释方面存在的这种根深蒂固的分歧（或一致见解的缺乏）。”海登 · 怀特:《后现代历史叙事学》，第 382 页。

② 陈寅恪先生有一段文字，可以为历史学家在史事考证的层面存在范式提供一个案例，他说：“抗日战争之际，陈垣先生留居京师，主讲辅仁大学。寅恪则旅寄昆明，任教西南联合大学。各撰论文，考杨妃入道年月。是时烽火连天，互不通问，然其结论则不谋而合，实以同用一材料，应有同一之结论，吾两人俱无抄袭之嫌疑也。”（陈寅恪:《寒柳堂集》，上海古籍出版社 1980 年版，第 78 页）另外，有关唐高祖称臣突厥，陈先生撰有《论唐高祖称臣于突厥事》，刊于 1951 年 6 月的《岭南学报》。吕思勉先生也有札记《唐高祖称臣于突厥》一条［参见《吕思勉读史札记》（上），上海古籍出版社 2005 年版］，且将这一点写进他早年的教科书《本国史》（商务印书馆 1934 年版）、《吕著中国通史》（商务印书馆 1944 年版）中。陈、吕两位同样结论的考证，也是未通“声气”的不谋而合。

研究者的质疑，理由是：在历史学中，事实认定的背后仍然带有价值倾向乃至偏见。庞卓恒先生曾说：

> 兰克所系统阐述的理论，即“历史学中只有考据学或对史实的考订那一部分才是科学，因为它只是根据考证得来的结论如实陈述，似乎与考证者的价值观无关”的观点，已经遭到现代西方史学界的批评，因为他们已经证明，兰克本人对众多史事的考订和陈述，都是带着自己的价值取向和偏见的。[①]

其实，讨论这个问题，有必要对事实认识与事实认识背后所隐含的价值取向或政治偏见加以区分；将事实认识的客观性与事实认识背后所含有的价值取向（或偏向）的主观性加以区分。一位学者可以带着他的价值观（甚至是错误的）和政治的、民族的偏见去考证哥伦布何年何月登上美洲，但这并不必然地会妨碍其考证结论的客观性。同样，当我们肯定他的考证结论——“哥伦布何年何月日登上美洲”——的科学性，仅仅是指他的判断对于解答“哥伦布何年何月何日登上美洲”这一事实判断的科学性，而不是指他的判断背后所隐含的“发现美洲说”或“殖民侵略开端说”之类的历史判断的客观性。所以，兰克学派看不到事实考证背后隐含着价值取向或政治偏见，从而对自己的研究成果持绝对主义的理解固然错误；而因为事实考证背后隐含着价值取向或政治偏见而否认事实考证本身能够达到一定的科学性[②]，则是当代西方史学界对兰克学派批评上的矫枉过正。

---

① 庞卓恒:《历史学是不是科学》,《史学理论研究》1997 年第 3 期。

② 当然，在历史学中，因为历史学者的价值的或政治的偏见而影响他在事实考证上的客观性的现象，也是很常见的，但这种现象的存在，并不能证明事实考证上的任何客观性都是不可能的。

> 过往的史事常常牵涉到当下的利害关系。所以，肯定或否定一个史实，揭示或掩盖一个真相，不仅是一个是否符合史事的问题，还纠缠着利害的问题，又牵连着与现实主题是否相协调、相一致的问题。然而，这样研究很难让人把它与科学精神、科学品格相联系。

10. 事实能否说得清？

通常，人们总是相信事实是说得清的；评价可以不同，但事实必须尊重。上海《探索与争鸣》杂志上曾设专栏展开关于历史人物评价的讨论，有学者就指出，不管历史评价有怎样的分歧，不能因为价值观念不同，就对历史事实隐瞒、虚构、夸大、歪曲、篡改[①]。这样的看法，大概没有人会表示反对。历史学者如果是"因为价值观念的不同，就对历史事实隐瞒、虚构、夸大、歪曲、篡改"，那就违反了学科的基本准则和行为规范，就该受到批评与谴责。不过，就史学研究的实际来看，价值观念上有分歧，甚至彼此对立的历史学者，能否在历史事实面前态度诚实、"实事求是"，从而做到不对历史事实有所隐瞒、虚构、夸大，甚至歪曲和篡改呢？这实在也是很有疑问的事。至于事实清楚了，评价自然能达到一致，那也未免把历史学的评价问题看得太简单[②]。

谁也不会否认，日常生活中的许多事情是说得清的——诸如"昨晚邻家猫生子"——怎会说不清呢？历史事实之说不清，有时来自资料上的原因，有时来自历史当事人的原因。余英时先生曾就《周礼》作者的研究说到史学考证的限度，他说：

> 学术界大体上倾向于接受《周礼》成书于战国晚期的论断。……放弃了《周礼》作者究竟是周公还是刘歆的问题。在我看来，这是现

① 葛剑雄:《历史人物的评价应该以事实为依据》,《探索与争鸣》2004年第3期。

② 详见本书第八章的讨论。

代历史考证学在观念上的一个很重要的进步，即对于考证方法的内在限制已有高度的自觉。……清初阎若璩说："古人之事，应无不可考者，纵无正文，只隐在书缝中，要须细心人一搜出耳。"（《潜邱札记》卷六）这个看法表现了考证学初兴时代的乐观精神，但事实上绝非如此简单。"古人之事"之不可考者远比可考者为多，固不待说。即使可考之事，其可确定的程度也往往因材料之多寡和"事"本身的性质而异，未可一概而论。……即在于根据严格的考证标准，我们没有充足的证据来提出"谁是《周礼》的作者"这样的问题。[①]

《周礼》作者的说不清，部分是由于材料的缺乏，部分是由于史事本身的性质所造成的。这里所说的史事的性质，当是指事实真相属于内幕秘密不易为外人所知，或因与利害关系的纠缠不想让外人知晓。可见，说不清的事实都是一些重要的、与人有利害关联的史实，而不是上文所列的诸如"昨晚邻家猫生子"之类，与任何人都无关紧要的事情。简言之，撇开史料和技术上的原因，历史上有许多史实真相的"说不清"，都是因为人们"利益关系"的差异、冲突所造成。人们能够理解因为史料的不充分而造成的说不清，却不太注意因"利益关系"的差异、对立而对史实真相的隐瞒、歪曲和篡改。2005 年 1 月，尼克松总统的秘书罗丝·伍兹在美国俄亥俄州的一家养老院里去世，"水门事件"中被消磁的总统与幕僚长霍海德曼的那段 18.5 分钟谈话的内容，便成了当代美国历史上的一大悬案。同年 2 月，冯亦代先生在北京逝世，冯先生生前曾担任过国民党中央信托局印刷厂的副厂长，却为中国共产党做了很多事情。为此，黄宗英一再劝他写些回忆录，保留一些珍贵的历史资料的愿望，但最终仍未能实现。因为冯先生始

① 余先生认为："据现存有关的史料，我们最多只能说刘歆曾利用《周礼》助王莽改制。刘歆是否篡改了《周礼》我们已无充足的证据可资判断。如果再进一步指控刘歆伪造了全部《周礼》，那便是在制造冤狱了。"余英时：《〈周礼〉考证和〈周礼〉的现代启示——金春峰〈周官之成书及其反映的文化与时代新考〉序》，《史学、史家与时代》，第 329、335 页。

终坚持“有些事到死也不能讲”[①]。这些历史的真相，都随着当事人的离世而永成空白。而之所以宁愿使其成为空白，还是因为这里牵涉到太多的人事与利益关系[②]。汤因比对此曾有深切的体会，他说：

> 斯堪的那维亚人究竟可曾对早期俄国历史作过什么贡献？在公元6世纪和7世纪，斯拉夫人究竟把希腊人赶出多远——今天的希腊人是大部分来自这些斯拉夫人，还是仍为纯粹的希腊人？罗马尼亚人是先于马扎尔人来到匈牙利呢，还是在马扎尔人已在喀尔巴阡盆地安家后才来到此地的？所有这些问题，都是按照政治—民族的路子来长篇大论地进行讨论的。只要政治上不卷进去的人，很快就会发现隐藏在这些论据后面的偏见。[③]

显然，因为涉及了国家、民族的利益，史实真相就不容易说得清。或许历史学家“心里明白”，但他们只能缄口不言，或者有所隐瞒，甚至不得不有所歪曲和篡改。由此可见，史实真相之说得清或说不清，全看史实与我们的关系。过去的史实一旦直接或间接地与当下人们的利益得失扯上了关系，它就不容易说得清。

自然科学的事实是中性的，社会历史学科中的事实则牵涉到人们的利益关系，在这个领域里，肯定或否定一个史实，揭示或掩盖一个真相，不仅仅是一个是否符合历史实际的问题，还纠缠着对谁有利、对谁有害的问

---

① 参阅陈长林：《历史学家的难题》，《文汇报》2007年12月17日。2005年，因《哥本哈根》一剧的上演，兴起了一股玻尔、海森堡热，其中最引人关注的是“玻海密谈”（1941年，海森堡应邀到哥本哈根访问，在海森堡的要求下，他与玻尔两人有一次私下的会谈，后人称为“玻海密谈”）。玻尔逝世于1962年，海森堡逝世于1976年，两人生前始终没有向世人公开过这次“会谈”的内容，从而给历史留下了一个永远说不清、猜不透的谜。

② 《晋书·宣帝纪》说，晋朝的明帝，曾经问王导：“晋朝是怎样得天下的？”王导乃历述司马懿的事情，以及司马昭弑高贵乡公的事。明帝羞得把脸伏在床上道：“照你的话，晋朝的基业哪得长久？”换言之，如果承认这些都是事实，那么晋朝皇帝坐天下的合法性在哪儿呢？如果历史由明帝来书写，那么有关司马氏得天下的史事，就一定会淡化、回避乃至篡改。

③ 汤因比：《汤因比论汤因比》，《现代西方史学流派文选》，上海人民出版社1982年版，第132页。

题，一旦扯上了利害关系，真相就不易说得清，甚至不允许你把它说清[①]。其实，关于这一点，马克思早就有所论述，他说：

> 现在问题不再是这个或那个原理是否正确，而是它对资本有利还是有害，方便还是不方便，违背警章还是不违背警章。不偏不倚的研究让位于豢养的文丐的争斗，公正无私的科学探讨让位于辩护士的坏心恶意。[②]

上述现象的存在，必然给历史研究者带来压力和影响。当一位历史学家经过辛苦研究而获得的结论与社会现实相冲突时，他将如何选择、如何面对这里的困境呢？有学者这样写道：

> 历史研究是以真实为基础的。历史的本来面目是怎样就怎样，秉笔直书，不应有所避忌。……但是在现实政治生活中却不同。一个事件、一种情况该不该讲，有“时机”问题，有“策略”问题。……应不应讲，什么时候讲，讲些什么，从政治上考虑都不是径情直遂、无

---

① 史学家古奇在《十九世纪历史学与历史学家》一书中，列举了好几个这样的事例：意大利的王公拒绝穆拉托里查阅他们档案的要求，理由是他可能会找到一些否定他们领土权力的证据。詹姆斯派的卡特因为在附注中提到一个英国人的瘰疬症由于“僭望王位者”的抚摸而获得痊愈，便被撤销了伦敦市参议会授予的补助金，而他的著作也不让出售。一个老投石党人梅泽雷，由于对路易十四的先人的财政措施作了一些批评，结果被剥夺了养老金。姜诺内为了他的那不勒斯王国史而被流放，后来死于狱中。弗雷因为主张法兰克人不属于高卢族，而被投入巴士底狱。这样的事例，在古今中外的历史上是具有普遍性的。所以古奇认为，历史家的职业几乎同新闻记者一样危险，因为能够让历史学家勇敢而公正地说出历史真相的条件少而又少，在历史学中，因害怕而未能说出的历史真相，远比已经写出、说出的要多得多。（参见古奇：《十九世纪历史学与历史学家》，第 90、91 页）在公元 4 世纪的中国晋朝，史学家孙盛著《晋阳秋》，如实记载了桓温进攻前燕时枋头之战的败绩，遭到桓温的迫害，其子惧而删改，孙盛则坚不屈从，将《晋阳秋》的另一稿本藏于辽东。故刘知幾叹曰：“夫孙盛纪实，取嫉权门；王劭直书，见雠贵族。人之情也，能无畏乎？”（刘知幾著，浦起龙释：《史通通释》，上海书店 1988 年版，第 98—99 页）刘氏所说的事，发生在公元 4、5 世纪的古代中国，古奇这里所列举的是发生在 18 世纪欧洲的事例，但时至今日，这类事情在世界各地仍不同程度地存在着。套用克罗齐的说法，历史编年处理的是“死的历史”，历史叙述涉及的是“活的历史”，“活的历史”也就是与我们当下的生活发生联系、显示意义的历史，也就是不太容易说清楚的历史。

② 《马克思恩格斯全集》第 23 卷，人民出版社 1972 年版，第 17 页。

> 所斟酌的。如果与此有牵连的历史问题（特别是现代史），其内容、趋向，与现实中的主题精神相一致，那自然好。但历史上的主题内容，论证起来与现实中的主题不协调、有分歧是经常的。碰上这种情况时如何抉择呢？不必迟疑，我们的历史工作者应首先尊重现实中的主题。这不是历史家放弃自己的职责，而是论证历史问题的任务与现实中之斗争的任务有轻重缓急之别。把进入历史档案中的问题暂时放置不做，将来可做，后人可做。这与涂抹篡改者不同，无损于历史家的风格。这样做，是历史家与人民在现实中统一步调，保持一致，恰是表现其政治上的严肃性，同时也无害于历史科学。①

这段话虽然写于20世纪的80年代，但很难说如今已经过时。从学理上说，当一门学科的研究者，在陈述其研究结果或者事实真相时，不可径情直遂、无所斟酌，还要看一看它是不是与现实主题相协调、相一致，这种研究状况很难让人把它与科学精神、科学品格相联系。然而，这种有违科学精神的现象在古今中外的史学史上是普遍地存在的，许多历史学者都会自觉或不直觉地对自己的研究成果进行一番“自我审视”，看看它与现实主题的关系，以便决定哪些是可以径情直遂、秉笔直书的；哪些是应该缄口不言、避而不谈的。然而，就破坏史实的真实性而言，缄口不言、避而不谈与涂抹掩饰、篡改伪造，也只是“五十步”与“一百步”的区别。

历史学者的“自我审视”，造成了历史研究领域的一种怪现象，许多事实真相的大白，与其说是历史学家的功劳，倒不如说是水到渠成的自然显现。比如，潘旭澜先生在《还洪秀全的历史真面目》一文中讲到的“洪秀全的历史真面目”②，这原本并不需要我们花大力气去做什么考订发掘才能发现的问题，有关的史料不仅很多，而且也很容易获得。然而，半个世纪多以来，我国史学界却一直视而不见、避而不谈，或是有意地粉饰掩盖。

---

① 参阅葛懋春、项观奇编:《历史科学概论参考资料》(上)，山东教育出版社1985年版，第127—128页。

② 潘旭澜:《还洪秀全的历史真面目》,《探索与争鸣》2004年第9期。

在这些研究领域里，研究者似乎不想去争什么历史事实的“发现权”或史实真相的“揭发权”，而是揣摩时代主题，等待恰当的时机；不径情直遂，而是有所斟酌，甚至缄口不言、避而不谈[①]。结果，一些史实的真相，原先是说得清的；后来却又说不清了；往后又需要有人鼓足勇气去把它说清楚。一些涉及历史人物的理解、评说问题，常常是说得早不如说得巧。这里所谓的“巧”，意思是指说得恰逢其时、恰到好处。近三四十年来，中国近现代史研究上发现的一些新史实、提出的新观点，有不少都属于这类情况。如果我们要追寻学术研究的“发明权”，有些研究思路或角度，甚至有些具体的论述，早在20世纪的前期就已经提出了，80年代后的新观点，既不是新发明，也不是新问题，仅仅是因现实主题的转换，适逢其时、恰到好处的“旧话重提”。

恩格斯曾说：科学愈是毫无顾忌和大公无私，它就愈加符合于工人阶级的利益和愿望。[②]这当然是史学生存的最佳状态，也是一种理想状态。现实中的历史学者往往处于一种两难的境地：一方面，职业道德和学术良知要求他毫无顾忌、径情直遂；另一方面，社会责任又要求他严格地审视自己的研究成果，避免与现实主题相背离。一旦他发现自己所揭示的史实真相与现实主题不协调，或者发现他的研究会影响或伤害他所服务的甚至愿意为之献身的那个群体——民族、国家的利益，大多数历史学者都会缄口不言、避而不谈，其结果便是史实真相被歪曲掩盖。

---

① 李辉先生有一篇评论巴金的《〈随想录〉不如〈思痛录〉》，文中这样写道：“比如《随想录》第五册《无题集》中的《人道主义》一文，巴老是借着邓朴方的文章才发表自己的看法；《创作自由》的文章，也是因为在四次作协大会上党中央的祝词给作家有这样的保证才写的；《怀念胡风》的文章也是在胡风逝世以后，等评价胡风问题的好时机以后，才拿出去发表。”“有人说《随想录》是个人话语与官方话语的混合体，这个结论大致是对的。在《随想录》手稿本中，可以看到巴金不是无所顾忌在发言，他的许多话到了嘴边还是留了三分的，当个人话语与现实环境发生冲突的时候，他往往选择了回避，用曲笔表达自己的思想，在谈论那些与现实密切相关的话题时他要么吞吞吐吐，要么是在手稿上一改再改，而与现实问题距离较远的话题，他不但写得顺畅，而且修改得也少。”“吞吞吐吐”“一改再改”，这固然与巴老个人的性格、气质有关，李辉曾说，“他不是那种拍案而起的人、奋起抗争的人”，“他不会为明白的东西不顾家庭、不考虑周围的环境，不顾一切地像张志新那样作为一个勇士、志士去捍卫他的理想去牺牲”。（李辉：《〈随想录〉不如〈思痛录〉》，《南方周末》2005年11月3日）显然，自我审视，等待机会的做法，非历史学界特有，而具有一定的普遍性。

② 《马克思恩格斯全集》第21卷，人民出版社1965年版，第353页。

四　理解与解释

为了懂得历史，我们需要做些什么？是用人文学科特有的“理解”方法，还是与自然科学一样都用“解释”的方法？此处我们把它放在“历史学Ⅱ”中分别讨论，而不是像历史阐释学那样总括概述。

1. 什么是“历史学II”？

历史研究的第一项任务是确定一个个特殊的历史事实，它的结果是形成了一系列历史的单称判断，如黑斯廷斯战役“发生在1066年而不是1065年或1067年”，“发生在黑斯廷斯而不是发生在伊斯特本或布赖顿”，等等。[①]这样的知识成果还只是历史学的“初级产品”，即使对它们进行一番年代上的整理排序，形成的也只是“大事记”和“编年史”，按照克罗齐的说法，这还是“死的历史”[②]。要把“死的历史”变为“活的历史”，需要历史学家赋予其生命：将史实加以连贯，使其成为一种可理解的叙述，或是对其作出理解或解释。本章只讨论理解和解释问题，叙述问题将在本书的第五章讨论。

什么是史实的理解和解释呢？如何理解史实或解释史实呢？这是一个

① 爱德华·卡尔：《历史是什么？》（陈译本），第91—92页。

② 我们或许可以说，编年史也同样包含有编撰者的思想。不过，克罗齐为了强调“历史”与“编年史”、“真历史”和“假历史”的区别，把“编年史”视为一种纯粹的意志活动。比如下面是一位卡西诺山寺院的僧侣的记载：

1001年，有福的多密尼库斯到基督那里去了。

1002年，今年萨拉森人越过了卡普阿城。

1004年，此山大为地震所苦等等。

……

当这位僧侣——既不面对它们的内容，也不思索它们的内容，一心只求不使这些记忆遭到遗忘，只求把它们传给后来住到卡西诺上寺院的人们的时候，历史就成为编年史。参见克罗齐：《历史学的理论与实际》，第8—9页。

颇有争议且较为复杂的问题。有学者认为，对史事的解释，实际上就是运用一些普遍原理或法则来解释其发生的原因；有学者认为，只有理解了历史当事人的行为动机，才可以说是理解了史实，史学家在这里所做的工作就是移情式的体验；也有学者认为，只要将史实的来龙去脉整理清楚，就可以算是说明和解释了史实；还有学者认为，将史实加以归类或定性，也同样达到了说明和理解的效果。为了便于讨论，也为了避免歧义，我们有必要对史学研究活动做一个主观的划分：确定史实，是“历史学Ⅰ”的工作；解读史实，对它作出理解或解释，这是“历史学Ⅱ”的工作。

正如卡尔曾说：“历史学家在不断地问‘为什么’这个问题，而且只要他一直希望得到答案，他便不能够休息。伟大的历史学家——也许我该说得更广泛一些，应该说伟大的思想家——是这样一种人，他对于新鲜事物，或者对于在新情况下的事物，总是提出‘为什么’这个问题的。”[①]不过，我们这里所关心的不是“历史学Ⅱ”的结果，而是“历史学Ⅱ”的过程和方式，即：“当历史学家有必要指出事件的原因的时候，他在实际工作中干些什么呢？”[②]换言之，为了懂得历史，我们还要做点什么？这是分析、批判的历史哲学所要探讨的问题。当然，这个问题还可以进一步分解细化：历史学家在解读史实的时候，他究竟是怎样工作的？他们运用什么方式？这种方式或方法与自然科学的有什么不同？体现的认知形式是什么？由此形成的知识产品具有怎样的性质？

在西方学术史上，自狄尔泰开始，越来越多的学者关注自然科学与历史学的区别问题，“理解”还是“解释”便成为学术界最感兴趣的话题，引发了深入的研究和持久的讨论。参与这场讨论的，都是19、20世纪最有影响、最为活跃的学者，如狄尔泰、文德尔班、李凯尔特、亨佩尔、柯林武德、威廉·德雷、波普尔、伽达默尔、保罗·利科等等。今天来回顾这场研究和论战，我们可以将它分为两派，分为两种研究的思路和两种对立的观念。一种是求异的思路，强调差异和对立，这可以狄尔泰等学者的研究

① 爱德华·卡尔:《历史是什么？》(吴译本)，第93页。
② 爱德华·卡尔:《历史是什么？》(吴译本)，第95页。

为代表。狄氏的研究，主要讨论人文科学与自然科学的差异[①]，这种差异表现在对象本体上，是人文和自然的对立；表现在学科研究方法上，就是解释与理解的对立。所以，狄尔泰说：自然界需要解释说明，对人则必须去理解。“理解”是人文科学的方法，“解释”是自然科学的方法；“理解”与“解释”的区分（有时也表述为“解释”与“说明”的两分），体现了自然科学与人文科学的差异，这是这一派学者的主要看法。另一种是求同的思路，强调共性和统一，这可以亨佩尔等学者的研究为代表。亨氏的研究，着重于自然科学与人文科学的同一，这里所说的同一，主要体现在学科研究的方法逻辑上，即两者都使用相同的解释模型。总之，一是求异，侧重分析“理解”方法的特殊性；一是求同，侧重剖析“解释”及其逻辑形式上的同一性[②]。

近年来，一门专门研究“理解和解释问题”的学科——诠释学的研究发展迅猛，大有成为当代学术研究中的显学之势。诠释学认为，人的认识活动的本质是“诠释”，各种门类的学科研究无非都是“诠释”在各类学科中的运用，都可以视为一种诠释活动。文学作品的阅读是一种诠释，法律条文的理解也是一种诠释。同样，自然科学可以看作对自然现象的诠释，人文科学也可以看作对人文现象的诠释。于是就有历史诠释学、法学诠释学、文学诠释学和科学诠释学等分门别类的研究。

所谓历史诠释学，就是以诠释学的理论、方法和角度来考察历史认识活动，这是一种比较新颖的研究视角，我国学者韩震、孟鸣歧先生的《历史·理解·意义——历史诠释学》[③]一书（下文简称“韩书”），就是这方面

---

① 狄尔泰著，赵稀方译:《人文科学导论》译者后记，华夏出版社 2004 年版，第 207 页。

② 自史学理论研究转向“叙事主义”之后，有关的研讨已不再限于上述两种思路，故又有“新历史哲学”之称。然而，从叙事形式入手的研讨，最终仍要回到历史学的本性特质上。比如，海登·怀特认为:叙述是一种说话方式，就像语言本身一样普遍；而叙事是一种语言再现模式，对于人类意识看似如此自然以至于要说这是一个问题都可能显得迂腐。但是，恰恰因为叙事的再现模式对人类意识如此自然，是日常言语和普通话语中如此重要的一个方面，所以在任何想要赢得科学地位的研究领域中叙事的应用都必定是令人怀疑的。（海登·怀特:《后现代历史叙事学》，第 124 页）详见本书第五章的讨论。

③ 韩震、孟鸣歧:《历史·理解·意义——历史诠释学》，上海译文出版社 2002 年版。

的代表作。历史诠释学整个地把历史认识和史书编撰活动都看作一种诠释，换言之，“诠释”一词不仅用来指事实的考证，还用来指历史规律的概括、历史意义的评说以及史学著作的编撰，甚至包括编撰中的叙述方式、文采修辞等内容。“韩书”认为：“由于历史认识的对象不是当下的现实存在，因为，从学科性质上说，所有的历史都是诠释性的。”①这种从研究对象的非当下性来强调历史学需要从诠释学的视角加以研讨，是国内学界很常见的一种观点。②于沛先生的《历史真理的认识和判断——从历史认识的阐释性谈起》一文也是这样的看法（下文简称“于文”）。于先生写道：

> 历史流动地存在于人们永不间断的理解和阐释中，“历史”，是被阐释的历史。这是因为历史学的特点，历史实际、历史文献、历史认识者是相对独立又密切关联的“三极”，缺一不可。这也就决定了历史研究是在认识论的范畴和认识论的意义上展开的，历史认识是具有阐释性的认识，对历史真理的认识和判断，离不开历史的阐释。
>
> 当“历史事件”因史家的选择，成为“书写的史实”，进入典籍或为其他形式的历史记忆、蕴含并传达有往昔具体的信息，而成为“历史”时，可以看出历史的重要特征，即历史是被阐释的历史；从历史认识主体无法直接面对认识客体这个意义上也可以说，历史学与一般意义的史料搜集的区别，在于它的阐释性。

关于“阐释学”，于先生的解读是：“阐释学可视为西方哲学、宗教学、历史学、语言学、心理学、社会学，以及文艺理论中‘有关意义、理解和解释等问题的哲学体系、方法论或技术性规则的统称’。”③按“于文”的解读来推论，阐释学能否适用于对各种学科作理论研讨的工具，与学科

---

① 韩震、孟鸣歧：《历史・理解・意义——历史诠释学》，第1、156、139页。

② 参见蒋重跃：《诠释学对历史研究者的启示——〈历史・理解・意义——历史诠释学〉读后》，《社会科学辑刊》2006年第4期。

③ 于沛：《历史真理的认识和判断——从历史认识的阐释性谈起》，《中国社会科学评价》2018年第1期。

研究对象的“当下”或“存而不在”并无关系。作为人文学科中唯一一门以“存而不在”的史事为研究对象的历史学，若要借用阐释学的理论方法来加以研讨，想必会有它特殊的问题或特殊的难点。与一般的宗教学、语言学、心理学、社会学以及文艺理论相比，历史研究对象的“存而不在”，决定了历史的认识活动一定会遭遇较之一般认识活动更多的阐释“隔障”。所以，若用阐释学的视角来分析历史认识活动，它大概需要经历两重或多重的“阐释”。然而，为什么“于文”说“历史学与一般意义的史料搜集的区别，在于它的阐释性”呢？这是不是说“一般意义的史料搜集”无“阐释性”呢？我们是否真的可以不加“阐释”而以“捡到篮里就是菜”的方式来搜集史料？离开了“阐释”，我们如何知道“这”是史料，“那”不是史料？如何知道这些史料应该搜集，那些史料不必搜集？关于历史判断的“阐释”、历史评价的“阐释”、历史规律的“阐释”或历史叙事的“阐释”等，是否也需要分别加以讨论呢？换言之，想象中的历史阐释学需要对这种多重的阐释活动进行分层或分段的研讨，这大概是它与文学诠释学、哲学诠释学等研讨的最大的不同。

理解的方法，狄尔泰强调它是“内心体验”，柯林武德强调它是“心灵重演”，虽不足以涵盖历史学的全部，却是历史学所特有的、须臾不离的方法。

2. 移情与体验

自狄尔泰以后，“理解”一词，已被赋予了特殊的含义。正如狄尔泰的传记作者里克曼所说：“理解概念在狄尔泰的所有著作中起着决定性的作用。这个概念几乎成了狄尔泰特有的标记。”[①]那么，狄尔泰的“理解”概念，究竟意指一种什么方法呢？他用“理解”这一概念来说明历史学的什么特征呢？

狄尔泰所思索的是历史学中的康德式的问题，即历史知识何以可能。狄氏认为，史学方法上的特殊性，源于史学研究对象的特殊性。历史之特殊于自然的地方，就在于它是人的一种精神生命，而自然界则谈不上这一点。对象既然不同，我们所使用的方法自然也就不同。对精神生命的研究，就不能用自然科学的方法，而只能是一种内在的体验。自然界既然没有精神生命，当然也就谈不上使用什么内在体验。由此，狄尔泰归纳出他的结论：自然科学是因果的解释，历史学是精神的理解。这里所说的“理解”，不是理性的抽象，而是共通的领会，或心灵的体验，这是人文科学与自然科学在本体论、方法论上的差异。

不过，狄氏并没有把这两者的关系全然割裂。他认为，任何研究都是由众多程序和思想过程构成的，其中的大部分是共通的和必不可少的。观察、逻辑推论、比较、分类、抽象、制定和检验假说，以及用统计学的技术手段进行分析等，这些方法在人文科学中的运用之多，一如它在任何自然科学中一样。所以，知识的相互依赖意味着学科间的相互合作，故而他倡导在人文科学和自然科学之间，在不同的人文学者之间实行密切的联系[②]。但是，人文科学所具有的共通领会或心灵体验式的“理解”，则是自然科学所没有的，也是它不必有的。

柯林武德不满意狄尔泰的观点，他认为，狄尔泰的观点是要历史学家活在他的对象之中，或者是使他的对象活在他的心中。这虽然是一个观念上的巨大创新，但问题是，这样的理解最终会将历史学等同于心理学，将历史认识等同于心理体验。如果历史只有以心理学的方式才可以理解，那就等于说是历史知识的不可能[③]。不过，柯林武德仍然同意“对立说”或

① H.P. 里克曼著，殷晓蓉、吴晓明译:《狄尔泰》，中国社会科学出版社 1989 年版，第 140 页。

② 里克曼:《狄尔泰》，第 271—272 页。

③ 柯林武德:《历史的观念》，第 196—197 页。

“两分法”的基本立场，他说：历史学家不需要也不可能（除非他不再是一位历史学家）在寻找事件的原因和规律方面与科学家竞赛。对于科学来说，事件是由于知觉到了它而被发现的，而进一步研究其原因则是通过把它加以归类并决定这一类与其他类之间的关系来进行的。对历史学来说，所要发现的对象并不是单纯的事件，而是其中所表现的思想。他说：“除了思想，没有别的什么可以作为历史知识的对象。政治史是政治思想史。（所谓）政治思想不是指‘政治学说’，而是指占据着从事政治活动的人的头脑的思想——制定一项政策，设想实施的办法，诸如此类。”[①]所以，历史知识要成为可能，历史学家就必须在他自己的心灵中重演过去。他举例说：

> 假设他正在阅读狄奥多修斯法典，而且在他面前有着皇帝的某一敕令，仅仅阅读这些文字并且能翻译它们，并不等于懂得它们的历史意义，为了做到这一点，他就必须看清楚这个皇帝正在企图对付的那种局势，而且他必须看它就像这位皇帝看它那样，然后他必须为他自己看出这样一种局势如何加以对付，正好像那个皇帝所处的局势就是他自己所处的一样；他必须看到各种可能的选择以及选定这种而不是另一种的理由，这样，他就必须经历皇帝在决定这一特殊办法时所经历的过程。因此，他就是在他自己的心灵中重演那个皇帝的经验，而且只有在他做到这一点的时候，他才对那个敕令的意义具有真正的历史知识，而不同于单纯的语言学知识。[②]

正是在这个意义上，柯林武德概括出他的名言：一切历史都是思想史。大凡西方学者的治学总喜欢与众不同、标新立异（此处“标新立异”四字，不能作贬义的理解），其提出的看法或结论，往往也是喜欢用全称判断。所谓“攻其一点，不及其余”，将对象的某些特征无限地提升、抽象，并以

① 柯林武德著，陈静译：《柯林武德自传》，北京大学出版社 2005 年版，第 104 页。
② 柯林武德：《历史的观念》，第 320 页。

全称判断来作陈述理论[①]，而且是“语不惊人死不休”，似乎不如此，不足以引起学界同仁的注意。“一切历史都是思想史”命题的原意，旨在突出历史学与自然科学在研究对象上的差异，以及由对象差异带来的研究方法上的差异——自然科学的对象，仅仅是一种现象，历史学的对象不仅是现象，更是现象背后的思想；所以，自然科学的认识方法只是解释，而历史学的认识则是一种移情的体验、心灵的重演。然而，当他以全称命题来表述自己的研究成果时，就给他人的批判留下了口实，遭到了许多诘难和批评。其中，德雷的批评是具有代表性的，德雷认为，即使柯林武德的说法是正确的，那它的范围也是非常有限的[②]：历史并非全是思想史，历史认识活动也并非全是移情的体验，比如，考证一个历史事件的发生年代——黑斯廷斯战役发生在 1066 年，而不是 1065 年或 1067 年——就不需要移情的体验或心灵的重演。这种批评意见是很常见的，似乎也合理。但是柯林武德是考古学家，他岂会不知历史研究也要使用包括考证在内的各种方法？其实，德雷的批评与问题的症结仍有偏差。因为按照柯林武德的理解，历史学虽然有史实的考证，但它并不是历史学的主要任务，历史学的主要的、独特的对象是思想，所以，“移情体验”或“心灵重演”才是历史学的特有方法，它们才体现了历史学的特殊本质。狄尔泰的史学观念也应该这样去理解它。

凡对人自身的认识都带有自省的性质，总伴随着心灵想象和移情体验的过程，否则离历史的“真了解”，总还是未达一间，

---

① 在西方学术界，这种类型的史学命题有很多，另一句我们熟悉的全称命题就是克罗齐的“一切真历史都是当代史”。又如，史学家梅因的名言：迄今为止，一切进步性社会的运动，都是一场从“身份到契约”的运动。马克思的名言“至今一切社会的历史都是阶级斗争的历史”，也有这样的特点。

② 威廉 · 德雷：《历史哲学》，第 24 页。

这种“古”“今”的融会贯通，被视为历史学的高妙境界，全凭史学家“移情”式的理解才得以完成。

3. 历史的“真了解”

平心而论，不管狄尔泰、柯林武德的观点如何遭到他人的反对和批评，历史研究中存在着“心灵体验”或“移情重演”是不能否认的，虽然我们不必把它们视为历史学中最主要的方法，但它们确实是历史学特有的方法。大凡对人自身的认识都带有自省的性质，总伴随着心灵想象和移情体验的过程，否则我们总会感到没有能达到“真了解”。

波普尔对狄尔泰和柯林武德这两种说法都不赞成。他设想用一种“境况分析”来代替“心灵想象”或“移情体验”。他说，虽然柯林武德已经说到要经历历史的境况，但他的方法的重点是精神过程的重现，而不是境况本身的分析；重现过程虽然确实存在于历史的思维中，但它并不是主要的方法。波普尔说：

> 我认为重现的心理过程并不重要，虽然我承认它有时可能是对历史学家的一种帮助——对其境况分析的成果的一种直观检查。我认为重要的不是重现而是境况分析。历史学家对境况的分析是他的历史猜测，在上述例子里是关于皇帝的思考过程的元理论。这种历史猜测由于跟皇帝的思考过程处于不同的层次上，所以不能把皇帝的推理过程重现出来，但试图对这个过程进行理想化的和经过推理的重建工作，略去那些不重要的因素，也许还要增加些东西。因此，历史学家的中心的元问题是：在这个皇帝的问题境况中决定的因素是什么？历史学家在成功地解决这个元问题的限度内理解历史境况。
>
> 所以，作为历史学家，他必须做的事情不是重现过去的经验，而

是整理客观论据来证明或反驳自己推测性的境况分析。[①]

如果将上述三位学者的思想加以区别，那么，狄尔泰的“理解”偏重于心理的体验，柯林武德的“理解”侧重于经验的重演，而波普尔的“理解”强调的是历史场景的想象和重建。反思我们的历史认识活动，这三种方式实在都有存在的理由和空间，都不同程度、不同情况下在为我们所使用。这种方法实在并不神秘，我们不妨用吕思勉先生的一则读史札记《买道而葬》来作点分析。《买道而葬》解读的是《礼记·檀弓》中一段关于季子皋的记载：

季子皋葬其妻，犯人之禾。申详以告，曰：“请庚之。”子皋曰：“孟氏不以是罪予，朋友不以是弃予，以吾为邑长于斯也，买道而葬，后难继也。”

自东汉郑玄起，大多数的注疏家都是依文解读，说这是季子皋的“恃宠害民”，甚至说他是“恃宠害民，还妄加辩解”。季子皋是孔子的弟子，孔子说他憨直忠厚，子路也说他忠厚纯正，能守孝道，并善为吏；文献中还记载他任卫国狱吏时，不徇私舞弊、按法规办事、为官清廉、执法公平等事。《礼记·檀弓》的记载及注疏家的解读，与孔子对季子皋的评价以及其他的记载差距甚大，然而一直未引起学者的怀疑，唐孔颖达甚至说《礼记》这一节论季子皋非礼之事，正体现了所谓“《春秋》责备于贤者”的“书法不隐”。吕先生不同意这样的解读，他认为：

旧说以子皋为倚势虐民，非也。此事可见井田废，阡陌开之渐。夫使阡陌完整，营葬者安得犯人之禾？营葬而犯人之禾，盖以阡陌划

① 波普尔著，舒炜光、卓如飞等译：《客观知识——一个进化论的研究》，上海译文出版社 2001 年版，第 198、199 页。

削，丧车不能通行故耳。[①]

原来，在井田施行之时，田间纵横交错的“阡陌”是供人行走的，后来因生产力的发展和人口增长的压力，耕田逐渐侵蚀到了田间的“阡陌”，这就是季子皋葬妻而“犯人之禾”的原因。至于季子皋的不肯赔偿，吕氏的解读是：

> 开阡陌乃违法之事，当时依法整顿，势盖已不能行，然犹难公然许为合法。邑长犯人之禾而庚之，则许为合法矣。关涉土地之案件，又将如何办理，故曰后难继也。[②]

凡对法不责众而又不能废法之类的事有“身历目睹”或“亲身感受”的人，读了吕氏的这段解读，就能将文献的记载与自己的阅历作一番“移情式”的类比推理，此时，你就对季子皋不肯“买道而葬”的做法产生一种“同情之理解”。这里既有心理的体验，又有经验的重演，还有历史场景的想象与重建（旧时注疏家的误解就是错把“犯人之禾”的历史场景想象在井田里而不是井田外的“阡陌”上）。由此可见，狄尔泰等学者强调历史学的理解特征，虽受到不少学者的批评，实在也非言之无据。

将“身历目睹”或“亲身感受”与史书记载的“合同而化”，陈寅恪先生也说过一个案例。他说：

> 寅恪侨寓香港，值太平洋之战，扶疾入国，归正首丘……回忆前在绝岛，苍黄逃死之际，取一巾箱坊本建炎以来系年要录，抱持诵读。其汴京围困屈降诸卷，所述人事利害之回环，国论是非之纷错，殆极世态诡变之至奇。然其中颇复有不甚可解者，乃取当日身历目睹之事，以相印证，则忽豁然心通意会。平生读史凡四十年，从无似此亲切有味

① 吕思勉：《买道而葬》，《吕思勉全集》第9册，上海古籍出版社2015年版，第169页。

② 吕思勉：《买道而葬》，《吕思勉全集》第9册，第169页。

之快感，而死亡饥饿之苦，遂亦置诸度量之外矣。[①]

陈氏《坊本建炎以来系年要录跋》又云：

> 辛巳冬无意中于书肆廉价买得此书。不数日而世界大战起，于万国兵戈饥寒疾病之中，以此书消日，遂匆匆读一过。昔日家藏殿本及学校所藏之本，虽远胜于此本之讹脱，然当时读此书犹是太平之世，故不及今日读此之亲切有味也。[②]

南宋史家李心传的《建炎以来系年要录》，陈先生早先已经读过一遍，但尚有“不甚可解者”，直到太平洋战争爆发，往来于内地与香港之间，以自身经历及目睹之现状与书上所述“汴京围困屈降诸卷”之事相互印证，方才“豁然心通意会”，获得了读史的“真”理解。由“不甚可解”到“豁然心通意会”，陈氏不是借助训诂、注疏的方法，而是“移情的理解”，就是通过古事今事的类比推理来达成。关于“移情”式的理解，钱锺书先生在《管锥编》中有一段极好的描述：

> 史家追叙真人实事，每须遥体人情，悬想事势，设身局中，潜心腔内，忖之度之，以揣以摩，庶几入情合理。盖与小说、剧本之臆造人物、虚构境地，不尽同而可相通。[③]

历史学家既要“神游冥想”“处同一境界”，又要对古人之“苦心孤诣，表一种之同情”，或是“遥体人情，悬想事势，设身局中，潜心腔内”，“以揣以摩”，如此才能达到对历史的“真了解”。为此，历史学家似乎穿

---

① 陈寅恪：《金明馆丛稿二编》，上海古籍出版社1980年版，第234页。

② 陈寅恪：《讲义及杂稿》，生活·读书·新知三联书店2002年版，第445页。

③ 钱锺书：《管锥编》（第一册），中华书局1979年版，第166页。此处钱先生提到的有关史学与小说“不尽同而可相通”，参见本书第五章的讨论。

越在时空隧道，往来于“古”“今”之间。布洛赫说：“通过过去来理解现在，通过现在来理解过去。”这句话，可以理解为历史学的学科功用，也可以理解为历史学的认识方法。卡尔说得更明白，他说：“只有借助现实，我们才能理解过去；也只有借助过去，我们才能充分理解现实。”[①] 这种“古”与“今”的融会贯通，被视为历史学的高妙境界，全凭历史学家的“移情”式的理解才得以完成。

说到“移情”式的理解，论者常引用陈先生的“了解之同情”作为案例，这需要作点辨析。陈先生说：

> 凡著中国古代哲学史者，其对于古人之学说，应具了解之同情，方可下笔。盖古人著书立说，皆有所为而发。故其所处之环境，所受之背景，非完全明了，则其学说不易评论，而古代哲学家去今数千年，其时代之真相，极难推知。吾人今日可依据之材料，仅为当时所遗存最小之一部，欲藉此残馀断片，以窥测其全部结构，必须备艺术家欣赏古代绘画雕刻之眼光及精神，然后古人立说之用意与对象，始可以真了解。所谓真了解者，必神游冥想，与立说之古人，处于同一境界，而对于其持论所以不得不如是之苦心孤诣，表一种之同情，始能批评其学说之是非得失，而无隔阂肤廓之论。[②]

此段话见之于《冯友兰〈中国哲学史〉审查报告》，虽然第一句便说“凡著中国古代哲学史者，其对古人之学说，应具了解之同情，方可下笔”，但陈先生大约不是专论哲学史、思想史的研究。若就哲学史、思想史的研究而言，研究者恐怕难以做到下文所说的“神游冥想”、达到“与立说之古人，处于同一境界”。比如，宋代理学家朱熹的学说中有一个概念叫“理”，按现今工具书上的解读，朱熹的“理”有多方面的含义：（一）理是先于自然现象和社会现象的形而上者；（二）理是万事万物的规

---

① 爱德华·卡尔：《历史是什么？》（吴译本），第 57 页。

② 陈寅恪：《金明馆丛稿二编》，第 247 页。

律；（三）理是伦理道德的基本准则。为了使人明白“理”的含义，我们不得不使用了“形而上”“规律”“基本准则”等现代学术的概念术语，但是使用了这些现代的概念术语，还能不能说是“与立说之古人，处于同一境界”呢？如何才能达到“与立说之古人，处于同一境界”呢？为此，我们不妨试着作一番“移情”，设身处地想象朱熹面临的问题以及他的思考：他在思考什么问题？他想要解决什么问题？在他之前的人是如何思考的？他们使用了什么概念术语？他为什么对前人的说法都不满意而提出自己的“理”？——这里能否用得上心理的“体验”？用得上经验的“重演”？能否用得上历史场景的重建？恐怕都用不上。就哲学史、思想史的研究而言，要“与立说之古人，处于同一境界”，是否要将我们的头脑中的理论、概念和术语全都“清空归零”？然而清空了头脑中的这些概念术语，我们也就无法进行思维的操作，又如何去描述朱熹的“理”的思想含义？可见，思想史的研究仍当以诠释为主，将陈先生的“了解之同情”当作“移情”式理解的案例来讨论哲学史、思想史的研究方法似乎并不恰当[①]。

> 理解之“真”，往往只是此人此时此刻之“真”，即使你自以为与古人处于同一境界而达到了“真”理解，但时过境迁，或遭遇另一番刺激，你仍会有新的感受、新的体会，你会发现以前的理解并不“真”。

4. 理解的差异

然而，肯定了“理解”在历史学中的地位和作用，就带来了如下一个难题：如果历史学家叙述的是自己文化的历史，读者与他也处于同一文化

---

① 本书的初版、增订版都用陈先生的这段论述来论证“移情”问题，现在看来那是错误的。

的背景之中，叙述者和理解者都使用着同一种语言、同一类型的概念术语，那么，理解、沟通或许不会有什么困难和阻碍，就像我们日常生活中与家人、同事和朋友的交流一样。这时候，历史学家的所谓“遥体人情，悬想事势”，或者是“取当日身历目睹之事，以相印证”，虽不能保证达到完全的“克隆”，但还不至于出现太大的误解和偏差。但是，历史学家所要处理的，往往都是异时异地文化背景中的材料。如果叙述人与被叙述的对象、理解者与被理解对象之间没有文化上的亲缘关系，如果“两种文化决然不同时，它们之间的关系会是怎样的呢？它能够等同于这种直接理解吗？或者问：人能够理解别人到什么程度？知性之可能是否有一个绝对的极限”？这是雷蒙·阿隆的疑问。他曾说：

> 历史认识的最大难题之一就是确定一种文化的人对另一种文化的人的理解可以有多深，用一种文化的概念系统去转译另一种文化，在多大程度上可以保证叙述历史者不会给出亲历历史者不同的意义。[①]

自然科学的类比推理，可以视为一种纯粹的思维操作，作为一名研究者，每一位自然科学家，都有其独特的社会阅历、生活处境和个人心绪，但这些因素并不会参与到他们的研究活动中；处境、心绪等因素对自然科学研究的影响，只是动力性的，并不会对他们的研究结果产生影响。这里所说的影响，是指研究结果凝结着或内含着研究者的个性特征和差异。而此种强烈明显的个性特征和差异，在历史学中表现得最为突出。一旦进入到历史研究过程中，历史学家的社会阅历、生活处境和个人心绪，都会成为一些认知的必要因素而参与到历史认识活动中，并对认识过程及其结果产生很大的影响。陈寅恪的史著蕴含一种惋时抚事的感伤和深沉悲凉的情怀，这与他的身世、处境、心绪有着极大的关系。吕思勉的史著常带有一

---

① 雷蒙·阿隆：《论治史——法兰西学院课程》，第 119、115 页。

种强烈的乐观主义，这与他的性格坚强、乐观而较为自信有关①。不仅如此，历史学中的一些具体的理论和方法，也有这方面的影响。比如，“长时段”理论的形成，就与布罗代尔的心路历程有关。布罗代尔的《菲利普二世时代的地中海和地中海世界》的主要篇章，是作者在二战时被德军俘虏关在集中营中完成的，当时战争的惨痛经历使作者陷入深深的反思之中。集中营的生活、心境加强了作者长时段的倾向。在历史思考中，更多地关注宏观和深层的历史，有助于摆脱目前的处境，释缓现实的痛苦。对布罗代尔来说，从表层的事件史开始是不能容忍的，因为在他被监禁而仓促完成这项研究的环境中，对他而言，超越短时段是一种心理上的要求。他说：就我个人而言，在那百无聊赖的被囚期间，我曾拼命去摆脱这些困难年月的漫长时间。拒绝接受当时的事件和时间，就是明哲保身地站在一边，以便能高瞻远瞩和不过分着眼现实。从短时段过渡到较长的时间和很长的时间，接着便暂时停下，重新考察一切和重新建设一切，看到一切都在自己周围转动②。何兆武先生说：

> 人文科学（历史学）认识的主体（人）是要理解自己的思想活动（历史），这种了解彻头彻尾受到他自己的生活体验、心灵感受和价值观的制约。如果他是积极进取的，他所描述的历史图像也必然是美妙

---

① 最典型的是《吕著中国通史》的最后一章，作者以梁启超译英国诗人拜伦的《哀希腊》为结语，并用“大器晚成”这句成语来预祝国家的光明前程。（参见《吕著中国通史》，华东师范大学出版社 2005 年版，第 506 页）吕思勉的女儿吕翼仁先生，曾说她的父亲是一位乐观而自信的人，他“性格坚强，所以看问题比较乐观，也总从好的方面着眼，大事情上这样，小事情上也是这样。一个人看问题，判断事情，总难免有错误，但父亲总是失之过分乐观而不是失之过分悲观”。吕翼仁：《回忆我的父亲——吕思勉先生》，《吕思勉先生年谱长编》（下），上海古籍出版社 2012 年版，第 1185 页。

② 参阅陈新：《理性、保守主义与历史学家的责任》，《世界历史》2001 年第 1 期。历史研究或史书著述与研究或著述者本人的经历经验有着密切的联系，这也可以从爱德华 · 卡尔的身上得到证实：作为一名长期服务于外交部门的高级官员，他的经历和经验，大大丰富了他的历史观，并指引他如何进行历史研究。卡尔传记的作者乔纳森 · 哈斯拉姆说：卡尔的经历和经验“大大减少了那种任何情况都可能存在多种结果的感觉；一个事件一旦发生，不管这个事件是好是坏，外交家都要接受并促进它”；经验“强化了卡尔与统治者的认同而不是与被统治者的认同……在写作《苏俄史》的时候已经下意识地把他早年这种对英国统治阶级的认同感转移为对苏维埃苏联的认同感”。爱德华 · 卡尔：《历史是什么？》（陈译本），导言，第 3、9 页。

动人的；如果他是消极悲观的，则他所描绘的历史图像也必然是阴暗惨淡的。[①]

我们还可以进一步说，同一本历史著作，不同的人来看，或者同一个人在不同的年龄段、不同的生活境遇中来看，也会有不同的理解和体会。所以，何先生说：自己做学生时，读《资治通鉴》，总觉得满书不是老子杀儿子，就是儿子杀老子，毫无趣味可言，远不如看那些缠绵悱恻的小说令人销魂。只是后来自己年龄大了些，生活体验也多了些，才愈来愈感觉到看什么小说都不如看《资治通鉴》那么真实感人，引人入胜[②]。

一个历史文本，不同的史学家会有不同的感受，即使同一个历史学家，此一时与彼一时的阅历、处境、心绪的不同，对其理解的方向、深浅、角度也不相同。布洛赫曾说：

> 我多次读过或叙述、描绘过战争，可在我亲身经历可怕而令人厌恶的战争之前，我又是否真正懂得"战争"一词的全部含义呢？军队被包围，国家遭惨败，究竟意味着什么呢？在我亲身感受到1918年夏秋胜利的喜悦之前，我是否真正理解"胜利"这美丽的词所包含的全部意义呢？[③]

---

① 何兆武:《对历史学的若干反思》,《史学理论研究》1996年第2期。

② 何兆武:《对历史学的若干反思》。这一点与文学作品的阅读理解很相似，作家孙犁写于1979年的《红楼梦杂说》，明显地与他50年代写的红学文章不同。他说："只有完全体验了人生的各种滋味，即经历了生离死别，悲欢离合，兴衰成败，贫富荣辱，才能了解全部人生。否则，只能说是知道人生的一半。曹雪芹是知道全部人生的，这就是'红'书上所谓'过来人'。……因此,《红楼梦》绝不是出世的书，也不是劝诫的书，也不是暴露的书，也不是作者的自传。它是经历了人生全过程之后，在丰富的生活基础上，产生了现实主义，而严肃的现实主义，产生了完全创新的艺术……它的主题思想，是热望解放人生，解放个性。"（参见李兵:《一支异军突起的红学劲旅》,《中华读书报》2006年2月15日）英国作家吉利恩·斯洛夫在成年之后重新阅读经典名著《安娜·卡列尼娜》时，发现此前（未成年前）的那些感受，甚至是对于主题的理解都发生了变化。（参见《重温〈安娜·卡列尼娜〉……》,《参考消息》2004年4月26日）

③ 马克·布洛赫著，张和声、程郁译:《历史学家的技艺》，上海社会科学院出版社1992年版，第36—37页。

古诗云："纸上得来终觉浅，绝知此事要躬行。"如果布洛赫有可能走出集中营，再写一本同一题材（有关战争和胜利）的史学著作，那后者一定与前者大不相同。同一题材或对象，自然科学只能写出一部"正剧"，而到历史学家的手里，却可以写出正剧、喜剧、悲剧，甚至闹剧——如法国大革命，托克维尔的与米什莱的不同，米什莱的与米涅的也不同。这样，我们便碰到了两个问题：其一，如果每个人都根据他自己的境遇去体验历史，或从他所处的位置去阐释历史世界，这难道不是把历史真实性消解在感知的多元性之中吗？如果每个人都赋予历史一个意义，那么何来历史的唯一意义？众多的意义与众多的观察者和众多的阶级联系在一起，那么某一种阐释或某一种感知的真实性建立在什么之上？这便是雷蒙·阿隆的问题[①]。其二，历史学家的不同的叙事主题，来自他们不同的叙事结构，这是否意味着历史叙事与文学写作颇为相近？这便是海登·怀特的问题，即后现代主义理论给我们带来的难题。关于后一点，我们将在下一章讨论。

> 不可否认：历史学科与其他经验科学一样，也得借助适当的普遍理论或由一组系统的相关的假设所构成的理论才能获得解释。但同样不可否认的是：历史学家按照同样的解释程序和逻辑步骤，却难以在解释结论上获得普遍的认同。

5. 覆盖定律及其他

波普尔在他的《客观知识——一个进化论的研究》一书中，表示了他对"对立观"的不满，他批评说："在划分（自然）科学与人文科学上费

① 雷蒙·阿隆：《论治史——法兰西学院课程》，第46页。

力劳神，长期以来已成为一种风气，而且已经成为一种麻烦。解决问题的方法即猜测与反驳的方法，是这两种科学都采用的。它用于恢复一篇破旧不堪的文本，也用于建立一个放射性学说。”[①]波普尔的《历史主义贫困论》，竭力反对用自然科学的研究方式来寻找历史的规律。他认为，自然科学的结论是可以检验的，而历史研究的观点却不可检验，把这两种研究等同起来，就是历史主义史学观念的错误。但是在这里，他却不愿过分强调这两者的差异，而要论证科学研究在解释逻辑上的同一性。

波普尔认为，社会科学具有与自然科学同样的研究方法，那就是他的猜测—反驳—试错法。他用“问题—猜想—反驳—新问题”来表示。他认为，自然科学可以对自然界作出规律性的猜测，并作出有条件的预测；社会科学只能是对社会具体事件进行猜测，不能作出历史预测。不过，这并不妨碍历史学家对历史作出客观的解释，事实上，只有借助某些普遍的规律，才能说明某一事件是另一事件的原因，从这个意义上，他称历史学是一门解释的科学。

虽然波普尔早在 1934 年出版的《研究的逻辑》中已经提出了这一解释程序，但直到 1959 年该书的英译本问世前，它对学术界的影响是有限的。而把这一解释程序演化为解释模型，系统地说明它在历史研究中的功用，并引起史学界的广泛讨论，当归功于德国哲学家亨佩尔。亨佩尔不愿意历史学停留在理解的水平上，而想为历史书写找到一种可靠而科学的基础，那就是历史解释。他在《普遍规律在历史中的作用》一文中，曾对理解与解释作过比较，他说：移情方法“有时被证明是富有启发和帮助的，但运用这种方式并不能保证它所引导出来的历史解释的可靠性”。“历史学解释并非必须使用移情方法。例如，一个历史学家或许无法使自己进入一个偏执的历史人物的角色，却能够解释这一历史人物的活动，若借助变态心理学的原理，则更出色。”他认为“历史学科与其他经验科学一样，只有借助于适当的普遍假设或是由一组系统的相关的假设所构成的理论才能获得科

① 波普尔:《客观知识——一个进化论的研究》，第 196 页。

学的解释”[①]。他说：

> 有一种广为流行的意见认为，与所谓的物理科学相反，历史学只是对过去各个事件的叙述，而不是去寻求对这些事件可能起支配作用的普遍规律。这种观点，若是作为对某些历史学家特别感兴趣的某类问题的归纳，或许是不能否认的；但如果把它作为对普遍规律在科学的历史研究中的理论作用的陈述，则是断然不能接受的。

为此，他在《普遍规律在历史中的作用》一文中“具体地说明普遍规律不但在历史中起着与在自然科学中十分相似的作用，而且也是研究历史必不可少的手段，甚至还构成了通常被认为社会科学之所以不同于自然科学的种种研究过程的共同基础”[②]。后来，亨佩尔又修正了他的解释模型，认为“历史学或社会学提供的大部分解释都未能对其预先假设的普遍规则（general reguarities）作出明确的陈述”，“我们既无法清晰地指出解释里所包含的初始条件”，“历史学提供的某些解释是基于或然性假设而不是普遍的‘决定性’规律”[③]。亨佩尔给出的解释模型是：

（1）似定律的全称陈述
（2）有关初始条件的特称陈述　＞（解释项）

（3）阐明具体史事的特称陈述　（被解释项）

由于被解释项为解释项所覆盖，这个解释模型又被称为“覆盖定律模型”。比如，美国大草原干燥地带的农民移居加利福尼亚，是因为持久的干旱和肆虐的风沙对他们生存的威胁越来越大，是因为加利福尼亚可能给他们提供更好的生活条件。这一解释基于这样一种普遍假设：人口总是向能

---

① 亨佩尔：《普遍规律在历史中的作用》，《历史理论与史学理论》，第870页。

② 亨佩尔：《普遍规律在历史中的作用》，《历史理论与史学理论》，第859—860页。

③ 亨佩尔：《普遍规律在历史中的作用》，《历史理论与史学理论》，第865、867页。其实，关于历史解释的研讨更应关注“异”的问题。有关亨佩尔的观点及其学术价值等问题的更深入的研讨，可参阅董立河：《亨普尔〈普遍规律在历史学中的作用〉之文本研究》，《史学史研究》2012年第1期。

够提供更好的生活条件的地区迁移。这种解释方式，在历史学中比比皆是。然而，让亨佩尔感到大惑不解的是，“尽管大多数历史学家确实都在提出对历史事件的解释，但他们中许多人却否认在历史学中运用任何普遍规律的可能性”[①]。

与狄尔泰、柯林武德未将“理解”看作历史学的唯一方法一样，波普尔、亨佩尔也未将“解释”视为历史学的唯一方法。波普尔虽然不同意狄尔泰、柯林武德的看法，但也承认“重现的心理过程”，“有时可能是对历史学家的一种帮助——对其境况分析的成果的一种直观检查”。同样，亨佩尔也承认历史学中存在着移情方法，只是他强调“历史学的解释并非必须使用移情方法”，而普遍规律在历史学和自然科学一样都有着同样的作用。他说：“即使一个历史学家打算把自己的研究限制在对过去的‘纯粹描述’上，力图避免提供任何解释及对有关事物和决定因素等的说明，他仍然不得不借助普遍规律。因为他的研究对象是一去不复返的过去，是不可能直接考察的，所以他不得不通过间接的方法来建立自己的知识，即运用普遍假设将现在的材料与过去的事件联系起来。”[②]

为什么许多历史学家要否认普遍规律在历史学中的运用呢？大体说来，作为科学哲学家的波普尔、亨佩尔，主要着眼于方法的形式——科学解释的逻辑——在自然科学与历史学的同一性；而职业的历史学家则更多地、更直接地关注解释所获得的结果，对他们来说，形式上的同一，说明不了什么，问题在于历史解释上的有效性和普遍性。套用海登・怀特的逻辑：既然历史解释的结论是大相径庭的，那么，解释逻辑上的一致性就没有意义[③]。他们所关心的主要不是他们所使用的解释逻辑是否同一，而是解释结果是否一致、解释结果能否获得普遍的认可。实际的情况是，历史学家按照同样的解释程序和逻辑步骤，总是难以在解释结论上达到普遍性和共享

---

① 亨佩尔:《普遍规律在历史中的作用》,《历史理论与史学理论》，第 866、865 页。

② 亨佩尔:《普遍规律在历史中的作用》,《历史理论与史学理论》，第 870、874 页。

③ 伊格尔斯在与海登・怀特商榷时，特别强调历史学有其自己的批评标准和共同遵循的学术准则，但是，就海登・怀特看来，既然历史学家的结论是大相径庭的，那么，共同准则只具有仪式性的功能。参见本书第五章第二、三节的讨论。

性。日本学者神山四郎有一段话，说的正是这一情况，他说：

> 自然科学与历史学在科学说明的逻辑上没有任何区别，但所有历史事实都能由此而得到说明吗？正确的说明首先要有前提明确的法则（或盖然率很高的命题）。对于物理世界的法则，我们知道得比较多，而对于生物世界尤其是人类的法则则所知并不多。至于各种因素复杂交织的人类社会，我们果真掌握了它的哪些法则，更是心中无底。这是历史科学的可悲处。因此，与物理的说明比较，对于人类社会的历史的说明，只能是素描式的。说明特殊的对象，需要运用许多法则。M.法拉第说，说明点燃一支蜡烛也需要运用几十个法则。因此，对于人类社会所发生的事件，更不知道需要有多少法则才能加以说明。然而，社会现象的法则极其缺乏。在这种情况下怎么办呢？举例而言，要说明恺撒被暗杀，如果有暗杀的法则，问题就迎刃而解了。但是没有那样的法则。在这种情况下，要说明这个事件而又仅仅要求说明得正确，那就只能对人皆因过多出血而死亡的法则，加入布鲁图等行刺这个初期条件，从而得出恺撒死亡的结论。这是确切的说明。但是，这样的说明即使正确，在历史学上又有什么意义呢？①

解释的逻辑是一致的，解释的（理论）工具却五花八门；解释的程序是一致的，但解释所获得的结果却大相径庭。自然科学之所以能体现出科学性，至少是因为它的解释结论是能够为大家所公认的，具有普遍性和共享性；历史学却做不到这一点，这或许是历史学家最为苦恼的事情。

---

① 神山四郎著，沈仁安译：《历史学的思索》，《史学理论》1988年第4期。

“理解”与“解释”在历史书写中“相遇而不会相合”，不存在谁更出色可靠、谁是最终、谁是基础的问题。解释能否出色可靠，端赖解释的“理论工具”是否可靠。需要注意的是：用“理想典型”所提炼的理论工具去解释史事，一定会发生“强史就我”式的演绎错误。

6. 演绎的危险

不过，亨佩尔想要强调的不仅是“解释”在历史学中的地位和作用；他还要强调运用了“解释”方法能获得可靠而科学的结论。他在《普遍规律在历史中的作用》一文中，曾对“理解”与“解释”作过比较，他说：

> 移情方法的功能在于提出某些心理上的假设，这些假设也许可以作为有关事件的解释原则。移情方法的功能的基础是下列观念：历史学家试图认识到，如果他本人出于特定的历史条件，并且也受到促使他的英雄们行动的特殊动机的支配，他将会如何行动。……这种方法有时被证明是富有启发和帮助的，但运用这种方式并不能保证它所引导出来的历史解释的可靠性。[①]

他又说：

> 历史学解释并非必须使用移情方法。例如，一个历史学家或许无法使自己进入一个偏执的历史人物的角色，却能够解释这一历史人物的活动，若借助变态心理学的原理，则更出色。所以，历史学家与他的英雄是否处在自我同一的位置与他对历史事件的解释的正确与否无关。只有普遍假设的可靠性才决定假设正确与否。……历史学科与其

① 亨佩尔：《普遍规律在历史中的作用》，《历史理论与史学理论》，第 870 页。

他经验科学一样，只有借助于适当的普遍假设或是由一组系统的相关的假设所构成的理论才能获得科学的解释。[①]

一方面肯定历史学中也有“移情”方法，肯定它是“富有启发”的、有“帮助的”；另一方面又强调“解释”方法可以比“移情”做得“更出色”“更可靠”，它能给出“科学的解释”。如此一来，“解释”就很容易被理解为历史学中最终（或终极）的方法——既然“解释”可以提供“更出色”、“更可靠”和“科学的解释”，那么“理解”之类的方法只能是“解释”的辅助或先行的基础性的研究。这在国内的史学界也是很常见的一种看法[②]。“解释”是否比“移情”做得“更出色”“更可靠”？是否“理解”只是“解释”的基础，而历史认知的任务最终要靠“解释”来完成呢？我们仍用亨佩尔的“干旱多尘地区的农民移居加利福尼亚”的案例来作点分析。

亨佩尔说：“美国大草原干燥地带的农民移居加利福尼亚，是因为持久的干旱和肆虐的风沙对他们的生存威胁越来越大，是因为加利福尼亚可能给他们提供更好的生活条件。这一解释基于这样一种普遍假设：人口总是向能够提供更好的生活条件的地区迁移。”如果一位读者正好在琢磨这个问题，如果我们的历史课正好解读这个史事及其原因，这位读者可以按照亨佩尔的解释方式来读懂史事及其原因，历史教师也可以以这样的方式向学生说明它的原因。但是，读者或学生要真正懂得“人口总是向能够提供更好的生活条件的地区迁移”这个原理，仍需要有一定的阅历或经历：一个涉世未深的、经历单纯的读者或学生，只能外在地学会了这个原理，却不能真正懂得它的含义。只有到了他有一定的生活阅历，最好是在诸如大草

① 亨佩尔：《普遍规律在历史中的作用》，《历史理论与史学理论》，第870、871页。

② 目前施行的《历史课程标准》（征求意见稿）这样写道：“历史解释是在形成历史理解和认识的基础上叙述历史的能力”；“历史解释是指以史料为依据，以历史理解为基础，对历史事物进行理性分析和客观评判的态度、能力与方法”；“人们通过多种不同的方式描述和解释过去，通过对史料的搜集、整理和辨析，辩证、客观地理解历史事物，不仅要将其描述出来，还要揭示其表象背后的深层因果关系。通过对历史的解释，不断接近历史真实”。参见教育部基础教育课程教材专家工作委员会普通高中课程标准修订组：《普通高中历史课程标准（2017年版）》，第4、5页。

原之类的气候干旱多尘的地区生活过一段时间，那时他对这个原理以及史事的原因，才能说是有了真理解、真明白。像“人口总是向能够提供更好的生活条件的地区迁移”这样的普遍假设，还是靠近常识而易于理解的原理，其他的诸如“劣币驱逐良币”（讲中国货币史或历代的货币改革时常常用到）、“过密化理论”（讲明清时期商品化何以不能导致近代化时常有引用）等，就较为抽象艰深，更要有相当的阅历或者经历的参照体验才能获得真理解。

那么，我们是否可以说“解释”最终还得靠“理解”来完成认知任务呢？也不然。让我们再引用一下上文提到的陈寅恪先生的案例：李心传的《建炎以来系年要录》，陈先生早年就已读过，但是书中所记“汴京围困屈降诸卷，所述人事利害之回环，国论是非之纷错，殆极世态诡变之至奇”诸事，陈先生自谓读了并不能真理解，因为初读此书是“太平之世”，陈先生还没有这方面的阅历和经历可以参照印证，所以“颇复有不甚可解者”。到太平洋战争爆发之时，陈先生往来于香港、内地之间，所见所闻，正好为理解那段记载、那些史事提供了参照，所谓“取当日身历目睹之事，以相印证，则忽豁然心通意会。平生读史凡四十年，从无似此亲切有味之快感”。如果一位读者也在读这段史事，如果历史课上老师也正好说到宋朝的这段史事，也用《建炎以来系年要录》的记载来解读，那么，读者或教师就可以用上陈先生的这段话来“疏通知远”[①]。然而，由于读者、学生（即便教师也如此）缺乏类似的经历阅历，很难达到陈先生那种“忽豁然心通意会”“亲切有味之快感”的认知体验，很难进入“同一境界”的“真了解”“真理解”。假如这时候，有人（如亨佩尔的支持者）建议他该用“解释”的方法，借助一些普遍性的假设，诸如“人性之弱点”“人的本性”等来解释“汴京围困屈降诸卷，所述人事利害之回环，国论是非之纷错，殆

① 据白寿彝先生《说“疏通知远”》一文的解读，所谓“疏通知远”，有两个意思：第一种是依据自己的历史知识观察当前的历史动向；第二种是依据自己的历史知识，提出自己对未来的想法。此处仅指第一种含义，并将它补充成双向的关系，即既有“依据自己的历史知识观察当前的历史动向”，又有“依据自己的经验阅历来解读以往的史事及其原因”两方面的含义。

极世态诡变之至奇”等历史现象，可以“更出色”地完成让学生学懂明白的教学目的。这岂不说明“理解”在先、“解释”在后，历史教学的任务最终还得靠“解释”来完成认知任务？然而，反驳者也可以问：诸如“人性之弱点”“人的本性”等普遍假设，难道不借助阅历经历就能达到“真理解”？但凡对人自身的认知，总带有自省的性质，总离不开“移情体验”的过程，否则我们总会感到没有能达到“真了解”、真读懂。

无论是“理解”还是“解释”，目的都是使人明白（读懂或听懂）历史。然而，如何才能达到“读懂”或“听懂”呢？数学老师讲一个数学公式，让学生操作练习，学会解题，那就算是“懂”了；物理老师讲一个电学原理，让学生照原理装个电灯，学生按图索骥，通电之后能点亮灯泡，那也算是“懂”了。历史认知上的“懂”却大不相同。在历史认识中，使用“理解”还是使用“解释”，我们总是因对象的不同而自然而然地进行切换，并无一成不变的规定。吕思勉先生有一则读史札记《何不食肉糜》云：

> 《晋书·惠帝纪》：及天下荒乱，百姓饿死，帝曰：“何不食肉糜？”其蒙蔽皆此类也。此语或疑其不实，然惠帝之蒙蔽则必不诬矣。《金史·世宗纪》：“辽主闻民间乏食，谓何不食干腊？”此语与晋惠帝之“何不食肉糜”可谓无独有偶。金人之于天祚未必造此语以诬之，则惠帝此语亦未必无也。人君所处之境，与恒人绝殊，故其人之见解亦不可以恒理测度，有衡以寻常……而见为不近情者以论君主，则反为近于情实也。[①]

遇到这种按常理常情无法移情的人物史事，读者真要深究，那就“借助变态心理学的原理”去试着解读它。然而，诸如季子皋不肯“买道而葬”之类的史事，牵涉的都是常人常情常事，只要按常理常识就可以感受体会，大可不必舍近求远、舍易求难地去借助“变态心理学”。还是雷蒙·阿隆

---

① 吕思勉：《何不食肉糜》，《吕思勉全集》第26册，第149—150页。省略号系缺字，原文如此。

说得好：理解与解释是两种完全不同的思维路径，它们在历史书写中“相遇而不会相合”[①]。如此说来，有关的研讨就不必纠缠于谁能“更出色”“更可靠”，谁是最终的，谁是基础的；毋宁说“理解”与“解释”犹如鸟之双翼、车之两轮，两者缺一不可。正所谓“合则双美，离则两伤”！

其实，关于“解释”问题，应该从两个方面来讨论：一方面关注“解释”中的逻辑或程序，另一方面需要思考“解释”所使用的“工具”的性质以及适用范围。历史解释能否做得“更出色”、“更可靠”、更“科学”，自然与解读的逻辑或程序是否正确有关，也与解读“工具”使用得是否恰当密切相关。解释逻辑或程序上的错误比较容易识别（相对而言，实在也是不易），解释“工具”如何选择、识别，如何使用得恰当，似乎还没有引起重视，更无深入的研讨。另外，亨佩尔等学者所讨论的“解释”方法，实在就是历史研究中的演绎解读，而演绎方法在历史研究中的作用及其隐含的危险问题，似乎也未引起充分的注意。早在20世纪80年代初，吴泽先生主编的一本《史学概论》就设有“历史研究中演绎对归纳的补充”一节，特地指出“演绎法不能作为历史研究的主要方法”，它“只能作为归纳的一种补充方法”，因为历史学是一门具体科学，不能“用简单演绎来代替具体研究，让复杂的历史事实适应一般原理和公式”[②]。“用简单演绎来代替具体研究，让复杂的历史事实适应一般原理和公式”，这就是通常批评的历史解释上“强史就我”的错误。解释上之所以会产生“强史就我”式的错误，自有多种原因，其中有一点不太为研究者所注意，那就是用作历史解释的理论工具，有不少是通过“理想典型”（而不是“归纳法”）的研究而获得的[③]。关于“理想典型”的研究成果（理论），按照李凯尔特的看法：它“只暗示着同现实的对立，也就是说，指出任何地方的现实事物都

---

① 保罗·利科著，王建华译:《法国史学对史学理论的贡献》，上海社会科学院出版社1992年版，第31页。

② 吴泽主编:《史学概论》，安徽教育出版社1985年版，第141、144页。

③ 参阅本书第三章第八节。

不会同这些有时会被历史学家所造就出来的理想典型完全相符”[①]。韦伯也认为：历史科学的概念具有明显的时代性和地域性，没有永恒的、决定意义的概念体系，也没有以某种概念为基础的超时代、超地域的客观性。[②]一旦你使用的是从“理想典型”中提炼出来的理论工具去解释历史，那就会发生“强史就我”式的解释错误。

德雷强调“why”与“how”的区别，历史的解释，只能解释它怎么发生（how），而不必，也不能解释它为什么必然发生（why），因为历史事件的发生并不是必然和决定论，故不能将“how”提升到“why”。但就认知目的和预期效果来看，从“how”提升到“why”，或能起到更好的效用。

7. “why”和“how”

在“对立论”和“统一论”的讨论中，德雷的意见虽然可以归入“对立论”，却与狄尔泰、柯林武德的思路不尽相同。德雷也不同意亨佩尔的解释模型，原因是历史本身不合逻辑。他认为，如果历史本身合乎逻辑，那么，我们就可以以逻辑的方法来解释它——通过解释者的一套陈述（包含着一些普遍定律以及初始条件）来说明某一历史事件的必然发生。所以，能否运用逻辑的方法来解释历史，首先在于历史本身必须是合乎逻辑的，必然的。但实际上，人是有自由意志并能自由行动的，他的行为常常是不合逻辑的，历史学既要能说明人类的行为而又不至于陷入决定论，就需要用他的“合理解释”来代替亨佩尔的解释模型。

① 李凯尔特：《历史上的个体》，张文杰等编译：《现代西方历史哲学译文集》，上海译文出版社1984年版，第28页。

② 王养冲：《西方近代社会学思想的演进》，华东师范大学出版社1996年版，第193页。

什么叫“合理解释”呢？德雷认为：历史学家的职责并不是发现普遍规律，而是解释具体的历史事件；他们所寻求的是足以解释某一历史事件的充分条件，而并非证明其必然性的必要条件。如果你能从前件充分说明后件的出现，那你就对历史作出了“合理的解释”[①]。为了区分解释上的充分条件与必要条件，德雷特地列出了“why”与“how”的区别。“why”问的是“它为什么发生”；“how”问的是“它怎么发生”。他认为，历史学的解释，只能解释事件是怎么发生的（how），而不必，也不能解释它为什么必然发生（why）。之所以如此，原因在于历史事件的发生并不是必然的和决定论的[②]。德雷还强调：所谓“合理的解释”，只是历史学家所认为、所肯定的解释的合理性，而不是历史本身或历史当事人的合理性。因为，历史学家在进行推理解释时，所依据的都不是必要条件和充分条件，如果历史学家在其中看出了某种合理性，那么我们就说他对某桩历史事件有了理解[③]。

德雷的说法是有合理性的。自然科学只用解释的方式，而不必用叙述的方式，如“苹果从树上掉下”，我们可以用“万有引力定律”来解释它，而不需用叙述的方法来解释它，因为即便你非常详尽细致地叙述了苹果怎样一点点落地，也没人会说你已解释了它的原因。历史学的情况有所不同，对于历史中大量的、与规律无关的因果关系[④]，历史学家通常只是以叙述的方式来说明其来龙去脉或因果联系，即借助对前件的叙述来充分说明后件的出现。换言之，这里常常是一个“how”（如此发生）的叙述，我们不能把它拿来上升到“why”（必然发生）的归纳，不恰当地将只应是“如此发生”的历史解释为“必然如此”的历史，这是历史研究中常见的错误，而德雷的目的也正是要纠正这种错误。历史中的许多因果关系，我们只能对它作一番来龙去脉的叙述，说明其最终如此这般发生就可以了，而不能把

---

① 威廉 · 德雷:《历史哲学》，第 165 页。

② 威廉 · 德雷:《历史哲学》，第 37 页；何兆武:《苇草集》，第 169 页。

③ 何兆武:《苇草集》，第 167、166 页。

④ 见本书第六章第九节的讨论。

它与“必然”“规律”这类大字眼联系起来[①]，这是德雷“合理解释”的合理性。

不过，历史中没有“why”[②]，是否意味着史学只能停留在“how”的叙述而不能有所概括？不能概括为“why”，是否意味着也不能概括为“probability”（概率上的可能性）？这是我们在接受“合理解释”的同时应该考虑的问题。如一位记者曾写了这么一篇纪实报道：

> 昨晚九时，一位男子离开“某某酒家”，驾驶一辆“宝马”小车刚起步，就冲上了对面的人行道，两位行人躲闪不及，被迎面而来的车子撞倒在地，肇事车子在人行道上疾驶，一连撞翻了几辆停在人行道边的自行车，最后，车子头部撞上了一根电线杆才停止。事后，热心的路人将受伤者送到医院，所幸的是三位受伤者（肇事司机也在内）均无生命危险。

行文至此，记者一直是小心地守住“how”底线，而不敢越雷池一步。但是，报馆老总却认为他的叙事未完，还应该写下去，读者也期待着看下文。于是，记者只得继续叙述：

> 事后，警察发现，车祸的原因是司机酒后驾车。为此，警察再次告诫司机们，不要抱侥幸心理，酒后驾驶必然要出车祸！

读到这些文字，德雷先生是否也会像柏林爵士一样勃然大怒，说因为

① 有关从“存在”的意义上去理解“必然”，从而把一切事物（包括极其偶然的事物）的原因与过程都解释为“规律”的错误，王和、周舵的《试论历史规律》（《历史研究》1987 年第 5 期）一文有详细的评述，见本书第六章第九节的讨论。

② 历史中有没有“why”，这牵涉到“历史学Ⅲ”，将在本书的第六章里讨论。简单地说，如果必然规律意指这样一种关系式，即如果具备了某些主观和客观条件（C_1、C_2、直到 C_n），就必然产生某种结果（E），那么，历史中确实没有这种规律。

你使用了“why”的解释方式，你就犯了肯定历史决定论的错误呢？[①]确实，警察在这里是用了一个“必然”，而事实上，酒后驾驶并不是“必然”地要出车祸，确切的表述应该是“酒后驾驶出车祸的概率比较大”或“酒后驾驶比较容易出车祸”。但是从实用的目的和效果来看，使用“why”的解释方式自能起到更好的警诫效果[②]。

上述分析表明，在日常生活的某些情况中，“how”与“why”是很难清晰地加以区分的，而且，“how”与“why”也是有所联系的，从“how”上升到“why”，不仅符合事实的逻辑，也适合于我们的认知目的。日常生活如此，历史领域应该也是如此。爱德华·卡尔曾以“罗宾逊的车祸”（详见本书第七章第七节的讨论）为例，说明历史学家的工作是寻找一种解释上的可普遍性，使它有“可能运用于其他国家、其他时代和其他情况”，这种有益的概括可以扩大和加深我们理解的目的[③]。如果哪一位历史学家用叙述的方法，详尽地解释了某一事件的如此发生（how），而不去解释它怎么会发生（why），那就像上文的那位记者只叙述了车祸发生的经过，而不叙述警察调查肇事原因的结果，这种“how”的解释和叙述当然不能让读者满意。德雷强调不能将原本只是“如此发生”解释为“必然如此”，那是合理的批评，但因此而要求历史学家拒绝概括，完全停留在“how”的叙述上，似乎又走到了另一个极端。

---

① 有关柏林爵士的勃然大怒，来自爱德华·卡尔《历史是什么？》中的描写，参见《历史是什么？》（吴译本），第102页。

② 从实际的功用和效率来看，自然科学更需要必然规律，这样可以提高效率降低成本。社会历史领域的情况较为复杂。如“权力使人腐化”，“权力”与“腐化”之间原是一种概然性的关系，用必然性的句式加以陈述，无非是因为必然性的陈述能给人一种强制性的压力，从而使人敬畏警觉而不得不遵循它；如“老老实实”地陈述为概然性——“权力使人腐化的概率比较大”，或“权力比较容易使人腐化”，则难免让人心存侥幸。但就实际效果来看，命题的陈述为必然还是概然，似与实际效果的关系不大。一些概然性的命题哪怕你一再用必然性的句式反复警示，也不能使人头脑清醒。一旦“利欲熏心”，即使面对着“铁面无私”的规律，有些人还是会“利令智昏”地要“权力”而不怕“腐化”。一如有些司机明知“酒后不可驾车”，却仍会心存侥幸地去酒后驾车。参阅本书第七章第六节的讨论。

③ 爱德华·卡尔：《历史是什么？》（吴译本），第114—116页。

历史自是历史，解释自是解释；说解释会淹没历史，自然是言过其实；说历史就放在那里能不言自明，也是不易根除的谬误。说后现代理论经不起质问、不堪一驳，或斤斤于言语的夸张与“挑衅性”，则会忽视其理论的合理性，也不能体会问题的复杂性。

8．文本的权威消失了？

在理解与解释的问题上，后现代主义的史学理论家似乎走得更远，他们得出了一个难以让实践的历史学家认同的观点：解释的多样性最终会融化或销蚀掉文本的权威性。荷兰史学理论家弗兰克·安克斯密特是这一观点的代表。

安克斯密特被称为“明确”地拥抱后现代的历史学者，也被看作海登·怀特的追随者和赞颂者[①]。1989年，他在《历史编纂与后现代主义》一文中，以有关霍布斯政治哲学的研究为例，表达了这样一种看法：有关霍布斯的研究文献已经变得如此之多，以至于霍布斯自己的文本不再拥有任何权威，并在其许多解释面前逐渐消失。他说：历史学的产品过剩，直接导致了两个未曾预料的后果：

> 有关霍布斯的讨论意在呈现有关霍布斯之解释的实质，而非其著作本身的实质。对于今日正在进行的解释论战来说，著作本身有时看起来不过是几乎要被遗忘的前提。其次，由于它明显具有的多元解读能力，霍布斯的原始文本在历史研究中逐渐丧失了其充当仲裁者的功能。由于各式各样的解释，文本本身变得模糊不清，成了一幅边线交错的水彩画。这就意味着，天真地相信文本本身能够解决我们解释中的问题，就像是相信风向标可以当作一个路标一样荒唐可笑。这一切荒谬结果的产生是因为文本本身在一种解释中不再具有任何权威性，……一句话，我

① 李宏图、王加丰选编：《表象的叙述——新社会文化史》，上海三联书店2003年版，第75页。

> 们再没有任何文本，再没有任何过去，而只有对它们的解释。[①]

文本（text）一词，原先只是指文字典籍或文献，现今则用来泛指历史研究的各种对象，如档案材料、古书文献、一幅画、一段录音，甚至一个历史人物、一个历史事件。总之，"所有现象，所有事件……都是一个文本"[②]。换言之，文本一词，既可以指史实，也可以指史料，至于史家的历史著作、史学论文，更是名副其实的文本。为了便于讨论，下文仍沿袭这样的用法而不加以区别[③]。

美国学者佩雷斯·扎戈林不同意安氏的看法。他在1990年发表了《历史学与后现代主义的再思考》一文[④]，对安氏的观点进行了尖锐的批评。安克斯密特与扎戈林的分歧颇多，如历史学的关键性特征究竟是什么，叙事必须以事实为依据（扎戈林），还是叙事的情节设计（安克斯密特），等等。撇开"关键性特征""决定因素"不论（按照笔者的理解，人文学科中的有关"关键性特征"或"决定因素"之类的讨论，都是"无解"的假问题），我们所关心的是：文本在历史研究中是否已经丧失了充当仲裁者的功能？面对解释上的众说纷纭，文本是否"不再具有任何权威性"，以至于我们"再没有任何文本，再没有任何过去，而只有对它们的解释"了。

扎戈林也承认历史学存在产品过剩的现象[⑤]，但他不能同意否认文本的

---

① 弗兰克·安克斯密特的《历史编纂与后现代主义》，刊于《历史和理论》第28期（F. R. Ankersmit. *Historiography and Postmodernism. History and Theory*，Vol.28.No.2，1989），中文本由陈新君译出，题为《历史编纂与后现代主义》，刊于《东南学术》2005年第3期。此处所引均引自陈新君译文。

② 波林·玛丽·罗斯诺著，张国清译：《后现代主义与社会科学》，上海译文出版社1998年版，第5页。

③ 史料不同于史实，这是历史学的常识，但此处的讨论，可以暂时撇开这里的区别。大体而言，本节讨论的"文本"，主要是指文字史料；下两节讨论的，既可以指史料，也可以指史实。

④ 佩雷斯·扎戈林著，王加丰译：《历史学与后现代主义的再思考》，《表象的叙述——新社会文化史》。

⑤ 有关史学产品过剩的问题，扎戈林引用赫克斯特在1967年的描述："过去的历史著作从来没有像今天的这么蠢；从来没有这样大量生产，从来没有这样用众多无用的琐事让人感到窒息。这是一些小人物的产品，他们把写些低劣而无意义的事情作为志趣相投的职业。对这些无意义的事情，他们几乎没有思考过或不进行任何思考，也很少给予关注。"（参阅《表象的叙述——新社会文化史》，第81页）。关于这一点，我国学者也有论及，较早的如吕思勉的《思乡原》（刊于《文哲》1938年第2卷第1期）。

权威性，“无论如何，历史著作的过分生产怎么能剥夺我们的文本和过去，只把解释留给我们”呢？安氏的观点显然与其后现代主义的企图有关。扎戈林批评说：

> 安克斯密特把历史学吸收进文学和美学领域的后现代主义企图，忽视了那些历史学概念本身的关键性特征。这些特征之一是，在事实或真实与虚构之间历史学采取的态度是不同的，这里，美学的眼光不能提供任何帮助。不像文学著作，历史著作不包含有一个发明出来的或想象的世界。在很大程度上，历史学表现为由事实所组成，叙述过去真实的或似乎确实有过的事实。它使用的许多句子都是真情实况的陈述。如果不是这样的话，读者就不会对它发生兴趣。[①]

佩雷斯·扎戈林的批评及其角度，足以代表史学界对后现代史学理论的一般态度和看法。面对后现代主义的言论，多数历史学者会说：秦始皇是男的，不是女的；他生于公元前 259 年（昭王四十八年），不是前 258 年（昭王四十九年）。这些真实的历史事实及其陈述，是历史学的基础，它们怎么会因史家的不同解释而消失呢？史家的解释怎么能融解历史文本的权威，从而使得我们可以不顾文本的记载而说秦始皇是女的，说他不是生于前 259 年，而是前 258 年呢？实践的历史学家总是怀疑后现代主义的学者犯了常识性的错误，他们对史学实践的一无所知，决定了他们的论点是经不起批驳的。葛兆光先生在批判后现代历史学的“颠覆性”主张时，就曾按照这样的思路向后现代学者提出疑问：你“能够面对殷墟那个巨大的遗址说‘殷商’与‘夏’一样不存在么？能够面对二十四史的记载说历史上的王朝是虚构的么？”葛先生写道：“承认还是不承认有一个确实存在的‘过去’，并确认每一个历史学家的‘叙述’以及‘文本’都要受制于这个

① 参见《表象的叙述——新社会文化史》，第 89 页。

曾经存在的'过去'。"[①] 历史的客观存在，这是我们首先要肯定的前提，也是历史学的基本常识。许多针对后现代史学理论的批评，都习惯于从事实层面上来提出疑问[②]。扎戈林的思路也是如此，所以他称安氏的理论是"浅薄和远离历史实践，远离历史家通常思考工作的方法"。他批评安氏的论断是"松散"而"缺乏明晰性"，既"没有出示理由证明他的这个论点"，"实际上没有说清任何事情"[③]。

不可否认，后现代主义学者的论断是夸张甚至是"挑衅性"的。如海登·怀特认为：历史学的学术研究，只是一种"仪式性的运作"，所谓"忠实性"和"客观性"，只与那种渊博的学术研究的惯例有关。安氏的话语也带有夸张和挑衅的成分，他的结论也明显是矫枉过正、以偏概全。这样的言论最易"冒犯"和"激怒"历史学者，于是，有关的反驳就难免带有一点情绪化[④]。后现代主义的言论是极端的，但此种理论研究的取径及其问题意识，却由来已久。大体说来，19 世纪的史学理念，是以"历史"或"史料"为中心的，其理论特征是强调"历史客体"的重要性和决定性。20 世纪以后，理论研究的路径发生了转向，由以"历史客体"为中心转到了以"史家主体"为中心，历史学家成了历史研究的中心和决定因素。研究路径的变换带来了学术上的新问题，出现了一系列从未注意甚至并不认为是问题的问题。如果我们不能充分注意到理论研究的大背景和大趋向，而

---

① 葛兆光:《七世纪至十九世纪中国的知识、思想与信仰》，复旦大学出版社 2000 年版，第 69 页。

② 一位实践的历史学者，当他读到"一切真历史都是当代史"时，会很自然地反思自己的研究活动，以自己的经验来审视这个命题是否合理。如果他正在撰写"秦始皇生卒年代考"，他就会问克罗齐：我的这项研究是否算是历史学？如果也算历史学，那么，这项研究有何"当代性"？这样的设问，自然源自对克罗齐的命题的误解，也难以体会此命题的合理性。对后现代主义的一些史学理论，也有类似的误解。

③ 参见《表象的叙述——新社会文化史》，第 81、86—87 页。

④ 比如，罗杰·夏蒂埃在 1993 年的评论中说："哪怕历史学家是以一种'文学的方式'在写作，他也不是在创作文学。"（参见伊格尔斯著，何兆武译:《二十世纪的历史学——从科学的客观性到后现代的挑战》，辽宁教育出版社 2003 年版，第 160 页）夏蒂埃的评述，原本应该是论证之后的结语，因为这里有太多的问题需要论证和辨析，比如为什么说历史学的写作具有文学性，这种文学性与文学创作究竟有怎样的异同，它对历史学的本质特征带来怎样的影响，等等。所有这些都需要史学理论家进行详细而深入的探讨，而不是简单地用一两句话所能断言。

径直地去批评后现代主义史学理论，说他们对历史学的研究工作一无所知、一窍不通；说安氏的理论经不起质问、不堪一驳，甚至斤斤于他们言语的夸张与“挑衅性”，则会忽视其理论内含的合理性，也不能体会问题本身的复杂性。

安克斯密特与扎戈林的分歧是明显的，其问题的症结是：文本究竟给出了怎样的一种硬性规定，从而使得历史学家不能自由随意地进行历史解释。扎戈林说：

> 历史家在各种确定的限制中工作，关于这他们是充分意识到的，这些限制来自他们使用的证据的性质和种种限定因素。某种东西是不是证据及这是用于什么事情的证据，尽管这是由他们来决定的，但当他们做这种决定时证据对他们施加了持续不断的压力。他们并非能无约束地忽视证据或随心所欲地使用证据。证据对历史家的压力在历史著作的写作过程中是一种重要的决定性因素。[①]

继续扎戈林的话题，我们不妨把讨论集中在这样一个主题，即文本的“硬性”和史家的“弹性”问题。所谓“硬性”，是指史实或史料对历史学家究竟能造成怎样的一种强制性的限制；所谓“弹性”，是指史学家在解释上有没有自主、自由，以及这种自主、自由的幅度。

文本的解读自有其最后的底线——这是它的硬性；但在底线之上，人们还是可以对它做不同的解读——这是它的“软性”。

① 参见《表象的叙述——新社会文化史》，第 89 页。

史家的解释自有其规范，这是“硬性”；但在规范之内，史家也有相当的“弹性”。

9. 硬性与软性

“硬性”一词，是借用了历史哲学家沃尔什的用法。沃尔什在《历史哲学——导论》一书中，曾说到过史料所包含的某种“过硬”的东西。他说：

> 历史思维是受着对证据必须做到公正这一需要所支配的；虽说这并不是以某些人想要使我们相信的那种方式被固定下来的，然而却也不是由历史学家所制造出来的。它里面有着某种“过硬”的东西，那是辩驳不倒而必须老老实实加以接受的。[①]

沃尔什强调的这种“过硬”的、“辩驳不倒而必须老老实实加以接受的”的东西，是任何一位正常的历史学者都能体会且都不会否认的。其实，不管是相对主义，还是后现代的学者，何尝会简单地否定历史的真实存在？会否认史料中存在着某种“过硬”的、“给定”的东西呢？只是按照他们的思路，离开了史学家的认识活动去谈论什么历史的真实存在是毫无意义的。卡西尔曾说：“必须是过去给予的：但是这些问题本身则是由现在——由我们现在的理智兴趣和现在的道德和社会需要——所提出和支配的。”[②]这样的看法与我们的常识相悖，但在学理上却合乎实际。

在日常生活中，当我们的认识发生分歧的时候，我们常常会说“摆事实，讲道理”“事实胜于雄辩”之类的话。其实，“事实”本身是做不到这一点的。当甲乙两人对某一朵花的颜色是“红”还是“黄”发生争论时，花本身是不会跳出来作出任何仲裁的。众所周知，红色是呈现于我们人类正常视觉下的一种特定光波，所谓“耳得之而为声，目遇之而成色”，这里

---

① 沃尔什：《历史哲学——导论》，第91页。

② 恩斯特·卡西尔：《人论》，第226页。

存在着一个“目遇之而成色”的环节。没有“目”的作用，没有“目”的普遍共同性，“色”是无法形成的；即便形成，也一定是众说纷纭。如果乙是色盲，那么“目遇之而成色”的“色”，就与甲的不同；如果甲乙在人数上是对等的，那么谁是色盲也将会争持不下、难定是非。所以，“红”既“成色”于特定的光波，也“成色”于人们共有的视觉官能，离开了我们正常的、共有的视觉官能而奢谈“花”的“硬性”，至少是不全面的①。一般的认识活动如此，历史认识活动也如此。所以，海登·怀特的话就不难理解了，他说：

> 过去的事件、人物、结构和过程可以看作人文和社会科学中任何或全部学科的研究客体，……但使它们成为历史的并不是它们的过去性。它们之所以是历史的，仅仅因为它们被再现为特定历史书写的主题。……历史话语的这一特征并不意味着过去的事件、人物、制度和过程从未真正存在过，并不意味着我们不可能得到关于这些过去实体的比较准确的信息，也不意味着我们不可能通过应用包括一个时代或文化的“科学”在内的不同学科的不同方法把这个信息改造成知识。相反，它旨在突出这样一个事实，即关于过去的信息本身并不是那种特定的历史信息，以这种信息为基础的知识本身并不是那种特定的历史知识。②

不过，历史认识活动远比“目遇之而成色”来得复杂。有关花色的分歧，其原因不外乎两种：（一）要么花的“光波”本身不确定、不清晰；（二）要么人的视觉官能不一致（如色盲之类）。如果分歧来自其中一因，争论自然容易解决；如果两者兼而有之，往往就会陷于“是非难断，莫衷一是”的境地。遗憾的是，历史学正处于后一种境地：一方面是历史文本的“光波”不甚确定、模糊不清；另一方面是历史学家的

---

① 参见本书第二章第八节的讨论。

② 海登·怀特:《后现代历史叙事学》，第293、302页。

“目”没有普遍共同性[①]。简言之，文本的“软性”为史家的解释提供了“弹性”。

文本具有“辩驳不倒而必须老老实实加以接受”的“硬性”，这在历史研究的最初阶段——文本字面义的解释上是最易体会和“感觉”到的。不过，即便如此，这一层面上的文本的“软性”也还是存在的。《吕氏春秋·察传》曰：

> 鲁哀公问于孔子曰：乐正夔一足，信乎？孔子曰：昔者舜欲以乐传教于天下，乃令重黎举夔于草莽之中而进之，舜以为乐正。夔于是正六律，和五声，以通八风，而天下大服。重黎又欲益求人。舜曰：夫乐，天地之精也，得失之节也，故唯圣人为能和乐之本也。夔能和之以平天下，若夔者一而足矣，故曰夔一足，非一足也。

若非孔子见多识广，我们或许一直都会误以为夔仅“一足”。因为从字面上看，解读为“夔一人足”与“夔仅有一足”，都不能算错。《论语》中有“民可使由之不可使知之”一句，究竟是断为“民可使由之，不可使知之”（那有“愚民”的味道），还是断为“民可，使由之；不可，使知之”（那是“教民”的意思）呢？从字面上也难分对错。论者或说：孔子这句话的含义，当从他完整的思想体系上来理解，以讲爱民、养民、教民为特色的孔子思想，说其有“愚民”的思想则有点解释不通。但是，回到历史的场景中，几千年前的思想家有“愚民”的思想，不仅不足为怪，而且还颇合事理。同样的事例还有不少[②]，所谓“类非而是，类是而非”，这都是

① 就分辨花的颜色而言，所谓的“目”，是指人的视觉官能；以此来比喻历史认识活动，那“目”就是本书第二章第八节所讨论的“认知图式”。

② 《论语》中的“学而时习之，不亦说乎”究竟是孔夫子教人读书，要常常复习，还是要人学以致用（即学习了书本的知识，要经常在实际中运用，这才是最快乐的），究竟哪一种解释更符合孔夫子的本意，似乎在字面上还难以分出是非。参阅王春瑜：《学而时习之》，《中华读书报》2006 年 3 月 8 日。

因文字本身的模糊性、歧义性而造成的文本的“软性”[①]。

有关文本的解释，余英时先生把它分为“meaning”和“significance”两个层面，“meaning”是指文本的字面义，这是训诂考证的工作对象；“significance”是指文献原义与外在事物的关系，相当于传统经学研究中的释义，即所谓“微言大义”的阐述[②]。问题的复杂性在于文本的字面义往往并不直接等同于文本的原义或引申义。陈寅恪先生论钱牧斋《杜诗笺注》时说：“细绎牧斋所作之长笺，皆借李唐时事，以暗指明代时事，并极其用心抒写己身在明末政治蜕变中所处之环境。实为古典今典同用之妙文。”这便告诉我们，文本的字面义与其原义、引申义都不可等而同之。余英时先生用“破解暗码”的方法来阐述陈先生晚年诗文及其心境，并特地指出，此类解码的方法“不能随便扩大运用到其他不同类的作品上去。……它只能用于解释遗民的隐语诗文”[③]。不过，历来因某种外界的干扰或忌讳，作者不能将他的思想旨意“直叙陈述”而“故作狡狯”，也是文本中较为普遍的现象。扎戈林认为，如果安克斯密特的观点能够成立，“那么意译或概括一本历史著作而不改变其本旨或意义将是不可能的，但这种概括实际上是可能的”[④]。其实，此点不可一概而论，如果史家的解释只涉及“训诂考证”，那么意译或概括自然是可能的；如果涉及的是“微言大义”的阐述，情况自然有所不同。所谓《春秋》的“迷山雾海”、《易经》的“一名三千”，原因也在这里。可见，文本的字面义与原义、引申义之间有着相当的差异，而这种差异，既表现为文本的“软性”，也为史家解释的“弹性”提供了活动的空间。

---

① 此类现象在先秦典籍中表现得最为突出。先秦典籍的阐释之难，学界大家几乎是众口一词的，吕思勉说《老子》一书之所以“为人附会”，原因之一就是“以其文义之古，难于了解，而易于曲解”（《中国政治思想史十讲》，《吕思勉全集》第16册，第406页）。傅斯年说：“六经虽在专门家手中也是半懂不懂的东西。”胡适也说：“毛公、郑玄以下，说诗的人谁肯说诗三百篇有一半不可懂？王弼、韩康伯以下，说易的人谁肯说《周易》有一大半不可懂？郑玄、马融、王肃以下，说书的人谁肯说《尚书》有一半不可懂。古人且不谈，三百年中的经学家，……又何尝肯老实承认这些古经他们只懂一半？”（参见《胡适语粹》，第24页）

② 余英时：《〈周礼〉考证和〈周礼〉的现代启示——金春峰〈周官之成书及其反映的文化与时代新考〉序》，《史学、史家与时代》，第329、335页。

③ 余英时：《古典与今典之间——谈陈寅恪的暗码系统》，香港《明报月刊》1984年第11期。

④ 参阅《表象的叙述——新社会文化史》，第88页。

按照通常的理解，历史文本一旦写定，它的含义就凝固了，我们只能按照作者所陈述的原意来进行解释。这样的看法，当然也能获得事实上的支持。不过，相反的情况还是存在的。一个文本写定之后，对它的解释常常由不得文本作者的意愿。库恩《科学革命的结构》出版后，获得了人们广泛的阅读兴趣，并引起了学界的反复讨论，这使得他甚为满意又颇为沮丧，因为《科学革命的结构》一书及其表达的观点几乎可以让任何人以任何方式来理解诠释[①]。这或许说明，文本一旦完成（出版），它就脱离了著作者而获得了某种自由，如何阅读、怎样解释，只能听由读者。赵复三先生在《欧洲思想史》中译者前言中，说到对克罗齐名言“一切真历史都是当代史”的另一种理解。他说：“从文化史角度看‘历史在现实之中’恐怕还有更深一层含义，是指在一个民族中经常起作用的文化心理乃是在长期历史中形成的。”也就是说，“一切真历史都是当代史”可以解释为社会历史运动的一种特殊性，即一切历史都凝固于或存在于现实之中，现实包含着历史。赵先生的理解自然不同于克罗齐的原意，但我们谁也不能因此而禁止赵先生对克罗齐的名言作出他自己的解读[②]。这就好像日常生活中，一些被我们错用误用的成语——原意是“空穴来风，其源有自”，如今多用来表示“空穴来风，无中生有”；原为褒义的“量小非君子，无度不丈夫”，却常常被用作贬义的“量小非君子，无毒不丈夫”。长期以来，我们这般将

---

① 托马斯·库恩著，范岱年、纪树立译：《必要的张力——科学的传统和变革论文选》，北京大学出版社 2004 年版，第 287 页。

② 文本形成之后，对它的理解往往由不得作者。张汝伦先生曾这么评述《毕竟是书生》一书：这本篇幅不大的回忆录可以当作某种史料来看，可以使我们对作者这一类知识分子有所了解。这对于我们理解刚刚过去不久的时代是有帮助的。如果我们仔细品味这本文字通俗易懂的回忆录的话，会有更多的收获。无论是欲言又止，还是一笔带过，都有不少可以回味推敲的地方。而许多事实本身就非常说明问题。这也充分证明，一个文本产生后，就不全属于作者，它有它自己的生命。文字和事实实际说出的有时会比作者本想要说的更多。（《席殊好书俱乐部专家荐书：周一良〈毕竟是书生〉》，《文汇报》1998 年 10 月 17 日）康德在《纯粹理性批判》中，还说到另一种“后人的理解胜过作者自己”的情况，他说：“在对照一个作者关于他的论题所表达的思想时，……发现我们理解他胜过他理解他自己，这是丝毫没有什么可奇怪的。因为他还没有充分地规定他的概念，所以他有时在言谈时或甚至在思考时，就与他自己的意愿相违。”（转引自恩斯特·卡西尔：《人论》，第 248 页）王国维在《古史新证》中对“二重证据法”的原始表述与后人的理解、阐释，就属于康德所说的“后人的理解胜过作者自己”这一类情况。（参阅黄永年：《文史存稿》，三秦出版社 2004 年版，第 558—559 页）

错就错地误说误用，似乎已是约定俗成、知错不改了。

虽然，上述事例都在一定程度上表明了历史文本自有其“软性”的一面，史家的解释也有相当的“弹性”。但是，安克斯密特所说的“文本权威的消失”还应当另有所指。

> 文本的“权威”问题需要分层讨论，单纯的史实考订，权威性最明显；将史事进行编年，虽有时空位置的限定，但何者编入，何者删去，“权威”已有削弱；当进入理解、解释，再编撰成历史故事时，以“文本”来作仲裁，就不太感觉到它的“权威”了。

10. 史家的“弹性”

尽管上文已经指出，在单纯的史实考订层面上，文本的权威并不像以往所认为的那么“硬性”，但这一层面上的“硬性”仍是最明显的。由单一的史实考订进入到众多史实的编年，虽然不可避免地会有史家主体因素的掺入（如选择），但从理论上说，编年总还有对应的、大家一致公认的位置顺序，春夏秋冬，年月日时，至少在时空位置的排列上，文本总得优先尊重和服从。这也就是许多反对相对主义、后现代主义史学理论的学者，喜欢在（也限于在）这个层面上展开批评的原因[①]。历史研究当然不会停留在机械的年代编排上，它还要从文本的理解中归纳主题，而主题归纳与时间顺序并无死板的对应联系。安克斯密特特别强调史学的审美性和史

---

① 比如曼德尔鲍姆在批评相对主义时，就将历史认识区分为“陈述”与“判断”两层次，认为相对主义的错误之一，就是将“陈述”与“判断”混为一谈。所以，他也只是在“陈述”层次上，选用“恺撒跨过鲁比孔河”一类案例来论证和批评相对主义史学观点的错误。参见曼德尔鲍姆:《历史知识问题——对相对主义的答复》，第125、129页。

学写作的风格，这就表明了他们——后现代主义的学者所关心的，不是那些单纯的事实层面的考订问题。诸如法国大革命发生在1789年，雅各宾派的领袖是罗伯斯庇尔，在这些单纯史实或史实编年面前，“文本的权威”是谁也不会否认的。但是，一旦我们的解释转移到法国革命的整体及其特征时，“文本的权威”就有点用不上了——文本本身无法就法国革命究竟是正剧、喜剧、悲剧，还是闹剧作出权威性的仲裁，因为每一种看法，都可以获得文本上的支持。詹京斯在《历史的再思考》的第一章里，曾就历史学家在诠释、推测、塑造力方面所受到的限制问题，列举了这么一个事例，他说：

（史料）虽然可以限制历史家的绝对自由，却无法真正做到阻止无穷无尽的解释。对于希特勒在掌权以后的意图和第二次世界大战的原因，目前有许多不同的看法。这种著名的持久异议之一，是泰勒和楚浮罗泊之间的异议。这个异议不是由于他们史学能力上的优劣。他们都有丰富的经验，都有“技巧”，都能解读文献，而且在这个主题上是解读同样的文献。可是他们还是持不同的见解。因此，虽然原始资料可以防止随意的曲解引述，同样的事件和原始资料，却不必然产生独一无二的解释。[①]

撇开宏大的历史叙事不论，就以一般意义上的历史事件而言——如明初的“胡惟庸案”，在不同的史学著述中就有不同的叙事方式。比较这些不同的叙事方式[②]，我们可以发现，从历史的“点”“线”出发，进而建构“面”或“立体空间”进行历史叙事，一如数学中的排列组合，在不违背历史学基本原则的前提下，叙事者可以排列组合出多种叙事方式：你可以用文本A、B、C组成主题甲，也可以用文本E、F、G来组成主题乙。即使运用同样的文本，也可以组合成不同的叙事结构（如组成A、C、B的结构，

① 詹京斯著，贾士蘅译：《历史的再思考》，麦田出版社2006年版，第97—98页。

② 有关“胡惟庸案”的不同叙事方式，参见本书第五章第五节的讨论。

也可组成C、A、B，或B、C、A的结构），不同的叙事，源于不同的组合方式，从而产生出不同的叙事效果。对此，我们却难以用文本为依据作出排错性的检验。因为在这一层面上，文本并不能从位置、结构等方面给我们的历史叙事造成一种“硬性”的制约或规定，尽管它仍然是“必须做到公正”和“必须老老实实加以接受的”。

海登·怀特认为，历史学从本质上说，与文学一样，只是一种虚构。这种极端的看法，似乎还没有哪一位实践的历史学家会表示赞同。但是，历史学家从一个个确实可靠的特殊事实出发，进而把它们组合成完整的历史过程和历史的整体，其结果却没有办法进行是非正误的验证，这也是不可否认的事实。我们会说，将“A”与“B”、“C”等事实相组合更好些，或者说将“A”与“F”、“G”相组合更符合历史事实。但是，所谓“更好些”“更符合历史事实”究竟以何为标准呢？我们不能说历史学家在组合历史事实时，完全可以不遵守规则而随意进行。但是，历史学家为了达到某种效果而组合历史事实，尤其是组合大量的事实群时，他所受到的制约和约束远比他们在第一层次里所受到的要少得多。问题是：除了那些低劣的政治宣传品[①]，历史学家何以能在不违反“游戏规则”的条件下，将历史写成正剧、喜剧或悲剧呢？我们自然不认同海登·怀特的说法，但也不能回避这里的问题，即同样以真实的历史事实为基础而建筑起来的历史大厦，却是大相径庭、风格迥异的，且它们之间难以作出是非正误的比较验证。

扎戈林说：一种历史解释如果得到广泛的接受，它就站稳了脚跟，但这可能不会持久。随后出现的另一种新解释会对它的有效性提出挑战，“并可能取代它”[②]。新解释取代旧解释，这在史学史上可以找到许多例证。但

① 曼德尔鲍姆更把宣传品的历史著述比作“伪币”，他说：“历史就是历史，而不是宣传品。”“把宣传品称为‘历史’，那是愚蠢的，正如一个经济学家在确定货币的法定性质时把伪币称为‘货币’是愚蠢的一样”，“这种类型的‘历史’著作只要它是故意伪造出来的作品就根本无权被称为历史”。（曼德尔鲍姆:《历史知识问题——对相对主义的答复》，第135、134页）其实，除了那些低劣的、在史实上错得离谱的宣传品，大部分用作宣传品的历史著述，与一般意义上的历史著述并不能划出一个泾渭分明的界限，否则书写宣传品的历史著述家早就声名狼藉、销声匿迹了。

② 参阅《表象的叙述——新社会文化史》，第84页。

是，历史解释的诸说并存，难以彼此取代的现象也比比皆是。库恩在《必要的张力》一书中曾认为：科学上的新的、更合理的解释的出现，总是意味着旧解释的过时和淘汰，而艺术则不同：

> 一个艺术传统的成功并不能使另一传统变成不正确或谬误，艺术远比科学易于容许好几个互不相容的传统或流派同时存在。……根据同样的理由，当传统已经改变，有关的争论通常在科学中远较艺术中更快得到解决。在艺术中，……争论结束只意味着新传统被人接受，而不是旧传统的结束。另一方面，在科学方面，胜负的结局并不会拖延那么久，失败一方很快便消失。①

科学史上都写着成功者的名字，艺术领域却很难说是今胜于昔。我们不能因为有了毕加索、玛蒂斯，就说该淘汰米开朗基罗或拉斐尔；不能因为有了肖邦、贝多芬，就说该替代海顿、莫扎特。历史学也有类似的特征。以中国通史的著述为例，我们不能因为有了白寿彝的《中国通史》，就说吕思勉、钱穆、张荫麟的通史著作可以淘汰了。近年来，民国年间人文学科学术著作的重印热销，似乎可以为我们的讨论提供一个佐证。在历史学里，各种流派和风格的著述同时并存，又不能在文本上对它们进行是非正误的验证，这是否可以看作历史学具有类似艺术特征的一例，姑且不论，它至少表明文本"权威的消失"在这一层面上也能获得事实上的支持。

扎戈林在《历史学与后现代主义的再思考》一文的最后数段，讨论并批评了安氏对历史学的有用性的看法，他说：历史学的"责任是必须给每一代活着的人关于他们自己的社会和文明的过去的知识，给他们关于他们的社会作为其中一部分的更大的人类社会过去的知识，而且这些必须是最广泛的和最可能好的知识"②。没有人会对这样的看法表示怀疑，但扎戈林未能考虑到问题的复杂性，他对后现代历史功用观的批评，似乎也未找到对

① 库恩著，范岱年、纪树立译：《必要的张力——科学的传统和变革论文选》，第 340 页。
② 参阅《表象的叙述——新社会文化史》，第 92 页。

应的思路和问题的症结。如果我们不是把后现代理论看作一种“颠覆”，而是一种新思路，一种别开新境的深入研讨，那么，（按照笔者的理解）在后现代语境下的历史功用问题，可以简述为这么一个设问：既然历史叙事的本质与文学较为接近，那么，此项特征是否也在历史知识的致用上有所体现，换言之，历史知识在致用上，是否也是较远于一般意义上的科学，而较近于文学艺术[①]。

总之，安克斯密特的“文本的权威消失了”一说，虽有以偏概全之嫌，但由此引出的问题是有价值的。借助这一话题，我们可以看到文本在不同层面的史学研究活动中的作用是有差异的，大体说来，从考史进入到叙史、评史，文本的“硬性”会逐步地减弱，与之对应的是史家在解释上的自由度则逐步地增强。通常讨论的有关历史学的客观性、艺术性等问题，在这一过程中也得到同步的反映。值得注意的是，各种流派和风格的史学著作同时并存，各有价值；历史知识在致用上可以脱离事实基础而产生人们需要的效应，这些特征的存在似乎都表明了历史学稍近于文学艺术，而稍远于一般意义上的科学。如果这样的分析能够成立，那么，这将为“历史学是否具有艺术性”的讨论找到另一种思考的维度[②]。

---

① 参见本书第九章的讨论。

② 在整个第四章里，我们好像以“历史学是理解还是解释？”为题，与狄尔泰、柯林武德、亨佩尔、波普尔、德雷、安克斯密特等学者共同召开了一次圆桌会议，会上的发言者都约定俗成地遵守着这样一个规则：在学术的讲台上，你不能重复前人或他人已经说过的东西，否则就要被人轰下台。所以，圆桌会议上的发言，就呈现出一种五花八门、各具个性的特征：有的说“移情的体验”，有的说“境况的想象”，有的说“覆盖解释模式”，也有的说“合理的解释模型”，各位学者只是挑别人没有讲到过的东西来讲，并引申展开，大加发挥。这样的研讨会，从消极的方面看，似乎各执一端，各有偏颇，争论不休，莫衷一是；从积极的方面看，历史学的多方面属性，历史认识活动的复杂性，也因此被揭示无遗。

五　叙事与想象

史学理论上叙事问题的争论，竟被视如战场——这不仅是指有关叙事理论的争论如同战场，更是指不同叙事之冲突、对立以及背后暗含的利益关系如同“你死我活”的战场。

1. 叙事问题

大约在20世纪的70年代末，学术界几乎同时产生了两个以叙事为主题的研讨热点：一个是来自史学实践的“叙事史”的复兴，一个是产生于史学理论的“叙事与历史学的本质问题”讨论。

历史学的叙事问题，原是史学史和史学理论研究的传统课题，长久以来，我们都是把叙事看作史书编撰的形式问题。英国历史学家乔治·屈维廉曾说，历史学的第三种任务和步骤是整理研究结果，用文学的形式表达出来，并称这一部分的工作具有艺术性[①]。一般说来，史学家们很乐意承认历史编纂形式上的艺术性。从这一立场出发，说历史学既是科学又是艺术，就是将历史学的内容与形式加以两分，内容是史学家对历史的认识，形式

---

① 乔治·屈维廉早在1915年写作《克莱奥——一位缪斯》时就已经注意到，历史学家过多地向自然科学看齐而严重地忽视了历史学的叙事本质。他说：“把历史同自然科学类比的做法，在过去三十年里错误地引导许多历史家离开他们的职业的正确道路。”“正是因为今天的历史家受了使人德意志化的教士集团的训练，不把历史当作一部‘福音’，甚至也不把它当作一个‘故事’，而是把它当作一门‘科学’；他们才会如此严重地忽视了归根到底是历史家的主要技能的东西——叙述的艺术。正是在叙述方面，近代历史著作是最弱的，而照我想来，这是一个很严重的缺点——事实上带有根本性的缺点。……就历史的不变的本质来说，它乃是‘一个故事’。围绕着这个故事，就像血肉围绕骨骼一样，应该贯穿许多不同的事物——对于人物的刻画，对于社会的和文化的运动的研究，对于可能的原因和结果的探讨，以及历史家能够用以说明过去的任何东西。但是历史的艺术始终是叙述的艺术，这是最基本的原则。”他呼吁当下的史学研究要改变“因科学而牺牲艺术的情形十倍于因艺术而牺牲科学的情形”。（屈维廉：《克莱奥——一位缪斯》，《现代西方史学流派文选》，第180、182、194页）但是，他的这番批评和呼吁，要到半个多世纪以后才能获得回应。

是历史认识的外在表现，即以“一定的体裁、结构和语言把研究成果反映出来”[①]。所以，形式属于历史修辞学或编纂学。这样的区分，并不是把形式看成无足轻重的东西，正如美国史学家劳伦斯·斯通所说：历史学家“并不满意于扔出一些字来让它们自生自灭，像田野中的牛粪一样，历史既然是一种科学，就不必要用艺术来帮忙”[②]。历史编纂学关心的是如何达到内容与形式的“统一”，研究史学著述如何做到“结构的完整性，体例的一致性，表述的逻辑性和语言的准确鲜明及生动性”[③]。换言之，如果我们把“史著的内容和形式这一对矛盾”视为历史编纂学的基本内容，那么，历史叙事对历史内容的影响只是非本质的或形式上的，它对历史认识表述的影响要么是积极促进，要么是消极妨碍[④]。

在学术史上，认为历史叙事不仅会消极地妨碍历史内容，甚至会根本上破坏历史内容的表达，从而影响学科的科学性的看法，究竟是谁最早提出的，笔者无从考证。但是法国年鉴学派的史学思想至少已经很接近这一点了（此处主要是指年鉴学派第一、二代的史学实践）。同样是以历史学的科学化为追求目标的年鉴学派，与他们的前辈、19世纪的德国兰克学派的做法是大相径庭的。兰克学派以复原史实真相为史学科学化的主要内容；而年鉴学派的“新史学”则以“结构史学”来替代“事件历史”，试图清除以往的历史学里讲述“历史故事”的方式，来完成或者达到历史学的科学性。换言之，在年鉴学派的学者眼里，形式上的艺术性只能破坏内容上的科学性。布罗代尔反对历史的叙事，他甚至认为叙事是幼稚和虚妄的。这种看法与他的“历史三时段”理论、“结构的历史”等观念是互为表里的。既然我们在“缓慢、近乎静止”的历史时段中能发现社会结构和历史演进的深刻的内在运动，而处于其表层的事件、人物等活动，如同大海之浪花、大地之尘埃，就不必过多去叙述它。过多去关注“大海上的浪花”，

---

① 参见吴泽主编：《史学概论》，安徽教育出版社2000年版，第197页。

② 劳伦斯·斯通：《历史叙述的复兴：对一种新的老历史的反省》，（台北）《历史：理论与批评》第2期，2001年。

③ 吴泽主编：《史学概论》，第200页。

④ 吴泽主编：《史学概论》，第199—200页。

反而会蒙蔽我们的视线。所以，年鉴学派以“结构的历史”替代“事件的历史”，以“分析”来替代“叙述”，以“环境”来替代“人物”，以“集体”来代替“具体”[①]，想通过历史与叙事的分离（至少在形式上）来达到历史学的科学性。比“新史学”走得更远的是计量史学，他们设想用数字符号来替代“集体”“人物”“事件”，从而在根本上取消历史的叙事。

然而，作为一门时间的学科，历史学内在地与叙事不可分离。年鉴学派第三代代表人物勒高夫在20世纪70年代已经感到学派早期的研究模式需要变革（如对叙述史的竭力反对与排斥），他借引皮埃尔·诺拉的话“历史事件由于建立在新的基础上从而重新恢复了名誉”[②]。勒·华·拉杜里的《蒙塔尤——1294—1324年奥克西坦尼的一个山村》被视为年鉴学派研究模式的一次转型，也是叙事史复兴的一个信号。1979年，劳伦斯·斯通发表《历史叙述的复兴：对一种新的老历史的反省》一文，预言“新叙事史”即将诞生，而自新史学以来的那种“对昔日的变化作出井井有条的科学解释的企图”的研究模式及其时代即将终结。回顾西方半个多世纪的史学实践，年鉴学派对传统史学研究模式的批判，确有矫枉过正的倾向[③]；而劳伦斯·斯通所谓新史学的破产，也有言过其实之嫌[④]。其后的史学发展表明，新史学并没有终结，叙事史则渐趋复兴。有意思的是，劳伦斯·斯通的“叙事史复兴”的“预言”，在史学界遭到诸多学者“狂轰滥炸”式的批评[⑤]，而在历史哲学界则得到了不少赞同和呼应。比如，安克斯密特就说，

---

① 劳伦斯·斯通：《历史叙述的复兴：对一种新的老历史的反省》，（台北）《历史：理论与批评》第2期，2001年。

② 勒高夫等主编，姚蒙编译：《新史学》，上海译文出版社1989年版，第36页。

③ “矫枉过正”似乎是史学思想史上一个规律性的现象，参见本书第二章第六节的讨论。

④ 参见张广智主著：《西方史学史》，复旦大学出版社2004年版，第378页。

⑤《历史叙述的复兴》一文刊出后，斯通遭到诸多学者极其严厉的批评。十年以后，杨豫先生在美国采访了劳伦斯·斯通，曾谈到该文发表后招致批评的状况，以及后来的发展又如何应验了他的预言。他说：“1979年那篇关于叙事式史学复兴的文章，显然是为了陈述当时史学界正在出现的并为人们观察到的一些事实，根本没有想预言未来，也没有要打出什么新旗号的意思，更不像有人说的是一篇反对社会科学计量化和分析式史学的纲领。可是在几乎所有的学术杂志上，我立即遭到了猛烈的批评，好像我成了新史学义举的叛逆。更令我遗憾的是，我的老朋友罗伯特·福格尔竟然在社会科学历史学协会的主席演说中宣布将我‘革出教门’。在一些场合，我还成了‘贱民’和‘不可接触者’。可是，几年后，我说的话完全应验了。只有经济史除外，克莱奥学派还在那里（转下页）

不是因为历史是故事，才需要采取叙事的方式，而是因为历史学的时间维度，决定了它总是叙事方式的[①]。保罗·利科也认为："甚至长时段也是一个有限的时段。……再长的时段也不应该掩盖时间的存在。因此，强调长时段不应当变成否定时间，相反，应当被理解为是在呼唤社会时间的多元性。"[②]布罗代尔的《地中海》，看似没有历史人物、没有一般意义上的历史事件，但他仍有一个历史主题——准情节——"地中海的衰落"以及历史重心由地中海向大西洋与北欧的转移。这一历史主题和情节设计，仍然表明了历史的叙事性的本质[③]。不仅是赞同和呼应，史学理论家们还"身体力行"地将"叙事问题"纳入他们的研究领地。早在1966年，海登·怀特在《历史的重负》一文中，就肯定历史叙事是历史学唯一的表现方式，在后来出版的《元史学》（1973）中，他借助比喻理论来剖析历史叙事的内在结构及其背后的历史意识。后续的研究者，将"叙事问题"纳入历史哲学的新课题，成为学科研究新的生长点。

按照传统的看法，历史学的修辞只是"蛋糕的糖衣"，它的存在并不影响蛋糕本身的性质。然而，后现代主义（赫克斯特）的研究表明，历史的糖衣已经融入到历史的蛋糕之中，糖衣不仅影响历史的外表形式，而且也影响历史的内在本质。也就是说，形式与内容并不总是相辅相成的，它们还存在着矛盾和对立；形式和内容并非能截然两分，它们还常常彼此渗透、相互缠绕。历史学的叙述不仅仅是一个修辞、编撰的问题，还与历史知识的真实性、历史学科的科学性等问题密切相关。与数学之类的学科不同，历史的内容并不能对其表现形式起到一种制约或限定，相反，只要是人的主题，天然地适宜于一种文学艺术的表现形式。这样，形式就会

（接上页）负隅顽抗，坚守最后一个壁垒。现在，历史研究中的人文主义的性质加强了，对个别人物和个别事件的微观研究流行起来，一种蕴藏在社会学和人类学胚胎中的新型的政治史诞生了。就是传统性最强的思想史也正在发生转变，获得新的生命力。"参见杨豫：《险航一生 见微知著——美国著名历史学家劳伦斯·斯通教授采访记》，《八十年代的西方史学》，中国社会科学出版社1990年版，第284页。

① 参见周建漳：《历史的理解与解释》，社会科学文献出版社2005年版，第210页。

② 保罗·利科：《法国史学对史学理论的贡献》，第41—42页。

③ 周建漳：《历史的理解与解释》，第211页。

融入内容，从而影响内容。修辞不仅是让读者赏心悦目，布局、谋篇和风格也不只是技术或技巧，它体现了作者的情感和倾向，或多或少、或深或浅地牵涉到价值评判，而其背后又与作者的意识形态、社会地位、政治立场等因素相关。叙事的顺序、章节的结构、文字的风格，作为形式都会渗入到内容之中，并对内容发生深刻的影响。特别是形式一旦程式化，反过来又会成为一种制约、限制的因素，甚至强史就我，用形式来构建内容。蛋糕与糖衣究竟是一种怎样的关系呢？糖衣融入蛋糕之中将会产生怎样的影响呢？这是后现代主义给我们出的一个难题。换言之，历史学的形式与内容问题，并非像以前所理解的那么简单，这就需要我们重新辨析思考，作出新的解释。美国学者华莱士·马丁有一段话讲到了叙事问题的症结，他说：

> 我们不必到学校去学习如何理解叙事在我们生活中的重要性。世界的新闻以从不同视点讲述的“故事”的形式来到我们面前。全球戏剧每日每时都在展开，并分散成众多的故事线索。这些故事线索只有当我们从某一特定角度理解时，才能被重新统一起来。在这些不同的观点的每一个之后都有一部历史，以及一个对于未来的希望。我们每个人也有一部个人的历史，亦即，有关我们自己的生活的诸种叙事，正是这些故事使我们能够解释我们自己是什么，以及我们正在被引向何方。如果我们从一个不同的视点来解释这个故事中的各种事件，从而修改这个故事，那么很多可能都会改变。这就是为什么叙事——当其被作为文学来研究时仅被认为是一种娱乐形式——在被实际写在报纸、传记和历史中时，竟成为一个战场。[①]

如果说，来自史学实践的“叙事史”复兴，仅仅是史学表述模式上的一种“回归”，那么，产生于史学理论的“叙事问题”则给我们带

① 华莱士·马丁著，伍晓明译：《当代叙事学》，北京大学出版社 2005 年版，第 1—2 页。

来了许多新问题，这就在史学理论界因叙事问题而引出的一场“历史叙事本质”争论的学术背景，而这场争论的挑起者就是后现代的史学理论家们。

海登·怀特在叙事上强调史学的文学性，伊格尔斯则强调历史学科的规范，强调史学家们在相互沟通时有着一些共同遵守的理性标准。他们的争论各有指向，却是“风马牛不相及”。

2．现代与后现代之争

在西方的史学理论研究领域，海登·怀特的研究及其观点都是独树一帜的[①]。海登·怀特的研究主题是历史学的叙事，并进而探讨叙事的虚构本质，以及对历史构建起作用的意识形态（实际上是指研究者的基本理论和价值观等）。他认为：历史不是毫无疑问地从文献证据中显现出来的，历史学家要使其叙述前后一致，就必须超越原始资料而撰写一个故事。他的叙述需要将资料情节化，他在构造历史故事时必得有一些假设，必定会渗入或明显或隐讳的意识形态的考虑。所以，原先的严格区分历史与文学的做法需要修正，而历史叙述在构造一个故事时不可避免地会引进虚构的成分。他说：

① 关注历史学的叙事形式，这是分析、批判的历史哲学转向“语言学”之后，开辟的一个新的研究领域，也意味着理论研究的更加深入。但是把历史学的问题全都归入叙事形式，甚至语言问题，就走向了一个极端。雷蒙·阿隆对此曾有一段批评，他认为英美分析哲学家都把叙事当作他们思考的基本主题。从狭义的历史而言，叙事的确是历史认识的一个主要形式。但是，应该注意的是：其一，并非所有的史学著述都是叙事；其二，如果说没有叙事就没有历史真实，那么，我们同样可以说，没有事件之间的可理解的联系就没有叙事。所以，他认为，如果把历史理论局限为叙事理论的话，很多属于历史认识范畴的成分就会被我们排斥在该理论之外。参见雷蒙·阿隆：《论治史——法兰西学院课程》，第186—187页。

> 尽管小说家可能只与想象中的事件打交道，而史学家则只与真实的事件打交道，但把想象与真实事件融为可理解的整体，并使其成为表述客体的过程，实际是一个想象的过程。
>
> “历史”充满了证实事件发生的各种文献，因而有可能用几种不同但同样可行的方法，把这些文献组合在一起，以形成几种有关“过去发生了什么”的叙述性记载。……我们不能指望康斯塔伯和塞尚在置身同一风景中时注意同样的东西。[①]

历史学家伊格尔斯赞同海登·怀特的上述叙述，只是他不同意海登·怀特在这个问题上走得太远。他认为海登·怀特在“正确地指出了在构造超越原始资料之上的历史叙述时涉及的种种因素”之后（尤其是他的后期著作），走得太远，变得太激进，以至于他要我们消除或拒绝一种幻觉，这种幻觉就是：相信“过去确确实实地、直接地反映在原文之中”。他认为一位史学家如何把“丰富的文献”组合成一种“似乎合理的叙事说明”，完全出于他的“自愿”决定。所有的历史记载均含有虚构的成分，因此基本上是虚构的，不受任何真理的限制。他甚至认为：历史学的学术规范，只是一种“仪式性的运作”。“史学家所声称的‘忠实性’和‘客观性’，其实只与那种渊博的学术研究惯例有关。这些惯例是在特定的时间、地点，在不同学术团体的特定领域中形成的。换言之，史学家的‘客观性’和‘忠实性’一同他所提供的‘事实’那样，是相对于其著作的写作年代，及地点所流行的文化观念而言的。”伊格尔斯说：

> 对法国革命从经济或文化的层面去解释，在某种程度上不仅相互冲突，而且是对一个复杂的历史综合体所作的完全不同的观察。对法国革命没有也不可能只有一种解释。但史学家们相互沟通时确实有一些共同遵守的理性标准。

---

① 海登·怀特:《借喻》，转引自乔治·伊格尔斯:《介于学术与诗歌之间的历史编纂——对海登·怀特历史编纂方法的反思》，（台北）《历史：理论与批评》第2期，2001年。

他又说：

> 尽管史学研究表现出的意识形态各不相同，在处理证据以及提出论点上却有一些约定俗成的最低标准。虽然想象力在学者构造对事件的说明时起了一些作用，但这些说明并非纯粹的想象，或主要是想象。它们是以艰苦的研究为前提条件的。而且其研究方法和结论也要受学者们的检验。学术研究在就具体问题达成共识方面的能力诚然有限，但它却能在破除历史迷信方面作出贡献，而这正是理性对话的重要组成部分。①

伊格尔斯在批评和反驳海登·怀特的观点时，十分强调历史学有其自己的批评标准，有其共同遵循的学术准则②。与文学的想象相比，历史学家在进行推理想象时，不能无视给定的材料，他要遵守学术的规范，他要考虑史学的批评标准。这是不用怀疑的事情。以这样的方式来批评后现代主义，在学术界具有相当的普遍性，历史学家格特鲁德·希梅尔法布写过一篇题为《如其所好地述说历史：不顾事实的后现代主义历史学》的文章，她认为：现代历史学有其自己完整的专业规范，这“不仅推动了对档案和原始资料的研究，对文献的真实性和证据的可靠性的重视，对证据进行证实和证伪的需要；而且，在更大范围里，它还推动了对引语和引文的精确性的重视，对注释和参考文献的书写格式的规定，以及对其他所有探究‘证据标准’的方法论的研究。这种方法论的目的有两个：一是让历史著作的潜层结构浮出水面，并由此使读者了解它，并把它暴露在评判者面

---

①　有关伊格尔斯对海登·怀特的批评，以及海登·怀特的回答，参见乔治·伊格尔斯的《介于学术与诗歌之间的历史编纂——对海登·怀特历史编纂方法的反思》和海登·怀特的《答伊格尔斯》，二文均刊于（台北）《历史：理论与批评》第2期，2001年。

②　在讨论后现代主义理论的“叙事虚构”问题时，伊格尔斯多次强调历史学有着自己的批评标准，历史学家有其共同遵循的学科准则。参见伊格尔斯：《二十世纪的历史学——从科学的客观性到后现代的挑战》，第138、160页。

前；二是鼓励历史学家尽可能排除各种主观因素的干扰，尽自己的最大努力去追求客观性。后现代主义者对此却予以嘲笑，认为它只不过是19世纪实证主义的陈词滥调”[①]。问题是历史学科的规范规则和批评标准，在进入到历史叙事的层面后，它对历史学家究竟起着怎样的一种约束作用呢？为什么历史学在有些层面受到规范规则的约束是明显而严格的，在另一些层面，此类规范规则、批评标准对史学家的约束就很小呢？总之，问题不在于叙事是否使用了真材料，而是使用了真材料能否保证你的叙事也是真。海登·怀特的问题症结应该在这里，而伊格尔斯的批评似乎没有回应海登·怀特的真正难题。

说历史就是虚构，自然是言过其实。但学科的规范不能在叙事上，对不同的、对立的历史叙事模式作出是非正误的鉴别，也是无法否认的事实。

3. 历史就是虚构？

海登·怀特特别关注历史叙事与想象构建的关系，他由叙事、想象讨论等出发，最终还是归结到历史学科的本质问题。柯林武德也曾讨论过历史的想象，他把历史的想象看作构造性的，海登·怀特也用“构建”一词来说明想象的功能，但是，笔者认为他们俩讨论的“想象”并不一样。为了方便讨论，笔者将柯林武德的“想象”称为“历史想象Ⅰ”，把海登·怀特讨论的想象构建称为“历史想象Ⅱ”。这两种想象的区别在哪里呢？这是我们先要说明的。

---

① 格特鲁德·希梅尔法布著，张志平译:《如其所好地述说历史：不顾事实的后现代主义历史学》，陈恒、耿相新主编:《新史学》第五辑，大象出版社2006年版，第11页。

柯林武德曾讨论过“历史想象Ⅰ”，他说：当我们在材料中发现，有一天恺撒在罗马，后来又有一天在高卢，而关于他从一个地方到另一个地方的旅行，材料却没有记载，于是我们就不得不用“想象”来加以连贯[①]。这样，“历史想象Ⅰ”可以用图式“A → B”来表示，“A”表示恺撒在罗马，“B”表示恺撒在高卢，“→”表示对恺撒旅行的推测想象[②]。海登·怀特所说的“想象”有所不同，他说：

> 应当把历史话语看作同时具有两个指向的一个符号系统：首先，朝向它刻意描写的一组事件；其次，朝向类的故事形式，为了揭示要么作为结构、要么作为过程的形式连贯性，历史话语沉默地把那组事件比作故事形式。比如，一组特定事件或多或少是以年代顺序安排的，但却带有可辨的开头、中间和结尾，以便显得像似一个过程的各个阶段。这样一组事件可以编排成罗曼司、喜剧、悲剧、史诗或别的什么，这要依给予这个序列作为可辨认的原型故事形式的不同事件的价值而定。[③]

换言之，“历史想象Ⅱ”可以表示为一组关系[④]：

（1）a，b，c，d，e……n

（2）A，b，c，d，e……n

（3）a，B，c，d，e……n

（4）a，b，C，d，e……n

（5）a，b，c，D，e……n

以法国大革命为例，（1）表示给定的有关法国革命的历史人物、事件等。（2）、（3）、（4）、（5）则表示依据（1）所给定的事实，在不违背学科

① 柯林武德：《历史的观念》，第272—273页。
② 关于柯林武德的“想象”，见本章第九节的讨论。
③ 海登·怀特：《后现代历史叙事学》，第109页。
④ 海登·怀特：《后现代历史叙事学》，第183页。

研究准则的前提下，写成的四种法国大革命的著述，它们分别是：（2）正剧、（3）悲剧、（4）喜剧、（5）闹剧。所以，对于海登·怀特来说，问题不是借助想象来联结缺环、填补空白，而是：

> 不同的史学家对同一现象可以提出十分不同乃至截然对立，但又同样似乎可能的解释而不至于歪曲事实，或违背通行的处理证据的准则。[①]

如果历史事实只是构建历史大厦的砖块，那么，将砖块建筑成历史大厦，离不开历史学家的设计[②]。为什么史学家可以在不歪曲事实，不违背通行准则的前提下，设计出不同风格的历史大厦呢？我们假设，这些针对同一个课题历史著述，运用了同样的材料，选择了同样的史实，而且在事实证据上都是同样的正确无误、确实可靠。但是，为什么他们写出来的历史著作却大为不同——有正剧、有悲剧，还有闹剧——显然，这是构建的结

① 参见乔治·伊格尔斯著，王贞平译：《介于学术与诗歌之间的历史编纂——对海登·怀特历史编纂方法的反思》，（台北）《历史：理论与批评》第2期，2001年。

② 史学家吕思勉在1945年出版的《历史研究法》中有一段文字，几乎与后现代主义的理论异曲同工、殊途同归。原文这样写道："历史上的年代如此之长，事实如此之多，即使我们所搜辑的范围，和从前人一样，亦不易有完备之日。何况研究的范围，是时时变动的，无论你方法如何谨严，如何自许为客观，入于研究范围之内的，总是反映着其时代所需要。一物有多少相，是没有一定的，有多少人看，就有多少相（因为没有两个看，能占同一的空间与时间），看的人没有了，就相也没有了。哲学家说：'世界上没有两件相同的东西，因为至少它所占的时间或空间是两样。'然则以不同地域、不同时代的人，看起历史上的事件来，其观点如何会相同？观点不同，其所见者，亦自然不同；所觉得要补充，要删除的，自亦随之而异了。所以史学一日不息，搜辑之功亦即一日而不息。……真正客观的事实，是世界上所没有的。真正客观的事实，只是一个一个绝不相联属之感觉，和做影戏所用的片子一般，不把它联属起来，试问有何意义？岂复成为事实？所谓事实，总是合许多小情节而成，而其所谓小情节，又是合许多更小的情节而成，如是递推，至于最小，仍是如此。其能成为事实，总是我们用主观的意见，把它联属起来的。如此，世界上安有真客观的事实？既非客观，安得云无变动？这话或者又说得太玄妙些，然而一件事实的真相，不但限于其外形，总得推见其内部，这总是人人可以承认的，如此，则因社会状况的不同，人心的观念即随之而变，观念既变，看得事情的真相，亦就不同了。……史事的订正，又安有穷期呢？搜辑永无穷期，订正永无穷期，历史的当改作，即已永无穷期，何况历史不是搜辑、考订了便算了事的，还要编纂成功，给大家看，而看的人的需要，又是随时不同的，然则历史安得不永远在重作之中呢？"（《历史研究法》，《吕思勉全集》18册，第64—65页）吕先生当然不是后现代主义者，他也许不会同意历史学就是虚构的说法，但他的这一段论述，正是后现代主义史学理论家提出的问题。

果。问题是这样的构建是否可以“实证”？如果无法“实证”，那能否称其为“虚构”？

伊格尔斯十分强调历史学所具有的共同准则和原则，然而，就海登·怀特看来，既然历史学家的结论是大相径庭的，那么，遵循共同的准则只能是仪式性的，历史学的想象与文学艺术的虚构只能是一回事。如果不同意他的观点，我们就必须试着再追问下去：这些不同的历史剧，能否有高下优劣之分？能不能作出一个是非正误的检验？法国革命究竟应该写成正剧，还是写成悲剧或闹剧呢？庞卓恒先生的《历史学是不是科学》一文，也曾讨论过类似的问题。庞先生认为，虽然不同的历史学家可以从他自己的体验出发写出不同的历史，但作为一位历史学家，他必然会面临两个问题或抉择：其一，不同的体验是不是有一个是非得失的判断和客观性的检验问题；其二，如果你凭着自己的理解、体验写出来的历史著述，在现实的社会生活中，产生了不良的效果时，你是“坚持自己原有的‘生活体验、心灵感受和价值观’，继续去写作产生不良的社会效果的历史著述，或者是停止写作”，再“去重新调整自己的生活体验、心灵感受和价值观，力求写出能够经得住客观标准检验、产生良好的社会效果的历史著述”？如果你选择了后者，那么你就在“力求使历史学成为科学”①。

如果历史叙事能够在这两个方面获得是非正误的检验，那么上述困难似乎有望得到完满的解决。然而，进一步的思索表明，这实在是两个无法解决的问题。其一，历史著述的社会效果与其客观性、科学性不能说没有关系，但却不是一回事。客观真实的历史叙事，不一定能产生出良好的社会效果；产生良好社会效果的，有些却不一定有真实性和科学性②。其二，社会效果的好坏也是一个见仁见智的问题，而且由谁来断定社会效果的好坏也是一个难以解决的问题。自进入文明社会以后，历史的话语权为统治者所垄断，社会效果的判断也为统治者所独占，在大多数情况下，社会效果的“好”与“坏”实质上只是统治阶级的意志体现，既不能真实地体现

① 庞卓恒：《历史学是不是科学》，《史学理论研究》1997 年第 3 期。

② 详见本书第九章的讨论。

民意，也不能真正体现学科研究的客观性和科学性。其三，撇开统治者的意愿不论，就以最大多数的民众为对象，历史学家该向他们提供怎样的知识产品呢？究竟是乐观主义的好，还是悲观主义的更好呢？大多数的民众是要看历史的正剧、喜剧，还是悲剧呢？历史学家当然要讲真实的故事，但是他该抱住“自我回护”“自爱自恋”的宗旨和立场来讲故事，还是抱住反思、批判的宗旨和立场来讲故事？钱穆先生的《国史大纲》是中国通史领域的第一等著作，他之所以要写这部著作，其目的是要振兴文化生命，提升民族精神。这与采取批评反思立场的通史著作大不相同。钱先生在书中的叙事，字里行间渗透着一股文化自恋的情怀[①]，以这种宗旨和立场来叙述的历史故事，自能给读者以强烈的民族主义的洗礼和熏陶。如果我们今天再来撰写一部中国通史，是需要文化自恋式的历史叙事，还是需要反思批判式的历史叙事？恐怕也是见仁见智而难以断言的事情。

从学理上说，不同的历史叙事，似乎可以有是非正误的辨别区分，但要在实际操作上对它作出客观性的验证实在困难不小。正如鲁迅所说，单就《红楼梦》的命意，就因读者的眼光而有种种，或见《易》，或见淫，或见缠绵，或见排满。而且，体验上的不同，有时并非客观性问题（尽管我们有时会认为它们是在客观性上出了问题），也就是说，不同的体验，完全可能都是客观的。这就好像摆出几张有关长城的照片，有晨曦中的长城，有晚霞中的长城，有白雪皑皑的长城，有细雨霏霏的长城，我们在客观性上不能对其作出比较，说这一张比那一张更客观，或说这一张在真实性上不如那一张。同样，托克维尔笔下的法国大革命与米什莱所撰写的法国大革命的差异在哪里呢？或许我们会发现托克维尔或米什莱在这里或那里把史实搞错了，在这里或那里的史实叙述有误，这是可以在真实性、客观性上进行比较的。但能否在真实性、客观性上对法国大革命的正剧、悲剧或闹剧进行比较呢？我们似乎难以在客观性上对其作出是非正误的比较，毋宁说，两者都是客观的。正是在历史学的这一环节上，我们不妨同意海

---

① 参见王家范：《中国史通论》，华东师范大学出版社 2000 年版，第 360 页。

登·怀特的说法，因为它无法进行客观性的检验，而学科的共同准则或规范也派不上用场。至于法国大革命究竟是喜剧、悲剧还是闹剧，这不取决于历史本身，而是取决于历史学家，取决于他的历史观、价值观等理论前提，也取决于历史学家所生活的那个社会和时代的需要[①]。

不断地建构，又不断解构，历史叙事不会是一成不变的。考察叙事的演变史，你会发现：它之所以在不断地演变，与其说是变得更符合对象，毋宁说是变得更符合我们当下的需要。

4. 建构与解构

把历史等同于文学的虚构，这自然遭到大多数史学家的反对。劳伦斯·斯通称后现代主义者是"兵临历史学城下的那些知识上的新蛮夷"[②]。另一位美国学者把后现代主义史学称为"新新史学"[③]。然而，无论是"新蛮夷"，还是"新新史学"，都不可能"颠覆""解构"现有的历史学的基础。我们与其视它为"颠覆"或"破坏"，倒不如把它看作一种"质疑"和"挑战"。这些看似"颠覆"或"解构"性的后现代史学的某些结论，就其实际的影响，毋宁说是建设性的。对史学理论研究而言，借助后现代的挑战，正好有助于我们重新思考历史叙事演变的本质，思考叙事问题给历史学科学性的研讨带来的新问题。

半个多世纪前，以顾颉刚先生为代表的一大批史学家参与了那场对中国古史材料的全盘清理和考辨工作——古史的辨伪研究。现在，这项工

① 此问题的深入，便涉及"历史学Ⅳ"，参见拙文《从怀疑论配景论说到历史学的普遍性》，《史学理论研究》1999年第4期。

② 参见理查·伊凡斯著，潘振泰译，古伟瀛校订：《为史学辩护》，（台北）巨流图书公司2002年版，第7页。

③ 格特鲁德·希梅尔法布著，余伟译：《新旧历史学》，新星出版社2007年版，第17页。

作及其成果已经成为学术史上一项重要内容而写进我们当代史学史的著作里了。虽然今天也有学者要走出“疑古时代”，但那场古史研究的主要成果——“层累地造成古史观”至今仍可“屹立不倒”。顾先生的“层累造成的中国古史”包含三层含义：

> 第一，可以说明“时代愈后，传说的古史期愈长”。周代人心目中最古的人是禹，到孔子时有尧舜，到战国时有黄帝神农，到秦有三皇，到汉以后有盘古等。第二，可以说明“时代愈后，传说中的中心人物愈放愈大”。如舜，在孔子时只是一个“无为而治”的圣君，到《尧典》就成了一个“家齐而后治国”的圣人，到孟子时就成了一个孝子的模范了。第三，我们在这上，即不能知道某一件事的真确的状况，但可以知道某一件事在传说中的最早的状况。我们即不能知道东周时的东周史，也至少能知道战国时的东周史；我们即不能知道夏商时的夏商史，也至少能知道东周时的夏商史。[①]

顾先生的这一番见解，如果到了柯文的手里[②]，岂不可以演化出《大禹形象三调》《夏商史三调》《东周史三调》之类的著作？稍作延伸或发挥，顾先生的发明不仅与柯文的《历史三调》“异曲同工”，也与后现代的史学观念暗合。当然，顾先生决不是后现代主义者，笔者也无意要将顾先生与后现代主义史学随意比附。上述这番讨论无非是想指出：虽然“层累地造成古史观”在各种史学史专著中都有专门的论述介绍，但如果仅仅把它视为一种史学观点或史学方法，而不是将它视为一种史学现象——“历史叙述的演化变迁”来加以研究，未免有些买椟还珠。

什么是“历史叙述的演化变迁”呢？有学者说：

---

① 顾颉刚：《与钱玄同先生论古书》，刊于《古史辨》第一册，海南出版社2005年版，第75页。

② 柯文（Paul A. Cohen），美国历史学家，著有《历史三调：事件、经验与神话》，中译本有杜继东翻译的江苏人民出版社2005年版。

> （历史叙述）那是随着人们对某一事件认识的提高，在不同的历史时期，以新的观察视角，对某一历史事件反复进行追忆、回味、体会、发现，挖掘新的史实，再以不同的表达方式为载体，对之进行新的描绘和解释，使有关这一史实的叙述不断得到丰富和发展。[①]

简而言之，“历史叙述的演化变迁”就是人们用语言文字表达出来的历史故事，在不同叙述者及时代、社会条件的作用下所呈现的不断演化变迁的过程，这正是后现代津津乐道的建构与解构理论。上文列举的有关大禹、尧、舜的叙事演化变迁，留给我们许许多多的疑问：究竟是什么原因造成了“舜，在孔子时只是一个‘无为而治’的圣君，到《尧典》就成了一个‘家齐而后治国’的圣人，到孟子时就成了一个孝子的模范了”呢？这种历史叙述的演化，有多少是与史料的新发现有关？有多少是与学者个人的学识，以及他个人的性格、经历和阅历等有关？有多少是与他生活的那个时代和社会相联系？换言之，历史叙述在何种程度上只是叙述者的个人故事，在何种程度上是社会的故事、时代的故事？为什么它会表现为一个不断建构又不断解构、重构的过程？某一层面的叙述建构是出于何种因素的制约？它的解构、重构又会带来怎样的影响？当年顾先生解构了千百年来视为天经地义的“古史系统”，何以会引发一场司法纠葛？[②]今天，为什么又有“走出疑古时代”的呼声，其中有多少是出于纯粹的学术原因？其背后隐含着怎样的现实要求？

有关历史叙事的演化变迁问题，近年来已经成为学界同仁的关注对象。有学者发现，历史叙事中的施琅，由昔日“投降派”已悄悄转变为今日的“民族英雄”[③]。也有学者发现，五代时的冯道甚为当时人称道，甚至对他的评价极高（如“德望为遐迩所倾服”“望重一世”），而到了宋代，却被视

---

① 高华：《长征的历史叙述是怎样形成的？》，《炎黄春秋》2006年第10期。

② 参见刘起釪：《顾颉刚先生学述》，中华书局1986年版，第279页。

③ 胡文辉：《古典今情中的施琅》，《南方周末》2006年4月20日。

为“大节有亏”的“无廉耻者”（欧阳修语）[①]。又有学者专门考察了秋瑾女性革命家形象的历史建构，发现在秋瑾被浙江官府以谋乱或通匪罪处死时，当时的舆论并不认为她是革命党人，秋瑾的革命家形象是多种历史因素逐步建构起来的，除了革命党人的褒扬和民间的纪念活动之外，学术研究也为这一形象的建构提供了学理上的支持[②]。还有学者对长征的历史叙述的演变作了历史考察，认为长征的叙述至少有四种模式：即（一）1930 年代作为“党内参考资料”的《红军长征记》模式；（二）1930 年代用作向外宣传的《随军西行见闻录》模式；（三）1949 年以后的长征叙述模式的定格；（四）近年来的长征叙述的新模式[③]。如果我们的视线转向报纸杂志、电视电影等领域，我们还可以看到雷锋、白求恩等历史人物叙述模式也在悄悄地发生变化。大致说来，民间的历史叙事模式的变化总是先行的，而政治话语系统的历史叙事模式最为滞后。遗憾的是，所有这些思考，至多是历史的角度，而不是史学理论或史学史的角度。卡尔《历史是什么？》第五章的一个注，说到的一个现象正好对应着我们的讨论：“一个作者的观念看来更像是在反映他自己生活于其中的那个时代，而不是他所描写的那个时代。”[④]套用卡尔的这句注文，我们不妨说：一个历史学家的叙述，看来更像是叙述他自己生活的那个社会的故事，而不是他所叙述的历史的故事；是叙述他所理想的故事，而不全是实际发生的故事[⑤]。

---

① 宋衍申：《五代人不骂冯道》，刊于《历史学家茶座》总第九辑，2007 年 3 月，第 141—146 页。也有为前人唾骂而后人却大加宣扬的，何兆武先生曾说：“今天在荧屏上看到连篇累牍地宣扬张少帅，大概中青年的观众已不会知道当年‘9·18’以后的张少帅，几乎是第一号国人皆曰可杀的人物。”参见《苇草集》，第 200 页注文。

② 李细珠：《秋瑾女性革命家形象的历史建构》，《社会科学研究》2007 年第 5 期。

③ 高华：《长征的历史叙述是怎样形成的？》，《炎黄春秋》2006 年第 10 期。

④ 爱德华·卡尔：《历史是什么？》（吴译本），第 120 页。关于这一点，戴维斯在《来自卡尔的档案：〈历史是什么？〉第二版注释》中写道：“卡尔因此赞同霍布斯‘我们关于过去的概念构成我们未来的概念’。但是，他补充了重要的评论：‘相反的说法将几乎更加真实’；我们对于未来的看法影响我们对过去的洞察。恩斯特·布洛赫在《希望原理》里得出的结论是最有说服力的格言：真正的起源不在开端而在结尾。”参见《历史是什么？》（陈译本），第 78 页。

⑤ 比如，雅典民主制一直是学术界的研究热点，在学术史上，不同时期对雅典民主制的叙述各不相同，有时掺和着现实社会的政治制度来描写它，有时以学者的政治理想去图说它。一方面叙述着公元前 5—前 4 世纪的故事，一方面则叙述着当下的故事、理想中的故事。参见魏凤莲、郭小凌：《对近年来国外雅典民主制研究的思考》，《史学理论研究》2007 年第 4 期。

“大屠杀”的案例并不足以反驳海登·怀特的论点，因为大部分历史叙事，存在多种多样的叙事模式。我们该问的是：为什么不能统一历史的叙事模式，而允许它有多样性？

5．“大屠杀”问题

批评后现代主义论点的学者，常常会拿出一件强有力的“撒手锏”——用“大屠杀”的检验来反驳海登·怀特的论点。有关“大屠杀”的叙事难道是历史学家的虚构？这自然是海登·怀特不能作出否定性回答的难题。

批评者认为，如果海登·怀特不能肯定“大屠杀”叙述的虚构性，那么，就证明了他的理论没能通过“大屠杀”的检验，他把历史叙述等同于文学虚构的论点就不攻自破了。按照《虚构叙事与历史叙事：迎接后现代主义的挑战》一文的作者卢波米尔·道勒齐尔的看法，关于“大屠杀”的检验，海登·怀特没能给出令人满意的答复，所以“这一检验的失败结果清楚不过地暴露出人们以前就曾批评过的怀特理论的那些根本弱点”①。谁也不能否认“大屠杀”，因为这是事实；这不仅是一个事实问题，也是一个犯罪的问题，且有案例可以佐证。英国二战史专家大卫·欧文因公开坚持希特勒对德国系统屠杀六百万犹太人一无所知而臭名昭著，一直遭到学术界的集体唾弃，澳大利亚、加拿大、意大利、南非、德国等国家均以其言论不当而不许他在本国居留入境。2005 年 11 月，欧文在奥地利被警方被捕。次年 2 月，戴着手铐的欧文在奥地利法院的法庭上承认自己曾否认大屠杀是一个错误。他试图让法官和陪审员相信，如今他已经改变了自己的观点，并声称：“我不是大屠杀否认者。我的观点已经转变。历史是一棵生生不息的大树。你对它了解越多，可用的档案越多，所知也便越多。1989 年以来，我明白了很多东西。”这里所说的“明白了很多”，不知是他明白了希特勒屠杀犹太人是历史事实，还是明白了并非所有的历史事实都可以随便否定。

① 参见戴卫·赫尔曼著，马海良译：《新叙事学》，北京大学出版社 2002 年版，第 183 页。

然而，检察官指出他在2005年还发表过否认纳粹大屠杀的言论，奥地利法院最终以“公开否认大屠杀的罪名”，判其入狱三年[①]。作为历史学家，欧文是因否认大屠杀而锒铛入狱的第一人。今天，人们在此问题上已达成一致：否认大屠杀就是犯罪。2007年1月26日，一份由美国起草并有103个共同提案国的决议《谴责任何否定纳粹大屠杀历史事实》，在第61届联合国大会上获得了除伊朗以外所有成员国的支持和通过[②]。

从学术史上看，因对某个历史事实有所质疑而陷入司法诉讼的也大有人在。民国年间，顾颉刚先生编写《中学用本国史教科书》，把“三皇五帝”列于传说时代，结果出版社差点遭罚款，书也被禁售[③]。吕思勉先生也曾有一起因岳飞秦桧史实真相的考证而引发的诉讼案，不过，法院最终以其属于学术问题而不予起诉[④]。肯定某一项研究属于学术问题，也就肯定了学者对这一问题可以有不同的看法和评述。回到我们讨论的话题，就是允许有不同的叙述主题和叙述方式。这在历史著述中也是很常见的，我们不妨举一个今日已无敏感性的案例来作点讨论。比如，有关明代“胡惟庸案”，至少可以有两种不同的叙事方式。一种见之于翦伯赞先生的《中国史纲要》：

> 明太祖在加强专制主义中央集权政治的过程中，对某些地区的豪强地主进行了打击，他曾经籍没苏州、嘉兴、松江、湖州等地的豪族

① 参见《被逮捕的历史学家》，《中华读书报》2005年11月23日；《因否认大屠杀：英国历史学家获刑三年》，《中华读书报》2006年2月22日。

② 参见《联大协商一致通过决议谴责否认纳粹大屠杀做法》，《新民晚报》2007年1月27日。

③ 顾颉刚先生在20世纪20年代初提出了“层累地造成的古史观”，认为历代相传的“三皇五帝”的古史体系完全是后人代代垒造起来的，并非客观真实的历史。他编写《中学用本国史教科书》，把“三皇五帝”列于传说时代，结果在史学界引起了一场轩然大波。1929年，有官员以“非圣无法”为由，请查禁顾氏的《中学用本国史教科书》。戴季陶也说：“中国所以能团结一体，全由于人民共信自己为出于一个祖先；如今说没有三皇五帝，就是把全国人民团结一体的要求解散了”，“民族问题是一个大问题，学者们随意讨论是许可的，至于书店出版教科书，大量发行，那就是犯罪，应该严办”。于是国务会议提出处罚商务印书馆160万元。商务印书馆总经理张元济请吴稚晖出面说情，免去罚款，但书禁止发行。参见刘起釪：《顾颉刚先生学述》，第279页。

④ 参见张耕华：《人类的祥瑞：吕思勉》，华东师范大学出版社1998年版，第142—148页。

> 地主，……又在南京抄杀了豪民一百七十余家，这些人在京城与官府勾结，私设公堂，隐匿逃犯，这当然是与专制主义政权不能相容。为了扫除君主集权的障碍，明太祖对功臣曾两次大肆杀戮。洪武十三年丞相胡惟庸一案，……洪武二十六年蓝玉一案，……洪武十八年，户部侍郎郭桓等吞没浙西秋粮事发，官吏数百人被处私刑，……这一系列的措施，大大加强了中央政府和皇帝的权力，打击了豪族势力，整肃了吏治，也起了抑制兼并、缓和阶级矛盾的作用。[①]

另一种见之于樊树志先生的《国史概要》:

> 明太祖朱元璋对全国大小政务都要自己亲自处理，唯恐大权旁落，他不仅大权要独揽，连小权也要独揽，在面临皇权与相权、将权的矛盾时，他以一种独特的方式加以处理。洪武十三年，朱元璋以“擅权植党”罪处死了胡惟庸。……洪武二十六年锦衣卫指挥出面诬告蓝玉谋反，……胡蓝二人固然咎由自取，但牵连之广令人震惊，胡蓝之狱使开国功臣几乎一网打尽。这既反映了新王朝建立后皇权和相权、将权的矛盾，也反映了朱元璋对开国功臣的疑忌。(如还有朱升、徐达、汤和)……一个游方僧出身的人当了皇帝，权力欲如此强烈，大张旗鼓地杀戮功臣，实在为历史上所罕见。[②]

同样的一个“胡惟庸案”，翦先生放在明太祖加强中央集权的叙事主题里，用作正面的、肯定性的素材来叙述；樊先生则放在明太祖的权利欲与大杀功臣的叙事主题里，用作反面的、否定性的素材来叙述。有时，历史叙事并不直接给出诸如“加强集权”或“大杀功臣”之类的字眼，它可以通过选取不同的素材或将素材作不同的组合，即可表达叙事主题。如有关“契丹的南北面官制”，就可以有两种不同的叙述方式。一种是:

① 翦伯赞:《中国史纲要》(第三册)，人民出版社 1963 年版，第 178—179 页。

② 樊树志:《国史概要》，复旦大学出版社 2000 年版，第 315—317 页。

> 史书上所说的“以国制治契丹，以汉制治汉人”，是指辽朝统治者根据境内不同民族的实际状况而创设的两种不同政治制度。辽朝的官制实行“南北面官制”。契丹旧俗尚东尚左，故皇帝的宫帐必坐西向东。契丹官衙列于宫帐的左侧，称为北面官；汉人的官衙列于宫帐的右侧，称为南面官。北面官管理契丹及其他游牧民族的政事，南面官管理汉人的事务。辽朝不仅官分南北，刑律也分番汉。番律实行于契丹和其他民族，汉律适用于汉人和原渤海人。

另一种是：

> 史书上所说的“以国制治契丹，以汉制治汉人”，是指辽朝统治者根据境内不同民族的实际状况而创设的两种不同政治制度。辽朝的官制实行“南北面官制”。契丹旧俗尚东尚左，故皇帝的宫帐必坐西向东。契丹官衙列于宫帐的左侧，称为北面官；汉人的官衙列于宫帐的右侧，称为南面官。北面官管理宫帐、部落、属国的政务；南面官管理汉人州县、租赋、军马等政务。史称“因俗而治，得其宜矣”。

这两种叙事所隐含的主题并不相同：第一种叙事方式，读者自能读出宋辽间的民族压迫的状况；而第二种叙事方式，读者不仅读不到这一状况，相反，“因俗而治，得其宜矣”，其进步性一目了然。今天，没有人会因为对“胡惟庸案”作出肯定或否定的叙事而遭到司法起诉，也没有人因为采用了某一种“南北面官制”的叙事而被认为是在犯罪。比较“大屠杀”的案例，我们或许可以这么问：为什么有些历史事实允许有各种不同的叙事方式，而有些历史事实——如“大屠杀”——则不允许有不同的叙事方式？换言之，学者用来质疑海登·怀特的问题，应该表述为：为什么“大屠杀”只有一种叙述方式、一种叙述主题，而明代的“胡惟庸案”或“契丹的南北面官制”却可以有几种不同的，甚至相反的叙述方式、叙述主题呢？

陈新先生认为，海登·怀特所说的叙事上的真实性——不是单个事件判断的真实性，而是由诸多事件及其关系联结成的某一历史整体的真实性，而后者无法在认识论的范畴里获得有效的验证，它只有放到社会实践中，由它对现实社会的意义和效用上来决定，而最好的叙事理论，应该是为了并符合“人类的利益”这一最终目的[①]。这又回到上文引录的庞卓恒先生的意见上[②]。显然，对“大屠杀”之类的史实，我们已经有一致性的回答，但这是不是意味着海登·怀特的“论点不攻自破”、有关的争论已经解决了呢？笔者认为并非如此，至少我们应该承认在历史叙事中存在着叙事主题的多样性和差异性。

史事本身的状况、事与事之间的关联，大致可以“羁縻”我们的历史叙事，使其不至“奔逸绝尘”；但不能给叙事者造成一种强制的、硬性的、单一的叙事规定。

6．“关联性”原则

曼德尔鲍姆在批评相对主义时，非常强调史事本身的结构以及事与事之间的“关联性”，他说：“历史事件本身是一种结构，这种结构被历史学家理解，而不是历史学家创造的。”必须“把关联性看作事实范畴，而不是看作我们对事实进行理解和描述所得出的结果”；“因此，我们可以说关联性是一个关系语词，这个语词不论应用于事实本身，还是被应用于关于这些事实的陈述，都必须被假定为并非仅仅依据于我们的‘理解’，而必须被

---

① 参见陈新：《历史·比喻·想象——海登·怀特历史哲学述评》，《史学理论研究》2005年第2期。

② 参见本章第三节的讨论。

假定为依据于这些事实本身”[①]。历史叙事应该按照史事本身的“关联性”展开，而不能牵强附会或者随心所欲，这是大家都能接受的观点。虽然，有时我们也会读到一些历史叙事上的牵强附会或者随心所欲[②]。比如，有这么两段叙事：

> 昭王南征而不复，乃由其屡次游猎，都使人民田圃陷于荒芜，因此引起人民愤怒，当王渡江时，以舟板接缝不完之船，供王乘坐。此乃古来行政治暗杀时屡被使用的方法。
>
> 秦始皇时，坠星下东郡，黔首或刻其石曰：始皇帝死而地分，可看出没有土地的农民的心情。[③]

春秋时代确有行政治暗杀的事，如荆轲刺秦王、专诸刺吴王僚之类，但昭王南征不复，与当时的政治暗杀并无“关联”；秦时自有无地的农民，但无地的农民及其心情与“始皇帝死而地分”也无“关联”。这种“奇葩”的叙事都可以按照曼德尔鲍姆的“关联性”原则来加以鉴别批评。撇开这些牵强附会的案例，大部分的历史叙事，能否按照曼德尔鲍姆的原则来验证呢？即从史事的结构、史事与史事的“关联性”上来验证叙事的正误是非呢？比如，有关“五四运动爆发”的叙事，自然要“关联”到“巴黎和会”，因“巴黎和会”又要“关联”到“山东问题”，因“山东问题”又要“关联”到“和会将德国在中国山东的特权全部转让给日本”等史事，我们依着史事本身的“关联性”——遵循曼德尔鲍姆的“关联性”原则步步追溯，可以写成如下一种叙事模式（下文简称“叙事一”）：

---

① 曼德尔鲍姆：《历史知识问题——对相对主义的答复》，第 177、144、145 页。

② 具体地说，历史著述中的牵强附会或随心所欲也是多种多样的，它至少可以分成两种情况：一种见之于论证或比较研究，比如用于论据的个案材料与理论结论并无逻辑关系，或者是比较研究中所用的案例并不具有可比性。另一种见之于历史的叙事，即单纯地陈述史事的来龙去脉。本节讨论的是后一种情况，虽然有时这两种情况往往也不易区分。

③ 参见吕思勉：《评某著中国史》，《吕思勉全集》第 12 册，第 1196 页。

第一次世界大战结束后，英美法日等战胜国于1919年1月至6月在法国巴黎召开所谓的“和平会议”。作为战胜国之一的中国政府也派代表参加了会议。中国代表在会议上提出取消帝国主义在华特权、废除“二十一条”、收回青岛主权等正当要求。然而，英法美等列强操纵了会议，对中国的要求置若罔闻，竟然将德国在中国山东的特权全部转让给日本。消息传到国内，长期积压在中国人民心头的怒火，终于像火山一样爆发了！1919年5月4日，北京3000多名学生汇集在天安门前，发表宣言，揭露帝国主义列强的侵略行径，并举行示威游行。学生们提出“外争国权，内除国贼”“誓死力争，还我青岛”“废除二十一条”“拒绝在和约上签字”等口号，要求严惩亲日派卖国贼曹汝霖（订立“二十一条”时的外交次长，当时任交通总长）、陆宗舆（订“二十一条”时驻日公使，时任币制局总裁）、章宗祥（是山东问题换约的签字者，当时任驻日公使）。北洋军阀政府出动军警镇压，逮捕了30多名爱国学生。第二天，北京学生举行总罢课。[①]

同样依着“关联性”原则，我们也可以写成另一种叙事模式（下文简称“叙事二”）：

巴黎和会的另一个重要问题是中国山东问题，日本的主要目标就是攫取中国山东。在大战期间，日本先是占领了德国在山东的租借地，又迫使袁世凯政府接受了“二十一条”，其中包括承认日本继承德国在山东的权益。大战结束后，中国人民坚决要求收回山东。中国北洋政府派代表出席了巴黎和会。然而，与日本缔结了秘密协定的英法支持日本对山东的要求，美国也没有坚定地支持中国。日本扬言不满足日本的要求将拒绝在和约上签字。最后，美、英、法同意把德国在中国山东的全部权益转交给日本。中国外交失败的消息传到中国，激起了

① 齐世荣总主编:《义务教育教科书 中国历史 八年级 上册》，人民教育出版社2017年版，第59—60页。引文中括号内的文字，原作页下注。

中国人民的极大愤慨，五四运动随即爆发。

1919 年 2 月，在和会的一次会议上，日本代表提出，根据日本与袁世凯政府议订的“二十一条”和战争期间日本与英、法、意所订密约，它获得德国在山东的权益是“公平合理”的。中国代表顾维钧指出，“二十一条”是日本以武力威胁迫使袁世凯政府接受的，根本不能作为依据。日本侵略山东，不仅违反了国际公法，而且必将危及亚洲和世界安全，这将违背巴黎和会的本意，并造成下次世界大战的祸根。[①]

或者写成这样的叙事模式（下文简称“叙事三”）：

1918 年，第一次世界大战结束，德国战败。1919 年的巴黎和会中，中国力争收回德国在山东的权利；日本代表反对，理由是中国在《山东问题换文》上，对日本取得山东特权表示“欣然同意”。日本早就与英法意三国达成协议，故得到这三个国家的支持；后来更以退出和会为要胁，最终各国同意让日本继承德国在山东的权利。外交失败的消息传到中国，舆论哗然，于是引发五四运动。[②]

如果用曼德尔鲍姆的“关联性”原则来验证，上述三种叙事模式以及叙事中的事与事的关联，都是按照“事件之间存在着存在性的依赖关系”而展开，而不是叙事者“任何意义上的心灵活动的产物”[③]。但是，把史事本身具有的结构以及事与事的关联性，呈现为可读、可讲的叙事文本，仍离不开叙事者的加工。“关联性”原则规定了叙事者不能“牵强附会或者随心

① 吴伟主编:《普通高中课程标准实验教科书 历史 选修 3》，人民教育出版社 2007 年版，第 25、26 页。引文的第二段，系该叙事的副文“历史纵横”，小标题是：巴黎和会上中日代表有关中国山东问题的交锋。

② 吕振基、王颖芝、姚世外:《高中 中国历史 5 上》，现代教育研究社有限公司 2009 年版，第 39 页。

③ 曼德尔鲍姆:《历史知识问题——对相对主义的答复》，第 176、177 页。

所欲”地加工——将没有关联性的史事连接在一起，否则就违反了学科规范。但是不能牵强附会或随心所欲加工，不等于叙事者会被史事的结构以及事与事的关联性所束缚，从而规定了叙事模式的单一性。曼德尔鲍姆强调的叙事不是“任何意义上的心灵活动的产物”，只能用来批评叙事上的牵强附会或随心所欲，并不能否认叙事模式的多样性。换言之，史事的结构、事与事的关联性，可以大致“羁縻”我们的叙事，使其不至于“奔逸绝尘”，却没有给叙事者造成一种强制性的、硬性的、单一性的叙事规定。

曼德尔鲍姆说：一个事件，包含着无数个“亚事件”；一个“重要的”亚事件也可以包含许多“细小的”亚事件，它们的持续时段也不一样[①]。这无疑是可以接受的观点。面对无穷个“事件”、“亚事件”及“细小事件”，叙事者不可能事无巨细、一无遗漏地将它们全部写出来（这不仅无必要，也无可能，如果一无遗漏全部写下来，就不成其为叙事，更无法让人阅读），而总是要有所选择。选择无非是省略和保留——省略什么？保留什么？无论是省略还是保留，都会牵涉到哪些事件及其“关联”可以省略，哪些事件及其“关联”必须保留。在这里，“关联性”原则也没有给叙事者作出强制性的、单一性的规定。如上文的三个案例中，有的五四运动的叙事只“关联”到“二十一条”，而不“关联”到《山东问题换文》（如“叙事一”）；有的只“关联”到“二十一条”的山东问题，而不“关联”到《山东问题换文》中的山东问题（如“叙事二”）；还有的只“关联”到《山东问题换文》中的山东问题，却不“关联”到《山东问题换文》中的“欣然同意”；甚至不是在巴黎和会中，而是在学生要严惩亲日派卖国贼章宗祥，在给章氏加注介绍其履历时才“关联”到《山东问题换文》（如“叙事三”）。如果考虑到事件所处的“持续时段”长短不一[②]，事与事的“关联性”可以有更为多样的排列组合。结果，被称为导致巴黎和会中国外交失

---

① 曼德尔鲍姆：《历史知识问题——对相对主义的答复》，第 174、176 页。

② 曼德尔鲍姆认为：有些“持续事件很长的亚事件”，它与许多事情相关，历史学家要“了解它的所有那些多种多样的联系”。见《历史知识问题——对相对主义的答复》，第 176 页。

败的重要口实、成为巴黎和会研究中关键的“欣然同意”问题[①]，就像上面三个案例那样，有的在叙事中重点凸显，有的在叙事中轻描淡写，有的在叙事中则可有可无，也有不少叙事模式干脆把它“遮蔽”“隐退”得毫无踪影。[②]我们无法从客观性上对上述三种叙事模式进行比较，也无法用“关联性”原则去评说“叙事一”比“叙事二”更真实，或说“叙事三”比“叙事一”更客观，因为这三种叙事模式都体现了“真”，叙事中的事与事之间的“关联”也都是“真”。不过，一旦你对巴黎和会及其相关史事有足够的了解，你就会看出历史叙事者在这里玩了什么花样——把什么事与什么事“关联”起来，把什么事跳过而直接与另一个事“关联”起来，什么事与什么事的“关联”可以省略不写，诸如此类，都经过叙事者的一番深思熟虑、精心安排，而这一切都服从于他的叙事主题、叙事目的还有他所预期的阅读效果。总之，在这里，叙事者虽不能牵强附会、随心所欲，却可以“上下其手”变出不少花样。这难免引人生疑，罗兰·巴尔特的疑问是：

① 山东问题涉及1918年9月北京政府与日本签订的两个秘密条约，即《济顺、高徐二铁路借款预备合同》和《山东问题换文》。前者约定济顺、高徐两条铁路，向日本借款建筑（先由日本银行垫款两千万元）；作为交换条件，《山东问题换文》规定日军在山东的散布状态改为集中移驻青岛，并撤销其自设的民政署、警察自办等。日本借口这两个密约，在巴黎和会上提出继承德国在中国山东的全部权益。因有这两个密约，尤其是《山东问题换文》有“欣然同意”的字样，巴黎和会上美国总统威尔逊向中国代表顾维钧发问：“一九一八年九月，当时协约国军势甚张，停战在即，日本决不能再强迫中国，何以又欣然同意与日之订约？”“欣然同意”遂被认为是中国外交失败的重要口实，也因此成为巴黎和会研究中的一句著名问话。学者认为：美国为了避免和会破裂，采取对日妥协，山东归属问题，实质上就是美国在中日之间的利益选择的结果。为此，美国从中方关于山东问题的换文中，找出一句外交文书的一般用语（即“欣然同意”），作为中方自己向日本许诺继承权的依据，以堵中国之口。其实，“欣然同意”与继承权没有关系。（参见邓野：《巴黎和会与北京政府的内外博弈》，社会科学文献出版社2014年版，第85、243页）也有学者认为：即使中国没有与日本签署这些条约，中国要收回山东主权也不容易，因为英、法两国与日本在1917年已签署了由日本继承德国在山东权益的秘密条约。（参见徐国琦著，马建标译：《中国与大战——寻求新的国家认同与国际化》，上海三联书店2013年版，第273页）如果同意这样的推论，那么“欣然同意”甚至两个密约在叙事中“遮蔽”“隐退”似乎也没有什么不妥。

② 关于五四运动与山东问题的叙事模式，还可以参看吕思勉的《复兴高级中学教科书 本国史》（商务印书馆1934年初版）和顾颉刚、王钟麒的《现代初中教科书 本国史》，两书均有中国工人出版社2007年的重印版（吕书改名为《中国简史》，见第462—464页；顾书改名为《中国史读本》，见第300—303页）。

对过去事件的叙述与我们在史诗、小说和戏剧中读到的想象叙述有什么真正的、特别的、不容置疑的、区别性的特征差别吗？[①]

这才是历史叙事问题的症结所在。

历史叙事若不能获得材料上的支持，它就成了文学虚构。问题是只要叙述部分的“真”，遮蔽部分的“真”，就足以制作出叙事者想要的“历史谎言”。如何阻止历史叙事的“谎言”，学界似乎还找不到好办法。

7. 历史的谎言

诗人拉马丁被认为是最糟糕的历史写作者[②]，他更动日期，略去他不感兴趣的材料，并杜撰故事。他认为只要知道主要的情节就够了，想象力能够补足其他的东西。他的作品被视作传奇故事，而不是历史。他曾不无自豪地问大仲马，为什么他的作品能获得如此大的成功。大仲马的回答是：你把历史提高到小说的水平，“它可以是戏剧、小说、政治，唯独不是历史”，“这个称颂是对一本历史书最严厉的谴责”[③]。对于一位历史学家而言，说他把历史提高到小说的水平，这与其说是称赞，倒不如说是批评和谴责。没有哪一位历史学家愿意被人称颂他的工作是文学创作而不是史学研究。但是，自后现代主义思潮进入史学领域之后，情况悄悄地发生了变化，史学与文学的区别似乎并不像以前所理解的那样泾渭分明。海登·怀特的

① 海登·怀特：《后现代历史叙事学》，第348、140页。

② 此为英国历史学家古奇对拉马丁的评语，古奇的原话为：“坐下来写历史的人中，从来没有一个人比他具备的历史家条件更少的。”

③ 古奇：《十九世纪历史学与历史学家》，第390—391页。

“历史叙事的本质就是虚构”论断，遭到了众多历史学者的反对和批评。海登・怀特的话语是夸大和挑衅式的，反对者也难免有一些感情用事[①]。然而，商榷与争论也引出了史学理论研究的一个想象问题：历史已经消逝，它能够为我们所记取、所理解的，只能表现为一种叙事。历史离不开叙事，而叙事又总是与想象、虚构等纠缠在一起。历史叙事当然不是文学虚构，但它与文学虚构的区别在哪里？

说到历史叙事里的想象和虚构，我们首先想到的是司马迁所述的“鸿门宴”的故事。我们今天无法知道《史记・项羽本纪》的叙述依据的是什么材料，但整个故事情节的传奇色彩，以及其中若干细节的不合情理，让我们有理由怀疑“鸿门宴”叙事的虚构性。吕思勉先生曾认为：早期的历史内容总带有神话的性质，其后转为传奇和传说，至汉初，这类传奇和传说性质的材料仍不少，“鸿门宴”就是典型的一例。鸿门宴的“种种事迹，无一在情理之中。然则汉高祖与项羽此一会见，真相殆全然不传；今所传者，亦一则想象编造的故事也，……断不容轻信为事实”[②]。《史记》中的此类传奇、传说式的记载还有不少，按照通常的看法，它们都属于文学的虚构，而非史学的纪实。

一般认为，历史叙事须获得材料上的支持，而文学的想象则可以随意虚构，后者与史学的求真、求实精神不符，故不为历史学者所采纳。但是，想象虚构之用于历史叙事，颇能增加动感色彩，起到一种引人入胜的效果。

---

① 参见罗杰・夏蒂埃对后现代主义的批评，参见伊格尔斯：《二十世纪的历史学——从科学的客观性到后现代的挑战》，第 160 页。有关学术界对海登・怀特观点的反映，基思・詹京斯这样写道：“……怀特也有若干喧嚷的反对者，而且我并不是没有意识到，若干针对他的指控。虽然我在学术讨论会上，曾采用这类指控，而且我也无法宣称，怀特的研究是‘容易的’或没有问题的，但是，我却不能不说，他具有无可比拟的刺激性和争议性。”基思・詹京斯著，江政宽译：《论“历史是什么？”——从卡尔和艾尔顿到罗蒂和怀特》，商务印书馆 2007 年版，第 18—19 页。

② 参见吕思勉：《吕著史学与史籍》，华东师范大学出版社 2002 年版，第 87 页。原文为：“……且军门警卫，何等森严，安有樊哙能撞倒卫士，直达筵前，指责项王之理？古人筵宴，中间诚有离席休息之时，且或历时颇久，然亦必有一个限度；乃汉高祖可招张良、樊哙同出，与哙等脱身回向本军，张良度其已至，然后入谢。筵宴间的特客，离席至于如此之久而无人查问；带有敌意的宾客，与数人间行出军，亦无人盘诘；项羽的军纪，有如此之废弛者乎？张良献玉斗于范增，范增受而碎之，骂项王‘竖子不足与谋’，且当场言‘夺项王天下者，必沛公也，吾属今为之虏矣’。增年已七十，素好奇计，有如此之鲁莽者乎？种种事迹，无一在情理之中。”

西方“史学之父”希罗多德就喜欢在叙事中加入一些想象虚构。英国史学家麦考莱曾批评希罗多德“讲述的历史就像一位懒散的见证人，为爱好和偏见所激励，无视证据的既成法则，不知道对其诺言应当承担什么责任，把自己想象的东西和见闻的东西混在一起”。那么，历史叙事与文学虚构的区别究竟在哪里？麦考莱作了这样的比喻，他说：

> 如果一位有教养的人叙述政府最近的变化，他会说：“哥德里奇勋爵辞职；后来，国王请来了威灵顿公爵。”一位搬运夫讲述这个故事时，就会像他曾躲在温莎行宫的帷幕后一般。“哥德里奇勋爵说：‘我干不了这事，我得走。’于是国王说：‘那好，我只好请威灵顿公爵出山了。’就是这样。”这正是历史学之父的方式。①

历史学者只能据实直录，而“搬运夫”则喜欢无中生有、添油加醋，历史一旦写得如同“曾躲在温莎行宫的帷幕后一般”，就变成了文学虚构。不过，叙事的生动有趣，全然得益于想象虚构的效果，而生动有趣总是历史著述追求的一个目标。问题是：

> 一个完美的历史学家必须绝对具有足够的想象力，才能使他的叙述既生动又感人，但他必须绝对地掌握自己的想象，将它限制在他所发现的材料上，避免添枝加叶，损害其真实性。他必须既能进入深入而巧妙的推论，又具有充分的自制力，以免将事实纳入假说的框架。②

显然，他必须在想象力与材料之间取得一个平衡点，稍有不慎，便“失足”于文学的虚构。希罗多德、司马迁都是史学的天才、叙事的高手，他们“虚构的事实是如此之有似事实，而事实又如此有似虚构，以至于我

---

① 麦考莱：《论历史》，《历史理论与史学理论》，第263页。
② 麦考莱：《论历史》，《历史理论与史学理论》，第260页。

们对许多极其有趣的细节都既不敢相信也不敢怀疑，只得永远不置可否”[①]。而现代历史学者则很少会采用这种方式，他们知道自己无权“为了叙述的生动有趣，就可以加入那些并无现实存在而只是想象中的描写、对话和高谈阔论”[②]。只要你的叙事不能获得材料上的支持，它就可能被视为文学虚构，而不是历史的想象。然而，如何做到叙事生动感人又不损害历史的真实——麦考莱在170多年前提出的这个理想境界，至今仍是历史学者一个两难的目标。

如果仅此而已，那还是叙事上的老问题。今天我们遇到的难题是：尽管你的历史叙事都能获得材料上的支持，但你建构起来的历史叙事仍可视为文学虚构，因为你用真实的材料叙述的是历史谎言，如要比作文学虚构，那是一种最糟糕的文学虚构[③]。美国学者詹姆斯·洛温写过一部题为《老师的谎言——美国历史教科书中的错误》的书，他在书中批评美国的中学历史教科书把政府美化为一个英雄的形象。他说：美国的教科书似乎告诉人们，今天的这个国家与1789年创建的那个国家没什么不同，联邦政府依然是人民的公仆，易于管理，易于驾驭。教科书所塑造的是一个英雄的国家，它与它的其他英雄人物一样，完美而不带任何瑕疵。至于它的一些不太体面的事实，如援助伊朗“沙阿”派，废黜首相摩萨德；参与推翻1954年危地马拉民选政府；操纵1957年黎巴嫩选举；卷入1961年谋杀扎伊尔卢蒙巴行动；一再企图谋杀古巴领导人卡斯特罗；参与推翻1973年智利民选政府等等，要么语焉不详，要么干脆回避。于是，教科书所刻画的美国基本上是个理想主义的行动者，把大多数的成功都归功于政府。一般说来，在史实层面上，不顾学科底线而明目张胆地“背离历史事实，颠覆事实基准”的历史叙事确实少见，即使有，也是容易识别、容易指正的；难的是像美国的历史教科书那样，它既没有“背离”，也没有“颠覆”，而只是叙述了

① 麦考莱：《论历史》，《历史理论与史学理论》，第262—263页。

② 麦考莱：《论历史》，《历史理论与史学理论》，第269页。

③ 按笔者的了解：小说所用的素材可以是“假”，但它所描述的时代、社会应该是“真”。反之，它所描述的时代、社会也是“假”，那就是最糟糕的文学虚构。见下节的讨论。

部分“真”，遮蔽了部分“真”，以此手法足以包裹成它的“历史谎言”。能否找到一种鉴别“历史谎言”的方法或准则？就目前的状况言，像伊格尔斯所强调的学科规范或行为准则，对此也是无能为力。

> 小说所用的素材可以是“假”，但它所描述的时代、社会应该是“真”。历史叙事的素材必须是“真”，但是，素材上的“真”并不能保证建构之后的历史叙事也是“真”。那么，历史叙事的“真”靠什么来保证？

8. 小说的真实性

上述的讨论很容易导致这样一种理解：文学虚构都是缺乏史实依据的非真实；而历史的想象则是有史实支持的真实。这或许是大多数人都会同意的看法，但事实并非这么简单。

历史学被人称为实证科学，而文学却不能这么称呼它。虽然这里所说的“实证”两字，还不能与自然科学相提并论，不能混同为“实验”。它无非要表明：历史学是一门讲究事实根据的学科，所谓“言之有据”，是历史学的座右铭，也是历史研究的基本准则和规范。不管现代或后现代的史学理论家如何质疑“事实”的真实性和“证据”的可靠性，“言之有据”仍然是历史学安身立命之根本。一位历史学者在阅读一段有关西汉中期由盛转衰的叙述时[①]，他会不时地停下来考量其中的叙述是否“言之有据”。这样的考量会涉及三类历史材料：一类是特定时空点上的历史素材（下文简称“第一类素材”），如“公元前 140 年汉武帝继位”；第二类是有关特定时段或特定空间内的历史素材（下文简称“第二类素材”），如有关武帝时代经

---

① 此段叙述，参见本书第二章第八节的引文。

济富庶、社会矛盾的叙述；第三类是不受时空限定的历史素材（下文简称“第三类素材”），如司马迁的感慨“物盛而衰，固其变也”等。所以，通常所说的历史叙事之真，也就是叙事者要保证在这三类历史素材都要能够获得史实上直接或间接的证据。

文学写作也同样要使用这三类素材，只是它没有严格的“言之有据”之规定。然而，没有严格之规定，不等于可以“胡乱编造”“言而无据”。与历史叙事相比，文学写作可以虚构素材，尤其是第一类素材，文学家常常是有意隐去真人真事，以免读者对号入座。然而，一部成功的文学作品，它也要做到第二、三类素材的“言之有据”。梁启超在《中国历史研究法》中曾讲到过文学虚构中的真实性，他说：《水浒传》中“鲁智深醉打山门”固非事实，但元明间犯罪之人得一度牒便可借佛门作逋逃薮，此却为一事实。《儒林外史》中的“胡屠户奉承新举人女婿”，固非事实也，但明清间乡曲之人一登科第，便成为社会上特殊阶级，此却为一事实[①]。也就是说，文学虚构也有它的真实性。借用梁启超的说法，那是非事实中的事实、非真实中的真实[②]。文学作品如果不能在第二、第三类叙事上保证它的真实性，就会受到读者严厉的批评。作家浩然的《艳阳天》，写一个合作社在麦收以前十五天里发生的一场惊心动魄的“战争”，书中的“阶级敌人”不但在党内外相勾结，还与城里的右派相呼应，书中不仅有思想路线上的对峙，还杀人闹事[③]。今天来重新审视这部作品，人们要质疑的不是书中第一类素材的虚构（书中的主角萧长春自然是虚构的），而在于第二、三类素材的“言之无据”。人们会问：浩然笔下的农村景象，是50年代的现实社会的真实吗？中国整个农村的普遍幸福感，在那个年代存在过吗？可见，

---

① 梁启超：《中国历史研究法》，商务印书馆1933年版，第75页。

② 此类非事实中的事实，在文学作品中甚多，比如元代名剧《感天动地窦娥冤》中的窦娥被冤杀后血溅白练，以至于六月降雪，三年干旱，直到她父亲窦天章任廉访使出巡楚州，冤案才得以昭雪。明代小说《玉堂春落难逢夫》，讲苏三的冤案适逢其丈夫王金龙任监察御史巡查山西，与布政使、按察使“三堂会审”才得以平反。窦娥、窦天章、苏三、王金龙等历史人物及其故事，均是文学虚构中的“非事实”，但历史上存在录囚、巡按一类的司法监督制度则是真事实；录囚、巡按制度对于防范地方官员的贪赃枉法，纠正错案冤案起到一定作用也是真事实。

③ 参见夏榆：《浩然，或那个时代》，《南方周末》2008年2月28日。

文学作品仍然是以第二、第三类素材的真实性为首要标准。如果这一些素材都是虚构，都“言之无据”，那么《艳阳天》所叙述的农村社会就是五十年前的“镇坪华南虎”，浩然就是五十年前拍假虎照的“周正龙”[①]。在浩然去世后半年，一位俄罗斯作家索尔仁尼琴也走完了他奇特而坎坷的一生。然而，与浩然的命运不同，索尔仁尼琴的作品受到世人很高的评价，俄罗斯总统普京授予他“俄罗斯联邦人文成就国家奖”，人们称他为“俄罗斯的良心”，因为他“看到了真实并写下了真实，因此其作品将永世长存”[②]。毫无疑问，索尔仁尼琴作品中的主人公及其男男女女都是虚拟的，但他借助这些虚拟的素材，写出了一个真实的苏联。

借助虚拟的素材写出真实的社会，这是小说叙事的真实性，哲学家金岳霖的《真小说中的真概念》(下面简称“金文”)专门讨论了小说中的真实性，他说：当我们说小说也有真实性的时候，这里说的“真”究竟表示什么呢？金文在引录英国小说家沃尔夫《黛洛维夫人》中的几个段落后写道：

> 一个访问过伦敦，在那里住过一段时间，去过英国花店，和英国人接触过的人，在阅读了上面引用的段落后，可能会回忆起他所经历的场面。至于他是否曾去过马尔贝丽花店，在伦敦逗留期间是否看到过任何紫丁香和飞燕草，是否曾遇到过皮姆小姐，这并没有什么关系。他所需要关心的只是他曾经经历过薄雾弥漫、清新爽人和姹紫嫣红的英国花店，曾经看到像皮姆小姐那样的年轻女子正在来回奔忙，曾经看到像黛洛维夫人那样的太太，……总而言之，视觉上看到的花较之气味上闻到的花香更形象。从上面摘录的段落，就能给有上述经历的人一种真实性的意义。如果他停下来想要打听“存在蝴蝶花”这样的陈述句是否是一个基于历史研究的真命题，那么他很容易受人嘲笑。[③]

---

① 王军:《浩然就是五十年前的周正龙》,《南方周末》2008年3月6日。

② 子雨:《两位作家战士的凋零》,《中华读书报》2008年9月17日。

③ 金岳霖:《真小说中的真概念》，刊于《金岳霖学术论文选》，中国社会科学出版社1990年版，第305页。

显然，小说叙事的真实性，不在于它具体描写的——诸如“紫丁香”“蝴蝶花”“皮姆小姐”“黛洛维夫人”等素材是否“言之有据”，而在于由这些素材组成的完整的社会生活场景是否“言之有据”。

小说用虚拟的素材可以塑造真实的生活场景，那么像历史学那样，处处要求保证三类素材的“言之有据”，岂不有些多余？实际的情况是，历史叙述能保证做到第一类素材的“言之有据”，却不能在此基础上同时保证做到第二、第三类素材也“言之有据”。我们可以推想，与索尔仁尼琴同时代的许多苏联历史学家撰写的历史著作，并没有写出真实的情况。一般说来，史家的历史叙事，不会在第一类素材上随意虚构（当然，在此类素材上虚构伪造的现象也是存在的），相反都力求保证第一类素材的“言之有据”。但是建筑在“言之有据”的第一类素材上的叙事，却未必也能在第二、第三类素材上给出一种真实感。中世纪史学家奥古斯丁的《上帝之城》，充斥着有关人类的战争、瘟疫、饥馑、灾难等事实的叙述，这自然都是“言之有据”的，然而由此为基础的历史叙事却无法让后人认同它的真实性。20 世纪五六十年代撰述的“中国通史”，选取和网罗了中国史上大大小小的农民起义和农民战争，这自然也都是“言之有据”的，但由此构建起来的中国古代史，却难以让我们认同它的真实性。换言之，历史撰述虽然讲究、遵循“言而有据”，但素材的真实性并不能保证它叙事上的真实性；小说写作虽然不必事事“言之有据”，但它却可以达到叙事上的真实性。在历史学里，一部事实陈述的真实性含量极高的通史著作，未必一定比另一部含量稍低的通史著作，在整体上具有更高的真实性。这便是现代历史哲学研究中的一个难题：假使历史整体之“真”不能从个别、局部之“真”的连接、组合中得以实现，那么，构建历史整体之“真”的条件是什么呢？显然，除了需要有大量的个别史实的“真”之外，还有史实的选择、史实的组合、历史整体的构建、叙事情节的设计等，都是不可或缺的条件，而对历史主要脉络及大关节的正确把握，恐怕更是通史著作成功与否的关键所在[①]。

回到上文的话题，金文所讨论的小说中的真应该是指小说所描写的社会一般状况或人际关系等样式的真实性，如此才能使读者——“一位访问过过伦敦，在那里住过一段时间，去过英国花店，和英国人接触过的人”回忆起他曾有过的经历，当记忆中的经历与小说叙述的场景达到一致性时，他就会产生的一种真实感。只有这时候，作家的文字叙述与读者的生活经历打成了一片，作家的“言之有据”才能获得读者的认可，小说的真实性才得以实现。然而，如果一位读者从未去过伦敦，既没有见过英国的花店，也没有接触过任何英国人，那么，他的经验不足以验证小说叙述的真实性，也无法体会小说的真实性。于是就会产生两种情形：要么是他全盘相信它、接受它；要么以他本人的生活经验来理解它。如果作家所描述的社会场景是全盘虚构的，那么读者只能像当时对农村一无所知的青年学生一样，相信《艳阳天》所写的都是真实的社会主义新农村。历史著作的写作和阅读也存在同样的情形，而且较之于文学作品的写作和阅读更加复杂。因为没有人能回到过去，去重新审视历史上的那个社会、去经历那时的生活，也不可能像去英国花店与英国人接触那样，回到过去去看一看汉武帝、秦始皇。令人困惑的是，大量的历史素材上的“真”，并不能保证建构之后的历史叙事也是“真”，那么，历史叙事的“真”靠什么来保证？

---

① 参见张耕华:《一部不可遗忘的中国通史》,《南方周末》2005 年 9 月 25 日。麦考莱大约是最早表达这一看法的人，他曾说:“一部每一个细节都真实的历史，从整体上看未必是真实的。”（参见麦考莱:《论历史》,《历史理论与史学理论》，第 274 页）波兰史学理论家托波尔斯基在写于 1981 年的《历史叙事之真实性的条件》一文中，进一步将此问题表述为:（1）历史叙事（故事）中所构成陈述的真实性不足以保证故事整体是真实的;（2）即使某些构成成分是假的，历史叙事（故事）也可能仍是真实的;（3）较之另一种历史叙事（故事），真实陈述比例更高的历史叙事（故事）并不足以保证其整体上更为真实。（参见托波尔斯基著，陈新译:《历史叙事之真实性的条件》，刊于陈恒、耿相新主编:《新史学》第二辑，大象出版社 2004 年版，第 173—174 页）严耕望先生对钱穆《国史大纲》的评述，可以为上述论断提供一个案例。严先生说:《国史大纲》的“作者深具通识兼富才气，对于中国历史，尤其春秋战国及中古历史，提出诸多新颖卓悍的看法，极具启发性。读者只当领会其通观全局、论断雄健的魄力，吸取其精神意境，即大有助于自己的研究工作，不必斤斤计较其细节考证之正确性”。[严耕望:《严耕望史学论文集》(下)，中华书局 2006 年版，第 550 页] 如果历史叙事以能否给人以整体上的真，以视其精神意境能否传神为上下，而不在于细节上的真切描述，那岂不是像中国画中的大写意？

历史叙事遇到史料空白时，就靠想象力来拼接成型，而空白之处则由我们过往的经验来填补。这种依据经验进行类比推理的想象，在日常生活中很普遍，也很有效，但本质上它是或然的。

9. 想象与证据

依据真实的素材，可以建构不同的历史叙事，甚至可以像美国的历史教科书那样——做成一种用真素材包裹起来的“历史谎言”。承认这一点，那海登·怀特所说的历史叙事如同文学想象或虚构就不那么刺耳了。其实，想象是历史学中最常用的方法，通常所说的比较、移情、体验，就方法的逻辑而言，都内含着推理和想象成分。正如西班牙哲学家奥特迦·伽赛特所说：探讨的方法是比较，比较此时此刻与彼时彼刻的异同，把过去联系到当前，如此，历史才可以理解①。史学家布洛赫，对此更有切身的体会，他说：只有置身于现实，我们才能马上感受到生活的旋律，而古代文献所记载的情景，要依靠想象力才能拼接成型②。结合上文的讨论，历史想象是否可以分三种：一种如上文所讨论，想象是沿着史事的“关联性”展开的，虽然这种“关联性”仍允许组建出多种想象，但它毕竟还是以史料为推理的依据；另一种想象并无史料的依据，只是靠想象力来拼接成型，这里的拼接，更多的是推理（第三种见下节讨论）。这就是柯林武德在《历史的观念》一书的“历史的想象”一节所讨论的问题③（即上文所说的“历史想象Ⅰ”）。柯林武德说：

有一天恺撒在罗马，后来又有一天在高卢，而关于他从一个地方到另一个地方的旅行，他们却什么也没告诉我们，但是我们却以完美

① 何兆武：《苇草集》，第124页。

② 马克·布洛赫：《历史学家的技艺》，第36页。《历史学家的技艺》一书的写作，正处于二战初期极其困苦的时刻，该书是作者对自己史学观念的一次总结，在我们看来，思想深刻且富有哲理。然而，雷蒙·阿隆却把该书列入“是那些不读或不懂，总之不重视哲学的史学家”所写的著述，同时列入其间的，还有费弗尔的《为历史而战》，这或许说明法国（或西方？）学术界对史学的纯理论研究有着特殊的标准。参见雷蒙·阿隆：《论治史——法兰西学院课程》，第24页。

③ 柯林武德：《历史的观念》，第262—282页。同样的讨论，还见之于威廉·德雷的《历史哲学》。

的良知而插入了这一点。……当我们被告知恺撒在这些连续的时间里是在这些不同的地方时，我们就发现自己不得不想象恺撒曾经从罗马旅行到高卢。[①]

如前文所说，这里的想象，可以表示为：A → B。“A”“B”分别表示恺撒在罗马和高卢；“→”表示史学家对“恺撒从罗马到高卢的旅行”的推测和想象。柯林武德认为，历史学的想象与文学艺术的想象是不一样的，历史学“要服从三种方法的规则，而小说家或艺术家一般说来却不受它们的约束”[②]。这三种规则是：（1）他的画面必须在空间和时间中定位；（2）一切历史都必须与它自己相一致；（3）也是最重要的，历史学家的图画与叫作证据的某种东西处于一种特殊的关系之中。他说：

历史学家或任何其他人所能借以判断（哪怕是尝试着）其真理的唯一方式，就是要靠考虑这种关系，实际上，我们问一项历史陈述是否真实，也就是指它能否诉之于证据来加以证明。因为一个不能加以证明的真理，对于历史学家就是一桩毫无兴趣的事。

在该书的“证词”一节，柯林武德又表达了这样的观点：“当证词被证据所加强的时候，我们之接受它就不再是接受证词本身了；它就肯定了基于证据的某种东西，那就是历史知识。”[③]所以，柯林武德认为，历史学的想象绝不是任意的或纯属幻想的，历史学的想象构造必须能为证据所证明，如此，它就是一种合法的历史结构，这是不能或缺的，没有这种想象的构造，就不可能有历史学[④]。

然而，柯林武德的上述论述，存在着一个明显的破绽，或者说他所列

① 柯林武德：《历史的观念》，第 272—273 页。
② 柯林武德：《历史的观念》，第 279 页。
③ 柯林武德：《历史的观念》，第 291 页。
④ 柯林武德：《历史的观念》，第 273 页。

举的“恺撒旅行”的事例是不恰当的，至少与他的三规则及其他后面的叙述有矛盾。既然材料仅告诉我们，恺撒前一天在罗马，后一天在高卢，而有关“中间的旅行”材料上却没有记载，那么，我们对恺撒从罗马到高卢之间的旅行的史实，就是靠推理和想象来完成的，而不能为证据所证明，因为我们缺乏有关恺撒“中间的旅行”的证据材料。所以，就“历史想象Ⅰ”而言，柯林武德的第一条——“时间和空间的定位”，只能对想象起到一种间接的制约；第二条原则——“一致性”，只能是逻辑推理上的一致性，以及叙述的似真性、合理性；而第三条原则——为证据所证明——则是做不到的，因为没有直接的证据。

如果我们将其与自然科学家的想象作一点比较，“历史想象Ⅰ”的非实证性就更容易理解了。我们知道，自然科学的研究也有类比推理，也有想象的参与，其作用是接通思路、清除障碍，其推理、想象所得的结果仍须经过事实层面的验证。所以，推理、想象的存在并不影响其结论的实证性。“历史想象Ⅰ”却不具有实证性，它的主要功能只是用来填补空白和联结缺环，如此才能求得叙述的连续性、完整性和充实性。

柯林武德在讨论历史想象时，还举了一个日常生活的事例来加以说明。他说：如果我们眺望大海，看见有一艘船，五分钟之后再望过去，又看见它在另一个不同的地方；那么当我们不曾眺望的时候，我们会发觉自己不得不想象它曾经占据过的各个中间的位置。这已经是历史思维的一个例子了[①]。就思维的操作而言，能够为我们对这五分钟的航行状况进行想象的原料，只能是我们以往的经验。这种依据以往的经验进行类比推理的想象，在日常生活中是很普遍的，也是很有效的。但是，想象推理本质上是或然性的[②]。换言

① 柯林武德：《历史的观念》，第272—273页。

② 金岳霖在《知识论》中，也曾讲到将“两件事中间的间隔填满”的想象，他举例说：一个人由东安市场出来碰见一个朋友进去，半点钟后又在青年会碰见，一同上清华底车。第一个人也许看见第二个人手里提一只板鸭，他也许会说：“稻香村买的呀？多钱呀？”他也许不说话，而心里想原来他是去买板鸭的。（参见《知识论》，第208页）即便凭日常生活的经验，我们也知道此类推测很可能有误。克罗齐称此类想象为“组合想象”，其功能是“填补在由批判地证实、澄清的消息提供的系列想象中剩余的空白”，但其可靠性只能是“或然”的。（参见克罗齐：《作为思想和行动的历史》，第97—101页）

之，此类想象，虽为历史叙事所必需，其中仍充满了陷阱。严谨的历史学者往往只能“点到为止”，不敢“添油加醋”，哪怕这种想象的扩张并不直接与历史的证据相冲突。比如，黄仁宇先生的《万历十五年》在历史细节的叙述方面是非常谨慎的，没有材料不敢任意想象；间接的材料，只可作少许的推论，尽管在作者看来这样的推论是合情合理的。如说海瑞的母亲是造成家庭种种不幸事故的重要因素，作者写道：“当海瑞离开直隶的时候，她已经度过了八十寿辰。而出人意外的是，海瑞的上司只是呈请皇帝给予她以四品夫人的头衔，而始终没有答应给她以另外一种应得的荣誉，即旌表为节妇，是不是因为她的个性过强，以致使他的儿子两次出妻？又是不是她需要对 1569 年的家庭悲剧承担责任？尽管今天已经缺乏实证的材料，但却有足够的迹象可以推想，由于海太夫人而引起的家庭纠纷，不仅已经成为政敌所攻讦的口实，也已为时论所不满。”[①] 此间的迹象能否作更具体的细节描述呢？作者不作引申发挥，而交由读者自己去想象。

历史叙事或多或少运用了“假设”性的想象。只是有的隐含不露，以示谨严；有的如计量史学的反事实研究，将其系统化、精细化地运用到极致。

10. “反事实”的想象

在历史学里，将想象运用到极致的是“反事实”的假设。

人们常说“历史不能假设”，意谓史事一旦发生，我们便无法将它改变，既不能叫它回转过来重演一遍，也不可能按照我们的意愿有所改变。不过，史事虽不能追及挽回，我们却常常要假设它能追及、能挽回，即假

① 黄仁宇:《万历十五年》，生活 · 读书 · 新知三联书店 1997 年版，第 23—24、161—162 页。

设它的不发生或者假设它以另一种方式发生。这在日常生活中是非常自然的事。比如，张三早晨睡过了头，上学迟到了两分钟，受到老师的批评，他很后悔地假设："如果我早起床五分钟，就不会迟到了。"在这时，张三想象了一种"非真实"的情形：他早起了五分钟，上学没有迟到。每一个正常的人都有过对"非真实"历史想象的经历，这种对"非真实"历史的想象在我们日常生活中已必不可少[①]，在历史学也经常会用到。比如，郭沫若的《甲申三百年祭》，为阐述明末农民起义失败的历史教训而列出的一连串假设追问：

> 假使初进北京时，自成听了李岩的话，使士兵不要懈怠而败了军纪，对于吴三桂等及早采取了牢笼政策，清人断不至于那样快的便入了关。又假使李岩收复河南之议得到实现，以李岩的深入人心，必能独当一面，把农民解放的战斗转化而为种族之间的战争。假使形成了那样的局势，清兵在第二年决不能轻易冒险去攻潼关，而在潼关失守之后也决不敢那样劳师穷追，使自成陷于绝地。假设免掉了这些错误，在种族方面岂不也就可以免掉了二百六十年间为清朝所宰治的命运了吗？就这样，个人的悲剧扩大而成了种族的悲剧，这意义不能说是不够深刻的。[②]

李自成没有听从李岩的计谋，李岩也未曾收复河南，农民解放的战斗也没能转化为种族战争，这很明显是"非真实"的假设。还有一些历史假设被很小心地隐蔽在正面的叙述或正面的判断背后而不易为人所察觉，比

---

① 金岳霖的《知识论》第四章第四节中说到日常生活中的想象的重要性，他说："在日常生活中，想象是我们应付环境的非常之重要的工具。厨子买菜非有想象不可，在市上呈现的是生菜，他究竟买些什么生菜要靠他所想象的桌子上的熟菜来决定。到布店里去买衣料，究竟买些什么也要靠想象中的衣服来决定。到车站上接客，要想象车站上的情形出口进口等等，要想象到所接的客，要想象到拥挤情形，行李如何搬法等等。也许有些人因为特别的看得起想象，要把想象限制到幽雅的方面上去，而不承认饮食起居中也有想象。"他认为"日常生活中的想象非常之重要。日常生活中单用'想'字的时候，十之八九是这里所说的想象"。《知识论》，第207页。

② 郭沫若：《甲申三百年祭》（民国丛书第四编第74卷），上海书店1992年版，第27—28页。

如，“美国在日本广岛投掷了原子弹对于加速第二次世界大战的结束具有积极意义”“日本的侵华战争推迟了中国现代化进程”等[①]。这些正面叙述或判断之所以能成立，全凭隐含在背后的反事实想象，只是这些假设在历史学者的著述里没有具体展开。

把这种“非事实”的想象假设，加以系统化、精细化的运用，从而将历史的假设推到极致的是计量史学的反事实研究。计量史学把未曾发生的事实称为“非事实”或“反事实”，对“反事实”进行研究，就是对“非事实”的想象架构，这可以美国的新经济史为代表。美国的新经济史家在20 世纪 60—70 年代，曾对美国历史上的某些重大历史事件的传统解释提出挑战，诸如美国独立战争难道就是为了对付英国殖民当局的政策所造成的经济损失吗？ 19 世纪美国的铁路修建果真推动了它的经济发展吗？罗斯福“新政”确实消除了 20 世纪 30 年代的不景气所造成的问题吗？他们为解答这些问题而专门设计出一系列假设的方法，借助计算机和数理模型来计算各种数据，用“非事实”来替换事实，并进行模拟计算。新经济史的代表人物福格尔所做的“铁路与美国经济增长的关系”的研究，就是想象19 世纪的美国在没有铁路运输条件下的经济发展状况。他与恩格尔曼合著的《苦难的时代——奴隶制经济学》，也想象了没有 1861—1865 年的南北战争而能一直维持到 1890 年的美国奴隶制种植园的情形。虽然称之为“非事实”“反事实”，但整个研究却依据了许多真事实。在《苦难的时代——奴隶制经济学》一书中，作者根据当时的棉花价格和产量、价格水平和利息率等各种历史统计资料，又参考账簿、日记、信函等大量资料，通过复杂的计算方法，计算出 1860—1890 年棉花价格和产量的增长率、奴隶生活费用变动率以及奴隶价格增长率等“反事实”，从而得出结论：到 1890年，奴隶制度较之 1860 年时更具有活力，因此，奴隶制的危机不是经济危机或社会危机，而是平等问题或者说是道德问题，因而有必要摧毁它。

与计量史学“反事实”研究相似的，是历史叙事中对“反事实”的巧

---

① 参见袁成毅:《现代化视野中的抗日战争》,《史林》2005 年第 1 期。

妙运用。这可以史景迁《王氏之死》一书中对王氏“私奔路线”的历史想象为典型[①]。由于缺乏文献的记载，我们不知道王氏私奔的具体路线，史景迁从社会控制与个体生存的角度，想象了王氏最有可能逃亡江苏邳州、郯城县城与马头镇三个地方。通过对王氏三条“私奔路线”的详细叙述，目的是要展示出当年的社会结构、自然灾难、市镇经济、婚姻形态、法律实践以及保甲制度等历史场景。围绕着王氏私奔的所有叙述，史景迁在文末的注释中交代了材料的来源：王氏与丈夫的生活细节见于某某书，邳州的天灾见于某某书，郯城的水路见于某某书，旅舍的登记见于某某书，集市的商业活动、庙宇、节日、园林、巡逻人员、保甲措施等见于某某书。总之，史景迁依据真实的历史材料想象了一组“非真实”的历史事实，又借助这一组“非真实”的历史事实，展示了一系列真实而具象的历史场景。在这里，想象与写实交替使用，虚构与真实融汇于一体。

福格尔的“反事实”研究，遭到众多史家的批评[②]，有人称其为“伪历史”，要将它排除在历史学之外[③]。史景迁的著作也被有的学者称为文学而不是历史[④]。但这并不意味着历史学不需要假设或想象。“非事实”不只是事

① 史景迁著，李璧玉译：《王氏之死——大历史背后的小人物命运》，上海远东出版社 2005 年版，第 81—105 页。以此书的“王氏私奔”为案例来研讨历史学的叙事及想象，参见张小忠：《叙述的主体间性：历史想象与文学纪实》一文，刊于《学术研究》2009 年第 3 期。

② 正当福格尔宣布将劳伦斯·斯通“革出教门”之时，他所提倡和实践的计量史学，尤其是“反事实假设”也招致了激烈的批评。批评者称“反事实假设”为历史的“杜撰”，是“伪历史”。劳伦斯·斯通则宣称：“福格尔和恩格尔曼的这部著作（引者按：《苦难的时代》）所产生的错误结论，说明计量方法无论多么成熟都不可能弥补解释错误的和有缺陷的资料。这就是计算机专家们所说的‘GIGO 效应’（输入废物，输出废物）”。参见何兆武、陈启能主编：《当代西方史学理论》，第 426、432 页。

③ 尼尔·弗格森（Niall Ferguson，1964—）著，丁进译：《未曾发生的历史》（序言），江苏人民出版社 2001 年版，第 6 页。

④ 汪荣祖先生说史景迁“笔下的人物写得生动，主要是能活用文学的叙事技巧与丰富的历史想象力，使‘腐朽’的史料化作有趣而‘神奇’的人事”，他的作品“虽多引人入胜的故事，却少扎实的历史知识”。（参见汪荣祖：《史景迁论》，《南方周末》2006 年 12 月 14 日）然而，如果我们按照“言之有据”的标准去复查它，史景迁的作品仍有相当多的地方是可以覆核查证的。比如《皇帝与秀才》序幕的第一段 8 行 174 个字的叙述，作者用了 10 行 200 多字的注释，以表示此段叙述“言之有据”。另一位美国学者彭慕兰（Kenneth Pomeranz，1958—）的《大分流——欧洲、中国及现代世界经济的发展》（江苏人民出版社 2003 年版），没有人会说它不是正经严肃的史学著作，但此书的论证和结论却难以覆核查证。

实的陪衬或反证[1]，有时它还能展示历史的多种可能性。爱德华·卡尔因未能叙述1917年俄国革命时的多种可能性，而倾向于“把已经发生的事情描写成必然要发生的事情”受到批评家的攻击。对此，卡尔愤愤不平！他说：历史学家在叙述诺曼征服或美国独立战争时，他的责任只在于解释一下事件的已经发生和何以发生，没有人会指责或要求他去讨论事件的另一种可能性。但是，当他叙述1917年的俄国革命时，他便受到批评家的攻击，批评他“含蓄地把已经发生的事情描写成必然要发生的事情”，而未能考察历史的可能性[2]。把既成的事实说成是既定的事实，从而不恰当地将历史中既有的结果，都解释为一种不可避免的必然性，以至于抹杀了历史的多种可能性，这是当代历史学家最不能容忍的错误。

“反事实”的想象对于加深历史的理解是非常有效的，但它最大的难点是无法在想象的合理性上给出一种可操作性的学科规范。有关这一点，史学理论、史学方法论的研究学者已经有过一定的讨论。有学者认为，反事实的研究，并不否认史实世界的存在，作为一种辅助性的方法，它并不是任意的虚构，而是经得起批评和评估的。也就是说，虚构想象作为一种能够为历史学所容纳的思维方法，它必须最大限度地符合历史学的基本要求，它应该是那些具有可能性的历史，“那些不仅被当时的人想到了，而且还被他们记载在幸存的文件（或者其他记录）中，并被史学家承认是正当资料来源的那些反事实问题”[3]。如果把它称为历史假设的“可能性”原则，那

---

① 威廉·德雷的《历史哲学》曾引用了阿兰·唐纳冈（Alan Donagan）的一段话，唐纳冈说：“如果我们在解释事件时并没有排除那个事件不能发生的可能性，那我们根本就不能说我们知道那个事件在那种特殊情况下为什么确实发生；也就是说，为什么在那种情况下，它不发生的可能性没有表现出来。我们排除这种可能性的唯一方法是：论证事件确曾不得不发生，即它必然发生。”（参见《历史哲学》，第11—12页）如果我们把“反事实”的假设研究，局限于只是论证事实发生的必然性，那么“反事实”只是事实的反证和陪衬。

② 卡尔说：“今天没有人真正希望扭转诺曼征服或美国独立所产生的后果，也没有人想对这些事件表示激动的抗议。……但是，有不少人，从布尔什维克的胜利的结果中，直接地或代替别人受了痛苦，而且还一直害怕它的长远影响，想要对它提出抗议。当他们读历史的时候，便采取了这样的形式，让他们自己的想象在一切比较令人高兴的、也许可能发生的事情上尽情奔放，而对那从容不迫地解释着真正发生了的事情，解释着为什么他们的令人高兴的梦想还没有实现的历史学家，表示极大的愤怒。”参见爱德华·卡尔：《历史是什么？》（吴译本），第105页。

③ 尼尔·弗格森著，丁进译：《未曾发生的历史》，第107页。

么不管是出于对史事理解的需要，还是源于对既成历史结局的不满和遗憾，“反事实”想象，要想不被人视为“胡乱假设、随意想象”，都必须严格遵循这“可能性”原则。从形式上看，计量史学的“反事实”研究是最为严谨和最为精细的假设，“可能性”原则要求假设者尽可能地遵循历史学的规范，即想象虽“非史实”却又必须合乎史实。但这一切都不能改变它想象虚构的本质，因缺乏材料上的直接支持，历史学中这一类想象，充其量也只能达到合情合理、似真可信。至于史景迁的叙事方式，大概是历史叙事向文学写作的一种延伸，大体属于史学与文学间不易划定界限的边缘地带。

六　历史的重演

一般认为，科学是指那种能从特殊现象求出一种具有有效预言功能的一般命题的学问或知识体系。在历史学中，唯有“历史学Ⅲ”可与一般意义上的科学研究相比较；也唯有在这一层面上，可以来讨论历史学的科学性问题。

1．科学的尺度

本书前几章的讨论已经表明，有关史实的考订——“历史学Ⅰ”的知识，具有相当高的确定性和可靠性，这样的历史知识也有“资格”被称为科学知识。不过，它还不是一般意义上的科学知识，这种史实考订的研究还不同于一般意义上的科学研究。这就是文德尔班等学者所说的，它所关心的还只是个别史实的描写陈述，所获得的只是确实可靠的单称判断。按照罗素的说法，这是一种比较平凡意义上的科学，历史学能否“更上一层楼”，进行共性的归纳概括，形成的一些普遍性的命题，生产出一种“符合科学”的东西[①]，这是我们在本章与下一章要讨论的问题。

有一种看法较为普遍，即认为历史学的任务只是确定史实，或者是对史实作出一些说明和解释，而不必进行归纳、概括。也有的认为，历史本身没有规律，历史学不必，也不可能概括出普遍性命题。这里所说的普遍性命题，就是通常所说的规律理论（为了讨论上的方便，下文所说的规律理论与普遍性命题，均表示同一种含义），而这正是那些被称为科学的学科研究的共同特征。在历史学中，唯有“历史学Ⅲ”在从事普遍性的归纳和概括，因此，也只有“历史学Ⅲ”与一般意义上的科学研究具有可比性。

① 参见罗素：《历史学作为一门艺术》，《历史理论与史学理论》，第546—547页。

这样，便有了历史哲学的另一个问题："历史学Ⅲ"的研究能否获得普遍性的命题，它有没有科学性，或者说它在何种意义上可以被称为科学[①]。

要对"历史学Ⅲ"是不是科学给出一个结论，或作出一种断言，需要有一个衡量比较的尺度，列出科学的标准，或者是找出某种能典型反映科学基本特征的学科为参照物，将它们与"历史学Ⅲ"进行比较。但是，这两个问题，都不易达成一致看法。第一，要找出一个能够用作比较衡量的标准——一致认可的科学标准并不容易。因为，科学是什么，本身也众说纷纭，莫衷一是。波普尔是极力反对把历史学等同于自然科学的，这只要读读他的《历史主义贫困论》，就可以体会到这一点。不过，他也有将历史学与自然科学相提并论的论述，他曾从科学研究的逻辑上来肯定两者的同一性，也曾从史学研究的探索精神或它对史实的真实描述上来肯定历史学的科学性，他说：

> 历史和科学一样，我们不可能避免一种观点。若坚信能避免，唯有导致自欺和缺乏批判的态度。
>
> 当然这并不意味着我们被允许否证任何事物，或轻易就能获得真理。任何特别的对于事实的历史描述，不论判定其真假如何困难，总是要么为真要么为假。……这样一来，历史的立场就与自然科学（例如物理学）的立场相似了。[②]

科学可以视为一整套方法或者视为一种探索精神，如果我们从学科研究所提供的知识产品来讨论它的性质，那么，科学也可以看作一种知识的生产活动。与其他视角相比，从知识产品来考察学科研究的科学性问题，似乎更直截了当，也更能显示共性和差异。因为有一整套研究方法，有科

---

① 在历史学中，唯有"历史学Ⅲ"能与一般的科学研究相比较，所以，通常所说的"历史学是不是科学"的提法仍嫌笼统，应该是问："历史学Ⅲ是不是不科学"，历史学在理论归纳和概括的研究上，有没有科学性，能否被称为科学？

② 波普尔著，陆衡、郑一明等译：《开放社会及其敌人》（第二卷），中国社会科学出版社 1999 年版，第 394 页。

学探索精神的，并不能保证我们能获得科学的知识。自然科学之所以被称为科学，当然在于它有一整套科学的研究方法和科学的探索精神，但根本上还是因为它能够提供科学的知识产品，这是我们称其为科学的主要理由。然而，有关科学知识的界定，也有不同的理解。或者认为科学所提供的知识和学说，从本质上说都只是一种假设。不过，就目前中外史学理论研究的情况来看，大多数学者还只是就一般意义上的科学观来讨论历史学的科学性问题。

有关一般意义上的科学或科学知识，庞卓恒先生曾有一个简明的概括，他说：科学一词的含义，无论在自然科学界或社会科学界，迄今看来已趋一致，那就是把科学视为从特殊现象求出一般规律（尽管什么是规律，理解上还有很大歧义）的学问或知识体系①。沃尔什在《历史哲学——导论》中也曾说到这个问题，他说：

> 我们把“科学”一词应用于这种知识：（1）它是有方法地获得的，并且是系统地加以叙述的；（2）它是由一套普遍的真理所构成的，或者至少是包含它们；（3）它能使我们作出成功的预言，并因而能控制事件未来的进程，至少是在某种程度上；（4）如果那情形是：证据已经摆在每个没有偏见的观察者目前，不管他个人的偏爱或个人的境遇如何，他都应当接受它，那么在这种意义上它就是客观的。②

沃尔什的第（1）点讲的是研究方法，第（4）点则是西方学者非常强调而中国学者不甚习惯的知识的“普遍接受”或“认可”问题。先撇开第（1）、第（4）点不论，沃尔什的第（2）、第（3）点概括，主要是指学科研究的产品，即科学研究能够生产出一种有预言功能的普遍性命题。参考庞先生的定义，我们可以得到这么一个概述：一般意义上的科学是指那种

---

① 庞卓恒：《历史学是不是科学》。正如庞先生在括号的注文中所指出的那样，进一步的讨论，就会在什么是规律的理解上发生分歧。本章下面的讨论，实际上就是这一问题。

② 沃尔什：《历史哲学——导论》，第31页。

能从特殊现象求出一种具有有效预言功能的一般命题的学问或知识体系。

众所周知，事物的共性或个性，总是在比较中显现的，比较的结果也总是相对于一定的事物而言的。所以，事物的共性或个性的研究，既取决于该事物本身的性质状况，也取决于我们研究时选择的比较对象和确定的比较范围。从黑色到白色，我们可以排列出一个无限的逐渐变化的色谱系列，如果我们取其两端加以比较，那当然是黑白分明，特色显明；如果我们取其相近的两点加以比较，比如，浅黑与深灰、灰与淡灰、浅灰与白色等等，它们的个性特征及其差异就不那么明显了。显然，差异大小与我们比较对象的选择有关，也就是说，为了显示差异而不得不在比较对象上有所选择①。历史学与其他学科的"同异"比较也存在着这种情况。笼统地说，历史学的特殊性是相对于自然科学而言的，然而，自然科学包括各种门类，涉及多种领域，它们并非千篇一律，完全雷同。正像从黑到白一样，有关学科的科学性，由强到弱，可以排出一个长长的系列，由同到异可以列出一个逐渐变化的过程。习惯性的做法是以经典物理学或与经典物理学性质相近的学科为比较的一端，以历史学为比较的另一端，来审视其间的差异和特殊个性。国内学者的有关讨论，多是取这样的比较视角②。沃尔什的一些论点、波普尔的有关论述，也都是这种比较的结果。这样的比较当然有它的局限性，然而，不如此就不能凸显出彼此的差异或特殊个性。所以，下面的讨论也是取这一标准和视角。

---

① 为了显示差异而不得不选择对象，这是科学研究中常用的方法。人类学家威廉·格雷厄姆·萨姆纳（William Graham Sumner，1840—1910）在说到人的能力差异时，也特地指出差异大小与我们比较对象的选择有关。他说：显而易见，在能力方面，人们可以排列出从最高到最低的连续系列，每一个同刚高于他和低于他的人之间的差别是十分微小的，可最高与最低之间却非常悬殊。威廉·格雷厄姆·萨姆纳：《原始习俗》，转引自伦斯基（Gerhard E. Lenski，1924—2015）著，关信平等译：《权力与特权：社会分层的理论》，浙江人民出版社 1988 年版，第 20 页。

② 这方面较有代表性的，是仲伟民先生的《历史学的科学性问题》（《史学理论研究》1992 年第 3 期）一文。

有些学者认为，历史学的任务只是说明一个个特殊的事件以及它的因果联系，而不是归纳出像自然科学那样的普遍性命题。之所以如此，是因为历史本身没有普遍性。这就是“史学的特殊论”与“历史的个别论”。然而，历史学真的不能提炼普遍性吗？历史中真的只有个别，没有一般？

2. 个别论与借用论

长久以来，中外历史学家对历史规律问题进行了长期的研究，留下大量而丰富的思想资料。大体说来，西方学者的研究，经历了从肯定历史有规律（以至于把历史规律等同于自然界的规律）到否定历史有规律的演化轨迹，如今，否认历史有规律似乎已经成为一种普遍性的意见。国内学者的研究轨迹稍有不同，大体上是从肯定历史有规律，进入到在肯定历史有规律的基础上，再进一步探讨历史规律的特点，研讨历史规律与自然界规律的异同等问题。当然，这样的概括，也只是就其主要特征而言的，其间也有各种差别。

在西方学术界，大约从19世纪中期起，就有学者对历史中是否存在着规律产生了怀疑。起初是狄尔泰、文德尔班、李凯尔特，后来又有沃尔什、波普尔等。他们主要的观点是类似的，都认为历史中只有个别、特殊的东西，没有普遍、一般的东西，历史不会重复；历史学只描述个别、特殊的东西，不能概括出普遍、一般的东西。如文德尔班说：

> 经验科学在现实的事物的认识中寻找到的，要么是自然规律形式下的共相，要么是历史规定形态下的殊相。它们所考察的，有的是常住不变的形式，有的是现实事件的一次性的、特定的内容。有一些是规律科学，有一些是事件科学。前者讲的是永远如此的东西，后者讲的是一度如此的东西。如果我们可以造一些新术语，那么可以说科学思想在前一种场合是制定法则的，在后一种场合是描写特征的。

> 人类的一切兴趣和判断，一切评价，全都与个别的、一次性的东西相联系。①
>
> 历史是有个人特征的人物的王国，是本身有价值而又不可能重演的个别事件的王国。②

波普尔也认为，历史学的任务是“研究特殊事件及其因果说明”，“在历史学里我们掌握的事实非常有限，而且不能照我们的意志去重演或补充”③。这就是本书第一章中提到的“史学特殊论”。“史学特殊论”的本体论基础是“历史个别论”——历史中只有个别，没有一般；只有特殊，没有普遍。

历史个别论引出了两方面的问题：其一，历史个别论意味着历史学科不能形成自己的一般命题，不能形成学科自己的一整套理论体系，而只能借用其他学科的一般理论来进行解释和说明。有人说，历史学不生产理论，而是消费理论；不是理论的生产者，而是理论的消费者。一般意义上的科学都有自己特定的研究对象，都有自身学科的一般命题和一般理论。历史学并没有自己特定的对象，作为一门以时间为界的学科研究，凡是过去的东西，似乎都是它的研究对象。但实际上，历史的领地常常被其他学科的研究者所“侵入”和“瓜分”，以至于有人说：“历史学终将成为无家可归的李尔王。”没有自己特有的研究领地，也没有自己的命题理论④。李晓风先生在《历史研究的逻辑：解释和假说的形成》一文中指出借用论对历史学的危害有三点，他说：

---

① 文德尔班:《历史与自然科学》,《西方资产阶级哲学论著选辑》，商务印书馆 1982 年版，第 55—56、63 页。

② 文德尔班著，罗达仁译:《哲学史教程》(上)，商务印书馆 1987 年版，第 24 页。

③ 波普尔:《历史有意义吗？》,《现代西方史学流派文选》，第 150、152 页。持历史事实唯一性观点的另一位著名学者是奥克肖特，他的名言是:“瞬息的历史事实一旦看作一般规律的具体事例，历史就被抹去了。”奥克肖特:《经验及其模式》，转引自威廉 · 德雷:《历史哲学》，第 14 页。

④ 列维–斯特劳斯（Claude Levi–Strauss，1908—2009）曾认为，历史学没有自己独特的方法，实际上也没有自己独特的题材。参阅海登 · 怀特:《后现代历史叙事学》，第 103 页。

> （一）历史学是否能成为一门科学主要不是取决于是否借用其他学科的理论，而取决于是否有能力对自己的研究对象进行概括性、理论性的思考，从而形成自己的一般性的理论命题和理论体系。（二）科学的解释能否在历史学中确立自己的地位，取决于历史学能否为解释提供在质和量上都可观的似定律的全称陈述。因为仅仅借用其他学科的一般命题和理论并不能形成一致的、系统的历史解释的结构，如果没有历史学的一般性理论命题去统摄、同化各种理论，历史学家根据各自的理论兴趣所形成的解释只能是孤立的、零散的，只能是各种理论和常识的纷然杂陈。（三）在常识性解释的情况下（而借用其他学科的理论命题时，由于历史学家很少能达到有关学科的专家的程度，所以更多的只是借用了该有关学科最靠近常识的命题），似定律的全称陈述对解释的形成缺乏约束力，历史学家对全称前提的选择往往只取决于他对于初始条件的理解和选择，因而使历史研究仍处于一种无理论和实际上只注意单一事件的状态。历史研究既然大量依靠这种常识的和稍高于常识的全称前提，历史学也就难以达到超越常识的、有较高理论水平的和有系统的解释。[①]

只要历史学还不能生产出自己的一般理论，上述问题就难以避免。近些年来，有学者将文学理论研究中的"强制阐释"中的"不可'场外征用'"原则引入历史的阐释研究。所谓"不可'场外征用'"，就是不可征用历史领域之外的其他学科理论来阐释历史学中的问题。然后，按照上文提及的观点：历史学不是理论的"生产者"，而是理论的"消费者"。如果真是这样，那要它不"场外征用"又如何可能？[②]霍布斯鲍姆是反对借用论

---

① 李晓风：《历史研究的逻辑：解释和假说的形成》，《八十年代的西方史学》，第180页。

② 张江先生在论述文学理论研究时提出了"强制阐释"及其四个特征，读其原文，本是针对文学理论的研究。（张江：《强制阐释论》，《文学评论》2014年第6期）于沛先生在《历史真理的认识和判断——从历史认识的阐释性谈起》一文中认为：张江先生提出的"强制阐释"的四个特征，并非仅仅存在于文学阐释和文学理论研究中，也同样存在于历史研究中。并认为，由于此前"对阐释缺乏明确的、具有一般科学意义的规范，以至于历史研究者往往是不自觉地，甚至是带有很多盲（转下页）

的，他认为，一般的门类学科研究不能解决历史的问题。他说："我十分怀疑把社会史看成是社会学向过去的投影，就像把经济史看作经济理论的还原一样，因为这些学科目前并不能给我们提供有用的模式或分析框架来研究长时段'历史的'社会经济变革。"[①]那么，什么才是历史学自己的理论呢？霍布斯鲍姆似乎并没有给出明确的讨论。但他的话，从另一个方面提醒我们，历史学在借用社会学、经济学等学科的理论方法来分析历史问题时的危险性和局限性。也就是说，如果不注意历史时间上的差异，就会"把社会史看成是社会学向过去的投影，把经济史看作经济理论的还原"。上述讨论所涉及的问题，都需要进行专门的讨论。但与本章讨论有关的，实在是第二个问题，即历史为什么是个别的，历史为什么不能重演的，这样的判断依据是什么，如何证明或论证历史的个别性和历史的不重演性。这些都属于历史本体论的范畴，我们却要在认识论的角度下讨论它。

规律的研讨，需要消除的误解不少。比如，你不能既肯定历史有规律，又说历史不能重演；也不能因为它不能以实验的方式重复，而说历史不能重演；更不能看到它的个别、特殊的不能

（接上页）目性地进行历史的阐释，致使历史阐释即使在方法论和认识论的意义上，也往往被忽略了。2014年，张江教授提出了'强制阐释'后，使情况开始发生变化"。（于沛：《历史真理的认识和判断——从历史认识的阐释性谈起》，《中国社会科学评价》2018年第1期，第87、88页及第88页注一）这样，于先生就把文学理论研究中的"强制阐释"引入了史学理论研究，并认为它是学术研究史上的一个大"变化"。但是，如果历史学本身并无理论，它使用的都是其他经验科学的理论；它不是理论的"生产者"，而是理论的"消费者"，那要使历史学不"场外征用"似不可能。所以，主张"强制阐述"的"场外征用"能够适用于历史学，首先得论证历史学有自己"场内"的理论，依靠它自己的"场内"理论，完全可以解决历史学的各种问题；还要论证"场外征用"不仅不必要，一旦借用了"场外"理论，就会产生这样那样的错误。这样的论证，已超出笔者的能力，考虑到它与本节讨论的主题稍远，就此不再继续。此处之所以用注文的方式稍加陈述，是因为这些问题都非常重要，希望能用案例作深入具体的研讨。

① 霍布斯鲍姆：《从社会史到社会的历史》，蔡少卿主编：《再现过去：社会史的理论视野》，浙江人民出版社1988年版，第7页。

重复，就说历史中没有重演。这些相沿成习的误解，在进入正题研讨之前必须澄清。

3．分歧与症结

从逻辑上说，肯定历史没有规律，也就是肯定历史不能重演，肯定历史只有个别。从这个意义上说，我国史学理论界的一些观点是不合逻辑的：一方面我们仍然肯定历史中存在着规律，历史学能够总结规律；另一方面，在讨论历史规律特殊性的时候，则肯定或承认历史的不可重演[①]。这方面的观点，可以李桂海先生的有关论述为代表，李先生在他的一篇论文中这么写道：

> 历史学作为一门科学，它经得起历史的检验，这是它的个性和特长；但却无法用现实或未来对之进行检验，这是它的缺陷。历史是不断发展的，历史学家可以研究历史的发展规律，从而预测历史发展的未来趋向，但是任何历史都不可能重演。历史在发展进程中，可以有某些反复，可以有惊人的类似，但却不可能重演，哪怕是某些具体的历史细节，都不可能重演，因为即使它非常相像，但却已经不是同一的历史，它的历史时代和背景已经不同，其历史的内涵也就不一样了。

李先生又说：

> ……严格的科学，其得出的结论和发现的规律，都是可以重演的。有的在严格的实验室条件下可以重演，有的也可以在大自然的环境和条件下重演。重演，这是检验其是否具有科学性的主要手段。可是历史的舞台是大社会，再高明的历史学家，也不可能在现实社会中重演

---

① 有关历史的重演，在 20 世纪 30 年代，陈登原先生有专门的研究，他的《历史之重演》由商务印书馆 1936 年初版，现收入上海书店 1996 年出版的《民国丛书》第五编。

某个历史问题，来检验其科学性。……任何科学的研究成果和结论，都是可以用实践来检验的，而且必须用实践这一检验真理的唯一手段，来验证自己的研究是否科学的。可历史学作为一门科学来说，是无法用实践来检验其是否科学的。因为任何历史都是在特定的社会环境下产生的，这种特定的社会环境在现实社会中早已不存在，以后也永远不会再产生，所以对任何历史问题，都无法用实践来检验其是否具有科学性。这也就是历史上的一些问题，历史学界为什么长期争论不休，谁也说服不了谁，难以作出定论的主要原因。因为无法用实践检验出哪种观点正确，哪种观点错误。既然没有检验真理的标准，当然就可以公说公有理婆说婆有理了。①

上述论述自然有许多合理的地方，比如说个别事件不可能重演，在历史中我们无法照我们的意志去重演事实等等。然而，仔细推敲，这些论述也似是而非，需要作进一步辨析②。

其一，从理论上说，肯定历史有规律，也就肯定历史能够重演，而肯定历史能重演，倒不一定就肯定历史有规律，因为重演的东西，有可能表征一种规律，也有可能只是一种规则。既要肯定历史有规律，又要否定历史能重演，这在逻辑上是难以成立的。

其二，历史不能按照我们的意志去重演，或者说不能在严格的实验条件下进行重演，这固然是历史的一个特点，但是，“自然”条件下的重演是否存在呢？因为自然界中也有许多事物是不能按照我们的意志在实验室里重演的，有许多事物我们也只能在自然条件下等待它们自己“自然”地重演。如果历史中也存在着“自然”的重演，那么我们只能说历史不能在实验条件下重演，而不能说历史不能重演。

其三，历史中的个别、特殊或者说特定历史条件下的特殊人物、特殊事件，当然是不能重演的。如果我们把这一点当作历史学的一个特殊性，

① 李桂海：《历史学既是科学又是艺术》，《学习与探索》1994年第3期。

② 参阅拙文《历史认识真理的界定及其相关问题》，《史学理论研究》1995年第4期。

那么，在逻辑上就肯定了自然界中的特殊、个别是可以重演的。然而，自然界中的个别、特殊是不是能够重演呢？如果我们通常所肯定的自然界中的重演，并不是指那些个别、特殊事实的重演，我们又怎么能够因为历史中的个别、特殊的不能重演，而说历史不能重演呢？

其实，个别、特殊的认识不能在现实和未来的“重演”中得到检验，并非历史学所独有，自然科学也如此。能够通过现实和未来的“重演”来检验的，只是自然科学中的一般性和普遍性认识。问题是历史学中究竟有没有这种能为现实和未来的社会实践所检验的一般性和普遍性的认识。这个问题，又可以从两方面来考察：一方面是历史学有没有能力概括或总结一般性、普遍性规律；另一方面，作为一般性、普遍性认识的客观基础——历史本身有没有规律性。波普尔等学者之所以认为历史学只能作个别的描述，不能作一般的概括，原因就在于他们认为：历史本身没有普遍性。历史本身没有普遍性，那么，历史学的任何有关研究及其理论成果无异于空中楼阁。在这里，历史本体论的研究就成为历史认识论的基础和前提，所以，“历史学Ⅲ”的研究能否产生具有科学品质的理论概括，首先得取决于历史本身有没有规律，以及有没有规律所表现出来的一种重复性或重演性。

当有人说历史不会重演的时候，我们有必要审思他所使用的衡量“重演”的标尺是否合理。如果用来衡量“重演”与否的标准有误，即我们对“重演”一词的理解有误，那么有关的讨论不仅不能辨析清楚，反而增加了很多观念上、论述上的混乱。

4．什么是重演？

规律的本体论上的界定，是它的客观性、重复性和必然性。恩格斯曾说：

> 氯和氢在一定的压力和温度之下受到光的作用就会爆炸而化合成氯化氢；而且只要我们知道这一点，我们也就知道：只要具备上述条件，这件事情随时随地都可以发生。[①]

这是以自然现象为例对规律所作的一般性概括。这里所说的重复发生，通常也被称为重演性，或用哲学的语言称它为一般性和普遍性（下文所使用“重复”、“重演”、“一般性”和“普遍性”等概念均表示同一种含义）。规律表现出一种重演性，这在自然科学中没有什么异议。然而，以此来考察历史领域的重复性，学者们的意见就大相径庭了，其中否认历史存在着重复性的观点，在学术界占大多数。

什么是历史的重演，历史中有没有重演？不论是持肯定或否定意见的学者，都肯定自然界中有重演，在方法上，都是以自然界中的重演性为尺度来衡量历史。因此，从逻辑上说，历史有无重演性的判断是否站得住脚，又取决于我们的衡量标准是否合理，取决于我们对重演概念的理解是否确切无误。那么，通常所说的自然界的重演性，究竟是指怎样的一种现象呢？或者说，什么是自然界里的“重演”？这似乎是一个不言而喻的问题，学者们并没有作过专门的讨论，我们只能依据有关的论述来归纳一下它的含义。

上文所引的李先生的论述认为，重演的含义是：（一）重演既不是反复，也不是惊人的类似，是否重演不在于它们是否非常相像，而在于它们是否同一；（二）重演可以在具体的细节上进行，而且具体细节上的重演是很容易达到的。

如果我们以此为标准来衡量历史，那么，历史中显然没有这种重演。如果我们坚持重演不是类似，那么这样的重演，一定不是在历史的具体细节上的重演；如果我们坚持重演可以在具体细节上体现，那么这样的重演

---

① 恩格斯：《自然辩证法》，《马克思恩格斯全集》第 20 卷，第 577 页。

一定只能是类似。要同时满足这两个要求：达到在历史的具体细节上进行的、不是类似的重演是不可能的（这个标准是否能够成立暂且不论），即历史的具体细节——各种历史人物、历史事件及其过程——的重演是不可能的。比如，1990年，英、法、美等国为纪念滑铁卢战役175周年进行了一次模拟演习，整个演习——战争过程、武器装备、军队服装——都是按照军事史学家的设计、策划来进行的。虽然“对每一个细节都反复推敲过”，然而它只是一次模拟演习，“并不是真的战争。1815年的滑铁卢战役死伤数量达到4.7万人，结果摧毁了拿破仑雄心勃勃的帝国。但是，在模拟、重演这一重大战役的过程中，只有一只野兔丧生，还很可能是被奔跑的战马踢死的”[①]。由此可见，要对具体的历史事件、历史场景、历史过程进行不是类似的重演是不可能的。

然而，这种具体细节上的、不是类似的重演，在自然界中或在自然科学家的实验室里是不是存在呢？为了便于讨论，我们假设有这样四个事例，并简称为事例a、b、c、d。

事例a：1916年1月1日，爱因斯坦在他的实验室里，运用实验工具和设备，使容器中的水由液态转变为固态。

事例b：1998年1月1日，由于气温的下降，某市区的路面积水，由液态转变为固态。

事例c：1998年1月1日，某甲在家中，利用电冰箱，使容器中的水由液态转变为固态。

事例d：1998年1月2日，某甲在家中，又利用电冰箱，使容器中的水由液态转变为固态。

---

① 《重温拿破仑之梦，英、法、美等国再战滑铁卢——记滑铁卢战役175周年纪念演习》，《上海译报》1990年7月30日。报刊上经常有这类“历史重演”的报道，如2003年12月20日，为庆祝美国购买路易斯安那两百周年，在新奥尔良杰克逊广场的卡维尔多大楼里，人们模拟重演了当年文件签署的情景。参阅《美法重现路易斯安那交易过程》，《参考消息》2003年12月22日。

事例a、b、c、d是否体现出一种具体细节上的、不是类似的重演呢？答案是否定的。因为就事例a而言，实验的主角爱因斯坦已经去世，要再现一次不是类似的重演绝不可能。即使是事例c、d，实验的主角还是同一个人，然而，要他再作一次具体细节上的、不是类似的重演似乎也办不到。由此可见，如果我们对“重演”的理解有误，用来衡量历史有没有重演的标准有误，那么，有关历史有没有重演的问题不仅不能弄清楚，与之相关的讨论也就更加混乱了。

事物的重演问题，既是本体论上的问题，又是方法论上的问题。说它是本体论上的问题，是因为有没有重演，总是有关事物本身的东西，而不是我们外加上去的东西；说它是方法论上的问题，是因为将事物本身的某种特征称为重演，总离不开我们的提取、抽象和概括。这就好像“原因”与“结果”这对概念范畴一样，事物本身无所谓原因与结果，是我们“把宇宙的现在状态看作它先前状态的效果，随后状态的原因”（科学家拉普拉斯的名言）[①]，是我们用“原因”与“结果”这对概念范畴来描写这种先行与后继状态的关系。当然，这样的理解并不是说原因与结果或事物的重演纯粹是我们主观加上去的。

庞卓恒先生曾把历史共性的概括比作数学里的“求出一个‘最小公倍数’”，庞先生说：埃及、巴比伦、印度、中国这古代四大文明古国同俄国的历史背景就有很大的不同。而这四大文明古国彼此之间又各有自己的特点。尽管如此，毕竟能够在它们之间求出一个“最小公倍数”，也就是导致东方国家形成亚细亚生产方式的一些共同的条件[②]。受此启发，笔者把历史重演的抽象概括比作数学中的提取公约数，公约数即几个数字的共同约数，提取的约数越小，共有的范围越大；提取的约数越大，共有的范围越小，公约数的提取更类似于历史共性的提炼和概括。比如，给出一组数字：

---

① 拉普拉斯被誉为“法国的牛顿”，他是“因果决定论”的忠实信徒，他坚信：只要能掌握所有的变数和细节，我们就可以模拟宇宙的任何事情，仿佛一个魔鬼能洞悉所有事情一样，他自喻这是“拉普拉斯魔鬼”。

② 参见庞卓恒、高仲君：《有关亚细亚生产方式几个问题的商榷》，《中国史研究》1981年第3期。

2、4、8、16、24，能不能提取出公约数，既取决于这一组数字本身的性质，也取决于我们所使用的提取方法。所谓取决于我们的方法，并不是说我们的方法可以决定或改变这组数字的性质，而是说，使用了恰当的方法，可以使这组数字所具有的某种性质呈现出来。因此，当某人说这组数字不能提取公约数时，我们便要考察一下，究竟是这组数字本身不具有某种性质，还是我们的提取方法有误。同样，当我们要思考历史能不能重演的问题时，不妨也按照上面的思路讨论一下：究竟是历史本身不能重演，还是我们抽象概括的方法有误，或者是对这些问题的理解上有偏差。

"重演"一词，或用来指称事实或事物的具体内容上的相似，或是用来指称事实或事物的某种本质、关系和属性上的同类。前者的含义是类似，后者的含义是同类；它们分别使用于两个不同的认识层次，不可混为一谈。说历史不可重演，恐怕就是混淆了"重演"的两种含义。

5. 相似与同类

重演性或重复性，是规律研究中一个很重要的概念，也是日常生活中经常使用的一个术语。在日常生活中，当我们数次观察到"太阳从东方升起"或"苹果从树上掉落"的情景后，我们会说这是一种重演。但是，这里的重演究竟是指几个特殊事物的具体细节上的相似，还是指由几个特殊事物反映出来的事物的某种本质、关系或属性上的同类，人们往往并不去仔细分辨它，或者说，也不必去辨析它。有时，我们也用"重演"来表示对象的"自身绵延的同一性"[①]，比如，连续几天看到在同一张桌上放着的同

① 金岳霖:《知识论》，第105页。

一本书，我们也可以说这是一种“重演”。“重演”一词被用来描述几种不同的状况，在日常生活里是不会引起歧义、误解或争论的，但是在科学研究中，区分它的不同含义，确切地使用这一概念就相当重要了。

上节列出的 a、b、c、d 四个事例，是否体现出一种重演呢？这当然取决于事物本身的性质，但也取决于我们的认识目的和为了达到这一目的而采取的相应的认识方法。

我们知道，人的认识总是由个别事物开始的，由个别走向一般，因此，认知个别和认识一般也可以看作认识活动的两个阶段。在这两个阶段里，我们所抱的认识目的和使用的认识方法是不同的。在前一个阶段里，认识的目的是要确定和区分一个个个别的、特殊的事实或事物，思维的操作在于弄清它的具体内容，如它的时间和空间的定位，它的具体内容和细节。不如此关注它的具体性，不对它的时空位置加以严格的限定，我们就不能把一个个个别的、特殊的事实或事物确定下来，也不能把它们区分开来。在这一阶段里，认识的目的决定了我们不会把这四个事例看作重演，与此目的相配合的操作方法也不能使这些事例呈现出重复性。有时，事实或事物的具体内容非常相似，如事例中的 c 和 d，这种相似，虽然常常也被称为“重演”，但它们只是相似。因为，特殊的事实或事物，都有自己特定的时空定位，有自己独特的内容和细节。当某甲在 1 月 2 日想“重演”1 月 1 日的那个特殊事实时，所“重演”的已不是 1 月 1 日的那个特殊，而是产生了一个新的特殊。特殊之所以称其为特殊，就在于它是不能重演的，否则我们也就不称其为特殊了。关于这一点，哲学家金岳霖先生曾有专门的讨论，他说：

> 事实可没有普遍的。所谓普遍就是超特殊的时空。事实不但不超特殊的时空，而以特殊的时空为一必要成分。任何事实总是在某时或某地的事实。……事实既只是特殊的，它当然是不能重复的。[①]

① 金岳霖：《知识论》，第 846 页。

当我们的认识由个别进入到一般阶段时，认识的目的是寻求事物的共性、一般性或普遍性，思维的操作是抓住事物的共同点，撇开它们的差异。或者是抽象出本质，丢弃其表象。不作如此的操作，我们的认识便只能停留在个别的、特殊的事物上，也无法将感性的材料整理规范、抽象提炼。在这一阶段里，事物的具体内容，其大小、轻重、长短都不相干了，特殊的事物一旦摆脱了时空的定位后，它便成了某种关系、本质或属性的表征了。在认识的这一阶段里，事物的关系、本质或属性就呈现出一种同类性，因同类而表现为一种重演。这时，不仅事例 c 和事例 d 表现为重演，上述四个事例都表现出一种重演。

上述的分析如能成立，我们可以说“重演”一词有两种不同的含义与用法：（一）“重演”一词可以用来指称事实或事物的具体内容上的相似；（二）“重演”一词也可以用来指称事实或事物的某种本质、关系和属性上的同类。在前一种情况里，重演的含义相当于类似或相似；在后一种情况里，重演的含义是同类。它们分别存在于两个不同的认识阶段或层次里。在认识的前一个阶段里，当我们说某某事实重演了一次，这里的重演，实在是指两个或多个事实的相似；在认识的后一个阶段里，虽然我们有时也同样说某某事情重演了一次，但这里的重演，借用金岳霖先生的话：

> 不是一件特殊的事实重演，而是两件特殊的事实同类。两件或无量数件的事实可以同类而一件特殊的事实决不能重复。[①]

混淆了重演一词的不同含义和用法，就会概括出一种错误的衡量标准，一方面强调重演不是类似，一方面又肯定可以进行细节上的重演，将两种不同含义的重演混为一体，并以此为标准来衡量历史，历史也就显示不出它的重演性。许多认为历史事件唯一性或历史不可重演的论点，恐怕与混淆两种不同含义的重演有关。

① 金岳霖：《知识论》，第 847 页。

有了以上的辨析，我们可以进入到下列问题的讨论：历史中有没有特殊史实的相似？有没有特殊史实的同类？当然，也可能是史实的既相似又同类或只是相似而并不同类。

有些是史事的彼此相似，有些是史事背后体现的“事理”的同类，有些史事既彼此相似又体现了同类的“事理”。“重演”一词，常常分别用来描述这三种不同的情况，这也需要辨析区分，不能等同混用。

6．历史的相似与重演

如上所述，重演一词有两种不同的用法，它既可以用来指称事实或事物的具体内容上的相似，也可以用来指称事实或事物的某种本质、关系和属性上的同类。与历史规律问题的研究有关的主要是后一种意义上的重演；问历史中有没有规律，有没有一般性和普遍性，实际上也就是问历史中有没有后一种意义上的重演。

说到历史中的一般性或普遍性，我们自然需要列举一些理论命题作为讨论的事例。但是，历史领域里的理论命题存在着很大的分歧，如果我们用一些有分歧的理论命题作为事例来论证，就会引出更多的纷争，也无助于问题的澄清和解决。为了避免一些不必要的纠缠，下文选择一些国内理论研究中经常引用的、不易产生分歧的理论命题来作为讨论的事例。

恩格斯曾概括过这么一条理论命题[①]：

---

① 恩格斯的这一命题，也见于王和、周舵先生《试论历史规律》(《历史研究》1987 年第 5 期）和黎澍《马克思主义对历史学的要求》(刊于黎澍《再思集》，中国社会科学出版社 1985 年版）二文。

> 不同阶级的联合虽然在某种程度上说总是一切革命的必要条件，这种联合却不能持久——一切革命的命运都是如此。当战胜共同的敌人之后，战胜者之间就要分成不同的营垒，彼此动起武来。[①]

恩格斯的这条概括，仅从字面上去理解，似乎局限于“阶级”间的联合与分裂，其实“阶级”一词，既可换成“阶层”“集团”，也可替换为“政党”“人群”等等，替换之后的理论命题仍然能够成立。黎澍先生在《马克思主义对历史学的要求》一文中，在引录了恩格斯的这段论述之后，就以中国历史上的四个事件来证明这一命题，他说：太平军打下南京，接着就发生了内讧。辛亥革命义旗刚刚举起，同盟会内部就分裂了。第一次国共合作因北伐军打下南方数省而分裂。第二次国共合作因日本投降而分裂[②]。上述理论命题究竟是一种什么样的性质，这里暂且不论，至少我们可以说，恩格斯所说的“不同阶级的联合虽然在某种程度上说总是一切革命的必要条件，这种联合却不能持久”的现象（理论命题所概括的，是历史中的一种本质、属性，或关系式，称之为“现象”并不恰当），在中国近现代史上至少已有四次重演。

史学家陈寅恪在《论李怀光之叛》一文中的相关论述，也暗合着历史的重演性，陈先生写道：

> 唐代朱泚之叛，李怀光以赴难之功臣，忽变为通贼之叛将，自来论者每归咎于卢杞阻怀光之入觐，遂启其疑怨，有以致之，是固然矣。而于神策军与朔方军粮赐之不均一事，则未甚注意。……夫李晟所统之神策军者，当时中央政府直辖之禁军也，李怀光所统之朔方军者，别一系统之军队也，两者禀赐之额既相差若此，复同驻咸阳一隅之地，同战朱泚一党之人，而望别一系统军队其士卒不以是而不平，其将领不因之而变叛，岂不难哉！岂不难哉！……然则怀光之所以能激变军

---

① 恩格斯：《德国的革命和反革命》，《马克思恩格斯选集》第1卷，第530页。

② 黎澍：《马克思主义对历史学的要求》。

心，与之同叛者，必别有一涉及全军共同利害之事实，足以供其发动，不止其个人与卢杞之关系而已。①

余英时先生在《陈寅恪晚年诗文释证——兼论他的学术精神和晚年心境》一书中引录了这段论述，并加了一段分析，他说：

这篇文章最初发表于民国廿六年七月出版的《清华学报》(第十二卷三期）上面。细按文章的内容和出版的时间即可知道这是陈先生受了民国二十五年十二月十二日“西安事变”的刺激而特别撰写的。李怀光的地位、处境以及叛变经过都和西安事变前后的张学良颇为相似。当时东北军之不满中央，除了要求一致对外的大题目外，自觉在待遇方面受到歧视也是重要的促成因素。据张学良《西安事变反省录》，他决意举行兵谏也受到一些所谓“恶缘”的刺激。其中包括为东北军“请求抚恤、补给，皆无结果”，以及双十节政府受勋有冯玉祥而无张学良之类。陈先生当时未必深知西安事变的详细情形，但他客观地研究历史上相类的史例，所得出的结论竟大有助于我们对西安事变的了解。②

这是不是历史中的重演呢？回答应该是肯定的。从上述事例中，我们可以看到：(一）在历史领域里，也有人物或事件的类似，这就是引文所说的“李怀光的地位、处境以及叛变经过都和西安事变前后的张学良颇为相似”。当然，它们也只是相似，而不是重演。(二）就李怀光之叛与西安事变所反映出来的“历史的共性”而言，它们确实是一种真正意义上的重演，这种重演就是历史中的一般性和普遍性。历史中既有事件间的相似性的重演，也有事件所反映的某种关系、本质或属性上的同类，这种同类，就是真正意义上的历史重演。胡适曾总结过一个“公式”，他说：

---

① 陈寅络:《论李怀光之判》,《金明馆丛稿二编》，第 297—280 页。

② 余英时:《陈寅恪晚年诗文释证——兼论他的学术精神和晚年心境》，时报文化出版事业有限公司 1984 年版，第 29—31 页。

> 五四运动为一种事实上的表现，证明历史上的一大原则，亦可名之曰历史上的一个公式。什么公式呢？凡在变态的社会与国家内，政治大腐败了，而无代表民意机关存在着；那么，干涉政治的责任，必定落在青年学生身上了。这是一个最正确的公式，古今中外，莫能例外。[①]

在这个“公式”里，历史事件的相似与其本质属性的同类，是兼而有之的，但“事实上的表现”只是相似，不能称为重演；重演的是“公式”所陈述的历史之“理”[②]。当代的史学家常常强调“通过历史来理解现在，通过现在来理解历史”，这既是一种历史认识的方法，也是对历史共性的一种肯定。而这种古今互通的印证，就是以历史的重演性为基础的。而所谓的历史共性，就是历史的重演性。

其实，重演一词的含义，并非深奥难解，日常语言的交流也常常要用到，且并不会引起歧义和纷争。比如，成语中的“狡兔三窟”“亡羊补牢”，并非专指“兔”和“羊”，而是专指“窟”和“牢”。但凡出了问题想办法补救，以防止继续受损失，都可称其为“亡羊补牢”；但凡有多个避祸藏身之处或计划周密的人，也可称其为“狡兔三窟”。成语之所以能普遍性地使用，原因也就在此。如果历史只有唯一，史事只有相似没有同类，我们就只能使用在“兔”“羊”身上，且非要等到了“兔子打洞”“修补羊圈”时才能使用这两句成语。这些都可以称之为历史的重演。

还有一种不易清除的误解：认为与自然界中的重演性相比，社会历史领域里的重演是一种不完全、不严格和近似性的重演。

---

① 胡适:《五四运动纪念》,《胡适的声音》，广西师范大学出版社 2005 年版，第 13 页。

② 关于“理”的问题，详见第七章的讨论。

这实在是混淆了“重演”中的同类与相似。因为只有相似才有完全不完全、严格不严格、近似不近似的程度差异；而既然归之于同类，何以再会有这样的问题？

7. 澄清一种误解

在历史重演性的讨论中，还有一种观点也相当普遍：认为与自然界中的重演性相比，社会历史领域里的重演是一种不完全、不严格和近似性的重演。比如，王和、周舵先生在《试论历史规律》一文中这么写道：

> “历史规律”，所指的无不是在历史上反复出现过的现象及过程。但是，“历史规律”又有着有别于哲学的“规律”的特殊性。因为，如果说一般而言的“可重复性”是指“能够再现”的话，那么，在“历史规律”中则完全不存在这种严格意义的“重复”，所以，“历史规律”对所谓“可重复性”的研究，仅仅是指对那些具有相似性的同类历史现象和过程的研究。[①]

万斌先生的《历史哲学论纲》一书也持这种看法。他认为：

> 历史规律和自然规律一样，存在着重复性，……但是，历史规律的重复性又有别于自然规律的重复性。在严格意义上，历史规律中不存在完全的重复。……每一种社会历史现象和过程在其运行中，都具有不同的主体，打上了不同的主体烙印和风范，具有鲜明的时代性和历史感，不可能完全一致和再现。历史规律所内涵的现象和过程的重复性，只是对那些具有相似性但却具有同类普遍规定的现象和过程的归纳和概括。[②]

---

① 王和、周舵：《试论历史规律》，《历史研究》1987 年第 5 期。

② 万斌：《历史哲学论纲》，浙江大学出版社 1992 年版，第 168—169 页。另外，张嘉同、沈小峰主编的《规律新论》也持这样的观点，参见《规律新论》，中共中央党校出版社 1993 年版，第 63 页。

总之，说历史中有重演，那似乎是一种降低了标准的说法，“严格”标准的话，像自然科学中的那种严格意义上的重演是没有的。这是一种较普遍的看法，但也是一个需要澄清的误解。

这仍牵涉到对“重演”一词的理解。通常所说的自然界中的完全、严格的重演究竟是怎么一回事？在自然科学的研究中，从伽利略在比萨斜塔上做大小球同时落地的试验，牛顿观察到的苹果落地，到月球绕地球运行或地球绕太阳运行等等，就其所呈现的事物的“理”[①]，即事例所呈现的某种本质、关系方面的同类而言，都是完全、严格的重演。我们不能说苹果落地或伽利略在比萨斜塔上做大小球同时落地的试验是“理”的完全、严格的重演，地球绕太阳运行或月球绕地球运行是“理”的不完全、不严格的重演，其间也没有完全与不完全、严格与不严格、近似与不近似的差异。这当然是就认识的第二个层次上说的，如果我们回到认识的第一个层次上，停留在对这些事物的具体细节或内容的认识上，情况就不同了，有些只有相似，有些甚至连相似都说不上。由此可知，自然科学中的所谓重演的严格性、完全性，也是撇开了事物的具体内容细节，而专指事物的某种本质、关系或属性的同类。也就是说，在讨论事物的具体细节或内容的类似程度时，可以有严格与不严格、完全与不完全、近似与不近似的程度差异；而在讨论事物的某种本质、关系或属性的同类时，并不存在什么严格与不严格、完全与不完全、近似与不近似的程度差异。

那么，历史中的情况是否也如此呢？如果我们也是同样地撇开历史的具体内容、细节，历史中的“理”，即历史中的某些本质、关系或属性的重演是否也是完全的、严格的呢？在这里，我们仍以上文引用的恩格斯关于“不同阶级的联合与分裂”的理论命题来作一点分析。按照黎澍先生的分析，恩格斯所总结的这条理论命题，在中国近现代历史上已经重演了四

① 此处的“理”指万有引力公式：$F=\frac{Gm_1m_2}{r^2}$。

次了。而每一次重演，就其对历史之“理”的表征而言，并不存在严格与不严格、完全与不完全、近似与不近似的程度差别。与上文所说的自然科学中的几个事例对“理”的数次重演的表征相比，也不见得有什么严格与不严格、完全与不完全、近似与不近似的差别。

由此可见，学者们之所以会有这种严格不严格、完全不完全的不同特点的概括，原因恐怕还是在于混淆了“重演”的两种不同含义。同类与类似的混用，在自然科学中或许还不会引起误解，因为在自然界中，类似的事物常常具有同类性，事物既是类似，又表征着同一本质、关系或属性。社会历史领域则不行，类似的事件不一定是同类，表征同类的事件并不类似，常常是“貌似而神离”或“貌离而神似”。恩格斯曾将16世纪的宗教改革与英、法资产阶级革命相提并论，称它为欧洲近代历史上新兴资产阶级与封建主义的三大决战之一，但它与英法资产阶级革命相比，在外表、内容细节上却一点儿也没有类似之处。由于将两种不同的重演性相混淆，结果将类似上的程度差异类推到同类上去，就产生了一个误解，好像历史中的重演总是不完全的、不严格的、近似性的。

重演问题的另一种误解，与预言有关。预言的落空或例外，能证明因果关系不存在或没有确定性吗？不能。因为因果关系的确定性不等于它的呈现也有确定性。我们既不能因为因果关系的呈现无确定性而说因果关系无确定性，也不能因为因果关系有确定性而说因果关系的呈现也一定有确定性。

8．历史能否预言？

重演问题的另一角度的研究，是探讨理论命题的“预言”问题。这方面的研究可以以沃尔什、波普尔的论点为代表。

沃尔什在《历史哲学——导论》一书的“历史学与科学”一章里，以知识的普遍性为考察对象，比较了自然科学与历史学的三方面异同，他说：（一）历史学家主要关心的是个别事件，而不是普遍的结论，自然科学则相反；（二）自然科学里有真正的普遍性命题，而历史学没有；（三）自然科学的普遍性命题可以作出成功的预言，而历史学没有预言能力[①]。他认为，“历史思维确实包含着某种普遍性的成分”，例如，讨论“整个一时代或民族的气质和特性”，“诸如中世纪的英国，或法国的启蒙运动，或维多利亚人的时代这样的题目”，讨论“许多有关生活在那些时代和地方的人们的普遍特征”等等。但是，它并不是真正意义上的普遍性结论，不能与科学思维相混淆。为此，他提出了两类不同性质的普遍性命题，一种是“开放”类（“open” class），另一种是“封闭”类（“closed” class），前者谈论的是存在于“过去、现在和将来”的普遍性，后者谈论的是“一定时间和一定区域实际”存在过的普遍性。[②]沃尔什认为，自然科学概括的是“开放”类的普遍性命题，而历史学中只有“封闭”类的普遍性命题，这两种不同的普遍性，可以在预言方面得到区分。他说：

> 关于我们称之为科学的那些命题的普遍特征的这一观点，是和另一种观点紧密联系着的。我们倾向于认为，科学知识乃是某种程度上总会有用的知识，其有用就在于它能够使我们掌握现在或预言未来。
>
> 科学家，正如我们看到的，主要地是对普遍真理感兴趣，而且他们确实使得预言成了他们的业务，历史学家相形之下则主要的是关心于个别事件，而且在他们的工作过程中很少表述真正普遍的结论。他

① 沃尔什:《历史哲学——导论》，第29—30、36、31页。

② 沃尔什:《历史哲学——导论》，第34页 。需要注明的是，沃尔什并不称其为“普遍性”或“普遍性命题”，他只是说“历史思维确实包含着有某种普遍性的成分”（第33页），把沃尔什的观点简述为两种普遍性和两种普遍性命题，只是为了行文的方便。哲学家金岳霖先生在《知识论》一书中，也谈到有两种不同的普遍性命题，他用“有时代或地域限制的普遍性”与“普遍命题”两个术语来加以区别。（参见《知识论》，第836—839页）。张嘉同、沈小峰主编的《规律新论》，则用“限制的全称陈述”与“未限制的全称陈述”两种术语来区分这两种不同的普遍性命题。（参见《规律新论》，第88页）

们之专心致力于个别发生的事，也许说明了他们之所以没有能力预言，尽管他们的工作在这个问题上使他们优越于那些没有历史知识的人。

他在归纳科学和科学知识的几个特点时又说：

它能使我们作出成功的预言，并因而能控制事件未来的进程，至少是在某种程度上。[①]

波普尔也持这样的看法，他认为，物理学、生物学、社会学等学科的最大兴趣在于普遍的规律或假设上，它们是概括性科学；历史学的兴趣在特殊事件上。前者寻求全称命题，关注普遍规律的检验；后者只是关于个别事件和过程的单称命题，关注它对特定事件的解释的准确性和适合性。在《历史有意义吗？》一文中，他也谈到了“对于特殊事件及其说明有这种兴趣的科学，可以称为历史的科学，以别于概括性的科学”，并说“这种对于历史的看法，说明了为什么许多研究历史和历史方法的学者坚持说他们的兴趣是在特殊事件上，而非任何所谓普遍的历史规律。因为从我们的观点看来，不可能有什么历史规律”[②]，人们也无法借助历史规律来预测人类社会的未来。

按一般的理解，命题普遍性的标志就是能够作出成功的预言，因此，我们总是以能否作出成功的预言来衡量命题是否具有普遍性。所谓成功的预言，通常的理解就是预言的一无例外或屡试不爽。某一个命题的预言如果能够一无例外或屡试不爽，我们就称它是真正的普遍性命题。科学最令人信服的一点，就是它的研究成果可以在现实或未来不断地加以证实。用这样的标准来衡量历史学，我们会发现，历史学确实做不到这一点。

波普尔还提出了否认社会预言的另一个理由，即预言会影响事态的实际进程，从而引起或阻止所预言的事情的发生。他把这种情况称为“俄狄

① 沃尔什：《历史哲学——导论》，第29—30、36、31页。
② 波普尔：《历史有意义吗？》，《现代西方史学流派文选》，第150页。

浦斯效应”（Oedipus effect），他说：

> 假设人们预测股票行市三天看涨，然后看跌，显然与市场有联系的每个人都会在第三天抛售股票，这造成了当天股票行市下跌，从而否证了这个预测。[①]

对股市预言究竟应该怎么理解，这里暂且不论，但波普尔所说的“俄狄浦斯效应”是客观存在的，而且也确实是社会科学与自然科学在预测上的不同之处。比如氯化氢的合成规律，不管人们如何预测，预测对事物的变化不会产生影响。“人口的无限制的增长会给社会生活带来巨大的压力”的预言的结果，反使得人们有意识地减缓了人口的增长速度以减轻由此而带来的生活压力。

预言能够屡试不爽或一无例外，当然证明了命题的普遍性。问题是预言的落空或例外，是不是就说明了命题不属于“开放”类，是否说明事物本身就没有普遍性呢？这实际上还是学术史上的一个老问题。自休谟以来，讨论因果关系的学者，都为因果关系的例外问题犯难。金岳霖先生对这个问题的理解是很精辟的，他说：

> 休谟讨论因果关系，其所以绕那么一个大圈子者，也因为它碰着势无必至问题。他承认势无必至，就以为理也没有固然。……可是，有理之有不是有势之有，未显的理仍为理，……某关系现实不足以表示它就是因果关系，某关系不现实不足以表示它不是因果关系或者是有例外的因果关系。[②]

因果关系是有确定性的，而因果关系的实现则无确定性，这是两个不同的问题，不能混为一谈。我们既不能因为因果关系的实现无确定性而说

---

① 波普尔著，杜汝楫、邱仁宗译：《历史决定论的贫困》，华夏出版社 1987 年版，第 10 页。

② 金岳霖：《论道》，商务印书馆 1994 年版，第 201—203 页。

因果关系也无确定性，也不能因为因果关系有确定性就说因果关系的实现也一定有确定性。金岳霖先生举例说：人吃了若干砒霜会在几分钟内死去，这是一个因果关系，不会有例外。但是，某甲在吃了若干砒霜之后，医生马上设法让他吐出来，结果某甲得救；或者是某甲吃了若干砒霜之后，几秒之内头部挨了枪弹，结果未等砒霜发挥作用已经死去[①]。那么，我们会不会因为某甲没死（或是他死于枪弹）而说“砒霜能致人于死”的命题有例外，说“砒霜能致人于死”的命题不是普遍性命题呢？会不会因此而说“砒霜能致人于死”的命题无效，说这个命题的预言作用可以忽略不计？当然不会。又如，气象学的研究，对于降雨、降雪等现象已经概括出一系列确定性的命题，它们能够帮助我们成功地进行人工降雨或人工降雪。然而，当我们依据这些命题去进行气象预报时，则常常有例外。如果我们因为预报的落空而说这些命题不具有确定性，那又如何解释我们依据这些命题成功地进行人工降雨或降雪呢？显然，预言的例外并不能说明该命题没有确定性，也不能说明事物本身就无确定性。

波普尔在《历史主义贫困论》的序言里曾作过一个著名的概括：人类历史的进程受人类知识增长的强烈影响[②]。按照笔者的理解，波普尔所说的人类历史进程受人类知识增长的影响，并不是对一定时间、一定地域内的普遍特征的概括，而是对过去、现在、未来的某些普遍特征的概括。也就是说，它应该属于沃尔什所说的开放类的普遍性命题。而且，按笔者的逻辑，肯定上述陈述是一种开放类命题，也就肯定了历史过程中存在着某种重演性。但是，波普尔为什么仍然认为历史的理论命题不能作出预言呢？庞卓恒先生认为，波普尔在自然科学领域是坚持决定论的，而在社会历史领域则反对决定论，尤其按照他的这一著名五段陈述的逻辑，本应该成为支持决定论的一例，而为什么他却极力在社会历史领域里反对决定论呢？庞先生认为，这是“机械宿命论的历史决定论也在波普尔身上激起了逆反

---

① 金岳霖:《论道》，第201页。

② 波普尔:《历史主义贫困论》(序)，第1—2页。

心理，以致他连科学的历史规律观和科学的历史决定论也一起否定”[①]。按照笔者的理解，这恐怕与波普尔所强调的预言的有条件性及预言的精确性有关。波普尔认为，掷骰子之所以不能成功地预言，是因为我们不能对其初始条件作出精确的测量，若能做到这一点，我们也能作出预见。换言之，凡是能够陈述为“如果具备 C_1，C_2（直到 C_n），就必然产生 E”的理论命题，它就能达到一种有条件性和精确性的预言。所以他认为，科学预测具有精确性，历史学则做不到这一点。我们无法对知识的增长作出合理或科学的预测，不能因此而制定出一套精确的社会日历，因此，社会预测是不可能的。可见波普尔所强调的是预测的精确性，强调区分科学的预言与非科学的预言，他认为，科学的预言都是有条件的，而无条件的预言则是非科学的预言。波普尔的这一看法是值得我们重视的，延续这一思路走下去，历史的规律问题、历史学的理论命题的特殊性就逐渐显示出来了，只是“非科学”一词容易引起歧义。

> 凡事都有因果，但有因果性不等于有因果律。对于自然科学家而言，一个特殊的因果关系之所以会引起他的兴趣，那是因为它有可能上升到一般的因果律，求得一个“如果……就……”或者是“只要……就……”的理论命题；历史学却在这里碰到了困难，而这才是问题的症结所在。

9．从因果性到因果律

上述讨论都还是着眼于事物的重复性。如果以能否“重演”作为有无规律的标准和衡量尺度，那么，我们只得承认，历史中也有严格、完全的

---

① 参见庞卓恒、谭天荣:《关于历史学和量子力学中的非决定论——不确定性问题的探讨》,《史学理论》1987 年第 1 期。

“重演”，历史中也有这种意义上的规律。或者说，自然界的重演可以人为地控制，而社会历史领域里的重演则不能通过人力来进行，这当然是一个明显的差异，但自然界中也有部分事物的重演是我们人力所不能控制的。因此，仅仅就事物的“重演性”而言，我们还看不出两者有什么差异。换言之，如果只是停留在重复性上，还难以显现历史规律的特殊性。

我们知道，规律是具有重复性的，或者说，规律一定是有重复性的，不过，重复性是否一定表征规律呢？这就很难说了。有些重复性仅仅表现为一种规则性，而且，光知道事物有重复性还不够，从实用的目的和宗旨出发，我们还要知道事物何以会重复，如何才会重复，这种重复有没有确定性，这就涉及规律的另一个属性——必然性问题。恩格斯在《自然辩证法》中曾说：

> 氯和氢在一定的压力和温度之下受到光的作用就会爆炸而化合成氯化氢；……只要具备上述条件，这件事情随时随地都可以发生，至于是否只发生过一次或者重复了一百万次，以及在多少天体上发生过，这都是无关紧要的。①

从这段论述可以得出这样一种看法，即规律研究的关键在于找出它的因果关系的原因条件，一旦我们找出这里的原因条件，就能确定重复的必然性。到这时，它的重复性——是重复一次还是一百万次——似乎并不重要，因为我们已经掌握了因果关系的确定性，即规律的必然性。证之于科学研究的实践，情况也确实如此。

迄今为止，人类利用自然界的基本方式是从认识和掌握因果律入手的，科学研究的目的就从偶然的因果性中求出必然的因果律。罗素曾说：“偶然指的是一种其因果作用不为人知的事件。”②这种说法很容易引起误解，似乎偶然性的解释是出自我们思想上的无能和懒惰，但其中的合理性也不该忽

① 恩格斯：《自然辩证法》，《马克思恩格斯全集》第20卷，第577页。

② 罗素：《论历史》，第239页。

视。确实，我们常常是把无法上升为因果律的因果性称为偶然性。

凡事都有因果，但有因果性不等于有因果律。对于自然科学家而言，一个特殊的因果关系之所以会引起他的兴趣，完全是因为它有可能上升到一般的因果律。1928 年秋，英国细菌学家弗莱明意外地发现暴露在室外数天的培养皿已经被霉菌污染，细菌被溶解，而霉斑四周不存在细菌。这一现象之发生，当然有其因果性，弗莱明鉴定此霉是青霉菌的一种，并命名为盘尼西林。为了使这项发现能够走向实际运用，科学家做了大量的研究，青霉菌的生产工艺及其整个生产过程极为复杂，不仅有关的条件因素众多，而且需要的条件还相当“苛刻”，全部流程必须在无菌条件下进行，适宜的温度和供氧状态必须严格控制。这一事例，在自然状态下是极为罕见的。然而，从偶尔的发现到能够成批量的生产，科学研究必须解决一个问题，那就是寻找出因果关系的必然性。

确定因果关系的必然性，这也就是我们通常所说的求得一个“如果……就……”，或者是“只要……就……”的理论命题。这是科学家所要做的工作，也是一切科学研究的方向和目的。作为一种方向和理想，历史学自然也不例外。然而，正是在这一点上，当历史学家试图找出重复性背后的必然性时，却碰到了特殊的困难。

从因果性上升到因果律，实际上就是寻找出因果背后的必然性，或者说是规律的必然性。历史学在这里发生了困难——历史中有因果性，但找不出因果性的必然性。不过，在作出这样的判断或接受这样的结论之前，先要对“必然性”一词的含义作一番正本清源的考究。

必然性，是规律研究中使用得最多，同时也是含义最含糊、最混乱的概念之一。长期以来，学术界一直把必然性与重复性、普遍性相提并论，把它们视为规律现象的基本特征或属性，有关的研究也总是围绕着三个特征展开。然而，使用中出现的问题，也使得学者对历史学能否使用这些观念术语产生了怀疑。1987 年，先后就有盛国雄、崔世广的《评历史的必然性与偶然性》（下面简称“盛文”）和王和、周舵的《试论历史规律》两篇论文讨论这一问题。“盛文”认为：必然性和偶然性这对范畴不是历史的科学抽象，它给历史研究带来了极大的混乱，“必然性与偶然性范畴对于史学研究是不适用的，应该有新的范畴来取代它”[①]。王和、周舵先生对这一问题的讨论更加系统。可惜这两篇论文在当时都没有引起什么反响，相关的研究也都绕过他们提出的问题。王和、周舵先生在《试论历史规律》一文中提出：

> 用“必然的联系”去定义“规律”，在实际应用中就会产生两个问题：（一）人们很容易从“存在”的意义去理解“必然”，从而总是把一切事物（包括极其偶然的事物）的原因与过程都解释为“规律”，这正是以往的史论文章中常见的通病。（二）由于人们对“必然”的片面理解，只注重规律的必然性，却忽视乃至忘记了规律的概然性，从而总是把历史发展的规律理解为概莫能外的、“放之四海而皆准”的东西。[②]

这两点批评是有见地的，延续王、周的上述的意见，我们将历史中的“必然性”作一点区分。笔者认为，“必然性”一词通常有三种不同的含义，可以分别以“必然性 1”、“必然性 2”和“必然性 3”来表示。

“必然性 1”是表示某些事情的发生或存在的不可避免，这也是我们日常生活中经常使用的一种必然性。恩格斯在《自然辩证法》中有一段叙述，讲的就是这种含义上的必然性。他说：

> ……今早四点钟一只跳蚤咬了我一口，而不是三点钟或五点钟，而且是咬在右肩上，而不是咬左腿上——这一切都是由一种不可更动的因果连锁、由一种坚定不移的必然性所引起的事实。[③]

---

① 盛国雄、崔世广：《评历史的必然性与偶然性》，《湖北社会科学》1987 年第 3 期。

② 参见王和、周舵《试论历史规律》一文，该文主要的思路是把必然性由原先的规律的属性范畴降为规律的类别范畴。

③ 恩格斯：《自然辩证法》，《马克思恩格斯全集》第 20 卷，第 561 页。

恩格斯在这里所说的“坚定不移的必然性”，当是指一种与规律无关的必然性，通常只是用来说明事实最终如此存在或某一事实结果发生的不可避免。这是“必然性 1”的用法和含义。

“必然性 2”，这就是通常所说的规律的必然性。通常认为，规律是客观世界里的一种关系，规律理论则是对这种关系的概括或归纳。当客观世界中的某一种关系表现出一种极强的确定性和不可避免性时，我们便以“必然性”一词来描述它，我们会说这是一种必然规律，或者说，这是规律的必然性。比如，水在一定的温度、一定的气压等条件下，会由液态转变为气态或固态，我们称其为必然规律（下文简称“水的变化规律”），氯和氢在一定的压力和温度的界限内受到光的作用就会爆炸而化合成氯化氢，我们也称它为必然规律（下文简称“氯化氢合成规律”）。水的变化规律或氯化氢合成规律都是事物因果性的一种关系式，说它们是必然规律，则是强调这种关系式的确定性，肯定它的一无例外和不可避免。

必然性一词也可以用来指称规律呈现的确定性。在实验条件下，氯化氢合成规律实验和水的形态变化实验可以屡试不爽，一无例外。所谓屡试不爽，就是事物的关系式的呈现具有一种确定性。需要指出的是，这里所说的是事物关系式呈现的确定性，而不是事物的关系式本身的确定性，这种确定性我们称为“必然性 3”。

正如王和、周舵先生所批评的那样，在史学界，人们常常从“存在”的意义去理解“必然”，总是把一切事物（包括极其偶然的事物）的原因与过程都解释为“规律”。作者还以历史上文明的中断和衰亡的史实为例，认为在人类历史上，文明的中断和衰亡的事例并不少见，但是，“我们不能从这种重复性中总结出规律，因为这种重复性与规律无关”。把某些史事的发生或存在的不可避免，视为规律意义上的必然性，这确实是史学研究中常见的错误。因为，历史中的许多具体史事的存在发生——如恩格斯所说的“早晨四点钟被跳蚤咬一口”之类——的不可避免性，都是一些与规律无关的必然性。按照罗素的说法，那都是一些属于无法上升为因果律的因果关系[1]。从这个意义上，我们赞同德雷的说法，历史学家有时候只要作“how”的叙述，不要随意地将历史中的“how”上升为历史的“why”。不过，在指出这一点的同时，我们也该注意问题的另一方面。在自然科学的研究中，将“必然性 1”等同于“必然性 2”，似乎并不会发生什么大错误，因为自然科学家的研究确实是在将“必然性 1”提升为“必然性 2”，“必然性 1”也确实可以提升为“必然性 2”。比如，上文所说的 1928 年秋弗莱明意外地发现盘尼西林以及研究出批量生产的过程就可以说明这一点。同样的情况在历史学中能否实现呢？历史中有“必然性 1”，那是没有疑问的，但历史中有没有“必然性 2”？历史中的“必然性 1”能否上升为“必然性 2”？这是我们下面要讨论的问题。

---

① 罗素认为，所谓偶然不是无缘无故，而是指它不可能从当时的历史局势之中推演出来。克里奥帕特拉（Cleopatra，也译作克娄巴特拉、克列奥佩特拉）的鼻子的长短，是由她的遗传基因所决定的，所以不是偶然的。然而它的作用却不能从公元前 1 世纪地中海国际政治的局势中推演出来；在这种意义上，它就成为历史的偶然。按照这种说法，则偶然、必然更多的是属于认识主体，而不属于认识的客体。参见何兆武：《苇草集》，第 270—271 页。

七　因果关系与理论命题

寻找、解释原因，也是历史研究的主要任务之一。然而，历史的原因不等于历史学的原因。每一种学科，都有自己独特的对象与原因关系，有其独特的因果思维。历史的因果思维也有其特殊性，它与文学相近，与自然科学以及我们常见的刑事诉讼大相径庭。

1. 何为历史学的原因？

史学家理查·伊凡斯的《为史学辩护》一书，或许是为批评卡尔《历史是什么？》而撰写，这可以从该书的章节标题和章节安排上看出来。《历史是什么？》的第四章专门讨论历史中的因果关系，卡尔说历史研究就是研究原因，历史学家就得不断地追问原因[①]。伊凡斯则驳斥说：

> “为什么”并不是历史学家要问的唯一的问题。相较于探究过去事件发生的原因，划分过去社会或政治体系、信仰结构的类型，也一样是历史学家的正业。[②]

伊凡斯从“为什么”不是历史学家的“唯一问题”上来评说卡尔，似乎有点牵强。通读《历史是什么？》的第四章，卡尔何尝说过研究原因是历史学的唯一目标？至于说历史学家的正业，那也是一个见仁见智的问题，如果说划分社会或政治体系、信仰结构的类型是历史学家的正业，那

① 爱德华·卡尔:《历史是什么？》(吴译本)，第93页。
② 理查·伊凡斯:《为史学辩护》，第156页。

么，因果关系的探索也同样可以视为正业，弄清史实真相更是正业中的主业。历史研究可以有多元化的主题和目标，但“为什么”的问题终究是历史学的主要问题，与社会、政治体系及信仰结构的划分类相比，也未必是次要或不重要的。借助我们每个人的日常经验，我们就能体会到这种重要性。卡尔在《历史是什么？》一书中列举的一个事例，很能说明这一点：

> 你在办理日常事务的时候，经常要碰上史密斯。您跟他打招呼，是一位和蔼可亲的人，说上一句和蔼可亲的但毫无意义的、关于天气或者关于学院或大学情况的话。他回答一句同样和蔼可亲，也同样毫无意义的、关于天气或者关于一般事务的话。但是，假定某一个早晨，史密斯没有按照平常的老规矩回答你的问题，却突然发作，就你个人的容貌和品格，狠狠加以诋毁。你难道会耸耸肩头，把这种行动看作史密斯的意志自由的有力表现，看作人类事务中任何事情都是可能发生的这一事实的有力表现？我猜想你是不会的。相反，你也许会说出这样的话来：“可怜的史密斯。想必你已经知道了吧！他的父亲是在精神病院里死的。”或者说：“可怜的史密斯！他一定又是跟他的太太闹翻了。”换句话说，你会试图分析其中必有某种原因。[①]

卡尔原本是以这个事例来说明原因的探讨与历史决定论无关，我们借用这个案例来说明“原因的探究”的重要性，它是我们日常生活中不可缺少的一环，甚至可以说是一种基本的生活方式。换言之，我们对于我们周围的一切，都试图找到解释它何以发生或何以不发生的原因，而且还试图找出原因的确定性，这实在是我们人类生活的最基本依据，否则，我们便无法生活。

环视我们周围熟悉的环境，我们经常与之打交道的人们，一旦它们或他们反复无常，没了平时的确定性，我们就会感到一种不知所措，甚至立

---

① 爱德华·卡尔：《历史是什么？》（吴译本），第101—102页。

刻会产生一种无可名状的恐惧：我的书桌上方，也是在我头顶上的吊灯，突然会从天花板上掉下来；放在书桌旁的一个书柜，也会无缘无故地向我倾斜，向我砸来；我们走在人行道上，身旁的电线杆时不时地会迎面倒下。到了工作单位，平时熟悉的同事突然形同路人，或者像史密斯先生那样突然毫无缘由地向你发火。如果我们天天处于这样一种状况，我们每时每刻都会怀着一种惊恐万状、忐忑不安的心情。幸好我们周围的一切都具有一定的确定性，事情的发生也有其一定的原因——有原因使它发生，也有原因让它不发生。这就使得我们获得了一种稳定感和安全感，每天都能正常地生活。显然，寻找原因的解释，寻找确定性的原因，这是我们生存的需要，"是使我们自己能适应这个世界的最方便的一种方法"①。这就是科学家们——不管是自然科学家，还是历史学家——一直致力于寻求事物的原因，甚至寻找其确定性原因的真正原因②。

其实，我们需要沿着卡尔的讨论再作追问，究竟"什么才是历史学的原因"？这里，先要分辨的是历史的原因与历史学的原因，即历史的原因不等于历史学的原因。何以要作这样的分辨呢？我们不妨以"恺撒何以会死"为例作点分析。公元 11 年，恺撒在元老院门口的台阶上，被布鲁图斯用匕首刺死。这个历史事件给后来的历史学家留下了一个正当的史学课题：恺撒何以会死？"恺撒何以会死？"这是一道历史测验题。如果有学生回答说：恺撒因流血过多而死。历史老师可能打出的分数是"不及格"。"恺撒因流血过多而死"，这是确凿无疑的、没人能否认的原因；因为"流血过多会致人死亡"是一个当下可以试验、可以证实且能为人接受认可的解释。但没有哪一位历史学家会认可这样的解释，他们会说：这虽是历史的原因，却不是历史学的原因。

那么，什么是"恺撒之死"的历史学的原因呢？英国历史学家基思·詹京斯认为，历史学者对因果关系的分析方法，是通过仿照别人的做

① 参见爱德华·卡尔：《历史是什么？》（吴译本），第 101 页注释。

② 至于历史中有没有确定性的因果关系，历史学能不能找到确定性的因果关系，详见下节的讨论。

法或学习其他史学家的操作方法而习得的。因此，一位受过专业训练的历史系学生知道，如何回答才能获得大致令人满意的成绩[①]。翻阅有关的史学著述，为了说明“恺撒之死”，历史学家需要从事件的表象深入到历史的深层，从政治、经济、军事，甚至外交等方面来寻找恺撒不得不死的真原因，它们是深层的原因、根本的原因、最终的原因——原因背后的原因，甚至原因之原因的原因。这种操作思路与文学家的工作方式很相像，文学家们往往也以这样的方式来分析、追踪原因。法国大文豪雨果的《悲惨世界》的主人公冉·阿让为了使姐姐及侄儿不受饥饿的折磨而偷了一片面包，被捕入狱，又因几次越狱加刑，在监狱内服苦役十九年。但作者想要告诉读者的是，造成冉·阿让悲惨命运的原因，既不是他的偷窃面包，也不是他的几次越狱，而是那个罪孽深重的社会以及它一系列不合理的政治制度等等。如果“恺撒之死”是当下的一个刑事案件，历史学家或文学家就会以这样的方式来为“布鲁图斯”分析原因（或开脱罪名），但公诉人却不理会这些原因。他们只认定一个直接的、可以证实的原因——正是布鲁图斯用匕首刺入了恺撒的腹部，致使“恺撒因流血过多而死”，这是一个可以检验的原因，至于说恺撒死于当时的政治纷争，死于当时的阶级矛盾，或死于当时国内外的矛盾冲突等等，尽管它们一点儿也没有办法证明认定，但确确实实，这些都被视为历史学的原因。

无论是纵向的，还是横向的，历史的因果联系没有边际，历史学的因果追寻也永无止境。或是多样化的方向，找各种各样、不同方面的原因；或是简约化的方向，找原因背后的原因、终

① 参见詹京斯《历史的再思考》（第167—168页）的有关论述。

极性的原因。它们不能彼此取代，于是，历史学便积累了越来越多的原因（解释）。

2. 复杂化与简约化

在科学的谱系里，大多数学科都有自己特定的研究对象，有自己特定范围里的因果问题。物理学有物理世界的原因，化学有化学世界的原因，物理学家不会用物理的原因来否定化学的原因，化学家不会说化学的原因是物质世界的唯一原因。彼此各有畛域，各有自己的问题，自己的答案。历史学则不同，它不以某一特定的门类为自己的对象，也不以求得某一原因为满足，对象的多样性和综合性决定了它可以有多种多样的原因：政治、经济、社会、文化、心理等等，都是它的原因。于是，历史学家的原因探寻，就很自然地由两种方式或向两个方向来伸展：一种方式（或方向）是寻找越来越多的原因，我们可以称之为原因的复杂化和多样化；另一种方式（或方向）是寻找出主要原因、根本原因或最终的原因，我们可以称之为原因的简约化。卡尔在《历史是什么？》中，谈到历史学家在探求原因时的这两种方式，他说：

> 1917 年在俄国为什么发生革命？回答这道问题的考生如果只提出一个原因，那就只能侥幸得个三等。历史学家是要跟多种多样的原因打交道的。如果有人要求一位历史学家考虑一下布尔什维克革命的原因，他可能就会指出：俄国接二连三的军事失败；在战争压力下，俄国经济的崩溃；布尔什维克的有效宣传；沙皇政府解决农业问题的失败；贫困的、受剥削的无产阶级在彼得堡各个工厂里的集中以及列宁果断而对方却没有一个人果断——总之，这是经济的，政治的，思想方面的以及个人方面的许多原因，久远的以及短暂的许多原因的乱七

八糟的大混合。①

卡尔接着又说：

> ……回答我们的问题的考生，如果只满足于就俄国革命提出一个接一个的十几个原因而止于此，可能得个第二等，却很难得到第一等；“见识广博，但缺乏想象”，这可能会是主考人所下的评语。一个真正的历史学家，面对着他自己拟定的这张罗列原因的单子，会感到一种出于本人职责方面的压力，一定得把它按次第排定，一定得建立起原因的等级制以确定它们彼此之间的关系，也许还得决定哪一个原因，或者哪些原因的范畴，应当“穷究到底”或“归根结蒂”(这是历史学家们最爱用的词句）看成最终的原因，即一切原因之原因。②

历史学虽然是一门实证学科，却不是一门实验学科。就本节讨论的主题而言，各种各样的历史原因，虽然都可以“言之有据”，却无法获得直接的证明。实验学科可以通过实验来理出原因、划定原因，找出“真原因”，排除“假原因”；历史学主要不是像自然科学那样清理出哪些是真正的原因，哪些不是原因，而主要表现为积累越来越多的原因。1851 年起事的太平天国，仅十余年就遭覆灭，一百多年来，有关它的覆灭原因的史学探讨，几乎已是题无剩义。曾有学者撰文指出：“太平天国对科举制度的改革使太平天国不仅没有网罗到栋梁之材，还遭到了当时文人士子的强烈反对和抵制，成为太平天国最后覆灭的又一原因。”③ 太平天国科举制度的改革失误，是否是导致了太平天国最终覆灭的原因？我们哪怕对这样的探讨表示怀疑，但无法提出证明说这不是原因。“巴西的亚马孙丛林中一只蝴蝶轻轻地扇几

---

① 爱德华·卡尔：《历史是什么？》(吴译本)，第 95—96 页。

② 爱德华·卡尔：《历史是什么？》(吴译本)，第 96 页。

③ 华强、马洪涛：《太平天国科举制度是太平天国覆灭的原因之一》，《探索与争鸣》2007 年第 9 期。

下翅膀，就会在美国的得克萨斯州掀起一场龙卷风”，混沌学用这样极端的语言，描述微小的干扰会造成巨大的影响。只要史事之间有牵连，只要他人无法证实这不是原因，历史学者就可以按照这样的思路——追求原因的多样化、复杂化，寻找出各种各样的有关太平天国覆灭的原因。理查·伊凡斯批评英国历史学家泰勒喜欢把一些微不足道的因素提升为历史的重大原因。他说：

> 英国的历史学家A.J.P.泰勒向来乐于借由对一些重大的事件提出一些微不足道的因素，而激怒一些较为严肃的历史学家。例如，依他的观点来看，第一次世界大战乃是肇因于铁路的时刻表，因为，它把交战的国家锁进一次接着一次的军队动员和宣传举动所串连成的行程之中，人们无从逃遁。即使在他的自传中，他也喜欢强调他生命中的机遇成分。①

铁路时刻表与第一次世界大战爆发之间，究竟存在怎样的因果关系，我们实在无法进行实时实地的验证。历史有无法穷尽的原因，那么历史学家该如何来寻找原因呢？詹京斯在讨论因果关系时，曾这样设问：如果现在有人请你解释公元1789年法国大革命的原因，你将怎样办？

> 为了要令人满意地分析1789年事件的必要和充分原因，需要回溯到什么时候？需要谈到多远呢？②

如果你想从经济因素上找原因，那么这种经济的影响力可以追溯到多远——如1783年、1760年、1714年或1648年？如果你是从文化、心理或者像年鉴学派那样注重长时段的因素，那么，文化、心理上的原因又可以追溯到多远多久？

---

① 理查·伊凡斯:《为史学辩护》，第114页。
② 詹京斯:《历史的再思考》，第166页。

上述研讨似乎是无穷无尽、漫无边际，作为一种纠偏补正，历史学家采取了另一种与之相反的思路，即在纷繁复杂的原因集中，寻找出主要原因、根本原因和最终原因。然而，一旦采取这样的思路，我们又会产生疑问：何以说某某是根本的原因、最终的原因？物理、化学世界的因果关系，告诉我们只要具备了“A、B、C”，就会产生“D”，这里所开列的“A”“B”“C”各项，都是必要的，不存在哪项是主要、哪项是次要、哪项是最终、哪项是根本的区别。在物理或化学世界，我们只能列出一个因果关系式，而不能将其中的原因按主次轻重排出一个“等级次第”。然而，在社会历史的领域，我们似乎能感觉到原因的主次轻重。比如，政治原因可以追寻其背后的经济原因，比之于政治原因，经济原因自然是更为基础、更为根本的原因[①]。历史有无穷的原因，历史学有无穷的课题：你已经说了政治上的原因，我可以说经济上的原因，他还可以说说文化上的原因，另一位还可以说说心理上的原因，还有偶然的原因、必然的原因、根本的原因、最终的原因，等等等等，甚至还可以“自作多情”“无中生有”地造出原因，反正你无法验证这是或不是原因。无穷的原因，无穷的课题，为历史学家提供了便利，他们可以提出各种各样、大大小小的原因，甚至千奇百怪的原因（实在只是原因假设）。一种是简单问题复杂化，“向多样与复杂”进军；一种是复杂问题简约化，“向一致和单纯”前进[②]。历史学在原因探索上的这两种方式，给历史学家提供了许多“衣食饭碗”和“谋生机会”，但弄得不好，也影响了这门学科的声誉，局外人也因此对你的这种研究产生怀疑。罗素曾以略带嘲讽的方式来追寻“工业革命的起因”：

> 工业制度缘自现代科学，现代科学缘自伽利略，伽利略缘自哥白尼，哥白尼缘自文艺复兴，文艺复兴缘自君士坦丁堡的陷落，君士坦

---

① 其实，一旦把经济原因或其他原因归结到历史进程的最终原因，企图一劳永逸地解决历史世界的原因问题，那就走到了马克思所批评的“使用一般历史哲学理论这一把万能钥匙，那是永远达不到这种目的的，这种历史哲学理论的最大长处就在于它是超历史的”。马克思:《给“祖国纪事”杂志编辑部的信》,《马克思恩格斯全集》第19卷，人民出版社1969年版，第131页。

② 爱德华·卡尔:《历史是什么？》(吴译本)，第96页。

> 丁堡的陷落缘自突厥人移民，突厥人移民则缘自中亚的干燥。因而，寻求历史原因的根本在于研究水文地理学。[①]

或说“原因之原因，不是原因”，这样的说法，大概符合自然科学的情形。检视历史学家的工作，不管是已经讨论过的，还是正在讨论的，哪一项研讨不是在寻求原因之原因，甚至追溯原因背后的一连串原因？[②]

> 因果律的理论陈述是：“如果具备了某些主观和客观条件（C_1,C_2, 直到 C_n），就必然产生某种结果（E）。”此陈述必须是清晰的，必须有可计算、可衡量、可确切观察的信息量，这是保证理论检验有无可操作性的前提。以此来衡量历史学的理论，都不具有这样的清晰度和确切性。

3. 理论陈述的非清晰性

同其他学科研究一样，历史学也要分析因果关系，历史学家们也试图从一个个具体的因果关系的分析上升到因果律的概括，就这一点而言，它与一般自然科学没有什么不同。历史学家通过对重复现象的考察来概括普遍命题，多次重复的历史现象，表明这里存在着某种类似规律性的东西。但是，当他们想从单个的因果关系中提取出一般的因果律时，却发现无法对自己所概括出来的理论命题作出清晰而确定性的理论陈述。庞卓恒先生在《历史学是不是科学》一文中，概括了科学的规律观与命定论、宿命论的规律观的四个区别。他说：

---

① 转引自尼尔·弗格森：《未曾发生的历史》序言，第19页。

② 比如，思考秦朝短命而亡的原因，倘若视秦末农民起义为原因，那自然要追溯到激起农民起义的原因；倘若视秦始皇的所作所为为原因，那一定会追问其背后指导思想（法家思想）的原因。

第一，它所说的客观规律不是在人之外决定和支配人的命运的规律，……第二，它所说的客观规律不是排除人的主体能动性的规律，……第三，它所说的客观规律不以人的意志为转移，并不是说人的意志与客观规律毫不相干，只是强调客观规律并不随着人的意志而改变，……第四，它肯定历史的必然性，但不是无条件的必然性，而是有条件的必然性。若用形式化语句来表达，就是“如果具备了某些主观和客观条件（C_1，C_2，直到 C_n），就必然产生某种结果（E）”。用英语表达即为“Necessarily, if（C_1……C_n），then E”。[①]

其中第四点，我们称之为规律理论的形式化语句表达，就是以“如果具备了某些条件（C_1，C_2，直到 C_n），就必然产生某种结果（E）”规范程式进行理论的陈述。如果这一特征是针对自然科学的规律观，那情况确实如此；但历史学的情况有些不同。

一般说来，自然科学中的有关规律的理论陈述都能以形式化语句来陈述，其对“C”项和“E”项之间的关系式以及“C（C_1，C_2, 直到 C_n）”项的量和质的界定，都有相当的清晰性和确定性。所谓理论陈述的清晰性和确定性，是指理论给出的信息清楚明白，有可计算、可衡量、可确切观察的信息量。否则，就是理论陈述缺乏清晰性和确定性[②]。理论陈述的清晰性、确定性为我们检验的操作提供了可能。依据清晰而确定的理论陈述，我们可以从量和质两方面考察“C（C_1，C_2，直到 C_n）”项是否具备，从而去验

① 庞卓恒:《历史学是不是科学》,《史学理论研究》1997 年第 3 期。

② 有关理论的清晰性问题，金观涛、华国凡先生在《认识论中的信息和反馈》一书中曾有专门的讨论。作者认为，中国古代有许多科学理论之所以不能发展成熟，除了社会条件外，理论本身不够清晰是重要原因。王夫之曰:“车薪之火，一烈已尽，而为焰，为烟，为烬；木者仍归木，水者仍归水，土者仍归土，特希微而人不见尔。”这是 17 世纪非常先进的物质不灭的思想，但是由于表述缺乏清晰性，无法用受控实验来验证，也因此而不能深入和发展。该文把理论的清晰性看作中国古代科学理论与西方科学理论的一大差异。（参见金观涛、刘青峰等:《问题与方法集》，上海人民出版社 1986 年版，第 364—366 页）本书借用这一概念，用来说明历史学与自然科学的理论命题在陈述上的不同特点。

证在"C（C_1，C_2，直到 C_n）"项具备的情况下，"E"项是否会必然出现。理论陈述可以是不完备的，也可以是错误的，但它总是清晰的，总可以用形式化的语句来陈述，这是自然科学理论命题的主要特征。

然而，要对历史学中的普遍性命题作出形式化的语句陈述却相当困难。比如，生产关系要适应生产力的状况，这是我们经常运用的一个普遍性命题[①]。如果我们把它看作一种必然性的因果关系，那么，作为导致生产关系变革的初始条件，究竟有哪些？我们难以清晰而确定地一一开列。这种变革的临界点在哪里？我们也难以清晰而确定地作出界定。再如，"权力使人腐化，绝对权力使人绝对腐化"，这是英国史学家阿克顿概括的一条普遍性命题。但是命题本身也是不清晰的，既无法列出它的条件项，无法对条件项作出质和量上的确切界定，更不用说确定"权力"导致"腐化"的临界点。正如殷海光先生所说：

> 在物理科学中，我们可以找到相对独立的因果系统和相干系统（a system of relevance）的确定边沿。这在数理天文学中显然易见。一八四六年 Leverrier 发现 Neptune（海王星）就是很好的实例。然而，在人事历史中，客观的因果脉络往往无法确定，而且相干系统的边沿何在根本难以摸清。[②]

在学术史上，很早就有学者看到了历史学的理论陈述难以达到一种清晰性和确定性，甚至历史学里的概念、术语也是不清晰的，难以界定。比如，史学家泰纳就曾说过："历史是一个机械学的问题，唯一的差别是，不

① 古希腊数学家欧几里得的"平行公理"与我们今天一个普通中学生学习和运用的"平行公理"，是不会有什么两样的，因此，刻意对这两者加以区分并无必要。然而，历史学的情况有所不同。马克思、恩格斯所创建的某一种社会历史理论及其本人对这一理论性质的看法，与我们今天史学界所接受、所运用这一理论以及看法，一定存在着相当的差异，甚至大相径庭，两者不能混同。正是考虑到这一点，本书所列举的马、恩的某些规律理论，都不是指前者，而是指后者。

② 《殷海光林毓生书信集》，上海远东出版社 1994 年版，第 144 页。

能以同样的方法来测量，或同样精确地下定义。”[①]泰纳的话，当然说得不够明确。但他内含的问题却一直为人所忽视。

虽然要对历史学中的理论命题作出形式化的语句陈述有着相当的困难，但是，历史学家仍然可以使用一种合乎逻辑的方式来进行理论概括，并应对他人的质疑。比如，有这样一个必然性命题：人必有一死。如果碰到一个反例，我们怎么应对这个反例呢？应对的思路有两种：一种是肯定事实，修正原有的命题，即既然存在有不死的人，那么“人必有一死”的命题就不能成立。另一种思路是否认事实，而不修正原来的命题，即既然“死”是人之为人的必要因素，那么这个不死的“人”，其实不是人；或者说其人虽然目前未死，但他最终必有一死[②]。所以这个“反例”并不足以否定命题必然性，“人必有一死”作为一种必然性的命题仍然可以成立。只要你坚持使用这样的论证逻辑来处理这些历史中的“反例”，就能保全历史学理论命题不被驳倒。这种论证或检验的方式很容易受到批评和怀疑，但在逻辑上却可以成立。

我们知道，理论概括总是从个别开始的，由个别进入到一般。在概括必然命题的时候，我们所选择的都是一些“同类”的个别，不仅理论归纳所依据的是“同类”个别，理论检验也是用这种“同类”个别。比如，我们做十次同样的实验，其中有六次实验获得了成功，四次未获得成功。对于成功的六次实验，我们可以总结为：某某条件产生某某结果。就“相同条件产生相同结果”这一点来看，这六次实验都是归纳所需的“同类”个别。至于四次未获得成果的实验，我们则需要对它们进行复核，看看它们未获成果的原因，究竟是“相同条件未能产生相同结果”，还是“条件有变化而导致了某某结果未出现”。如果是前者，那么，原先的理论假设就不能成立，需要修正；如果是后者，那么，这四次未获成果的实验就可以

---

① 参见古奇：《十九世纪历史学与历史学家》，第405页。

② 中国古代的道德家，常以“善有善报，恶有恶报”为训，但它在实现生活中并不真确。有时我们会看到一些反例——“善未有善报，恶未有恶报”，于是我们便会说“善有善报，恶有恶报；不是不报，时辰未到”。如此就可以躲过反例的证伪。这颇类似于历史学，所谓某一理论优于另一理论，似乎也是看谁更能躲过反例的验证。

忽略不计。因为，“因条件变化（或未具备）而导致结果的变化”的个别，并不能构成对“相同条件产生相同结果”的反证。必然规律所肯定的只是：只要条件具备必定产生某某结果。如果某某结果之未产生是由于条件未具备，那么它并不能构成反例或证伪。只要找不到“相同条件不能产生相同结果”的反例，我们也就可以以这样的方式来回应他人的质疑。

肯定历史规律存在于人的活动之中，那么人的因素会不会对规律产生作用和影响呢？一般认为：人的意愿、行为不能改变规律，只能对它起着加速或延缓的作用。这就是通常所说的“相干性”。这样的“相干性”，在自然世界是很明显的，但历史的情况比较特殊，恐怕不能照搬这样的理解。

4.“相干性”问题

历史学中的理论概括难以对重复现象作出清晰而确定性的形式化语句陈述，其原因是在认识论上，还是在本体论上的呢？也就是说，是史家无能，还是历史本身太复杂，历史中的因果关系太不确定？①笔者认为，原因主要还是在后者。

与自然界的发展演变相比，人类社会及其历史的运动有着完全不同的本质特征。自然界的发展和演变，是各种自然力的相互作用的结果，它们是盲目的、无意识的、无目的的。任何一个自然物的发生、发展和消亡，任何一个自然物由一种状态转换成另一种状态，除了自然力的合乎规律的

① 王和、周舵《试论历史规律》一文在讨论“历史规律”的属性时，把不确定性列为历史规律的三个属性之一，并与重复性和层次性相并立，但从该文的论述来看，作者所说的不确定性，实际上是指人们对历史规律认识上的不确定性，而不是历史本身的不确定性。不过作者在讨论理论的不确定性时，特别指出了这与历史规律的研究对象是人类社会这一极其复杂而又无法重现的事物有关，只是作者没有进一步探讨对象本身的不确定性。

自发作用外，没有任何自觉的意图和预定的目的。而人类社会及其历史的运动则是人有意识、有目的的活动结果，在历史领域里进行活动的全是有意识的，经过思虑和凭激情行动的，追求某种目的的人，任何一件具体的历史事件的发生，都和人的意图、目的密切相关。正如马克思所说："历史并不是把人当作达到自己目的的工具来利用的某种特殊的人格。历史不过是追求着自己目的的人的活动而已。"[①]这种不同的本质特征，决定了规律现象在自然界和在人类社会中的差异，即自然规律是体现在自然力的自发作用之中的，而历史规律是体现于人的这些有意识、有目的的活动之中的。

众所周知，人类社会的结构及其运动形式是客观物质世界中最复杂的，这种复杂性来自社会历史的主体——人类本身及其行为的复杂性和多样性。美国历史学家塔奇曼曾说：

> 复杂的人类行动既不能再现，也不能故意创造——或指望像自然现象那样。太阳每天都升起。潮汐遵循一定的时刻，以至可以像火车一样列出一张时间表，尽管更可靠一些。事实上，潮汐和火车分明展示了我的观点：一个是依赖月亮，那是可靠的；另一个是依赖人，那是不可靠的。

她又说：

> 人类（你、我或拿破仑）不像科学要素那样可靠。与个性、环境、历史时期结合在一起时，每一个人都是不能复制的可变因素的一个组成部分。他的出生、他的父母、他的同胞姐妹、他的饮食、他的家庭、他的学校、他的经济和社会地位、他的第一职业、他的第一位恋人，以及所有与这些固有的可变因素组成了不可思议的纲要、个性，然后又与其他一系列可变因素相结合，这些可变因素则包括国家、气候、时间和历史环境等。然后，所有这些因素以其确定的比例再相遇，

① 马克思：《神圣家族》，《马克思恩格斯全集》第 2 卷，人民出版社 1972 年版，第 189 页。

从而产生了摩西或希特勒，或戴高乐，以及刺杀肯尼迪的奥斯瓦德。

人是一种“不可知的可变因素”，人的行为是不合逻辑的，充满了无限的可变因素，以至于既不受科学方法的影响，也不会受到系统化的影响[①]。塔奇曼的这些论述，虽然不无可商榷之处，然而，她对人类及其行为的复杂性、可变性的分析，还是符合实际的。何兆武先生曾感慨于“知人论世”之难，他说：冯（友兰）先生原来曾自命为“新统”，解放后首开毛泽东思想一课，历次思想运动都作自我批判，来一场彻底地全盘自我否定。“文革”期间的经历，众所周知，毋庸赘述。至80年代初再去美国哥伦比亚大学接受荣誉学位，哥大当局隆重地表彰他的（早已自我否定了的）学术贡献，而他接受时的答辞谈的则是“周虽旧邦，其命维新”云云，似乎双方全然对不上口径，但也照样行礼如仪。晚年的思想又复归真返璞，颇有“语不惊人死不休”之论。中国近代思想史发展之诡谲，当无有逾于此一幕者矣。真正要按照历史本来的面貌去理解历史，又谈何容易[②]！所谓言行不一、反复无常，这恐怕是我们人类独有的行为方式。正如蒙田所说：“对于惯常观察人的行为的人，最难的莫过于去探索人的行为的连贯性和一致性。因为人的行为经常自相矛盾，难以逆料，简直不像是同一个人的所作所为。人最难做的是始终如一，而最易做的是变幻无常。”[③]

人类及其行为的复杂性和变化性，影响了历史重复性的出现频率。与

① 参见塔奇曼：《历史能指导未来吗？》，《现代外国哲学社会科学文摘》1987年第11期。

② 何兆武：《苇草集》，第200页注。

③ 参见蒙田著，潘丽珍等译：《蒙田随笔集》，陕西师范大学出版社2002年版，第73、79页。人之言行的不一致，乃至完全相背，可以清朝道光年间陕西延绥道台颜伯焘为例，颜氏曾倡刻“官箴碑”三十六字：“吏不畏我严而畏我廉，民不服我能而服我公，公则民不敢慢，廉则吏不敢欺，公生明，廉生威。”此碑现存西安碑林，但颜氏后来之所为，却完全与之背道而行。再如人之行为的反复无常，难以逆料，无过于“浦熙修之谜”。20世纪40年代，这位《新民报》的记者，以一纤弱女子之质，凭手中的一支健笔，不畏强权，不惧恶势。尤其在1948年，因写作揭露当政者假面的新闻报道，被抓入狱，且临危不惧，据理力争，可以说是视死如归。故费孝通称誉她是一位“忠厚善良、勇敢正直的女性”。但谁能想象，1957年她在一夜之间便翻脸、揭发批判同居十年的男友罗隆基，把床第之言当作政治言论，拿到大会上去检举揭发。[参见王璞：《浦熙修之谜》，（中国香港）《信报》2004年3月6日]而学者樊洪业的《束星北当过爱因斯坦的助手吗？》（《南方周末》2005年12月8日）一文为人性之深曲隐蔽、复杂微妙，以及知人论世之难提供了一个绝好的案例。

自然界的重复性的出现频率相比，历史中的重复性的出现频率是很低的。恩格斯曾论述过这一特点，他说：

> 在有机界中，我们至少是研究这样一些过程的连续系列，这些过程，就我们的直接观察所涉及的范围而言，正在非常广阔的范围内相当有规律地重复着。……相反地，在社会的历史上，自从我们脱离人类的原始状态即所谓石器时代以来，情况的重复是例外而不是通例；即使在某个地方发生这样的重复，也绝不是在完全同样的状况下发生的。……因此，我们在人类历史领域中的科学比在生物学领域中的科学还要落后得多。①

上文说到的波普尔提出的“俄狄浦斯效应”，即预言会对历史实际进程及其结果起着促进或阻碍的作用，也说明了人的行为对历史重复性的影响。

前文提到，庞卓恒先生在概括科学的历史学所说的客观规律与宿命论或命定论的规律的几个根本区别时说：它不是在人之外决定和支配人的命运的规律，也不是排除人的主体能动性的规律，“它所说的客观规律不以人的意志为转移，并不是说人的意志与客观规律互不相干，只是强调客观规律并不随着人的意志而改变，强调人的意愿只有在客观规律许可的范围内（也就是一定的客观和主观条件已经具备的条件下）才能实现，否则就不能实现”。稍后，庞先生在《唯物史观与历史科学》一书中，又谈到“规律中的客观限定性和主体能动性”问题，强调规律的“铁的必然性”，是不能“跳过”或以“法令”取消的，而人的主体能动性，则起到“缩短和减轻”历史分娩的痛苦而已②。

其实，任何一种命定论或宿命论都是肯定规律的“铁的必然性”，都是肯定规律不能“跳过”或以“法令”来取消，都是肯定人的活动至多起到“缩短和减轻”的作用。比如，西欧中世纪的神学史观是一种典型的宿命

① 恩格斯：《反杜林论》，《马克思恩格斯全集》第20卷，第97页。

② 庞卓恒：《唯物史观与历史科学》，第66—67页。

论或命定论，神学史观的史学家们认为：人类的一切都是由上帝预先安排好的，整个历史就是上帝意志的体现，也是上帝的见证。历史上的每个关键时刻，上帝都在主宰着一切。按照神学史观的代表人物奥古斯丁的解释，整个历史就是宇宙间善与恶的两种力量之间进行斗争的表现。上帝要建立人间的天堂，而恶魔撒旦要把人间变成地狱。从人间和历史的角度来看，这场斗争就是“上帝之城”的信徒与恶魔“撒旦之城”的信徒之间的斗争。[①]这种宿命论或命定论的规律观，不是同样强调（一）上帝预定的规律是“铁的必然性”，是不能“跳过”或用“法令”可取消的；强调（二）愿意的人，上帝领着走，不愿意的人，上帝拖着走，反正都得走（向“上帝之城”），区别只是走得快与走得慢而已。如果科学规律观的研讨，也局限于这两个论断之间，那么“相干性”问题的讨论，至多也只是肯定它能起到“缩短和减轻”的作用，而这与宿命论、命定论的规律观又有什么本质的区别呢？由此可见，“相干性”问题的讨论，需要突破这种认知上的限制而更加深入，这就涉及学界讨论的“测不准和不确定”问题。

社会历史的演变不取决于初始条件，而取决于机遇、环境和相互作用的即时状况下人所作出的选择。这就难怪历史学的理论、概念是不清晰和不确定的。理论不能有效地检验，就无法修正、完善而得到深入发展；而只能停留于经验水平上类似格言、谚语、警句的概括语。

5．测不准和不确定

本章的上述讨论，其实已经暗含着这样一个结论：历史学的理论概括

① 参见杨豫：《西方史学史》，江西人民出版社1993年版，第80、81页。

之所以不能以形式化的语句来陈述，原因是历史中的因果关系本身具有一种不确定性。与自然界的因果关系不同，历史中的因果关系，加入了人的意识和活动的参与，包括在原因条件中的主观条件部分（另一部分可称为历史的客观条件）是由历史的当事人所构成的。在相同或类似的情况下，人们（历史的当事人）会不会有相同的体验感受，会不会作出相同或类似的反映，采取相同、类似还是截然不同的行动，这确实难以作出确定性判断。

在这种情况下，历史学的理论命题用于预言，就常有落空和例外的情况。这一点，我们已经在上一章的最后两节中进行了讨论。余下的问题是，如果历史学的理论命题不是用于预言，而是用来对已经发生的历史因果关系的解释，它能否将因果关系的初始条件及其结果“整理清楚”呢？恐怕还是“理不清”。有时候，初始条件似乎并没有具备，然而历史的结果却好像提前发生了。比如，上面引述的“不同阶级的联合与分裂”规律，以中国近代以来的四个史事为例，日本投降了，这可以标志共同的敌人已经战胜了，所以第二次国共合作就破裂了；辛亥革命的义旗举起了，这也可以意味共同的敌人已经战胜，所以，同盟会的内部就分裂了。然而，北伐军打下南方数省和太平军打下南京，在我们看来，似乎还远没有达到“战胜了共同的敌人”的目的，然而，历史的当事人却认为目标已经达到，于是，作为结果——第一次国共合作的分裂和太平军的内讧——却发生了。

在另一些时候，初始条件似乎已经具备了，而历史的结果却迟迟没有出现。比如，生产关系一定要适应生产力的发展状况，这是大家经常使用的一条普遍性的历史规律。然而，当我们运用这条规律来分析以往历史时，就会发现，人们有时会从他们的主观愿望出发来建立生产关系，而不顾这种生产关系是不是与社会的实际生产力相适应。中古史上的“让步政策”，是这一历史规律的具体例证。每当一个新王国或皇朝建立之初，就我们看来，“海内萧条，人口锐减，人民疲惫，田园荒芜，生产凋零”等客观的原因条件已经具备，历史的当事人应该认识到采取与民休息的政策于自己的统治有利。然而，有的统治者却仍然我行我素，反而采取“横征暴敛，敲骨吸髓”政策。有时，统治者出于一己之私利，开历史的倒车，仍然维持着已经不能适应社会生产力状况的生产关系。显然，历史当事人的主观意愿、活动及主观能动性的存在和作用，使得历史的“关系式”表现出一种不确定性。正如王锐生、陈荷清先生在《社会哲学导论》一书中所说的：

> 与许多自然领域不同，社会有机体的演变具有自己明显的特点，这就是社会演变的进程不决定于初始条件，社会更多地决定于机遇、环境和相互作用的即时状况所作出的选择。这植根于社会行动者——人的能动性和创造性。[①]

我们也可以说，历史的因果关系（而不是因果关系的呈现）具有一种“混沌”性。仍以阿克顿概括的名言为例，“权力使人腐化，绝对权力使人绝对腐化”，这何尝不是一种重复性的社会现象呢？在权力与腐化这对因果关系式中，一定存在着许多主客观原因条件，比如，权力过于集中、缺乏监督机制、个人的道德修养、思想品行、社会的一般状况等等，都是导致腐化的原因条件，但是，哪些是必不可少的条件？我们难以确定，有时缺少某一两个因素，或者某一两个因素得到极端的发展，腐化现象也会产生（或不产生）。相同的结果究竟产生于哪些相同或类似的原因条件呢？它是“混沌”而“不确定”的[②]，其实，马克思早就说到过这一点，他说：

---

① 王锐生、陈荷清等:《社会哲学导论》，人民出版社 1994 年版，第 184 页。

② 庞卓恒、谭天荣先生在讨论海森堡的“测不准原理”时指出，海森堡和哥本哈根学派其他一些科学家把主体方面的“测不准”等同于客体方面的“不确定”，由此导致了他们的非决定论。（庞卓恒、谭天荣:《关于历史学和量子力学中的非决定论——不确定性问题的探讨》）庞先生又认为:“根据唯物史观揭示的普遍规律对历史进程作预测时，大多只能采取‘如果出现某种情况，就会有某种结果’的预测形式，……即使是马克思和恩格斯，他们对某些具体历史进程的预测，也多次出现过失误。……但诸如此类的预测失误，都是由于对‘初始条件’难以全面掌握所致，并不能由此就断言预测所依据的原理或普遍规律就错了。”（庞卓恒:《唯物史观与历史科学》，第 81 页）其实，海森堡等讨论的“测不准原理”是针对微观领域的。微观领域的因果关系，究竟是客体方面的“不确定”，还是主体方面的“测不准”，目前似乎还难以有定论。现今以玻尔为代表的哥本哈根学派的意见得到大多数人的支持，然而，科学上的是非问题并不取决于支持人数的多少，平心而论，爱因斯坦的意见仍不失为一种谨慎的态度，因为看不出初始条件有变不等于初始条件确实未变。事物的初始条件是否变化还有待于今后更精确的考察，暂时用概然性的概念来描述也未尝不可，但它不是本体论上的概念，而是认识论上的方便。不过，历史领域的情况不如微观领域那样复杂。历史中的某一结果出现或不出现，我们可以肯定其在初始条件方面发生了变化，所以，主体方面的“测不准”往往确实是由客体方面的“不确定”所引起的。

极为相似的事情，但在不同的历史环境中出现就引起了完全不同的结果。如果把这些发展过程中的每一个都分别加以研究，然后再把它们加以比较，我们就会很容易地找到理解这种现象的钥匙；但是使用一般历史哲学理论这一把万能钥匙，那是永远达不到这种目的的，这种历史哲学的最大长处就在于它是超历史的。①

马克思对社会历史领域的复杂性以及社会历史理论概括的局限性，有着清醒的认识和充分的警觉，所以他极力反对有人把唯物史观变成一般意义上的历史哲学。忽视这一点，就会导致一种误解：认为社会历史领域也能采用自然科学的研究方法，从而实现对该领域的预测、控制和随心所欲的改造。哈耶克也曾说：

与物理学的情况不同，在经济学中，以及在研究的现象十分复杂的其他学科中，我们能够取得数据进行研究的方面必定是十分有限的，更何况那未必是一些重要的方面。……市场是一种十分复杂的现象，它取决于众多个人的行为，对决定着一个过程之结果的所有情况，几乎永远不可能进行充分的了解或计算。……社会科学同生物学差不多，但和大多数自然科学不同，它必须处理的是性质复杂的结构，也就是说，它所处理的结构，只能用包含较多变量的模式加以说明。②

---

① 马克思:《给“祖国纪事”杂志编辑部的信》,《马克思恩格斯全集》第19卷，第131页。

② 哈耶克:《知识的僭妄》,《经济、科学与政治——哈耶克思想精粹》，第460、462页。哈耶克也专门论述过对此类复杂现象预测上的困难，他说:“有关性质复杂的现象的理论，必然涉及大量的具体事实；要想从这种理论中得出预测，或对其进行检验，我们必须搞清楚所有这些具体事实。一旦我们成功地做到了这一点，得出经得住检验的预测也就不会有什么困难了：借助于现代计算机，很容易利用这些数据，把已建立的理论中的各个相应的空白处填补起来，从而作出一项预测。真正的困难在于确定这些具体事实，对于解决这个困难科学作不出多少贡献，有时它甚至是一种无法克服的困难。一个简单的例子即可以说明这种困难的性质。请想想由差不多势均力敌的几个人进行的一场球赛。如果我们除了对每个球员的能力有一般的了解，还了解一些具体情况，譬如在球赛的每一时刻他们的竞技状态，他们的感觉状态以及他们的心肺、肌肉状况等等，那么我们极有可能预测到球赛的结果。当然，假如我们既熟悉球赛，又了解球队，我们也很可能敏锐地想到最后的结局取决（转下页）

总之，历史是一个复杂世界，历史中的因果关系太“混沌”，我们无法以清晰而确切性的语言来陈述它，而理论、命题和概念的不清晰、不确定[①]，使得有效的检验难以施行。更麻烦的是，理论命题因得不到确实有效的检验，就无法修正完善而得到深入的发展。这样，历史学的概括只能停留在经验性的层面上，形成一些类似格言、谚语、警句名言之类的概括语，难以超越常识而形成有较高理论水平的体系。

但凡只能对事物的初始条件进行概略性的界定，而无法作出确定清晰的梳理时，我们就用概率理论来解释它。这便为历史学的概括解释提供了一个可行的方案。由此可见，所谓历史的“必然”也只是“准科学”的说法。

6. 概率问题

如何处理这些无法给出确切界定的因果关系呢？这使我们想起了概率和概率理论。

（接上页）于什么因素。但是，我们显然无法搞清楚上述事实，球赛的结果便超出了可以作出科学预测的范围，无论我们多么了解具体情况对比赛结果的影响。这并不是说我们无法对比赛过程作任何预测。如果我们了解不同的比赛规则，那么在观看一场比赛时，我们马上就会知道这是一场什么比赛，以及我们会看到什么样的动作。但我们的预测能力也仅限于事件中的这些一般特点，其中并不包含预测每个具体事件的能力。”《经济、科学与政治——哈耶克思想精粹》，第 469 页。

① 海登·怀特认为，历史要想获得科学的资格，就必须拥有一种借以交流发现的技术语言。没有这样一种技术语言，要进行类似自然科学中的那些综合是不可能的。然而，在历史学家中，任何一种单一的语言方案都没有像数学和逻辑学那样自牛顿以降就在自然科学中占了上风。（海登·怀特：《后现代历史叙事学》，第 420 页）他认为，历史学仍然停留在概念的混乱状态，而自然科学处于这种状态是在 16 世纪。他还认为，这种观念的混乱状态是历史学无法摆脱的。（参见陈启能：《从“叙事史的复兴”看当代西方史学思想的困惑》，《当代西方史学思想的困惑》，第 48—49 页）不过，我们在这里需要补充的是，历史学的观念混乱不是历史学家的无能，而是历史本身太“混沌”、太不确定。另外，人类至今尚未在道德和价值观念上获得普遍一致，也造成了历史学在语言概念上的非共享性。

概率，旧称或然率、几率，一些概率学或数理统计学的专著，都将概率解释为：在相同条件下，一系列试验或观察得到的结果虽不一定相同，但它呈现出某种固有规律性的现象。他们认为世界上有些事物的关系式，可以概括为“相同条件必然产生相同结果”；有些事物的关系式则是“相同条件不能必然地产生相同结果”，只能概括为“相同条件几率地产生相同结果”。换言之，在后一种情况里，“相同条件产生相同结果”的关系式只能呈现为一种几率的稳定性。这是国内概率学、数理统计学教材及哲学研究中很常见的一种理解①。

其实，上述解释是一种误解。从表面上看，概率现象确实像是“相同

---

① 如陈雄南主编的《概率统计方法》（上海科学技术文献出版社 1991 年版，第 1—2 页）认为：“宇宙间所发生的现象是多种多样的。其中有一类现象在一定条件下必然会发生（或必然不发生）。如在地球上抛一重物必然要下落；在标准大气压下，水在 0℃时结冰，而在 100℃时沸腾，等等。凡此种种则都是在一定条件下必然会发生的现象，……另一类现象，那就是在一定条件下可能发生也可能不发生的现象。例如：相同条件下抛下一枚硬币，国徽（正面）朝上；……凡此种种，……都是在一定条件下可能发生也可能不发生的现象。……我们将这种在个别实验中呈现不确定性，而在相同条件下，大量重复试验中呈现某种固有规律性的现象称为随机现象。一般说来，高等数学和线性代数是以确定性现象为研究对象的，而概率论和数理统计则是研究随机现象固有规律的一门科学。”类似的叙述还见之于其他一些概率论的教材和专著里。在哲学界，也有学者持类似的理解。比如，张嘉同、沈小峰先生在讨论规律的重复性时，对规律的可重复性作出了这样的叙述：“规律的可重复性，首先是指在相同情况下，无论在什么地方和什么时候，都会有同样的事情发生。恩格斯说，规律是普遍性的形式，氯和氢在一定的压力和温度的界限内受到光的作用就会通过爆炸而化合成氯化氢，只要具备上述条件，这件事情随时随地都会发生。这就是规律的可重复性。……但是，从现代科学成果来看，规律的可重复性不能局限于此，甚至可以说，这种重复性已经不是主要的了。规律的可重复性表现为具有几率稳定性，对于大量事件组成的系统，个体行为的总体结果趋向于某一种几率；对于微观世界个别粒子的运动用波动方程来描述，波函数绝对值的平方表示在空间某处发现粒子的几率，在这里，可重复性表现为几率频率的稳定性。即使像刚刚指出的相同情况下会有相同事情发生的那种重复性，严格地说，也具有几率稳定性的意义。当我们说，在相同情况下，无论在什么地方和时间，都会有同样的事情发生的时候，我们是在认定实验的可重复性。这就是说，无论哪位科学家在何时何地，只要严格按照实验条件去做同一种实验，都应当得到相同的结果。可是，这里所说的‘相同的结果’，也是指以稳定几率再现的意思。”（参见张嘉同、沈小峰主编：《规律新论》，第 62 页）。《规律新论》是在哲学的层面上，对微观和宏观领域里的规律的可重复性作一整体的概括。这种整体性的概括是否可以成立，这里姑且不论。（有学者已经指出：微观与宏观是两个不同领域，需要有不同性质的哲学来加以研究，传统的哲学在根本上属于宏观领域，因此，需要建立一种微观的哲学，来研究微观领域里的哲学问题。如果我们同意这样的理解，那么，将微观和宏观领域里的规律的可重复性作一整体的概括，在目前是有困难的，本章第五节有所涉及。参见杨世昌主编：《微观哲学初探》，序言，华东师范大学出版社 1995 年版。）本节讨论的问题是：在宏观领域里究竟有没有一种“相同条件不能必然地产生相同结果”的事物关系式？它“不能必然地产生相同结果”究竟是“相同条件”，还是“条件”已有变化？

的条件不能产生相同的结果”。以掷骰子为例（这是各种概率学著作，都引用到的一个事例），人还是同一个人，手还是同一只手，骰子还是同一颗骰子，桌子也还是同一张桌子，条件似乎都没有变，结果却不确定。这岂不是“相同的条件不能产生相同的结果”吗？其实，即便上述条件都不变——同一人、同一手、同一骰子、同一桌子，投掷时所用的力必定有所不同，投掷的角度也必定有所不同，骰子与桌子的接触面也不可能完全相同，如果在室外投掷，还有风速的干扰等等。普通的骰子一两克重，投掷时所用的力、角度难以控制，也难以完全相同地重复。即使是拉斯维加斯的投掷机器，也不可能做到这一点（制造机器的人有意要避免做到这一点）。由于它的初始条件是有变化的，或者是无法准确的设定，所以引出的结果也是变化的，难以准确地预测。正如波普尔曾说的：

> 人们有时听说，行星的运动服从严格的定律，而一粒骰子的掷下是碰运气，或受到机遇支配。我认为区别在于这个事实：迄今我们已能成功地预测行星的运动，但还不能预测掷骰子的个别结果。……为了演绎出预见，我们需要定律和初始条件；如果没有合适的定律或不能确定初始条件，科学的预见方法就垮台。掷骰子时我们所缺乏的显然是初始条件的充分知识。有了初始条件足够精确的测定，也就有可能在这种情况下作出预见，但是选定正确掷骰子的规则（摇摇骰子盒）是为了防止我们测量初始条件。[①]

可见，在宏观世界中，当我们只能对事物的初始条件进行概略性的界定而无法作出确定性的清理时，我们就用概率理论来解释事物的因果关系[②]。如掷骰子或投硬币，其之所以称为概率，那是我们对掷骰子或投硬币

---

① 参见波普尔著，查汝强、邱仁宗译：《科学发现的逻辑》，沈阳出版社 1999 年版，第 213 页。哥本哈根学派的代表海森堡也说过类似的话，他曾说：在掷骰子时，我们不知道决定骰子下落的人手运动的细节，因此我们说掷出某一特定数字的概率正好是六分之一。

② 微观领域的概率理论情况有所不同，我国学者杨世昌先生在《微观哲学初探》（华东师范大学出版社 1995 年版）一书中有详细的分析。

时的初始条件缺乏充分的了解。又如对天气的预报，由于人们对未来的气象变化的有关资料的掌握总是不完备的，所以，有关的天气预报预测总是具有概率性的。

李晓风先生认为，概率理论只适宜于对未然之事的预测，而历史学则是对已然之事的解释。对于已经发生的史实进行概然的解释，有时会显得很可笑。比如，有这么一个统计学的陈述：

（1）农业收益递减和人口过度增长时有发生饥荒的高概率。

（2）13 世纪西欧农业收益递减并人口过度增长。

（3）（有极大的可能）14 世纪西欧发生饥荒。

李先生认为，“这个结论如在 13 世纪得出或许可以改写历史，而现在是我们确知 600 多年前饥荒已经发生了”。即便换成“饥荒很可能是由于……”概率解释也过于虚弱[①]。但是，当事物的因果关系（因果项）还不能为我们充分了解和清晰界定时，或者是当我们不必去充分了解和清晰界定它时，用概率来概括它或解释它，这也是设置概率理论的目的所在。因此，概率理论既可以用于诸如对掷骰子、投硬币或天气情况的预测，也可以用作对掷骰子、投硬币或天气预报之概率性结果的解释。实际生活中的情况也是如此，当一位拉斯维加斯的赌徒在一次掷骰子的豪赌中输掉了他所有的家当，他大概也只是埋怨没有（概率地）碰上好运，而不会“历史地”对这次骰子运动的因果关系及其初始条件试着去作精确的原因分析。

如果我们同意概率理论既可以用来预测未来，也可以用来解释历史，那么，这便为历史学的概括和解释提供了一个可行的方案。下面，我们来看看历史学是如何“准科学”地运用必然归纳和概然归纳的。有学者在讨论历史规律时认为，历史中有两类与规律有关的运动系统：

① 李晓风：《历史研究的逻辑：解释和假说的形成》，《八十年代的西方史学》，第 177—178 页。

> 一类是具有“必然规律性”的确定性系统。例如，不同时代、地域和民族的人类社会，都经历着一种呈现出共同性的发展状态，即，有什么样的生产力，就会出现与之相对应的生产关系；有什么样的经济基础，就会出现反映这种经济基础的上层建筑；古今中外，没有例外。……另一类是具有“概然规律性”的随机性系统。例如在中国历史上，每当一个皇朝或王国建立之初的改朝换代之际，新统治者所面临的客观条件多是大致相同的：经过长期的战乱之后，“海内萧条，人口锐减”，人民疲惫，田园荒芜，生产凋零。面对这种情况，有的统治者对人民采取了横征暴敛、敲骨吸髓的政策，例如南北朝和五代时期的一些君主。但更多的一些统治者则是采取了程度不同的与民休息的措施，发展生产，休息民力，使满目疮痍的社会得到重建和恢复，例如汉、唐、明、清的一些君主。历史学家从这些重复的历史现象中总结出一种带有规律性的东西，这就是人们常说的“让步政策”。由于并不是所有新王朝的统治者都实行过“让步政策”，因此它并不是一种必然性规律。但这类现象在历史上又确实多次出现过，因此它的确是一种规律——一种概然性的规律。[①]

如上所述，历史的因果关系是难以用清晰确定性的语言来概述的，我们对它只能有大致的概括，且类似的情况往往会导致不同的结果。这就是马克思所说的“极为相似的事情，但在不同的历史环境中出现就引起了完全不同的结果”。所谓“极为相似”或“类似”，其实就是因果关系中的条件项还是有差异、有变化。有时我们也明白这里的差异和变化。比如，上面引文中讨论的“让步政策”。很明显的是每一代新王朝的政策制定者的主观认知存在着很大甚至相反的判断。同样是“人民疲惫，田园荒芜”，有的王朝的统治者认为应该推行“让步政策”，有的王朝的统治者却认为不必

① 王和、周舵:《试论历史规律》,《历史研究》1987 年第 5 期。

“让步”且变本加厉地推行“横征暴敛、敲骨吸髓”政策。正是这一关键性条件的不确定，导致了一种概率性的现象，历史学者便可用概率理论来解读它。

上述讨论也从另一侧面提醒我们，历史学中使用的“必然”概念，都是一种来自日常用语习惯的说法。这样的说法之所以“屡试不爽”且不能被证伪，也是因为史事的因果关系并不能确定而清晰地梳理。于是，我们便反向地由结果来推论原因（条件）——“凡对生产关系有所调整或改革”的，那一定是生产力发展及其状况所推动、所要求；“凡未见有生产关系的调整或改革”的，那一定是当时的生产力的状况和发展水平没有达到要求改革生产关系的水平和程度。我们可以找出很多很多调整或改革生产关系的个案来论证这样的“必然性”，至于那些“未有调整或改革”的，还有那些试图调整、改革生产关系而失败的个案，只能说明当时的生产力的状况与水平未对生产关系提出任何改革的要求。当然，研究者也可以采用另一种方法：对“个案”作适当的“无限后退”，即将“个案”的范围扩大或时段拉长到你所期望的结果——比如，那些采取横征暴敛、敲骨吸髓政策的南北朝和五代时期的王朝，最终都短命而亡，经过再一番“改朝换代”，新王朝的统治者还是会执行调整、改良生产关系的“让步政策”。于是，这样的“个案”正好从正反两个方面来论证规律的必然性。总之，研究者选取、保留了“同类”个别，排除“非同类”个案，或者“改造”“非同类”使之成为“同类”个案，这就可以获得一个“古今中外，没有例外”的必然性规律。

如果以上的分析不误，我们就可以看出：历史学的理论，既是反映历史，又是加工历史。历史呈现为必然或概率，与我们的认识方法有关。换言之，不同的认识方法，历史中的关系式就会显现出不同的特征。许多肯定历史必然性的论述，都使用这样的论证方式。

> 历史因果分析的另一种思路，是要找出一种它的可普遍性，即一种可运用于其他国家、其他时代和其他情况，人们从中获得教益的概括。这样的概括虽然只有概然性，但并不影响和损害理论命题的价值和意义，同样也是我们实际生活所必需。

7．历史学的概括

大体说来，科学家在概括必然性规律时，对导致某一结果的原因条件都能充分地了解和清晰地界定[①]。换言之，凡是能够充分了解和清晰界定的因果性，都可以依据“同类”个别而概括为必然性的因果律。但是，客观世界里还有一类因果关系，其因果项还不能为我们充分了解和清晰界定，或者是我们不必去充分了解和清晰界定它。对于这些不确定的因果关系，通常使用的是概率理论。一般说来，什么情况下我们可以用必然概念来陈述规律，什么情况下我们只能用概率概念来陈述对象，这对于自然科学家来说，还是比较容易明白其间的区别的。但在历史学中，我们对这里的区别并不十分清楚，或者说，历史学家习惯于作出概括，而不习惯对他的命题作出种种限定。阿克顿的名言“权力都使人腐化，绝对权力使人绝对腐化”，总不能说是一种一无例外的必然性命题，但他却以全称判断的形式来陈述，似乎不如此不足以引起人们的重视和警觉。与自然科学一样，一种纯粹的偶然，一种不可概括的因果关系，历史学家也是不会去关心它的。

---

① 虽然从理论上说，任何规律理论所陈述的对应关系中的初始条件都不可能是完备而无遗漏的。例如，“水在……温度、……压力、……条件下呈……形态”，无论我们列出多少个初始条件，总还是不完备的。相对论建立以前的牛顿力学的理论陈述就缺少了“在低速状态下”这个重要的初始条件项。有的学者认为，从联系的普遍性出发，与某种特定结果相关的前提条件从原则上讲是无穷多的，我们无法确认我们没有遗漏这些条件中的任何一个，我们只能在忽略某些微小原因的理想情况下考虑因果性。（参见张嘉同、沈小峰主编：《规律新论》，第 148 页）其实，最容易为我们忽视或遗漏的并不是“微小的条件”，而是那些天然具备和恒常不变的条件。缺少了“在低速状态下”这个重要的条件项的牛顿力学的理论陈述，自建立以来，之所以一直为各种实验所证实，就是因为“低速状态”这一条件项是天然而恒常的具备。所以，初始条件的不完备，并不会妨碍人们在这里概括出必然性的规律。2003 年 8 月，太阳黑子活动异常，使得地球上某些区域电子通信受到干扰以至于中断，这就说明我们起初忽视不计或遗漏的，都是那些原先天然具备且恒常不变的条件。

一个特殊的因果关系之所以会引发历史学家的兴趣，那是因为历史学家认为这一特殊性有可能转化为一种概率上的普遍性。卡尔在《历史是什么？》的第四章《历史中的因果关系》里举了这么一个事例：

> 琼斯在宴会后开车回家，他比平日多喝了点酒，车子的刹车又不大灵，开到一个死角，那儿简直什么都看不见，一下撞倒了罗宾逊，把他轧死了。罗宾逊是走过街到拐角处这家店里来买香烟的。

究竟什么是罗宾逊致死的原因呢？是琼斯酒后开车？是车子刹车不灵？是街道路面状况不佳？还是罗宾逊是个抽烟的人？的确，"如果那天晚上罗宾逊不是恰巧烟抽完了，他就不会走过街去，也就不会被轧死"。毫无疑问，抽烟和买烟是一个不能否认的原因。然而，没人会说罗宾逊去世是因为他是个抽烟人，或者说想抽烟的欲望是他死亡的原因。那么，究竟是什么决定了历史学家作出（或接受）这样的因果解释，而不作出（或接受）那样的因果解释呢？卡尔说：

> 克娄巴特拉的鼻子的形状、巴贾齐特痛风的侵袭、使亚历山大国王送了命的猴子咬的那一口、列宁的去世——这些都是部分改变了历史过程的偶然事件。企图把它们迅速而神秘地带走，或者佯称它们没有什么影响，这是没有用处的。另一方面，只要它们是偶然的，那它们便不能参与到历史的合理解释之中来……
>
> （历史学家）也从大量的因果关系中抽出那些，而且也只抽出那些有历史意义的因果关系，而历史意义的标准便是，他自己使这些因果关系适应于他的合理说明与解释的类型的能力。其他一些因果关系便不得不作为偶然的东西加以抛弃，这并不是因为因与果之间的关系不同，而是因为这种关系本身不恰当。历史学家拿它没有办法；它不能顺应合理的解释，无论对于过去或者对于现在都无意义。
>
> 的确不错，克娄巴特拉的鼻子，或者巴贾齐特的痛风，或者亚历

山大被猴子咬的那一口，或者列宁的去世，或者罗宾逊的抽烟，这些都有后果。但是，把这些当作普遍性的假设，说将军们打败仗是因为他们迷恋美丽的女王，或者发生战争是因为国王畜养了宝贝猴子，或者人们在路上被轧死是因为他们抽烟，这就毫无道理了。

卡尔认为：

在这里，我们也把合理的原因跟偶然的原因区分开来。由于前者有可能运用于其他国家、其他时代和其他情况，因而能导致有益的概括，而且能从它们获得教训；它们能达到扩大和加深我们的理解的目的。[①]

对于历史学家来说，琼斯酒后开车轧死了罗宾逊是一个可以作出概然性归纳的事例，“酒后不能驾车”就是个“可能运用于其他国家、其他时代和其他情况”“能导致有益的概括”“能从它们获得教训”的结论[②]。反之，如果某一事例不“可能运用于其他国家、其他时代和其他情况”、不“能导致有益的概括”、不“能从它们获得教训”，既然我们在这里找不到原因——确切地说，是找不出可以上升转化为普遍性的原因，那么我们只得把它交给偶然性，或者只是在其存在和发生的不可避免上说它的必然性。

柯林武德曾说：“我们听人说，历史学‘不是一门精确的科学’。我把这话的意义认作是，没有任何历史的论证曾经以精确科学所特有的那种强制性的力量证明了它的结论。这种说法似乎是指，历史推论从来都不是强

---

① 爱德华·卡尔:《历史是什么？》(吴译本)，第111—116页。

② 柯林武德在他的《论形而上学》一书中讨论过因果关系及其相对性问题。他说：一辆汽车在某处转弯时打滑，撞了马路沿后翻车。从司机的角度看，事故的原因是转弯太快，教训是开车必须更加小心。从郡检查官的角度看，原因是道路的表面或拱弧有问题，教训是必须更多地注意道路的防滑问题。从汽车制造商的角度看，原因在于汽车的设计有缺陷，教训是必须把重心放得更低。由此，他认为，因果的判断与具体的观察角度有关，即原因的相对性原则。(转引自威廉·德雷:《历史哲学》，第91—93页)上文所引的卡尔的有关论述及“车祸”事例，是否受柯林武德这些论述的影响，我们不得而知，但与柯林武德相比，卡尔还是有所发展的，柯林武德只是指出了因果关系的确定与我们的观察角度有关，卡尔则通过这一事例，说明在因果关系的诸多原因的罗列中，还需要考察和确定某一或某些原因可达到的普遍性。

制性的，它至多只是许可性的；或者像人们有时相当含糊地说的，它决不能导致确凿性，而只能导致或然性。”[①]就实际的功用和效率来说，自然科学需要的是必然性命题，如此才能提高它的应用效率。假如青霉素的培育只能概率性地成功[②]，那就大大地提高了生产的成本。而对于社会历史领域来说，命题是必然还是概然无关紧要，也与效率、成本无关。历史学家虽然不能以强制性、形式化的语句来陈述他们的理论命题，虽然他们只能概括出诸如“权力使人腐化，绝对权力使人绝对腐化”这一类概然性的命题，但这并不会损害历史学理论命题的意义和价值。社会历史领域的一些理论命题，之所以在实际生活中未能显示出它应有的功效，原因不在于它是否是必然命题或概然命题，而在于其他的一些原因。有关这一点，我们将在最后一章讨论。

规律是事物固有之“理”，但其呈现则取决于“势”（条件是否具备），“理”“势”的关系决定了理论命题在预测（或解释）上存在着“理有固然，势有必至”“理有固然，势无必至”“理有概然，势无必至”三种差异，历史学大约处于这一系列的末端。

8. 理有概然，势无必至

如上所述，关于规律问题的讨论，通常是既肯定规律是“铁的必然性”，又肯定人的作用可以“加速或延缓”（即庞先生所说的“缩短和减轻”历史分娩的痛苦而已）规律的呈现。这是否意味着有关的讨论，应该将

① 柯林武德:《历史的观念》，第 297 页。
② 参见本书第六章第七节。

"规律"与"规律的呈现"加以区分?"规律"与"规律的呈现"不能混淆,这在自然科学中是很明显的。比如"下雨"与"人工降雨"(也可以"人工阻雨")。"下雨"是有规律的,只要条件具备,老天爷必然要下雨,这里有"铁的必然性";但是由于人的作用,人们可以"加速"(即提前)下雨,也可以"延迟"下雨,甚至可以阻止下雨。我们不能因为后者就否认前者,也不能因为前者而连带着肯定后者。但是,历史中的规律也是如此吗?这里,我们需要借助金岳霖先生的理论对上述讨论作一点小结。

金先生在论述因果关系及其实现的问题时,提出了一个著名的命题就是"理有固然,势无必至"①。他用"理有固然"来描述事物因果关系的客观性和确定性,比如水在一定温度、一定气压等条件下会由液态转变为气态或固态,这是一个有关水之形态演变的规律。水之所以能够由液态转化为气态或固态,这是由水本身固有的某种性质决定的,所以称其为"理有固然"。但是,水的形态演变要能够实现,需要有一定的外在条件,条件具备了,水就会由液态转变固态或气态,条件不具备,水的形态转变就不能实现,金先生称其为"势",用来表示"理"之实现所必需的各项条件。这样,金先生就把事物的因果关系与因果关系的呈现区分开了,把因果关系有确定性与因果关系呈现无确定性区分开了。水之形态转变能否呈实,这当然取决于水是否有它固有的"理",但也取决于呈现所需的"势"。也就是说,水之形态转变的能否现实地呈现,既取决于水所具有的固有之"理",也取决于"势"的是否具备,取决于"理"与"势"的同时具备,两者缺一不可。在这里,我们把"理"与"势"的同时具备称为"合"。"合",水的形态转变就能现实地呈现,"未合",则水的形态转变就不能现实地呈现。所以,理论研究所获得的普遍性命题,也就是对事物的"理"与"势"及其关系的一种抽象概括。

为什么因果关系有确定性而因果关系的呈现无确定性呢?这是因为事物的"理"与"势"是彼此管辖不住的,它们是两个层面上的事情,我们

① 这里所说的"理"、"势"以及"理有固然,势无必至"等术语,均采用金岳霖先生的说法,参见金岳霖《势至原则》(刊于《金岳霖学术论文选》,中国社会科学出版社1990年版)和《论道》。

把这种彼此管不住的状况称为“分”。所谓“理”管不住“势”，就是水的“固有之理”不能保证“势”的必然具备，它既不能创造出“势”，也不能消灭掉“势”；同样“势”也管不住“理”，“势”虽然实现了水的形态变化，但它也管不住“理”，它既不能无中生有地创造出“理”，也不能从有到无地消灭掉“理”。

这样，事物的“理”与“势”的“合”就会有两种情况：一种是人为的“合”，即通过我们人为的操作控制来保证事物的“理”与“势”的同时具备，自然科学中的各种受控实验都属于这种情况。另一种是自然的“合”，即事物的“理”与“势”的同时具备，不能或者不必通过我们人为操作控制来实现，而只能或者可以凭其自然造就。“理”与“势”的“合”还有恒常与非恒常两种情况：一种是恒常的“合”，另一种是非恒常的“合”。在前一种情况里，或是人为的控制，或是自然的造就，使得事物的“理”与“势”恒常地处于“合”的状态。比如，经典物理学中许多因果律，都是属于这种情况。在后一种情况里，事物的“理”与“势”并不能恒常地处于“合”的状态，它时而处于“合”状态，时而处于“分”状态。比如，离开了各种受控实验，水在自然状态下要由液态转化为气态或固态所必需的“势”，并不是随时随地都能具备，因此，水由液态转变为气态或固态，并不是随时随地都能实现。在自然界中，总有一些事物的“理”与“势”的“合”不是我们所能控制的，总有一些事物的“理”与“势”在自然界里也不是恒常地处于“合”的状态。

事物的“理”“势”关系决定了科学研究所获得的理论命题在用于预测上就会表现出强弱不同的差异，它可以分为“理有固然，势有必至”“理有固然，势无必至”“理有概然，势无必至”。通常所说的科学研究，大都处于第一种状况，而历史学只能处于第三种状况，这是因为以下三方面的原因：

其一，社会历史之“理”无确定性，而仅有概率性。大体说来，从无生命界，到生命界，再到人类社会，“理”的确定性、稳定性呈现为一个逐级减弱的特征，表现为从“理有必然”到“理有概然”的变化。在无生命界，事物固有之“理”最有确定性，而在生命界，这种确定性就逐渐趋弱。波普尔在他的《思想自述》中对他的“俄狄浦斯效应”理论有所补充，他说：“我在《历史主义贫困论》中讨论过的思想之一，是预测对被预测事件的影响，我曾称之为‘俄狄浦斯效应’。因为预言者在寻致其预言实现的事件序列中起了极其重要的作用。我一度认为，俄狄浦斯效应的存在把社会科学与自然科学区别了开来。但是，在生物学中，甚至在分子生物学中，期望对导致所期望的东西也常常起着作用。”[①]生物界、分子生物界尚且如此，由人构成的社会历史领域，那就更加特出了。这也就是前文讨论的“相干性”的必然结果。所以，社会历史之“理”，大致处于由强至弱系列的末端，它只具有概率性，只能称其为“理有概然”。仔细辨析一下历史领域的理论命题，其实都是程度较高而已，但在论证上却可以让它表现出绝对的“必然性”，这是因为论证上的“无限后退”，可以回避或躲过所有的不利“反证”。

其二，社会历史之“理”不清晰，太混沌。从“理有必然”到“理有概然”，不仅是一个确定性、稳定性的趋弱，还存在着“理”“势”关系的“清晰”和“混沌”的差异。凡是必然之“理”，都能够以形式化的方式加以陈述，表现为“如果具备了C_1，C_2（直到C_n）等条件，就必然产生E”。而概然之“理”，则难以做到这一点，它只能表现为“如果具备了类似C_1，C_2（直到C_n）等条件，就会概然产生E”。这大体也是从无生命界，至生命界，再到人类社会，逐渐表现为一个由“清晰”趋向“混沌”的系列。所以，历史学的理论命题难以用形式化的方式来陈述它，它造成了学科理论、观念、范畴的不清晰。

其三，理论命题的不清晰，使得理论命题的检验难以操作，它只能依据历史的结果来推测其原因条件（如果某一结果出现了，就推断原因条件一定成熟；某一结果不出现，就推说原因条件一定是未成熟）。至于条件有哪些，何谓条件具备，何谓条件成熟，理论本身未有确切的界定，检验过

① 参见波普尔著，赵月瑟译：《波普尔思想自述》，上海译文出版社1988年版，第168页。

程也就“降低规格”。在历史学中，凡是历史结果发生了，历史学家总能找出其原因；凡是历史结果不发生，历史学家也能找出其不发生的原因。这就难怪人们责怪历史研究是“事后诸葛亮”、是放“马后炮”了。理论的检验，往往采取一种“无限后退”的方式来消解不利的证据。这也是日常交流中很常见的一种方式，比如，“善有善报，恶有恶报；不是不报，时辰未到”，这句“时辰未到”，就是一种“无限后退”的论证方式，它的潜台词是“时辰一到，立刻就报”，这就消解了不利的“反证”，使命题变得强硬如“铁的必然性”。至于“时辰”何时才到，如何才是“时辰”已到，这是说不清的，凡人只需耐心等待就是。如果按自然科学的检验标准来衡量，历史学的理论命题似乎既不能证实，也不能证伪。

虽然仅是“理有概然，势无必至”，但我们仍不能否认历史有其“固然之理”，历史学也能总结出类似格言、谚语、警句名言之类的常识真理。与科学真理不同，常识真理所用的是日常语言，具有一定的模糊性和不确定性。需要强调的是，尽管它们是模糊或不确定性的，但仍能满足我们生活之所需。在日常生活中，我们实在不必追求知识的精确性，“水在很冷很冷的情况下会结冰”就足以避免玻璃杯被结了冰的水挣破[①]。同样，“权力使人腐化，绝对权力使人绝对腐化”，也完全可以让我们有充分警觉，以便在政治制度的设计之中竭力避免权力的过于集中。只是，与以“理有固然，势有必至”的科学性命题相比，史学所概括的格言、谚语、警句名言之类的常识真理，不能给人一种“硬性”约束或规定，使人常常心存侥幸。

① 殷正坤、邱仁宗:《科学哲学引论》，华中理工大学出版社1996年版，第23—28页。

八　历史学的人文性

关于历史的评价，存在着诸多分歧，主要是学者们担心评价的介入会破坏历史认识的客观性。然而，历史认识不能没有价值判断。价值判断不关涉过去，只关涉现在。反观人们在社会现实中所犯的失误，哪一件不与他们错误的历史评价密切相关。

1．史学要不要评价？

在历史学中，有关对历史的评价，可以分为两种视角，德雷分别将它们称为“过去的价值”和“现实的价值”。“过去的价值”强调从历史时代和历史的当事人的价值观念来看历史、评历史；“现实的价值”则强调以历史学家本人的或他所生活的社会、他的读者的价值观念来看历史、评历史。前者是根据当时的价值观念，后者是根据今天的价值观念。比如，我们评说孔子及其思想，“过去的价值”评说的是孔子及其思想在当时社会的价值和意义，“现实的价值”评说的是孔子及其思想对现今社会的价值和意义。史学家钱穆也曾将历史评价分为“历史意见”和“时代意见”。所谓“历史意见”，是指历史的当事人“所切身感受而发出的意见”，而后人单凭他自己所处的环境和需要来评判，那只能说是一种“时代意见”①。这里所说的“历史意见”就是上文的“过去的价值”，这里所说的“时代意见”就是上文所说的“现实的价值”②，我们也可称其为“现实的意见”。

---

① 钱穆:《中国历代政治得失》，生活 · 读书 · 新知三联书店 2001 年版，第 3 页。

② 胡适在《中国古代哲学史》中也说到历史评价的两种方式：一种是做哲学史的人用自己的眼光批评古人的是非得失，这是“主观的”评判；另一种是把每一家学说所发生的效果表示出来，这是“客观的”评判。后者又可分三种层次，如研究某一种学说，（甲）要看一家学说在同时的思想，和后来的思想上，发生何种影响；（乙）要看一家学说在风俗政治上，发生何种影响；（丙）要看一家学说的结果，可造出什么样的人格来。［参见胡适:《中国古代哲学史》，安徽教育出版社 2006 年（转下页）

虽然这两者都可以称为历史的评价，但它们在认知形式上有很大的差异。有关“历史意见”或“过去的价值”，大体上还是属于事实性的认知，如秦人评说“筑长城”一事对他们的价值或意义的，那是秦人对“筑长城”一事的价值判断，故可以称为“历史价值的认知”。有关“时代意见”“现实的价值”，则是一般意义上的价值评判在历史学中的运用，属于一种评价活动，如今人评说“秦长城”的价值和意义，这是今人对“秦长城”的价值判断，故可以称为“历史的现实价值的评价”。下文所讨论的“历史学Ⅳ”，就是指“历史的现实价值的评价”，而不是“历史价值的认知”，尽管这两者有着紧密的联系①。

历史学家究竟应该根据当时的价值来评说历史，还是根据我们今天的价值来评价历史呢？这在史学理论界尚存在着很大的分歧和争论。威廉·德雷在《历史哲学》一书中，曾以约翰·杜威和洛夫乔伊为分歧双方的代表，做过简略的介绍。约翰·杜威认为：在撰写历史时，一切都依赖于用以支配选择的原则，而原则又依赖于历史学家本人的兴趣和困惑，因此，一切历史必然是从当前的立场出发来撰写的，历史就是“当前被看作重要的那些东西”的历史。洛夫乔伊则持相反的意见，他的理论根据是：历史学家是为了它自身的目的而研究过去的，所以，选择的确定不是根据他认为重要的东西，而是根据别人认为重要的东西，这才使历史的实质和意义不同于其他事物②。

历史评价自然也包含对历史人物的褒贬谴责，克罗齐极力反对以今人的眼光去随意褒贬历史人物，他说：历史学家不是法官，更不是一个能判决绞刑的法官。他在《作为自由故事的历史》中写道：

这种指责忘记了一个最大的区别：我们的法庭（无论是司法上的

（接上页）版，导言，第5页］胡适看重“客观的”评判，认为前者“没有什么大用处”。其实，甲、乙、丙三项评判的最终目的，还是要了解历史的现实意义。

① 有关“历史价值的认知”和“历史的现实价值的评价”的区分及联系，参见拙文《论历史研究中的价值认识》，《学术月刊》1994年第8期。

② 详见威廉·德雷：《历史哲学》，第71—79页。

还是道德上的）是当前的法庭。这些法庭是为活着的，在积极活动的而且是危险的人物设立的，而另外那些人已经在他们那个时代的法庭上出现过，那些人不能够判两回罪，或赦免两回。任何法庭都不能判他们有罪责，正是因为他们是过去时代的人，他们是属于过去时代的治安管辖的。正由于他们是那样的人，他们只能是历史的臣民，不能接受其他判断，只能接受洞察和理解其工作精神的判断……有些人借口编写历史，像法官似的到处帮忙，到这里来判刑，到那里去赦免，因为他们认为这就是历史的职责……这样一些人一般是被认为缺乏历史感的。①

与克罗齐相反，阿克顿则非常强调道德法典的圣洁性，他说：

我劝告你们永远不要使道德的通货贬值，而要以那支配你们生活的终极准则来审察别人；另外不容任何人与任何事逃脱那个永存的处罚，这即是，历史有权对作恶行为所施加的处罚。

如果说我们由于把握不定而必然常常出错，那么，我们有时宁可失之过严而不可失之过宽。……在判断人物与事件时，道德应走在教条政治与民族的前面。②

因褒贬古人而影响叙事的真实，这当然是历史学家应当避免的错误。但因此而说任何褒贬评断都是不必要的，则未免太书生气了。历史是胜利者书写的，而那些失败者或牺牲者几乎没有申诉的机会；历史上任何一次进步都有为数众多的人为之付出代价或牺牲，这些牺牲者往往未能享受社会进步的成果，也往往未能在历史中诉说他们的苦难。看看现实中的一些恶行满贯的人物，生前因高位权势不容许人们公开谴责和批评，死后还有

---

① 转引爱德华·卡尔:《历史是什么？》(吴译本)，第 82 页。

② 参见古奇:《十九世纪历史学与历史学家》，第 613、614、621 页。阿克顿的这个主张和信念，直到他弥留之际方才有所转变。

历史学家对他的所作所为保持“中立”，这与“为虎作伥”有何区别？说历史学离不开历史评价，并不是说历史学家得像巡回法官那样，到处重审冤案、错案，而是他应当为历史的无辜牺牲者伸张正义。所以，应当避免的是因评价而妨碍史实真相，不碍史实真相，何须逃避评价？诚如吕思勉先生所说：“彰善瘅恶，诚非史家本旨，亦不失为作史之一义；但恶以此害事实耳，无害于事，又何病焉？”[①] 所以，较为普遍的看法是，历史学确实需要根据当时的价值观念来评说历史，但他不能没有现实的尺度，还必须根据我们今天的价值观念来评价历史，与其说两者不能偏废，倒不如说，后者比前者更重要[②]。

持反对意见的还有一个理由，即“历史学Ⅳ”的存在，足以破坏历史研究的真实性和客观性。不过，对于当代的学者来说，历史研究失去了真实性、客观性固然可怕，但排斥“历史学Ⅳ”的历史学，几乎是不可能。其实，历史学既然说的是人自己的事情，那么，研究者就自然而然地会处在一种特殊的地位，采取一种特殊的态度。人对于自然与人事的态度是不同的。一个想外出的人，因为下雨而受阻与因家人反对而受阻所产生的感受是不同的。因下雨而行动受阻，虽然“恼火”，但只是一个无可奈何的事实问题。他或许会说：老天爷不该下雨，但他心里明白，该不该下雨，实在是无可奈何的事。如果某人因他人而行动受阻，他一定会感受到他的行动自由受到干扰，那会导致真正的“恼火”或“发火”。他会认为，他的行动自由被剥夺，而行动的自由是不该受到任何干涉的。[③] 显然，前者只涉及一个“实然”的问题，后者涉及一个“应然”的问题。也就是说，我们对于人事总是不能避免一种评判的态度和立场。历史学家虽然总是在他的“历史天地”里挖掘事实，但他不是单纯地去描述对象“是什么”，除了考

---

① 吕思勉：《吕著史学与史籍》，华东师范大学出版社 2002 年版，第 241 页。

② 参见德雷：《历史哲学》，第 75—76 页。

③ 金岳霖先生曾以这一事例，讨论过“自由意志与因果关系”问题，他说：“比方我要出去，第一次我的母亲不许，第二次天下雨了，路不能走。我的意志两次受外界的束缚，而我的态度不同，我觉得我的母亲侵犯我的自由，而老天爷的雨不曾侵犯我的自由。”参见金岳霖：《自由意志与因果关系的关系》，《哲意的沉思》，百花文艺出版社 2000 年版，第 125 页。

订“是什么”、追问“为什么”，它还要涉及“该怎样”的问题。尽管有时直接，有时间接；有时显现，有时隐晦。这是所有研究人文现象的学科都会持有的态度和要求。有时候，历史学家似乎只是在进行纯粹的事实陈述，但实际上它仍然隐含着一种价值评价。波兰历史学家托波尔斯基在《历史学方法论》中列举了一个隐藏得很深的历史评价的事例，他说：

> “……1921 年，波兰劳动人民的首要任务是赢得社会改革。”这段表述，看上去似乎是描述性的，但却是一种评述。在它的描述部分，它说出了当时波兰劳动人民生活在必须予以改善的条件中。在它的感情部分，它显示了作者的价值评估：他认为，为改善劳动人民生活条件的改革而进行斗争是一个好纲领，并值得支持；同时他还主张人民必须为改革而战斗，因为改善劳动人民的生活条件是非常好的（进步的）。[①]

这是一种间接的、隐蔽的评价，但仍然是一种评价。

人的认识从根本上说是为其现实的实践活动服务的，从认识到实践，大体要经历这样几个环节：事实认识、价值评估、预测、规划和尝试性的预演、社会实践。在这个过程中，事实认识是起点，社会实践是终点，价值评估是联系两者的中间环节。价值评估以事实认识为基础，对事实进行价值选择和价值定向，为现实社会的实践活动提供依据。总体上说，社会实践的有效性、自觉性来自价值评估的正确性。没有正确的价值认识引导的社会实践必然会陷于盲目和无效，甚至走向歧途。一般的认识活动如此，历史认识也是如此。梁漱溟先生在 1974 年的“批林批孔”运动中，曾意味深长地写下了这样一段话：

> 今天我们若轻率地贬低孔子或抬高孔子皆于他无所增损，只是自

① 托波尔斯基著，张家哲、王寅、尤天然译，尤天然校：《历史学方法论》，华夏出版社 1990 年版，第 640 页。

己荒唐妄为。[①]

荒唐地对待历史，就是荒唐地对待现实；荒唐地对待古人，就是荒唐地对待自己。梁先生的这句话，道出了历史评价的重要性。没有对历史的观念的把握（包括历史事实的把握和历史价值的把握），就谈不上对历史的实践的把握，到头来，造成了现实的荒唐妄为。所以，托波尔斯基认为："因为有了价值评述，历史编纂学才对改造我们周围的世界作出了贡献。"[②]

价值观念的介入，带来了两种现象：其一，不同时代、不同社会条件下的人，都是按照他们各自的价值观念来书写不一样的历史；其二，人们总是按照当下的价值观念来判断历史书写的是非正误。这两种现象怎么看？学界也存在着分歧。

2. 从柯林武德的一段话说起

柯林武德在1936年所写的一份手稿中，有这么一段话：

> 圣奥古斯丁从一个早期基督徒的观点来看待罗马的历史；提累蒙特是从一个十七世纪的法国人的观点来看；吉本从一个十八世纪英国人的观点来看；而蒙森则从一个十九世纪德国人的观点来看。问哪一种观点是正确的，那是没有意义的。每种观点对于采用它的人来说，都只是唯一的一种可能。[③]

① 汪东林：《梁漱溟问答录》（文前插图），湖南人民出版社1988年版。

② 托波尔斯基：《历史学方法论》，第646页。

③ 柯林武德：《历史的观念》，编者序言，第9页。

这段论述（下文简称“论述一”），通常被称为怀疑论。比如，卡尔在《历史是什么？》中，就称它是纯粹的怀疑论，并认为“柯林武德有一个时期是达到了这种结论的”[①]。沃尔什在他的《历史哲学——导论》里，也对柯林武德的这种论述提出了批评。他说：究竟有没有一位有声望的哲学家宣传过对历史知识的彻底怀疑主义，我不知道。但是柯林武德——不管那和他的理论的其他部分可能是多么不一致——却接近于作出了这一点[②]。

在后来出版的《历史的观念》一书的第三篇第五节中，柯林武德也讨论过有关历史认识中的错误问题，在谈到有关过去的历史学家在不断改变着对中世纪的态度（即历史认识的错误）时，他写道：

> 历史学家并不是上帝，高高在上或者是从外界来观看世界。他是一个人，而且是一个他自己当时当地的人。他从现在的观点观看过去，他从他自己的观点观看其他的国家和文明。这种观点只对他以及处境和他类似的才是有效的。但是对他来说，它是有效的。他必须坚持这一观点，因为这是唯一他可以接受的观点，而且除非他有一种观点，否则他就什么都不能明白。举一个例子，对于中世纪的成就所下的判断，按照这位历史学家或是十八世纪的，或是十九世纪的，或是二十世纪的人而必然有所不同。我们在二十世纪知道十八世纪和十九世纪是怎样看待这些事物的，而且我们知道他们的观点不是我们所能分享的观点。我们把它们称为历史的错误，而且我们能够指出要摒弃它们的理由。[③]

恩斯特·卡西尔在1944年出版的《人论》“历史”一章中，有一段与柯林武德手稿非常相似的叙述，他说：

---

① 爱德华·卡尔：《历史是什么？》（吴译本），第24页。

② 沃尔什：《历史哲学——导论》，第111页。

③ 柯林武德：《历史的观念》，第123页。

没有一个人曾会想写一部数学或哲学的历史而不清楚地看到这两门科学的体系问题。在哲学上属于过去的那些事实，如伟大思想家们的学说和体系，如果不作解释那就是无意义的。而这种解释的过程是永无止境的。当我们的思想达到了新的中心和新的视野时，我们就一定会修正自己的看法。在这方面最典型、最有启发性的例子或许莫过于关于苏格拉底的形象的变化。我们有色诺芬和柏拉图笔下的苏格拉底，也有斯多葛派的、怀疑论派的、神秘主义派的、唯理论派的和浪漫派的苏格拉底。它们都是完全不一样的，然而它们都不是不真实的；它们每一个都使我们看见了一个新的方面，看到了历史上的苏格拉底及其理智和道德面貌的一个独特的方面。①

恩斯特·卡西尔的这段论述，似乎表明持这种看法的不在少数。而柯林武德在《历史的观念》中的这段论述（下文简称“论述二”）与上文引录的“论述一”所表达的意思是一致的。这种一致性似乎表明，“论述一”虽然是一个未发表的手稿，却是柯林武德的一个重要观点，即“追问圣奥古斯丁关于罗马历史的观点正确与否是没有意义的，因为除了他处于他自己时代的条件之下的想法而外，他不可能有别的想法”②。李振宏先生在他的《历史学的理论与方法》一书的“历史认识检验的标准问题”一节里，以柯林武德的“论述二”为例，将其称为历史认识检验问题中的“时代序列说”，并指出国内学者也有持这种观点的，如刘昶先生《人心中的历史》中的一些说法：

历史认识的进步，并不表现在历史认识是否接近所谓历史本体，而主要表现在历史认识不断符合社会现实，符合时代的要求和认识水平，也就是说，判断历史认识进步与否的标准存在于时代和社会现实之中。站在 20 世纪的立场上，将 20 世纪的历史认识同 19 世纪的历史

① 恩斯特·卡西尔:《人论》，第 248 页。
② 柯林武德:《历史的观念》，第 11 页。

认识相比，20 世纪的历史认识无疑要进步得多，没有人能否认这一点，这并不是因为它更接近历史本体，而是因为它更接近 20 世纪的现实。是现实为我们判定各种历史认识的是非优劣提供了一个标准，一个参照系。无论人们是否意识到这一点，他们在评判各种各样历史认识的是非优劣时，都是以当时当地的现实为参照标准的。[①]

李振宏先生批评说："'时代序列说'不是把检验历史的标准放在客观历史本身，而是放在认识主体的时代序列上，用后代史家的认识来判断前代史家认识的是非优劣的观点是错误的。在原则上，我们不能拿后代史家的认识去检验前代史家的认识，而应该从历史本身出发提出检验历史认识的客观标准。"[②]

历史认识是对过去事情的回顾和记忆，判断某一个历史认识是否正确，应该检验它与史实本身是否相符合或一致。这恐怕是大家都能赞同的常识性理解。从"历史学Ⅰ"这一层面上说，李先生的批评是无疑是正确的。如果我们的考察只是局限在"历史学Ⅰ"的层面上，那么，柯林武德的说法不仅不能成立，而且还有点荒谬。人们会问：有关黑斯廷斯战役发生于 1066 年这一认识，不管是 17 世纪的法国人，还是 18 世纪的英国人或 19 世纪的德国人，都应该有一致的判断，如果这里有什么分歧，也一定可以分辨出它们的是非正误，至少在理论上可以肯定这一点，怎么说区分它们的正确与否是没有意义的呢？因此，柯林武德的上述观点，很可能是指理解和评判上的差异。确实，不同时代的历史学家，都有着不同的理解和评判，其背后就是海登・怀特所说的史家的意识形态上的差异（海登・怀特所说的意识形态，实在是指史学家的一般理论观念和价值观念）。所以，如果我们把考察转到"历史学Ⅳ"的层面上，就能发现柯林武德等学者的论述包含了许多有价值的观点。

---

① 刘昶：《人心中的历史》，四川人民出版社 1987 年版，第 353—354 页。
② 李振宏：《历史学的理论与方法》，河南大学出版社 1989 年版，第 257—258 页。

> 不同时代与社会里的史学家总是从当时当地的观念出发来书写历史，这样的历史只对他们以及与他们的生活环境、实践环境相类似的人才有意义，由于时代与社会的变化，前人的历史书写不能为后人所分享，而历史总是要不断地重写。

3. 历史需要不断地重写

大多数学者都能同意这样的看法，即历史认识的进步，不仅表现在对史事的认定和积累上，还表现在对史事的理解与评说上。史事一旦认定，对于17、18世纪乃至19世纪的历史学家来说，它是不变的、凝固的。在历史事实的认定上，其是非正误的区分还不会引出太大的分歧[①]。然而，涉及“历史学Ⅳ”层面里，情况就不同了。比如，有关清政府“闭关政策”的性质和历史影响，这是中国近代史研究中的一个题目。20世纪五六十年代史界学者大都认为它具有抵抗外来侵略、捍卫民族利益和维护国家主权的作用（下文简称“自卫说”）。80年代以后，学者们对这样的认识产生了怀疑，他们认为：

> 闭关政策虽曾起过一定的民族自卫作用，但它对近代中国社会的前进和发展，也起了严重的阻碍作用。它作茧自缚，不利于中华民族同世界各民族的正常交往，不利于中国人民了解世界，走向世界，学习世界各民族优秀的思想文化和先进的科学技术，……近代中国的落后挨打，与这种状态不无关系。[②]

如果我们肯定80年代的“自杀说”（为了便于讨论，笔者把上述观点简称为“自杀说”）比五六十年代的“自卫说”更正确，肯定由“自卫说”

---

① 这里所说的“不会引出太大的分歧”，是相对于“历史学Ⅳ”而言的，与一般的认识相比，“历史学Ⅰ”的是非正误的检验仍是很复杂的。

② 陈旭麓主编：《近代中国八十年》，上海人民出版社1983年版，第14页。

到“自杀说”是一种历史认识上的进步，那么，这里的正确和进步，主要不是体现在对史事的认定和积累上，而是体现在对史事的理解与评说上。虽然我们也可以说，“自杀说”比“自卫说”更符合历史实际，也可以把它归于史事认识上的进步。但是，“扪心自问”，这里的变化或进步，主要不是通过史料或史实方面的新发现来完成的，而是通过历史研究者观念上的更新达到的。或者说，是新的观念帮助我们看清了新的史实。卡尔说得好：

> 伟大的历史，恰恰是在历史学家对过去时代的想象为他对当前各种问题的见识所阐明时才写出来的。有人经常表示奇怪，为什么蒙森没有把他的历史写到共和政体衰亡以后的年代去。他既没有时间，也没有机会，还没有知识。但是，蒙森写这部历史时，那个强悍有力的人还没有在德国出现。在他写作生命正旺盛的时候，一旦有一个强悍有力的人物掌握权力便会发生什么情况这样的问题还没有成为现实。没有什么可以启发蒙森，使他把这个问题反映到罗马的史实中去，因而罗马帝国的历史便留下没有着笔了。①

我们常常会看到这样一种情况：许多历史事实并非在史料中没有反映，然而，由于它们还处于我们的认识图式的辐射范围之外，我们对它们的存在便会熟视无睹，视而不见。只有到我们改变了原来的认识图式，这些史事才会进入我们的研究范围，才会成为我们研究的对象。

如果这样的分析可以成立，那么，我们不得不承认是80年代的社会现实为我们抛弃“自卫说”、采取“自杀说”提供了一个标准或参照系。我们能够理解五六十年代采取“自卫说”的理由，我们也明白我们今天之所以不接受这种说法的原因，通过对不同时代、不同社会条件下的历史认识的比较、回顾，正好勾画出史学的发展与变化，也折射出时代与社会本身的发展与变化，尤其价值观念上的发展与变化。从这个意义上说，对圣奥

---

① 爱德华·卡尔:《历史是什么？》(吴译本)，第36页。卡尔的这一段文字，与前文所引的柯林武德的“论述一”所表述的思想，非常相似。只是卡尔没有直接提及其中的是非正误的问题。

古斯丁、提累蒙特或吉本、蒙森的史学进行比较研究，并非只有史学史上的意义。如果我们承认历史学不仅仅是一种单纯的史事认定，它还包括对史事的理解、诠释和评说，那么，柯林武德的“论述一”和“论述二”就包含着不少合理性：（一）不同时代、不同社会条件下的历史学家都是从当时当地的观念出发来理解历史、评说历史的；（二）这种历史认识只是对他们以及与他们的生活环境、实践环境相类似的人们才是有意义的；（三）由于时代和社会条件的变化，前人对历史理解或评说总是不能为后人所分享，所以，历史总是不断地要重写。上文所引的刘昶先生的那段文字，恐怕也应该从这个层面上去理解。

其实，马克思、恩格斯早就注意到这一问题，《德意志意识形态》一文的注释里有这么一段话：

> 历史上的晚期时代对早期时代的认识当然与后者对自己的认识不同，例如，希腊人是作为古希腊人认识自己的，而不会像我们对他们的认识那样，如果指责古希腊人对自己没有像我们对他们的这种认识，……就等于指责他们为什么是古希腊人。[①]

有趣的是，在“论述二”之后，柯林武德紧接着写了一段文字，似乎是在为马克思的论述作补充，他说：

> 希腊人在努力要成其为希腊人，中世纪在努力要成其为中世纪；

① 马克思、恩格斯：《德意志意识形态》，《马克思恩格斯全集》第3卷，人民出版社1987年版，第280页。人们对历史的理解和评价，总是随他们自身的变化而变化，要对这种前后变化的理解或评价进行真实客观的比较判断是很难的，这在马、恩写作《德意志意识形态》的那个年代，已是一个受到学者关注的问题，同样完成于这一年代的布克哈特的《世界历史沉思录》，也曾表达过类似的看法，他说：“值得特别注意的是，当我们评价与自己相关的人与事的时候，我们的年龄以及阅历都起着举足轻重的作用；只有到了生命的暮年时，我们才能够对所接触过的人和经历过的事作出最终的判断。此外，这个最终的判断又依我们寿命的长短，即我们有生之年是四十还是五十岁，可能会截然不同。对我们来说，这个判断性的结论只有一个主观的而非客观的真实性。相信每一个都一定有过这样的经验，他早年的愿望过了若干年以后在他自己看来显得多么愚蠢。”布克哈特：《世界历史沉思录》，第239页。

每个时代的目的都是要成其为它自己，因而，现在它总是成功地成为它在努力要成其为的那种东西的意义上，便总是完美的。①

这些论述，都不能看作在讨论“历史学Ⅰ”的问题，都应该放在“历史学Ⅱ”或“历史学Ⅳ”的层面上去理解其真正含义。在谈到有关历史认识的检验问题时，柯林武德还有一段论述（下文简称“论述三”），他说：

历史学家的图画与叫作证据的某种东西处于一种特殊的关系之中。历史学家或任何其他人所能借以判断（哪怕是尝试着）其真理的唯一方式，就是要靠考虑这种关系；实际上，我们问一项历史陈述是否真实，也就是指它能否诉之于证据来加以证明。因为一个不能这样加以证明的真理，对于历史学家就是一桩毫无兴趣的事。只要一有了这样的根据，情况就不再是一个证词的问题了。

当证词被证据所加强的时候，我们之接受它就不再是接受证词本身了；它就肯定了基于证据的某种东西，那即是历史知识。②

这段文字与上文引录的“论述一”“论述二”有很大的不同，这恐怕就是沃尔什所说的不一致的地方吧。然而，仔细比较这三段文字，所谓的不一致，恐怕是柯林武德在讨论两个不同层面上的问题。也就是说，“论述三”说的是“历史学Ⅰ”的问题，“论述一”和“论述二”说的是“历史学Ⅱ”或“历史学Ⅳ”的问题。只是柯林武德自己并没有作过这样的区分，没有明确地区分，结果，就被人误解为相对主义和怀疑论。

① 柯林武德：《历史的观念》，第124页。
② 柯林武德：《历史的观念》，第279—280、291页。

> 历史学是一门极其复杂的学科，它几乎涉及我们大部分的认知形式和知识品种：如史实的确认、史事的理解、历史的理论概括、历史意义的评价等等，这些不同的认知形式，生产不同的知识产品，体现不同的认知属性。所以，历史学与一般意义上的科学哲学也不可相提并论，它涉及许多特殊的问题。

4．历学哲学的特殊问题

有关历史学的客观性问题，当代学者与前辈学者有着截然不同的理解，卡尔在《历史是什么？》的第一章中，对此作了详尽的叙述。前辈学者之所以对历史学的客观性持完全肯定的态度，是因为按他们的理解，历史学要体现出它的科学性，它只能局限于对史事的认定和积累上，在这个层面上，历史学有能力对过去的事实作出确切而真实的陈述，历史认识的结果具有科学的性质。一旦涉及评价、解释等，就无客观性可言了。这就是通常所说的“客观”历史的概念就是（等同于）“不受价值影响”的历史[①]。然而，当代历史学家的理解有所不同，何兆武先生对此曾作过这样的概述：

> 历史学之成其为历史学，却全有待于历史学Ⅱ给它以生命，没有这个历史理性的重建，则历史只不过是历史学Ⅰ所留给我们的一堆没有生命的数据而已。[②]

也就是说，历史学之成为一门学科，其关键在于“历史学Ⅱ”，而不在于“历史学Ⅰ”。卡尔从历史事实的意义出发，将它区分为“历史事实”与“非历史事实”。克罗齐区分“历史”与“编年史”是两种不同的精神，称历史是“活的编年史”，编年史是“死的历史”；历史是当前的历史，编年

---

① 威廉·德雷：《历史哲学》，第79页。

② 何兆武：《对历史学的若干反思》，《史学理论研究》1996年第3期。需要说明的是，何先生所说的“历史学Ⅱ”，大体与本书所讨论的“历史学Ⅱ”和“历史学Ⅳ”相当。

史是过去的历史；历史主要是一种思想活动，编年史主要是一种意志活动等。这些论述都体现了当代学者对历史学本质的新理解。沃尔什说得更加明白，他说：

> 历史学家为了达到我们所考虑过的那种客观理解，就不只是需要有关人们在各种各样的局势中确实是怎样在行动的标准知识，而且还需要有关他们应该怎样行动的标准概念。他需要弄清楚的不只是他那有关事实的知识，而且还有他的道德和形而上学的观点。这一重要补充，是实证主义学派所未能体会到的。①

如果我们同意当代学者的看法，那么，有关历史认识是非正误的检验问题就不能仅仅停留在“历史学Ⅰ”层面上，还应该深入到“历史学Ⅳ”层面上。然而，一旦进入了这一领域，情况就变得复杂起来了。沃尔什说：

> 历史学家们的不一致，在仔细加以分析之后，与其说是以与争论有关的要点为转移，还不如说是取决于争论各方的利益和愿望，无论是属于个人的，还是属于集体的。按照这种思维方式，历史学的争论根本就不是在关切着什么是真或者什么是假，反而是什么是可愿望的和什么是不可愿望的。因此，基本的历史判断就不是严格的认识性的，而是“感情性的”。②

非认识性的判断是不是“感情性的”，这里姑且不论。问题是这一层面上的各种不同的历史判断，其间有没有是非正误的区别，如何来检验这里的是非正误。这不仅是历史学者所关心的问题，也是社会人文学者共同关心的问题。高海清先生在《哲学研究》1996年第2期上发表的《突破真理论的传统狭隘视界》一文中（下文简称“高文”）提出，对真理问题的研究不

① 沃尔什：《历史哲学——导论》，第121页。
② 沃尔什：《历史哲学——导论》，第13—14页。

能仅仅局限于科学认知的层面上，还应该在“体现着人的理想和追求的真善美的统一体”中去理解其含义。稍后，在同年第8期的《哲学研究》上，林源先生发表了《关于突破真理论视界的商榷》一文，对高文的观点提出不同的看法，认为真理只能是认知层面或认知领域里的一个概念范畴。真理是不是只能用在认知层面上，除了认知领域以外，其他领域有没有真理问题，这需要作专门的讨论。然而，高文所提出的问题是值得研究的，即在认知领域以外，人们是如何解决他们的意见分歧的？这里的意见分歧有没有一个是非正误的区分？如果说有，这种区分的标准是什么，它有没有普遍性，如何能获得普遍性？回到我们的主题上，那就是“历史学Ⅳ”中有没有一个是非正误问题？如果有，这种是非正误的区分标准是什么？这是一般科学哲学不会涉及的问题，而对历史哲学来说，却是一个不可回避的问题。

历史书写总是随“价值观念”的变化而变化，不同时代、不同社会的史学家只能按照他们的价值观念来书写历史。这种与价值相联系的历史书写，只能获得一定范围内人们的认可，只能对他们有意义。这就是沃尔什配景论的基本看法。

5. 配景论与有限的普遍性

对于当代的学者来说，前辈学者的处理方式——将历史评价“驱赶”出历史认识，以此来保证历史学客观性的做法，只是一种一厢情愿的自欺欺人。不能用这样的方式来解决这些问题。如果历史学应该且不能不包含历史评价，那么，它还能不能够达到客观性呢？因为有关史事的评说，总是随着社会和时代的变化而变化的，这样一种变动不居的东西，如何体现其客观性或真理性呢？一般认为，在社会科学中要达到客观性远比自然科学来得困难，因为客观性意味着不带任何价值判断，而社会科学，尤其像历史学却难以摆脱自己所处的时代、社会的价值关系，无法清除自己的价值观念和价值判断。正是纠缠于这些问题，使得有关历史学中的真实性——一直被认为是理所当然的——如今越来越受到怀疑。当代历史哲学研究中的相对主义、怀疑论，都与这些问题相关，也都需要从这一层面上去理解和讨论它[①]。

沃尔什也看到，历史学的难点主要不是在于史事的认定方面，而是在于对史事的评说方面（其实也包含对史事的理解和解释方面，此处我们只讨论评价方面）。关于这一点，他说得很清楚：

> 历史学（至少就理想而言）乃是一组确定的真理，对于不管什么人都是成立的。这一点在我看来，既是真的，又不是真的。它是真的就在于，一个历史学家所引证的事实如果确切可信的话，就在任何意义上都不是他个人的所有物，倒不如说每一个有理智的人如果进行调查的话，都必定要同意的那种东西。法国革命爆发于1789年，并非对于与英国人相对立的法国人才是真实的，或者对于那些拥护法国革命的人才是真实的，而对那些厌恶它的人就不真实了；它只不过是一桩事实，无论我们喜欢不喜欢它。但是当我们从个别的事实转到由它们所构成的整体时，那就比较不容易摆脱个人的考虑了。正如我们问一下，法国革命对于法国人和非法国人是不是同样的一回事，或者在法国人中间对于左派和右派是不是同样一回事，就可以看出来的。……当然，这些问题是极端含混的，因为法国革命是什么，可以被认为就包含着它对每个不同的人都意味着什么，而这又包括它向他们提示着

---

① 即使是批判相对主义的，也都是仔细地将史事陈述与历史评价区分开来讨论。比如曼德尔鲍姆就认为：相对主义者所犯的基本错误之一，就是“把‘陈述’与‘判断’混为一谈”。他强调：“一部历史著作的真实性就在于它所作的陈述的真实性，而不在于作者事实上以这些或那些根据为依据作出判断这个事实。”（参见《历史知识问题——对相对主义的答复》第125、127页）所以，如果我们用“能够面对殷墟那个巨大的遗址说‘殷商’与‘夏’一样不存在吗”之类的设问来批驳他们，那就没有针对问题之所在，实在是无的放矢。

什么，他们对它感受如何，如此等等。[①]

那么，如何解读这里的分歧呢？为此，沃尔什提出了一种配景论。配景论的要点即承认历史学家之间存在着无法通约的不同观点，但这并不意味着就取消了历史学的真实性和客观性。沃尔什认为，历史认识是“两种因素的产物，即历史学家所贡献的主观因素（他的观点）和他所由以出发的证据”。

每个历史学家都是从他本人的立足点来思考过去的，……这并不妨碍他对实际所发生的事获得某种理解。毫无疑问，第一种因素的存在甚至于妨碍了最优秀的历史学家能像过去实际的那种样子去重新体验过去；但是要认为因此之故他的全部重建工作都是彻底虚伪的，似乎就不免荒谬了。对于这一立场的更真实的描述应该是说：每一个历史学家对于实际所发生的事都有着某种洞见，因为对于每一个人来说，过去都是按的他的观点而被显示出来的。以艺术活动来作类比，在这里仍然是有用的。正如一个肖像画家是从他自己的特殊观点来看他的主人公，然而却可以说是他对于那个主人公的“真实”性质有着某种洞见。所以历史学家也必须以他自己的前提假设去观看过去，但并不因而就被切断了对它的一切理解。[②]

对于配景论所肯定的历史学的客观性、真实性，沃尔什作了这样的界定，他说：

这里应该注意的要点是，这个理论不许我们提出有关历史学中不同观点的真实性的问题。如果有人问我们：“关于宗教改革的史事，天主教的说法和新教的说法哪一种更真实一些？”我们就必须回答，我们说不

① 沃尔什：《历史哲学——导论》，第186—187页。
② 沃尔什：《历史哲学——导论》，第115—116页。

出来。两种叙述，每一种的本身都是完整的，我们简直没有办法进行比较。天主教徒从一种观点上观察宗教改革，并提出自己对它的解说；新教徒则从另一种观点来观察它，并得出了另一种不同的解说。既然各种观点归根到底并不是可以论证的题目（在这里，配景主义者就和怀疑主义者携起手来），我们就不能说这一个“在客观上”优于另一个，所以就必须承认天主教的说法和新教的说法实际上彼此并不矛盾，它并不有甚于不同的艺术家对同一个人所绘出的两幅肖像之间的矛盾。同样的话也可以用来说在不同的世纪里以根本不同的看法所写出的各种历史书。[①]

他认为，配景论只是在一种弱化的或者说是一种次要意义上肯定历史学的客观性，这一点如与自然科学的客观性比较一下，就更明白了。“科学的结果在它们可以断言对任何一个从同样一组证据出发的观察者都是可以成立的那种意义上，被人认为是客观的。”“但是历史学的结果，却不能说具有同样的有效性。”按照配景论的解释：“马克思主义对 19 世纪政治史的解说，将只对马克思主义者才是有效的；自由主义的解说则只对自由主义者才是有效的，如此等等。但是，这并不妨碍马克思主义者或者自由主义者以一种可以称之为客观的姿态来书写历史；那就是说，来试图在他们给定的前提假设之内构造出一种确实是对他们所承认的全部证据都做到了公平对待的叙述。于是就会有马克思主义的相对客观的和相对主观的叙述和以自由主义的观点而写出的相对客观的和相对主观的历史著作，但却不会有在科学的理论所要求的那种方式上的绝对客观的历史著作。”[②]

其实，配景论的基本立场，我们在李凯尔特的《文化科学和自然科学》中已经读到，这似乎是一些西方学者的共同观点。李凯尔特在该书的最后一章写道：如果价值是一种指导历史材料的选择，从而指导一切历史概念的形成的东西，那么人们可能而且必定会问：在历史科学中是否永远把主观随意性排除了呢？……这里有一个不容忽视的事实，即这是一种特殊的

① 沃尔什：《历史哲学——导论》，第 116 页。
② 沃尔什：《历史哲学——导论》，第 117 页。

客观性，看起来特别不能把它和普遍化自然科学的客观性相提并论。一种与价值联系的叙述始终只是对一定范围的人有效[①]。在李凯尔特看来，文化科学的客观性，只是表现为对一定时间的有效性，那是因为迄今为止的历史叙述，都“只是从特定文化领域的观点来撰写的”[②]。如果我们能够叙述整个人类的普遍历史，如果我们（“设定的”）假定的价值是绝对有效的，那么，他的叙述就能为他人所承认、所分享。而这一点能否实现，取决于普遍的、统一的、客观的价值体系能否建立[③]。

与柯林武德的“论述一”“论述二”一样，沃尔什的配景论以及他的不能回答天主教和新教对宗教改革史事叙述何者更真的说法，也都是针对历史评价的。需要再次强调的是，此处所讨论的，都是指“历史的现实价值的评价”，而不是“历史价值的认知”。由于“价值评价”的介入，历史叙事总是随着“价值观念”的变化而变化。不同时代、不同社会的史学家，都是按照他们的价值观念来叙史的，这些不同的叙事，在真实性上是无法比较的。所以，柯林武德的态度是：“每一观点就是采用这一观点的人唯一可能采用的观点”，“要问谁的观点正确是没有意义的”。这样的解释，无异于宣布“历史学Ⅳ”里不存在是非正误的问题。沃尔什不满意这种说法，他认为虽然历史学家有着不同的观念、不同的解释标准，但这并不妨碍他们各自能够达到符合事实实际的真认识。这样的理解，也可以得到事实方面的支持。比如，1789年的法国大革命，法国的左派和右派对它的解释评说就不一样，左派说“好得很”，右派说“糟得很”，两者都是真实的判断，就其真实性、客观性来说，这两个判断都可以成立。因为他们都在讨论各自的历史意义[④]，我们没有理由要求右派也同左派一样说“好得很”，或

---

① 李凯尔特:《文化科学和自然科学》，第120页。

② 李凯尔特:《文化科学和自然科学》，第122页。

③ 李凯尔特:《文化科学和自然科学》，第122页。

④ 詹京斯认为，历史对于不同的群体，会有不同的意义，所以，所有的群体（或阶级）都在写他们集体的自传。他说：想要回答“历史是什么？”这个问题最实际的办法，就是用“谁”字取代“什么”一词，并在中间加个“为了”；因此，这个问题由“历史是什么？”变成“历史是为了谁？”。如果我们这样做，我们便了解历史注定是有问题的，因为它是有争论的字眼和论述的，也就是对不同的群体来说，它具有不同的意义。因为，有些群体想要没有冲突和痛苦的、经过“净化过”（转下页）

是要求左派也同右派一样说“糟得很”。肯定“历史学Ⅳ”存在着真实性、客观性以及它们各自有限的普遍性，这是配景论特色。但是配景论是不是像沃尔什所说的那样——“它可以说是比怀疑论更能使人们中意得多”呢，我们还需要作更深入的讨论。

“是非正误”都是用来表示认识或评价与对象之间关系的概念。对史事的认识有“是非正误”，对价值的评判也有“是非正误”，只是这两种“是非正误”不能混淆，价值评判的真实性、客观性不能简单地等同于真理性。

6. 客观性不等于真理性

沃尔什在历史学的真理问题上有点左右为难，一方面他同意符合说，认为应该肯定各种独立于我们认识之外而存在的真实或现实，并且历史学家的任务就是把它的特点描述出来，肯定这里有着某种“过硬”的东西，有着辩驳不倒、必须老老实实接受的东西。另一方面，他又同意融贯说，认为一切历史论述或历史判断都只是相对的，我们不可能对过去有确定不移的知识，不可能达到永远固定、一成不变[①]。他看到了符合说与融贯说各

（接上页）的历史；有些希望历史可以导致宁静；有些希望历史具体表现强健的个人主义；有些希望历史提供革命的策略和战术；有些希望历史提供反革命的根据，等等。我们不难了解对于一个革命分子来说，历史是如何注定与一个保守分子所希望的不同。我们也不难了解历史的用途不仅在逻辑上，在实际上也是无穷无尽的。参见詹京斯:《历史的再思考》，第 107、108 页。

① 沃尔什:《历史哲学——导论》，第 79—91 页。其实，无论是相对主义，还是后现代主义，都不是简单地否定历史的真实存在，或否定历史研究中有着某种“过硬”的、“给定”的东西，只是按照他们的理解，离开历史学家的认识去谈论什么历史的真实存在是毫无意义的，因为，一旦真实的东西为我们的语言所指称，它就失去了其原有的真实性。正如罗兰 · 巴尔特所说：在客观历史中，真实的东西从来只不过是一个未经表述的所指，在显然全能的指涉物背后躲藏。海登 · 怀特也说：历史话语的这一特征并不意味着过去的事件、人物、制度和过程从未真正存在过，并不意味着我们不可能得到关于这些过去实体的比较准确的信息，也不意味着我们不可能通过应用包括一个时代或（转下页）

有其合理性，但这两种观点都又不能一以贯之地概括历史学，于是新创一个配景论。这里存在着一种误解：符合说似乎可以在“历史学Ⅰ”中获得佐证，肯定符合说的学者也总是用“历史学Ⅰ”中的案例来佐证符合说，如曼德尔鲍姆就用“恺撒跨过鲁比孔河”来论证符合说；而融贯说则更多着眼于“历史学Ⅱ”或“历史学Ⅳ”的实际情况，持这种观点的学者自然在这两个层次举出案例加以论证。其实，但凡能够用于符合说的案例，都可以对它进行融贯说的解读；而融贯说的案例，也同样可以作符合说的解释。问题是历史学既包括“历史学Ⅰ”，又包括“历史学Ⅳ”；既包括事实性的认识，又包括对史事的理解和对史事的价值评述，要用一种理论——符合说或融贯说——来概括这两种不同的认识活动，似乎总不能周全。这恐怕就是历史真理问题众说纷纭、莫衷一是的原因之一。

不过，有一点不能不辨：“真实性”或“客观性”在“历史学Ⅰ”和“历史学Ⅳ”里的含义是不同的。在“历史学Ⅰ”里，肯定一个历史认识具有客观性，也就是肯定它与认识对象的符合一致[①]，也就是肯定它的真理性；而在“历史学Ⅳ”里，肯定一个判断具有真实性、客观性，虽然也是肯定了它与对象的符合和一致，但这种符合一致并不等于真理性。借用沃尔什配景论的说法，那就是有限度的普遍性，不易称其为真理。“历史学Ⅰ”和“历史学Ⅳ”的差异实际上就是哲学界有过讨论的认知和评价上的差异问题。认知有是非正误的区分，评价有没有是非正误的区分呢？评价领域有没有真理呢？如何判断它的真理性呢？学者们的看法不尽相同。学者认为，可以以价值认识的真实性、客观性来考察它的真理性。孙万鹏先生在《灰色价值学》中这么写道：

（接上页）文化的“科学”在内的不同学科的不同方法把这个信息改造成知识。相反，它旨在突出这样一个事实，即关于过去的信息本身并不是那种特定的历史信息，以这种信息为基础的知识本身并不是那种特定的历史知识。他又说：事件可能是“给定”的，但其作为故事成分的功能却是强加给它们的——而且是性质上属于比喻的而非逻辑的话语技术强加的。参见海登·怀特：《后现代历史叙事学》，第293、302页。

① 这只是一种简化的说法，其实也包含着历史学家的意见一致，见本书的第三章第八节的讨论。

> 人们对同一客体会产生不同的价值关系，这就是价值判断的非唯一性或灰色性。但是，灰价值判断并不是所谓的“公说公有理，婆说婆有理”。自由的价值，在自由主义者看来意味着可以随心所欲，在专制主义者看来，是洪水猛兽。这的确如此，不过能不能说，价值问题没有真理标准可言呢？显然不是。……价值存在的实在性，是不容怀疑的。既然，价值作为“存在”，是“稳定的存在”，就不能否认对价值的认识有个是非、真假问题，即有价值真理问题。正确揭示了价值这一对象的就是真理，否则就是谬误。[①]

从价值认识的真实性、客观性上来肯定（或检验）它的真理性，很容易把价值认识中的真实性等同于真理性。因为在社会历史领域里，人们常常不是站在同一立场上来讨论事物的意义和价值问题，不同的评价和诠释的实质是人们在各自讨论事物同他或他们的意义和价值。上文所说的对法国革命“好得很”和“糟得很”两种评价，就其真实性、客观性来说，这两个判断都可以成立，如果我们因为它的真实性、客观性而把它称为真理，这两者岂不是都成了真理？所以，也有学者认为，“价值真理”的提法很容易将事实认识与价值评价相混淆，价值认识只有对不对的问题，而没有真理问题。景天魁先生说：

> 价值认识是回答某物对人的意义，这里当然也有对不对的问题，但是对也好，不对也好，都是价值认识。……科学认识有一个是否反映了客观实际的问题，如实地反映了，就是真的，科学的；没有反映客观实际，就是假的，不科学的。价值认识无所谓真假，价值本身才有真假。价值认识不论与客观对象是否相一致，真的假的都是价值认识。总之，它不是真理问题，而是评价问题。[②]

① 孙万鹏：《灰色价值学》，山东人民出版社 1991 年版，第 86—87 页。

② 景天魁：《社会认识的结构和悖论》，第 169、171—172 页。

按笔者的理解，无论是认识的对象（事实），还是评价的对象（价值），对象本身只有存在、不存在的问题，而无“是非正误”的问题。“是非正误”都是用来表示认识或评价与对象之间关系的概念。所以，事实认识有“是非正误”，价值认识也有“是非正误”，只是这两种“是非正误”不能混淆。价值认识的真实性、客观性不能简单地等同于真理性[1]。回到我们的主题，也就是说在“历史学Ⅳ”的层面上，虽然也存在评价的真实性和客观性，但不能因为它有真实性、客观性就径直称它为真理，这里的真实性、客观性不等于真理性，不能用真实性、客观性作为真理与否的衡量标准。对于这一点，沃尔什的配景论说得还是很清楚的。他认为配景论虽然肯定依据着不同的观念、不同的解释标准而形成的历史认识都能够成为符合各自事实实际的真认识，但这种真认识“决不是科学理论所要求的那种方式上的绝对客观的认识”。

那么，在“历史学Ⅳ”的层面上，能不能达到“科学理论所要求的那种方式上的绝对客观的认识”呢？也就是说，符合各自价值事实的真评价能不能再作进一步的比较，从而分辨出其中的是非优劣呢？沃尔什认为不能。他坚持他的配景理论必须在这一点上停留下来，并承认“在这里，配景主义者就和怀疑主义者携起手来”了。

史事认知涉及的是“实然”问题；史事评价则涉及“应然”问题。在有些领域，“应然”的尺度常常是多样化的，不能用简

① 不过，我们不能因为价值认识的真不等于真理，就说价值认识不存在真假区别，只有价值本身才有真假区别。

单划一的标准来统一人们的行事；但在另一些领域，我们却不能容忍彼此的意见分歧，而要分辨其中的是非。

7. “实然”与“应然”

为什么只能停留在这一点上，而不能再作进一步的探讨？除了配景论，还有没有什么别的选择来解决这里的问题？对此，沃尔什也作过分析，他说：在他看来，唯一的选择就是我们应该希望最终能获得一种唯一的历史观点，一组为所有的历史学家或许都准备接受的前提假设。如果这是可能的，历史学中的客观性问题就会沿着康德的路线加以解决了，即通过形成一种历史的“普遍意识”，发展出一种对历史题材的标准思维方式而加以解决。

> 我们如果要接受这种解决方法，我们就必须充分睁大我们的眼睛这样去做，我们必须意识到它的困难……为什么是这样？……答案应该是明显的。大致说来，答案就是，历史学家为了达到我们所考虑过的那种客观理解，就不只是需要有关人们在各种各样的局势中确实是怎样在行动的标准知识，而且还需要有关他们应该怎样行动的标准概念。他需要弄清楚的不只是他那有关事实的知识，而且还有他的道德和形而上学的观念。
>
> 今天有许多哲学家会说，提供出一套标准的道德的和形而上学的观点这一纲领，不仅是极端困难的，它简直就是不可能达到的。我们的道德的和形而上学的观念（他们主张）源出于非理性的态度；要是问拥护其中的哪一套更“合理”一些，也就是在问一个不可能加以回答的问题了。这种对于道德和形而上学的真理的怀疑主义，我无意去从事探讨。我在另外的地方已经论证了，形而上学的争论在原则上（如果不是在实践上）是可以解决的；而且我也不准备取消在道德原则上的普遍同意的可能性，关于这个问题恐怕还没有最后定论。即使对

> 这些难题的解答可以被宣告并非完全不可能的，但是要达到这一点则显然不是在不久的将来就可以做到的。而在这一点之前，一种客观的历史意识，——它那原则将会为历史学中的合理思想提供一个框架，——就必定始终只不过是一种虔诚的热望而已。如果这一点是不可能做到的话，那么我就别无选择，只好又回到上面讨论过的配景理论那里去了。[①]

在历史学的某些层面，比如在史事的认知层面上，用来鉴别认识的是非正误的标准大致能得到普遍的认可和遵守，而在史事的理解、对史事的解释以及历史叙事的层面上，用来衡量是非正误的依据——普遍认可和遵循的标准就越来越少、越来越弱了。到了历史评价层面上，普遍认可和遵循的标准似乎尚未形成。这里的难点在于：对史事的认知，只涉及史事的“实然”（实际如何），以“实然”为标准来检验认识上的是非正误，大家都能接受认可；对史事的评价涉及的是“应然”（应该如何），普遍的接受和认可的“应然”标准，至少在当下还远未形成。

“应然”的标准还未形成，或者说“应然”的标准还不能获得普遍的认可和接受，那么，因价值观念的差异而导致的各种认识分歧又如何进行是非优劣的鉴别呢？这正是沃尔什碰到的问题，也是沃尔什采用配景论的主要理由。沃尔什说：

> 除了一种纯技术性的比较而外，仍然不可能容许在对同一组事件的不同说法进行任何比较。任何一部给定的历史著作都可以从内部加以批评，说它未能确切地说明这条或那条证据，但是超过了这一点，这一理论就不许我们前进了。[②]

从这种意义上说，配景论可以看作在普遍的历史意识还没有成为现实

---

① 沃尔什：《历史哲学——导论》，第121—122页。

② 沃尔什：《历史哲学——导论》，第118页。

之前而采取的一种权宜的解释。

我们知道，在日常生活方面，人们如果在“牛排应该炸得嫩些好还是炸得透些好”的问题上发生分歧，或者是对某一幅画的欣赏趣味上有不同的看法时，是不会去追问其是非正误的，也不会要求每个人在这些问题上意见一致。如果某甲坚持牛排炸得嫩好，并且要求所有人都应该按照他的口味饮食，人们一定不会理睬他，或者对他的命令一笑了之。也就是说，在日常生活的一些领域里，我们确实是在按照“配景论”来处理认知和评价上的纷争，即承认这里存在着无法简约的不同观点，但这并不意味着就取消了它们各自的真实性和客观性——某甲坚持牛排炸得嫩好，这是他的真实性和客观性；他人拒绝吃嫩牛排，那是坚持他的真实性和客观性。我们确实无法说牛排炸得嫩“在客观上”优于牛排炸得透，在这里，无法用简单划一的什么标准来统一人们的饮食习惯。“应然”标准的个体化、多元化，不仅体现在日常的生活领域，也表现在人们对生活方式的选择上。何兆武先生在《历史学两重性片论》一文中有这么一段论述：

> 诗人陶渊明曾着力描写一幅桃花源的生活，把它美化为自己的理想国。那里的人们竟然“乃不知有汉，无论魏晋”。但是哲学家康德却不赞成这样的理想国，他认为天生我材必有用，而一种阿迦狄亚式（Arcadian，亦即桃花源式）的生活，却只能使人怠惰，无所作为，所以无法激发人们天赋才智的充分发展，因而就是不可取的。这两种不同的价值观和理想国，究竟哪一种更优越、更美好、更值得向往呢？以斗争或进取为乐的人大概愿意选择康德的那一种，而以淡泊宁静为高的人大概愿意选择陶渊明的那一种。我们可以找到无数这类事例来表明，在涉及价值观的问题上是无法进行比较和评价的。我们很难说，哪一种更值得向往。[①]

我们还可以问：

---

① 何兆武：《历史学两重性片论》，《史学理论研究》1998 年第 1 期。

> 为什么一个世外桃源“不知有汉、无论魏晋”的社会就不应该和一个飞速前进的社会在价值上是等值的呢？[①]

应该说，这些领域都是“配景论”的世界，都可以用“配景论”的方式加以解决。

然而，如果分歧或意见不一发生在社会生活的另一些领域里，如果某人（或某些人）主张某个社会人群（黑人、犹太人、美籍华人、新教徒、同性恋者等等）是他（或他们）不喜欢的，他们受到迫害是应该的、合理的[②]，那么，我们就不能容忍他（或他们）与我们的意见分歧，我们就要分辨这里的是非问题。如果他（或他们）还要求人们都接受其看法，并按照其意见行事（如法西斯之所为），那么，我们不仅要分辨这里的是非正误，还要采取行动，加以谴责和制止。在历史学中，当一位历史学家（或者是政治家、阴谋家）有意开脱法国革命对拿破仑战争中的灾难与流血应负的罪责，而把这些灾难归咎于“一个将军的独裁和脾气”；当德国人很欢迎对希特勒个人的邪恶进行谴责，认为这种对希特勒个人的邪恶的谴责，可以很满意地代替历史学家对产生希特勒的那个社会作道德上的判断[③]；更有甚者，如日本的右翼团体成立的“新历史教科书编制会”，否认日本近现代的侵略战争，要求国家文部大臣修改历史教科书的有关内容，纠正“自虐性国家观和历史认识”[④]——如果分歧产生在这样一些历史问题上，我们就不能采用“配景论”的态度，就不能对这里的分歧“一视同仁”。

---

① 何兆武：《苇草集》，第 534 页。

② 参见宾克莱（L. J. Binkley）：《理想的冲突——西方社会中变化着的价值观念》，商务印书馆 1994 年版，第 368 页。

③ 爱德华 · 卡尔：《历史是什么？》（吴译本），第 83 页。

④ 参见《新民晚报》1996 年 12 月 4 日。歪曲历史、美化侵略，是经日本文部科学省审定的一些教科书普遍存在的问题，如日本帝国书院版的《社会科中学生历史》，就重提侵略中国的所谓“合理性”，其中写道：“九一八事变乃为了缓和日本经济危机与寻求丰富资源，多数生活贫困的日本国民加以支持。日本对得到‘满洲’并不满足，便向资源丰富的华北挺进。”参见《何历史之有？》，（中国香港）《信报》2003 年 9 月 8 日。

各种不同的史学评价的比较，需要有一套比较批评的标准。这套标准不是涉及“是什么”，而是涉及“该如何”，也就是说，不是“实然”的问题，而是“应然”的问题。对此，也有乐观与悲观的看法，前者试图提炼出一种“合理”“科学化”的标尺，后者则认为“狼的自由就是羊的毁灭”，此种冲突无法解决。

8. “狼的自由就是羊的毁灭”？

下面的道理是很显而易见的，在一定的社会生活领域里，我们需要一些取得共识的“游戏规则”，需要遵守一定的普遍的“应然”规范，否则社会的共同生活就无法维持。这便是我们不满于配景论的解释而想要作进一步探讨的原因。从这种意义上说，历史学家对各种评价、各种解释的比较评判，决不是无关痛痒的、学究式的咬文嚼字。所以，许多历史学家——如沃尔什所说的那样：“经常要前进得更远，并认为他们本职工作的一部分就是他们应该这样做。他们确实是在彼此批评对方的前提假设，并试图评价各种不同的观点。”①

不停留于技术性的比较，而深入到批评对方的前提假设，评价各种不同的观点，那就需要提供一套比较批评的标准。这套标准不是涉及“是什么”，而是涉及“该如何”，也就是说，不是“实然”的问题，而是“应然”的问题。自然科学只有对“实然”问题的讨论而没有对“应然”问题的争辩，这并不是说自然科学家不关心或不讨论“应然”问题，而人们习惯上将“应然”的问题划归社会人文科学中去研究。当一位自然科学家如爱因斯坦在谈论应该如何合理使用原子能技术时，人们就会说他是在谈论社会问题，而不是科学问题。一些伟大的自然科学家，如爱因斯坦，即便没有经过专门学习训练，也能对社会问题发表一些决不逊色于社会人文学

① 沃尔什:《历史哲学——导论》，第 118 页。

者的看法[①]，这是一个值得深思的问题。其原因之一，恐怕与他们习惯于站在整个人类的立场上考虑问题有关。自然科学家在研究自然现象的“实然”时，总是自觉或不自觉地站在整个人类的立场考虑问题，这成为一种习惯。一旦他们把这种习惯带进他们所讨论的社会问题，他们往往与大多数社会人文的研究者不同，不是站在某一阶级、某一集团、某一党派的立场上，而是站在整个人类的立场上来考虑问题。如果历史学仅仅是“历史学Ⅰ”，历史学中的根本问题便是方法或手段问题；如果历史学还应该包括“历史学Ⅳ”，那么，历史学的根本问题，就不是研究的方法或手段问题，还有研究者的社会立场问题。

这种习惯性的做法——人们将“应然”的问题划归社会人文科学的问题，赋予社会人文研究特殊的使命，也给社会人文的研究带来了特殊的困难[②]。我们能不能建立一种普遍的“应然”标准以解决社会人文研究领域特有的分歧争论呢？反映在历史学中，就是如何解决“历史学Ⅳ”层面上的意见分歧，进而重建不可历史评价的历史认识的科学性，这是史学理论研究的核心问题。2008年，林璧属先生在其撰写的《历史认识的科学性》一书中，提出了一种“科学合理性”概念来解决这里的难题。他肯定：在过去的历史与现实的评价主体之间，避免主体价值涉及是不可能的。不同社会群体、阶层、阶级、民族和国家的利益不同，必然形成对同一客体几种不同意义的评价。在历史评价与主体需要的关系上，关键在于主体的需要是否合理，在于理解真理与价值的统一[③]。他认为：

> 一定的评价只在一定的时空范围内成立。一旦时空变化，价值关系变化，人们对其评价亦随之改变，历史人物的评价也就难有定论。……特点时空范围内的价值认识对于他们各自所处的社会、时代

---

① 参见派斯（Abraham Pais）著，戈革等译：《一个时代的神话——爱因斯坦的一生》，东方出版中心1986年版。

② 有很多学者认为，由于牵涉了“应然”问题，社会人文的研究就难以达到像自然科学那样的客观性和科学性。

③ 林璧属：《历史认识的科学性》，科学出版社2008年版，第333、334页。

来说，可以是正确的认识。一旦时空范围变化，其正确性就不是绝对的了，亦即相对于一定的社会历史条件而言，评价结论既是绝对的，又是相对的。所谓绝对是指评价是相对应于一定的社会历史条件，在这一社会历史条件下，相对于时代及其价值追求，该评价是正确的、合理的。

他坚信：

只要坚持社会交往实践的途径，理解真理与价值的统一，就能够解决历史人物的评价分歧；只要坚持社会历史主体出发，选择正确的衡量标准并作出恰如其分的判断，就能够从根本上保证研究者准确地评价历史人物。因此，历史评价的科学性在于评价主体间的科学合理性。①

无独有偶，邓京力先生2009年出版的《历史评价的理论与实践》，也用“合理”“科学化”等概念来论述这个难题。她认为：历史评价具有动态发展性与多元整合性的特征。如何判断评价标准的是与非、好与坏，取决于两个方面的内容：一是取决于它在多大程度上客观、全面地反映了评价客体的内容与属性；二是取决于它在多大程度上满足、符合了评价主体具有普遍意义的、合理的需要。她深信：历史评价的科学化“具有现实的可能性与必然性”，历史评价可以得到“人文性与科学性的统一”，虽然“它（历史评价的科学化）仍然是一个极为漫长的过程”②。

如果说林、邓两先生上述论述代表着一种理想乐观的态度，那么英国犹太裔思想史家、政治哲学家以赛亚·伯林对人类生活中的价值冲突，则持较为悲观的看法，他说：

很清楚，各种价值可能相互冲突。在一个个体的胸怀中，多种价

① 林璧属：《历史认识的科学性》，第340、341页。
② 邓京力：《历史评价的理论与实践》，人民出版社2009年版，第85、87、132、134页。

值也很可能冲突。但这并不意味着某些价值是真实的，而另一些是虚假的。在许多个世纪人类所追寻的首要目标中，既有自由，也有平等。但是，狼的全然自由就是对羊的灭绝。这些价值冲突体现了他们是什么以及我们是什么的本质。如果有些人说，这些矛盾将会在某个完美的世界里得到解决，在那里所有美好的事物在原则上都是和谐一致的，那么我们必须对说这些话的人回答：他们给一些词语附加了一些意义，这些词语对我们而言指称着冲突的价值，而他们附加的意义并不是我们所理解的意义。这些词语一旦被转化，就会成为我们终归无法理解的概念。这种完美总体的概念，这种得以使所有美好事物共存的最终解决，对我来说似乎是难以企及的——这是不言而喻的道理——而且在概念上是混乱的。在重大的美好事物中有一些是无法共存的，这是一个概念性的真理。我们注定要作出选择，而且每一个选择都可能要承担无法弥补的损失。[①]

历史学家习惯于站在个别的、集团的、政党的、民族的位置上来评说历史，这就很难找到普遍的、持久的、能为大家共享的历史结论。这种做法，如今越来越不合时宜了。历史学家虽然不可能为普遍大众提供一个“应然”标准，但他们可以搭建一个进行交流和对话的平台——不是为了统一观念、一致意见，而只是增进相互认识与彼此之间的理解。

9．寻找普世的评价标准

“狼的全然自由就是对羊的灭绝”，以赛亚·伯林的这句名言，引发了

① 马克·里拉等编，刘擎等译:《以赛亚·伯林的遗产》，新星出版社2006年版，第65—66页。

不少学者的批评。他们批评以赛亚·伯林对自由的理解太绝对。美国纽约大学哲学教授罗纳德·德沃金认为，根本不存在以赛亚·伯林所主张的那种自由，故而“狼的全然自由就是对羊的灭绝”原则对人类社会并不适用。他认为：

> 我们可能会说，自由并不是那种做你想要做的任何事情的自由，而是在你尊重别人被恰当理解的道德权利的情况下做你所愿做的任何事情的自由。这种自由就是你以对你而言最好的任何方式，来使用你自己正当的资源，或者处置你自己正当的财产的自由，但这样理解的自由并不包括占用别人的资源，或者以不正当的方式侵害他人。①

很显然，这番讨论，仍然回到了前面论及的老问题、老矛盾：罗纳德·德沃金说的是“应然”问题，以赛亚·伯林说的是“实然”问题。从“应然”标准看，“自由”不是想做什么就做什么，自由不能以侵害他人利益为前提；从社会的“实然”来看，严格遵循“应然”标准的人们，似乎就像陷入狼群的羊，除了被全部吃掉，没有其他可能性。托波尔斯基在《历史学方法论》中也讨论过这个问题：

> 我们必须承认就所涉及的不同时代和不同地域而言，存在着一种人性的共同基础。我们这里所说的不仅指生物层次上的基础（尽管在这方面共同的基础看上去最清楚、最明显），而且还指心理层次上的基础。每一个历史学家都确信人性的某些特点和人的某些需要是永恒的，并把他的许多陈述都建立在这种确信的基础之上。②

也就是说，以人的本质为基础的那些最基本的、不言自明的是非善恶的元价值，可以构成“应然”标准的基石，这种人性的共同基础和人的某

① 马克·里拉等编：《以赛亚·伯林的遗产》，第75—76页。
② 托波尔斯基：《历史学方法论》，第648页。

些永恒的需要的直接表现就是人类的共同利益和共同命运。一百多年前，马克思、恩格斯曾这样分析过人类的共同利益："这种共同的利益不是仅仅作为一种'普遍的东西'存在于观念之中，而且首先是作为彼此分工的个人之间的相互依存关系存在于现实之中。"但在一定的历史阶段里，"正是由于私人利益和公共利益之间的这种矛盾，公共利益才以国家的姿态而采取一种和实际利益（不论是单个的还是共同的）脱离的独立形式，也就是说采取一种虚幻的共同体的形式"[①]。随着历史的发展，全人类的共同利益和共同命运逐渐摆脱了它的虚幻的共同体形式，在越来越广泛的领域里显示出它的现实性。马克思又说：

> 世界史不是过去一直存在的；作为世界史的历史是结果。[②]
>
> 各个相互影响的活动范围在这个发展进程中愈来愈扩大，各民族的原始闭关自守状态则由于日益完善的生产方式、交往以及因此自发地发展起来的各民族之间的分工而消灭得愈来愈彻底，历史也就在愈来愈大的程度上成为全世界的历史。[③]

当人类还处在由分散走向整体的过程时，他们主要的还是从个体的、集团的、政党的、阶级的立场上来评判历史的价值。当世界进入全球一体化的阶段时，当全人类的共同利益和共同命运在广泛的社会生活中成为现实时，反映这种新形势的历史学将包含更多的普遍性和永恒性。

今天，我们已经不是生活在一个彼此分割、封闭的时代，以前的，在彼此隔阂的各个民族、国家乃至集团、部落共同体里，完全按照自己的"应然"尺度来评说历史，而不必介意这些评说能不能为其他人、其他民族、其他国家所认可和接受。1492 年 10 月 12 日哥伦布率领航队首次登上

① 马克思、恩格斯：《德意志意识形态》，《马克思恩格斯全集》第 3 卷，第 37—38 页。

② 马克思：《政治经济学批判导言》，《马克思恩格斯全集》第 46 卷，人民出版社 1979 年版，第 48 页。

③ 马克思、恩格斯：《德意志意识形态》，《马克思恩格斯全集》第 3 卷，第 51 页。

美洲巴哈马群岛，欧洲人（其实只是部分欧洲人）称之为“发现新大陆”，认为是值得纪念的一天；美洲印第安人称之为“入侵”，认为这一天是罪恶的殖民主义实施种族灭绝的开始，是印第安人的“忌日”和“哀悼日”[①]。如果历史学家还是站在个别的、集团的、政党的、民族的位置上来评说历史，那么，他们确实很难找到普遍的、持久的、能为大家共享的结论。这种习惯性的做法，应该说是越来越不合时宜了。历史学家虽然不可能为普遍大众提供一个“应然”标准，但他们可以搭建一个进行交流和对话的平台——这种交流对话的结果绝不是为了统一观念、一致意见，而只是增进相互认识与彼此之间的理解。

梁启超说：“治史者谓宜常以老吏断狱之态临之。”搜集证据，复原史实，那是科学思维；比照证据，依据法律，作出量刑判决，那是法理思维。所以，以“应然”为标准来比较历史评价的是非正误，在思维的性质上更接近法理思维，而远于一般意义上的科学思维。

10. 是法理思维，还是科学思维

其实，普遍“应然”标准，并不是理想主义的空中楼阁，而确实有其现实可靠的客观基础。伦理学的研究表明，不同文明、不同民族的众多的

① 《纪念与抵制并举的一天》，《文汇报》1992年10月16日。学术界因评说上的分歧，无非研讨、质疑、批判、争论，最极端的大约是上纲上线、“戴帽子”。现实生活中因对人对事的评说而发生的对立冲突，常常带有强烈的火药味。2006年12月10日，智利前总统皮诺切特（Augusto José Ramón Pinochet Ugarte，1915—2006）去世，首都部分市民发生了对峙冲突，部分市民涌上街头开香槟以示庆祝，与另外一些视皮氏为民族英雄的市民发生冲突。2008年11月10日，曾经制造印尼巴厘岛连环爆炸案的三名案犯被处死后，尸体被运回案犯的家乡，受到数千名支持者英雄般的迎接，支持者还与印尼警方发生了冲突。

表面上呈现出来的差异甚大的道德规范体系，在其核心内容方面，常常有着惊人的一致性。美国伦理学家 J. P. 蒂洛通过对各种伦理体系的比较研究，发现几乎所有的伦理体系中都包含了五条基本的道德原则，它们是生命价值原则、善良原则、公正原则、诚实原则、个人自由原则。历史上的各种道德规范体系虽然随着文明的发展发生了很大的变化，但其中一些基本的原则和规范，一些具有坚实的人性基础的，符合社会发展进步的要求的道德原则和规范基本保持不变①。近二三十年来，全球范围内的一些组织和团体，在各个领域纷纷致力于寻求一种全人类的共同价值，全球管治委员会的报告《我们的全球邻里》认为，全球的核心价值是尊重生命、自由、公义、互相尊重、关怀、诚信，这些核心价值源于不同文化、不同宗教的"应以自己所期盼被对待的方式对待他人"的原则②。

虽然沃尔什也不否认在道德原则上达到普遍同意的可能性，但是就目前情况来说，要实现这一点，即建立一种为所有的人或许都准备接受的"应然"标准，不仅是极端困难的，甚至是不可能达到的。然而，当下能不能建立一种为所有的人接受或认可的"应然"标准与法理上该不该提出和运用"应然"的标准去分辨"历史学Ⅳ"的是非正误是两回事，我们不能因为没有普遍同意的"应然"标准而对"历史学Ⅳ"的是非正误采取"配景论"。这里有一个事实与法理、"实然"与"应然"的关系问题，何兆武先生说得好：

> 事实既不能取代法理，法理也不能取代事实；实然不能论证当然，当然也并不说明实然。理论有理论的价值，事实有事实的价值。理论不就是事实，事实也不就是理论。理论与事实相结合，正是以理论与事实相分离为前提的，否则就无所谓相结合了。我们应该同时看到这两个方面。事实上，自由与平等是从来也不曾存在过的东西，人与人的关系从来就是强制和压迫的关系；但是这一事实并不能论证人类就

① 参见张嘉同、沈小峰主编：《规律新论》，第 258 页。

② 叶保强：《寻找全球人类共同价值》，（中国香港）《信报》2000 年 7 月 31 日。

> 应该是不自由和不平等的。反之，人类应该自由平等也并不意味着人类曾经有过任何时候在实际上是自由平等的。法理是一回事，事实又是另一回事。我们不能以法理否定事实，正如我们不能以事实否定法理。再举一桩简单不过的事例。古今中外的婚姻从来没有不讲条件的，纯粹无条件的爱情大概是古今中外都不曾有过的；但是婚姻法上却不能不规定婚姻必须是无条件地纯粹以爱情为基础。[①]

实际上的不自由、不平等不足以论证人类应该不自由、不平等，古今中外的讲条件的婚姻关系也不足以否认婚姻必须是无条件地纯粹以爱情为基础。事实上能不能按照一定的“应然”规范行事与法理上该不该提出“应然”规范是两回事。我们不能与因为事实上“应然”标准不能为所有的人接受遵守而说不存在法理上的“应然”标准，或者说不必去建立一种法理上的“应然”标准。如果历史研究是人类的一项理性活动，那么，历史学总需要有一种“应然”的尺度来比较其中的意见分歧。

梁启超曾说：“治史者谓宜常以老吏断狱之态临之，对于所受理之案牍，断不能率尔轻信，若不能得确证以释所疑，宁付诸盖阙而已。”[②]搜集证据，复原（犯罪）事实，最后提起公诉，那是检察官的事，也就是历史学Ⅰ、Ⅱ或Ⅲ的事；比照证据，依据法律，作出量刑判决，那是法官的事，也是“历史学Ⅳ”的事。从这种意义上说，以“应然”为标准来比较历史评价的是非正误，在思维的性质上更接近法理思维，即法官判案的思维，而不是一般意义上的科学思维[③]。

---

① 参见何兆武：《评柏克的〈法国革命论〉》，《史学理论研究》1994年第2期。
② 梁启超：《中国历史研究法》，商务印书馆1933年版，第137—138页。
③ 参见何兆武、陈启能主编：《当代西方史学理论》，第14页。

九　历史之用的特殊性

当有人问你“历史有什么用”时，你头脑中一定闪现出许多“历史无用论”的言论与案例。如果你收集有足够多的案例，分析过足够多“无用论”的观点，你就会发现：与其讨论历史有没有用，不如思考历史该怎样用，为什么人们会有历史无用之论。

1. 历史有什么用？

2000年，尼采《历史的用途与滥用》的新译本出版面世[①]，这部写于一百多年前的著作，原是为了批判19世纪70年代德意志文化现状而写就，但其中涉及的问题却带有普遍性。尼采确有哲学家所特有的先见之明，他知道他的这些思考难以引起同时代人们的注意，故把它们称为不合时宜的问题[②]，其中之一——“历史有什么用”，正是本章所要讨论的问题。

大概还没有哪一门学科会像历史学那样，有关它的功用问题会引来如此多的疑问、关注和讨论。当我们看到历史学的功用需要它的研究者作长篇大论的辩白论证时，我们可以推测，历史学的“用”一定出了点问题。而且，这种疑问不是出于对历史学一无所知的门外汉，而是那些终身以史学研究为职业的历史学家，每一位对历史学有过一番真切了解和深刻反思的学者，都会有一种深深的疑虑和困惑。在这个方面，最具代表性的恐怕无过于卡尔·贝克尔。身为当年全美历史学会主席的贝克尔曾说过一句足

① 尼采著，陈涛、周辉荣译，刘北成校：《历史的用途与滥用》，上海人民出版社2000年版。此书早由姚可昆译出，书名为《历史对于人生的利弊》，由商务印书馆1947年出版。

② 1873—1876年，尼采以《不合时宜的考察》为标题，先后发表了四部批评德国文化现状的著作，《历史的用途与滥用》是其中的第二部。

以使每一个历史学者气短的话："科学研究对于改变现代生活具有深远的影响，而历史研究充其量也不过是无足轻重的影响。"[①]

历史研究是否真的无足轻重呢？或许我们并不能从字面上去理解贝克尔的话，因为他曾在另一篇著名的论文中，肯定了历史的自然作用（参见本章第二节的讨论）。有学者认为，历史学家主要关心的是"真"，而不是它的"用"，它的"主要职责是求真。他首先应当问真不真，至于有无学术之外的用处倒是次要的"。"历史学家主观上不必注重致用，并不意味着他们的研究成果客观上真的无用。只是说，历史学家自己只管写出信史，求出真相，至于用不用，如何用，何时用，那应该是整个社会的事，是决策者的事，历史学家根本无法自己决定，而且这也远远超出了他的能力范围。"[②]换言之，史学研究只问其真，不问其用；求"真"是历史学分内的事；怎么"用"是分外的事。历史学家只要管住他分内的事，而不必去管分外的事。然而，当历史学家老是听到他人说"历史学无用"，尤其是当他们看到历史学的"真"学问经常被滥用、误用的时候，他们能否老是"听之任之""袖手旁观"呢？他们是不是也该偶尔关心一下这些分外的事呢？答案是肯定的。

另一位美国历史学家康尼尔·李德在《历史学家的社会责任》一文中说了一段很幽默但又引人深思的话：

> 从长远来看，历史教学必须以社会方式，也就是说，以对于一般公民显然有意义的方式来进行，才有存在的理由。因为各级教育越来越由公众负担经费，所以这一点也越来越真实。供养诸位的纳税人是讲求实际的。他说不定会提出这样一个老问题："历史到底有什么用呢？"这是一个我们为本行利益着想不敢回避的现实问题。如果我们的答复导致纳税人得出历史并不能当涂面包的黄油的结论，他也许就会

---

① 卡尔·贝克尔：《什么是历史事实？》，《历史的话语——现代西方历史哲学译文集》，第299页。
② 王学典：《历史研究的致用寓于求真之中》，《文史哲》1993年第6期。

决定：既然这样，让历史也不要供给历史学家以黄油和面包吧。[①]

显然，一门学科如果不能向社会和世人显示它的价值和意义，难免使它的研究者有所遗憾，甚至为之担心——担心历史学失去学籍，历史学家失去黄油和面包。如此说来，处于历史学分外的事，对它却关系重大——它关系到历史学的学科地位、声誉和历史研究者生计的大事情。如果人们都认为历史学存在的理由不充分，纳税人（或其他更重要的什么人）又决定不给历史学者以面包和黄油，那么，失去学籍的历史学和历史学家真是“无立锥之地”了。因此，为历史学的地位、声誉计，也为历史学者的生计考虑，我们不得不关心和讨论一下这个“分外”的问题。

海登·怀特有一段话说得很精彩，值得引录，他说：

历史学家必须承认目前对过去叛逆的正当性。当代西方人有充分理由偏执于他的独特问题，并有充分理由相信现在提供的历史记录对寻求解决这些问题的答案几乎没什么帮助。对任何一个感到我们的现在与全部过去迥然有别的人来说，把研究过去“作为自身的目的”只能是愚蠢的蓄意阻挠，正如固执地抵制试图接近现代世界的全部陌生性和神秘性的努力一样。在我们每日都生活其上的世界上，任何人要把过去作为自身的目的加以研究都要么是崇古派，从现实问题中逃向纯粹个人的过去，要么是一种文化的嗜尸成癖者，即在死者或弥留者身上发现在生者身上永远找不到的价值之人。当代历史学家必须确立对过去的研究的价值，不要把这种研究作为自身的目的，而是作为一种方式，为透视现在提供多重视角，从而促进我们对自己时代的特殊问题的解决。[②]

由此可见，我们要讨论的问题，不是历史有没有用，而是历史究竟该

① 康尼尔·李德：《历史学家的社会责任》，《现代西方历史哲学译文集》，第249页。
② 海登·怀特：《后现代历史叙事学》，第51页。

怎么用，为什么人们会感到历史无用。

> 记忆的作用是时时刻刻、须臾不可离弃的，对它的功用人人都可以体会，本不该产生怀疑。同样，以记忆为底色的历史知识的功效原也不会、不该受到怀疑。既然有之，史学界就不该护短回避，也不该用空洞的说理来消解人们的怀疑，它确实应该向一般民众证明或显示它的存在价值和意义。

2. 记忆的自然作用

有关历史的功用，我们曾有过长篇累牍的论证，有关的专著也都设有专章对其有非常详细的叙述①。然而，最令人难忘的，还是贝克尔的名篇《人人都是他自己的历史学家》，在那篇文章里，贝克尔把失去历史记忆的人称为“失去心灵的人”。他说：

> 每个普通人，同你我一样，记忆种种说过做过的事情，并且只要没有睡着也一定是这样做的。假定这位“普通先生”早晨醒来而记不起任何说过做过的事情，那他真要成为一个失去心灵的人了。这种一下子丧失了所有历史知识的情形是曾经发生过的，不过正常地说来这是不会发生的。正常地说来，这位“普通先生”的记忆力，当他早晨醒来，便伸入过去的时间领域和遥远的空间领域，并且立刻重新创造他努力的小天地，仿佛把昨天说过做过的种种事情联系起来。没有这种历史知识，这种说过做过事情的记忆，他的今日便要漫无目的，他

---

① 比如，以史为鉴，古为今用；认识历史规律，设计发展社会的理想蓝图；增强参与意识，参加社会决策；进行爱国主义、民族团结以及道德教育等等。有关论述可以参阅各种《史学概论》《历史学概论》等著作的相关章节。

的明日也要失去意义。

他又说：

> 因此在真正意义上，不可能把历史从生活里割离开来：每个普通人如果不回忆过去的事件，就不能做他需要或想要做的事情；如果不把过去的事件在某种微妙的形式上，同他需要或想要做的事情联系起来，他就不会回忆它们。这是历史的自然作用，也是历史被简化到最后一层意义上，成为所谓说过做过事情的记忆的自然作用。换言之，说过做过事情的回忆（不论发生于我们贴近的昨天抑或人类久远的过去），是与将说将做的事情的预期携手共行，使我们能就每人知识和想象所及，获得智慧，把一瞬即逝的现在一刻的狭隘范围推广，以便我们借镜于我们所已做和希望去做的，来断定我们正在做的事情。①

贝克尔的这番讨论，一直没有引起我们充分的注意②。然而，唯有在这一层面上，我们才真正理解到历史意识同我们当下生活难以割裂的关系，有着一种与生俱来的联系。从最根本上说，作为人类生活经验的记忆，历史意识是联结时空的纽带：凭借历史意识，我们才可能有效地组织起生活，才能把昨天、今天和明天有序地联结起来。

---

① 卡尔·贝克尔：《人人都是他自己的历史学家》，《现代西方史学流派文选》，第261、266页。

② 卡尔·贝克尔的文章虽然早在1982年就收入《现代西方史学流派文选》一书中，但在相当长的时间里，并没有引起我们足够的注意，在众多的有关论文和著作中，都没有提及或引用贝克尔的这一论述。就笔者所见，直到1994年，刘克辉先生的《历史：人类生活经验的回忆——关于历史是什么及其作用的理解》一文（《学习与探索》1994年第1期）引用了贝克尔的这一观点，并作了肯定的介绍。笔者曾阅读过一本台湾地区出版的中学历史教科书（"国立编译馆"主编：《历史》第一册，1999年8月初版），其《导论》部分这么写道："为什么要学历史？历史学是学习认知过去事实的一门学科，也是联结人类'过去'和'现在'的学问。人类如果对过去的活动一无所知，就好像失去记忆的病人一样，无法把自己的'现在'和'过去'连起来。身为国民的一分子，当然也不能不了解自己国家的民族的历史。"编写者是否受启发于贝克尔的文章，笔者无法断言，但所表达的意思则是完全一致的。

对历史的记忆既然来自现实生活的需要，那么，人们首先需要记忆的历史，就是那些适合当下需要的历史，而不是与当下无关的历史。现实生活中的普通先生并没有太多的历史知识，即便是有关他自己的历史，他也只是记住一些与当下的生活有关的事情，正如贝克尔所说："这位'普通先生'并不是一位历史教授，而仅仅是一个没有太多知识的普通公民。他毋庸备课，清早醒来，他对说过做过事情的记忆，假定并不把任何有关李曼·冯·桑特尔斯代表团或伪伊西多教皇通谕汇编那类事件拖进意识，而被拖进意识的假定是：昨天写字间里说过做过事情的一个景象，通用汽车公司股票跌落三点那个很重要的事实，安排在早上十点钟举行的一个会议，下午四点半打九穴高尔夫球的约会，以及其他同样重要的历史事件。这位普通先生的历史记忆当然不止于此，不过刚醒的时候这些已经够了。说过做过事情的记忆，这种最后意义上的历史作用，在早上七点三十分已经有效地带领这位先生进入他努力的小天地。"①

然而，这样的历史记忆纯粹出于一种本能，普通先生时常会为他的健忘或历史记忆的模糊而苦恼，为此，他不得不准备笔记本或备忘录之类的东西，以记录一些虽与当下无关但日后可能会有用的历史。这么一来，普通先生就在做类似历史学家所做的工作。由于我们不知道我们在未来会有什么需求，一时不能确定什么是必须记忆的，什么是可以遗忘的，为此，我们只得多保存一些历史记忆——一些与当下的生活无关的历史。所以，历史学的责任之一就是尽可能多地保存历史记忆，以满足日后各种可能的需要。你可以去研究明成祖的生母是谁，也可以去考证洪秀全有没有留胡子，更可以花费大工夫去推测"武王伐纣"的年代。然而，如果这样的研究成为历史学家普遍的嗜好，如果这样的历史知识的积累逐渐演变成一种无穷尽的追求；而且考虑到这种历史知识的获得所付出的大量的人力、财力和物力，而另外一些更为重要的历史记忆却无人问津，我们不得不说这类历史知识的获得是过于奢侈了。这时候，历史学似乎变成了智力游戏，

① 卡尔·贝克尔：《人人都是他自己的历史学家》，《现代西方史学流派文选》，第261—262页。

成了智力的浪费——套用培根的话，那就是“无聊老人对无知青年讲述一些无用的故事”[①]。

从一般民众的实际生活及其需要出发，而不是从历史学家的专业需要出发，来思考一下历史知识的实际效用，当是每一位历史学者都不能规避的问题。黄仁宇先生对此有一番深切的体会，在《中国大历史》的卷首，他写下了这么一段话：

>……作为人师，在美国学子之前讲解中国历史，深觉得不能照教科书朗诵，尤其每次复习与考试之后，不免扪心自问：他们或她们需要理解井田制度到何程度？与他们日后立身处世有何用场？难道他们或她们必须知道与 Han Fei Tzu（韩非子）同受业者有 Li Su（李斯）其人，他曾鼓励 Shih-huang-ti（秦始皇）焚书，后又为宦官 Chao Kao（赵高）所构杀？Empress Wu（女皇武则天）的一生事迹仅是“秽乱春宫”？对我的学生讲，除了用她与沙俄的 Catherine the Great（凯瑟琳二世）比较，或与清朝的 Empress Dowager（慈禧太后）比较，这段知识尚有何实用之处？[②]

① 原话为：“无聊老人对无知青年的谈话。”参见培根：《新工具》，商务印书馆 1984 年版，第 71、48、49 页。培根主张科学应该增进人们的物质福利，它不是空洞的说教和文字游戏。科恩（I. Bernard Cohen，1914—2003）在《牛顿革命》一书中有一段叙述，很能体现这种观念，他说：新科学的一个革命性的特点就是增加了一个实用的目的，即通过科学改善当时的日常生活。寻求科学真理的一个真正目的必然对人类的物质生活条件起作用。这种信念在 16 世纪和 17 世纪一直在发展，以后越来越强烈而广泛地传播，构成了新科学本身及其特点。（科恩著，颜锋、弓鸿午、欧阳光明译：《牛顿革命》，江西教育出版社 1999 年版，第 5 页）按照这样的观念，古代希腊的科学只是一种智力游戏，说它是“无聊老人对无知青年的谈话”只是说它只能说，不能做。由于强调科学的功用性，强调对人类幸福的促进，所以，科学作为一种力量，体现在它对自然界的控制和利用上，体现它对人类的谋求福祉。历史学若要被人视为科学，也须体现出这种功能。

② 黄仁宇：《中国大历史》，生活 · 读书 · 新知三联书店 2001 年版，第 1—2 页。胡戟先生也曾对经济史研究中的“老面孔”表示怀疑，他说：“……过去经济史留下的材料，都是替皇帝管家的记录，并不是按我们弄清经济史问题的需要留下的材料。把古书上记录的那些机构、规定、词语研究得再细，看了以后也还是不知道当时经济运作和民众经济生活的具体情况。那些小农经济时代的规章制度对今天是死去的东西，也没有什么可借鉴的。我向他质疑这样做研究、做学术积累的意义。”参见胡戟：《别来无恙，高夫子！》，《历史学家茶座》（总第三辑），2006 年版，第 34—35 页。

对于专业历史学者来说的，研究“井田制”“韩非子”“武王伐纣”，乃至“洪秀全的胡子”等问题的意义或价值是不言而喻的，但史学研究不只是向历史学家显示意义和价值，它还要向一般民众证明或显示它的意义和价值。历史学如果不能做到这一点，这门学科之被人忽视、轻视，乃至被视为无用也就是很自然的事了。

有记忆，也有遗忘，记忆与遗忘是一对孪生兄弟。于是，就出现了疑问：历史学家的职责是加强记忆，还是促使遗忘？他们依据什么来决定哪些是必须记忆的，哪些是可以遗忘的？

3. 遗忘也是生活所必需

然而，问题还有另一个方面：生活不仅需要记忆，也需要遗忘。

每一位普通先生都会明白，为了有效地组织起生活，我们并不需要记住所有的历史以及它的细节，这不仅不可能，也没有必要，过多的历史记忆反而会妨碍我们的生活。如果某位普通先生的历史记忆力特强，早晨醒来，所有的说过和做过的事情，同时涌进他的脑海，同样记忆犹新：昨天早上是五点四十五，左手臂上被蚊子叮了一口，而不是在四点四十五分，也不是在右腿上；在六点十五分喝了一杯咖啡，而不是六点二十分，当时用的是一只蓝色带手柄的杯子，而不是那个黄色直桶型的杯子，等等。如果所有的这些历史记忆都是一样清晰、一样精确，以至于他可以开列出一份包含了所有生活起居的历史时刻表。那么，面对这么一份历史时刻表，他又会陷入新的困境，他同样不知道该做什么，不该做什么。一个失去历史记忆的人，当然无法生活；而一个记住所有历史事件的人，也同样会沉没于事实的汪洋大海之中因迷失方向而无法生活[①]。所以尼采说，过量的历史记忆不仅无益反而有害。对于我们的生活来说，“任何真正意义上的生活都绝不可能没有遗忘”[②]。马克·布洛赫的小儿子曾问他身为历史学家的父亲：

> 告诉我，爸爸，历史有什么用？

布洛赫说，不要认为孩子的问题太幼稚，“可在我看来，这个质问切中了要害，童言无忌，他的发问恰恰是针对史学存在的理由而言的”[③]，而那些有知识、会分析的历史学者已经丧失了提出和感知重要问题的能力。在孩子看来，这是一个显而易见的问题，他没有他父亲那样多的历史知识，不是同样生活得很幸福吗？“没有记忆，幸福的生活也是可能的。”[④]

人需要有历史的记忆，但是，有时，过多的历史记忆也会产生一种束缚，甚至“窒息”生命。而且，如果我们过多地依赖于历史的经验，过多地遵循历史的轨迹，我们就会在现实生活中丧失一种创造能力。所以，尼采说：

> 我们必须知道什么时候该遗忘，什么时候该记忆，并本能地看到什么时候该历史地感觉，什么时候该非历史地感觉。这就是要请读者来考虑的问题：对于一个人、一个社会和一个文化体系的健康而言，非历史的感觉和历史的感觉都是同样必需的。[⑤]
>
> 历史，只要它服务于生活，就是服务于一个非历史的权利，因此它永远不会成为像数学一样的纯科学。生活在多大程度上需要这样一

① 俄罗斯有一位名叫所罗门·舍列舍夫斯基的人，因有超乎寻常的记忆力而成为著名的记忆术表演能手，但他也为此付出了代价：他只能理解他能使之形象化的东西，而无法抽象思考，他对一个词有两个意思或者某样东西有两个名字感到迷惑不解，他的智力从未真正超过一个未成年人，他几乎不会阅读。参见《遗忘并非过错》，《参考消息》2001年11月9日。

② 尼采：《历史的用途与滥用》，第3页。

③ 马克·布洛赫：《历史学家的技艺》，第7页。

④ 尼采：《历史的用途与滥用》，第3页。

⑤ 尼采：《历史的用途与滥用》，第4—5页。

种服务，这是影响到一个人、一个民族和一个文化的健康的最严肃的问题之一。因为，由于过量的历史，生活会残损退化，而且历史也会紧随其后同样退化。

不管是最微小的幸福还是最强烈的幸福，它总有一样东西是让它成为幸福的，那就是遗忘力，或者用更学术性的话来说，在整个过程中感觉到“非历史”的能力。一个人，若是不能在此刻的门槛之上将自己遗忘并忘记过去，……他就永远不会知道幸福为何物。[①]

然而，问题又接踵而至。既然遗忘也是生活所必需，那么，历史学家的责任之一是否也应该包括遗忘历史或者帮助人们遗忘历史。为了获得心灵的平静或安宁，我们常常本能地回避或遗忘历史，以便能“卸下包袱、轻装上阵”，以应对现实的挑战。如此，历史学似乎有着双重的责任：一方面是记忆历史，一方面是遗忘历史；一方面是还原、求证历史，一方面是回避、掩盖、伪造历史。因为回避、掩盖、伪造，也是一种遗忘历史[②]。如果上述分析不误，我们能不能说回避、掩盖、伪造历史，也是生活所需呢？显然不行。2000 年 1 月，德国总理施罗德在“纳粹受害者纪念日”的国际大屠杀论坛会议的发言中指出，与“淡忘的记忆斗争”将是人们面临的首要任务[③]。在世纪之交，德国的一个独立的历史委员会经过三年的调查，证实贝塔斯曼（Bertelsmann）出版企业曾在 20 世纪二三十年代与第三帝国有过密切的交往，此事被揭发后，该企业时任总裁古恩特·梯伦表示：无保留地认可历史委员会的调查结论，并呼吁人们千万不要忘记这段历史[④]。如果遗忘损害了我们的生活，如果历史学的工作与我们现实的真正需要南

① 尼采:《历史的用途与滥用》，第 10、3 页。

② 此类事例很多，第二次世界大战以后，法国人对战时通敌的维希政府的历史态度可以作为这类事例里的典型。战后，戴高乐政府在“国家大和解”的理念下，将战时通敌的傀儡政权维希政府放进了“历史的括弧”内，七十万维希政府的公职人员也免予起诉。这是一种集体性的罪恶，在此后的半个世纪里，法国人都视维希政府这段时期为不愿再提起的历史梦魇，并刻意要遗忘那难以直面的历史。

③ 《与淡忘的记忆斗争——德国纪念“纳粹受害者纪念日”》,《文汇报》2000 年 1 月 29 日。

④ 柴野:《贝塔斯曼承认曾与第三帝国有密切的交往》,《中华读书报》2002 年 11 月 27 日。另可参见宋立芳:《解密国际传媒集团》，南方日报出版社 2003 年版。

辕北辙、背道而驰，如果历史学所做的只是加强不该记的记忆或促进不该忘的遗忘，那历史学岂不成了智力的犯罪——难怪法国诗人瓦勒里要说：

> 历史能引起梦想，使民族陶醉，将虚假的回忆强加于他们。历史夸大映象，使旧恨继续下去，在人们休息时折磨他们，引诱人们妄自尊大，使他们成为迫害狂。历史使人们痛苦、狂妄，无法容忍和充满空虚。（历史是）最危险的智力化学调制品。[①]

> 有些学问的研究，求真与致用是一致的——唯有求真，才能致用，真是用的基础；有些学问却不能一致——真不一定能致用，能致用的不一定是真。前者以自然科学为代表，后者以历史学最典型。“史贵求真，然有时不必过泥”之类的说法，对局外人而言简直匪夷所思！

4. 求真第一，还是致用优先？

20 世纪上半期，中国史学界曾有过一场关于“求真与致用”问题的讨论，其议题之一就是：史学研究是求真第一，还是致用优先。

学问研究，是求真第一，还是致用优先。这在自然科学那里，原不是个问题。因为在自然科学的研究领域，求真与致用总能保持一种天然的一致性。所谓天然的一致性，是指求真与致用的不冲突、不背离。对于自然科学的研究而言，唯有真命题、真知识，才能产生真效用；反之，为了达到真效用，需要研究真命题、追求真知识。自然科学的研究成果也常常被人错用或误用，如许多科学研究的成果首先被用于战争杀戮，而不是用来

---

① 参见特拉斯克著，刘自贤译，姜文彬校：《论史学家与决策者》，《现代外国哲学社会科学文摘》1988 年第 2 期。

改善人们的生活。但错用误用，仍是以学科研究的真命题、真知识为前提；没有命题和知识的真，就连错用、误用也不可能。所以，在自然科学界，既可以说求真第一，也可以说致用优先，两者不仅不矛盾，而且还能互为因果、互为前提。

从学理上说，历史研究的目的也是求真，没有人会表示怀疑。如果我们把小说、史学都看作服务于现实生活的两种文化事业，那为什么小说允许虚构、夸张，而史学则必须保持真实？这种允许或规定的背后出于何种目的，来自何种需要呢？通常的看法是，历史学的“真”来自我们现实生活中的某种需要。每一位普通先生都清楚地知道，能够有效地组织我们现实的生活的历史意识，必须是一种真实的历史记忆，而不能是虚假的历史记忆。这是我们都能同意的，也是很容易得到验证的一种看法。但是，一旦落实到具体的历史问题，涉及现实社会的问题，求真与致用就会发生矛盾和冲突。而此时，史学家们的态度就大相径庭了。

把求真视为史学的第一要义，不因为有碍“致用”而放弃求真，这是顾颉刚的看法（和做法）。顾先生因论证“三皇五帝”的古史体系全系后人代代垒造而非客观真实的历史，而被人以“非圣无法”为由提起弹劾上“官司”[①]。但顾先生仍坚持说：“我们无论为求真的学术计，或为求生存的民族计，既已发见了这些主题，就当拆去其伪造的体系和装点的形态而回复其多元的真面目，使人晓然于古代真像不过如此，民族的光荣不在过去而在将来。”[②] 吕思勉的观点也与此相似。吕先生因《白话本国史》中对岳飞、秦桧的评说，被指为“诋毁岳飞，乃系危害民国”而引出司法诉讼。但他始终认为：“欲言民族主义，欲言反抗侵略，不当重在崇拜战将，即欲表扬战将，亦当详考史事，求其真相，不当禁遏考证也。”[③] 又说：“爱国爱族，诚未尝不可提倡，然蔽于偏见，致失史事之真，则谬矣。”[④]不过，同样著名

---

① 刘起釪：《顾颉刚先生学述》，第 279 页。

② 罗根泽编著：《古史辨》第四册，顾序，上海古籍出版社 1982 年版，第 13 页。

③ 吕思勉：《三反及思想改造学习总结》（自述），刊于《吕思勉遗文集》（上），华东师范大学出版社 1997 年版，第 450 页。

④ 吕思勉：《吕著史学与史籍》，华东师范大学出版社 2002 年版，第 52 页。

的史学大家陈垣先生的意见则有所不同。陈先生曾说：

> 史贵求真，然有时不必过泥。凡事足以伤民族之感情，失国家之体统者，不载不失为真也。《春秋》之法：为尊者讳，为亲者讳。子为父隐，为尊者讳；父为子隐，为亲者讳也，直在其中矣。六经无真字，直即真字也。[①]

他还认为：

> 凡问题足以伤民族之感情者，不研究不为陋。如氏族之辨、土客之争、汉回问题种种，研究出来，于民族无补而有损者，置之可也。[②]

也就是说，因求真而不获致用，或者反而有害于致用，历史学者就不该固执地一味“求真”，此时“不载不失为真也”。

另一位史学大家陈寅恪，对于历史研究和教学中的回避真相是不赞成的。1936年，陈先生在“晋南北朝史”课堂上谈到中学历史教学涉及民族问题是否当有所回避时说：

> 近闻教育部令，中学历史教科书不得有挑拨国内民族感情之处，于民族战争不得言，要证明民族同源。余以为这是不必要的。为证明民族同源，必须将上古史向上推，如拓拔魏谓为黄帝之后，欲证明其同源，必须上推至黄帝方可。这就将近年来历史学上之一点进步完全抛弃……然大、中、小学所讲之历史，只能有详略深浅之差，不能有真伪之别。……古代史上之民族战争，无避讳之必要。[③]

---

① 陈垣：《通鉴胡注表微 · 边事篇第十五》，科学出版社1958年版，第286页。“《春秋》之法……以下”数句，原刊于《辅仁学报》，后删。参见罗志田：《中国近代史学十论》，复旦大学出版社2003年版，第193页。

② 陈智超编：《陈垣来往书信集》，上海古籍出版社1990年版，第697页。

③ 蒋天枢：《陈寅恪先生编年事辑》，上海古籍出版社1997年版，第98—99页。

以上所引，并非当年顾、吕及两位陈先生间直接的互相驳难和辩论。然而将这四位史学名家的看法稍加排列，就显示出问题的奇怪和独特：什么不能有碍于“用”而“禁遏考证”；什么学问研究的求真“不必过泥”，学问的求真“无避讳之必要”。需要说明的是，陈寅恪先生此处所说的“避讳”与古代史家记载的“避讳”有所不同。中国古代史家记载的“避讳”，是古代史家特有的“史笔”，所谓为尊者讳、为贤者讳的春秋笔法，不过为读史者制造麻烦而已，并不是真正掩盖或消灭史实，故而今人仍可借助避讳学来解套[①]。而陈先生所说的“无避讳之必要”，实在就是指掩盖真相或回避史实，而不是什么另设暗语，待人解码。不管怎样，为不妨害“致用”而放弃“求真”，这对自然科学家而言简直匪夷所思，但历史学者则是习见已久，恬然不复为怪也，且具有相当的普遍性[②]。

> 一种错的、假的知识成果，居然也能达到致用的效果，这种不可思议的事，在历史学里却很常见。在社会历史的领域里，人们对历史的真知识、真命题，并非总是真心欢迎、老实接受；相反，常是遮遮掩掩、刻意回避。人们宁可采取回避、掩盖的方式，也不愿去考求真实，直面真相。

5．不论真假，都有效用？

一种错的、假的知识成果，居然也能达到致用的效果，这对于自然科学家而言，是不可思议的。虽然历史上曾有希特勒对“犹太人的物理学”

---

① 参见汪荣祖:《史学九章》，生活・读书・新知三联书店 2006 年版，第 94、172 页。
② 参见本书第三章第九节。

的排斥，有苏联对李森科的“无产阶级的生物遗产学”的吹捧。但纳粹独裁者心里还是明白，造“U–2”飞弹仍离不开“犹太人的物理学”；斯大林虽然极力支持李森科，但也知道靠李森科的“无产阶级的生物遗传学”难以填饱俄罗斯人的肚子。古往今来，似乎还没有哪一位统治者会愚蠢到要利用虚假的科学成果来为他的统治服务，虽然偶尔也会有这种愚蠢的事情发生。

然而，社会历史领域的情况有所不同。在这个领域里，能致用的，不一定是真知识、真命题；而真知识、真命题，往往不一定能致用。求真与致用缺乏天然的一致性，表现为知识的致用性未必总是以知识的真实性为前提。用错误的历史知识、历史陈述能达到正面的效用，在历史学中是很常见的，虽然史学家自己也认识到此种做法不妥。一种是借古讽今，错误类比，以求得某种致用的效果。如 20 世纪 40 年代，我国的一些马克思主义史学家，为了配合国内革命斗争的需要，写了许多因借古说今而损害史事真相的文章，却对当时的人民革命起了很大的教育作用①。也有的干脆歪曲史实，用来激发、宣扬爱国、爱民族的热情。如19世纪的德国史学界有一个普鲁士学派，其代表人物德罗伊曾、聚贝尔、特赖齐克等为了“唤起他们同胞努力奋斗”，不惜歪曲历史真相，其结果是“使他们的同胞作好准备，迎接那完成于 1870 年的大转变起了很大的作用”。还有一种史实基础全错，而概括引出的历史结论却有现实意义。余英时先生在《史学、史家与时代》一书中，批评徐复观先生的《周礼》考证，在整个史实层面上都是站不住脚的，但徐文的结论仍富有启发性，有学术价值，又说到波普尔对柏拉图的理解及其论述，也与此类似②。与之相似的还有马基雅维利的《李维》一书，马氏对李维作品的理解、评议和叙述，都有不可靠的、可商榷的地方，但这并不影响他通过对李维的阅读来总结历史经验，进而对当时意大利的政治开出他自己认为是有

① 如《论儒家的发生》《汉奸刽子手曾国藩的一生》《袁世凯的再版》《桃花扇底看明朝》《南明史上的永历时代》等。参见范文澜：《中国通史简编》绪言，上海人民出版社 1966 年版。

② 余英时：《史学、史家与时代》，第 344—345 页。

效的药方，且其中也确有其“真知灼见”[①]。这样的事例具有相当的普遍性。后来的史学史研究，在批评当年一些马克思主义史学家的借古说今而损害史事真相的同时，仍然肯定其积极社会意义。英国史学家古奇也曾肯定了普鲁士学派对德意志民族的贡献：

> 这个学派的成员是在德意志的消沉时期的政治教员，他们唤起他们同胞努力奋斗，而这种奋斗精神终于造成一个强大的帝国。这个学派是由于民族的需要而成长起来的，而当这种需要得到满足之后，它就没有存在的理由了。如果说历史学的主要目的是鼓励一个民族采取行动，那么德罗伊曾、聚贝尔、特赖齐克都应归入最伟大的历史家之列。如果说历史学的基本目的是揭示真实情况和解释人类的活动，那么就没有什么理由把他们算作第一流的历史学家。
>
> 这些历史家以研究来为他们的政治观点服务，并在使他们的同胞作好准备，迎接那完成于1870年的大转变起了很大的作用。[②]

这或许可以表明：“历史事实认知的错误似乎并不总是妨碍人们在总结历史经验中获得真知灼见。”[③]换言之，即使考证的史实并不真，也不影响其研究结论在致用上的有效性[④]。

人们常常把掩盖真相、伪造史实的责任归罪于政治的干扰，这当然也

① 参见彭小瑜：《历史的真实和思想的真实》，《中华读书报》2005年12月7日。

② 古奇：《十九世纪历史学与历史学家》，第287页。

③ 参见彭小瑜：《历史的真实和思想的真实》。

④ 一个错误的结论，也会对后人的研究有所启示，这同样表现为一种“有用性”。但这里所说的“有用性”，不是说结论的错误，而是指结论的事实基础上的不正确。但有时还存在另一种情况，史实或许都不错，但它处理的方式却不符合现代史学的规范。哈耶克曾对“辉格党史学”作过这样的评说，他说：“辉格党史学”从什么意义上说确实是错误的史学，大概至今尚无定论，我们也无法在这里讨论这个问题。它在创造19世纪基本自由的气氛方面所发挥的有益影响，却是无可怀疑的，这当然不是因为它对事实有什么错误的解释。它主要是一种政治史学，它所依靠的主要事实也是没有异议的。它或许不是在所有方面都符合现代史学研究的标准，但是对于由它培养出来的一代人而言，它确实使他们真正感到了他们的先辈为他们创建的政治自由的价值，并引领着他们去维护这项成就。参见哈耶克：《经济、科学与政治——哈耶克思想精粹》，第270页。

是事实。不过，政治只是表面的原因，上文提及的民国年间因学术问题而引起的两宗诉讼案，都不曾直接触犯政治禁忌，但因其与社会流俗大悖，仍足以引起“轩然大波”。同样一个“真”，自然知识的“真”与历史知识的“真”，人们对它的态度是大不相同的，因为后者的“真”往往使人不舒服、不自在，不方便。在社会历史的领域中，人们对历史的真知识、真命题，并非总是真心欢迎、老实接受的，相反，则是遮遮掩掩，甚至刻意回避。人们宁可采取回避、掩盖的方式，也不愿去考求真实，直面真相。鲁迅先生曾在一篇小说中虚构了一个“不正常”的人——一个因讲了真话（朋友家小孩满月，他前去致贺时说“这小孩将来要死”）而遭到痛打的人[①]。这虽是小说虚构，却真实地反映了人之生活的另一侧面：上到民族国家，下至平头百姓，都会有令自己不快的历史需要回避。生活有时需要揭示真相，有时则需要欺骗隐瞒，所谓“善意的谎言”正是人们生活中不可缺少的协调剂。然而，如果有人依据上文的讨论来为不顾事实、任意歪曲的政治宣传辩护，甚至将两者混为一谈，那么，他就将原本很有趣味的学术问题变得索然无味且毫无意义。

一般说来，人们在日常生活中谈论的事物价值和意义，都具有客观的实在性，而不可能脱离事物本身的性质或状况对它作出不切实际的判断，否则就不能产生实际的效用。历史与之不同，诸如历史意义之类的判断，常常只是一种虚拟的意义；历

① 鲁迅:《野草 · 立论》,《鲁迅全集》第 1 卷、人民文学出版社 1973 年版，第 517 页。所谓阿 Q 式的“精神胜利法”，也程度不同地存在于我们每个人的日常生活之中，这或许说明，回避真相实在也是人之不可或缺的一种生存方式。

史事实与人们的需要之间的某种契合关系，常常也是一种虚拟的关系。

6. 历史之用的虚拟性

值得注意的是，上文所说的作伪、造假，往往并非出于某人有意识、有计划的造作（当然也有不少是有意识、有计划的造作），而是人们因实际需要而不自知地对历史的加工改造，所谓事实真相渐渐遮蔽掩盖，伪造的假相渐渐增添累积。比如，在传统社会里，文臣以公忠体国为楷模，武臣以舍生忘死为美德，前者的典型是诸葛亮，后者的代表是关羽，而其反面人物则是曹操、司马氏之流。一旦这些历史人物的形象被如此定格，它就能满足我们的一种需要，起到表彰忠良、谴责奸臣、引导风俗、教化社会的效用，至于事实真相究竟如何，已经无关紧要了。黄永年先生曾感慨地说：有关黄帝的考证，已经快一百年。但是，我们对此，却不在乎其真伪问题[①]。而且，史实真相之不能得到澄清，原因不在于缺乏史料，而在于人们并不需要[②]。可见，不论真假，都能致用（有时当然只是一时之用），确是历史知识在致用上的一个特殊性。

史学的原始本义是对往事的记忆，而记忆之用，当有直接和间接两种。记忆的直接之用，是我们不必通过专门的训练学习而能自然习得的生活本能，诸如记住昨天说过的话或做过的事，以便今天能有效地继续生活。此类直接之用，须以记忆之"真"为首要条件，没有对说过的话或做过的事

---

① 黄永年:《学苑零拾》，华东师范大学出版社 2001 年版，第 6—7 页。

② 近年来报端刊出许多我们以前未见过的雷锋新照片，为我们展示了一个雷锋的新形象。但为什么这些照片当年不刊登呢？这是因为：当我们的社会需要一个只讲奉献、不讲索取的英雄时，雷锋的这许多照片（或事迹）因不合时宜，很自然地被人们"善意"地回避了。如今，那些"不合时宜"的照片，颇合今日的时宜，于是，这些老照片被重新"发现"了。有人说：走下了"神坛"的雷锋，离普通老百姓的生活更近了，这样的榜样，才会带给人们无穷的力量。（参见晏扬:《雷锋走下"神坛"折射观念进步》,《广州日报》2006 年 3 月 2 日）又有人说：与过去一直在片面拔高的形象相比，一个立体、丰满的雷锋形象，更能得到年轻人的情感认同，更有学习意义。（参见魏青:《凡人雷锋更显道德示范意义》,《解放日报》2006 年 3 月 2 日）其实，走下神坛的、平凡的雷锋固然对今天的社会有积极的意义，当年那个"高""大""全"的形象，又何尝对那个时代、那个社会没有积极意义呢？

的真记忆，现实的生活将陷于混乱。这一点，前文已有论述[①]。历史记忆还有一种间接之用，所谓间接之用，是指所记忆的史实与当下的生活并无直接牵连，作为一种经验，古人古事可以为我们提供一种参照和借鉴，或是提升调整我们的情感心绪。诸如总结经验教训、陶冶品格情操、增强民族自信力、激发爱国热忱等等，都属于这种间接之用。从学理上说，历史知识的间接之用，也当以记忆之真为前提，但实际上却未必尽然。上文所列举的一些事例，都说明了历史知识的间接之用，未必以历史之真为充分条件。至于何以错的、假的历史知识，也能发挥真效用，那就涉及历史意义的虚拟性了。

虚拟是相对于实在而言的，一般说来，人们在日常生活中谈论的事物价值和意义，都具有客观的实在性。比如，人们在北方过冬需要取暖，煤炭经燃烧能产生热量，这样，煤炭就向我们显示出一种价值和意义。但是，煤炭虽然因我们的需要而显示价值意义，但煤炭本身并不是消极被动的东西，如果它不能燃烧并产生热量，它的这种价值和意义就不可能坐实。在这里，对象的某种属性不仅为我们的价值、意义提供了切实的基础，还能对我们的致用起到了一种限制、约束作用。换言之，人们不可能脱离事物的本身性质或状况而对它作出不切实际的判断，因为任何脱离事物实际的致用都不能产生确实的效果。

历史的情况有所不同。史事已经过去，史料也不会自己说话。当人们怀抱某种需要，到历史中去寻找可以寄托其价值指向的对象（历史人物、历史事件等）时，人们常常会根据自己的需要而将对象理想化或者丑陋化——实际上，就是对历史对象的扩大、缩小、改造，甚至伪造。正如梁漱溟先生所说的那样，“荒唐妄为”地评说孔子，孔子本身早已逝去，他“奈何”我们不得——不论是“轻率地贬低”，还是“盲目地抬高”，历史本身并不能对我们的社会实践（此种社会实践总是与一定的历史评价相配合）起到了一种限制、约束或纠错的作用，相反，往往倒是现实的社会实

① 参见卡尔·贝克尔:《人人都是他自己的历史学家》,《现代西方史学流派文选》，第261—262页。

践纠正了我们某些错误的历史认识和历史评价。随着社会实践的发展变化，原先的历史形象已经难以满足新的需要了，以他们为对象的价值关系、意义效用也随之不合时宜，于是，这些被神化或被丑化的历史人物有了恢复真相的机会。或是恢复真相，建立新的价值关系；或是搁置一边、冷落遗弃，人们再去寻求新的历史材料，建立新的价值和意义，以满足他们新的需要。由此可见，历史的意义常常表现为一种虚拟的意义，历史事实与我们的需要之间的某种契合关系，常常也是一种虚拟的关系。当然，说其虚拟，不等于虚无，因为它仍能产生实际的效用。但此处的效用，并不以史实的真实性为必要的条件。

如果错误的历史知识也能起到一种正面的效用，“借古说今”也能在社会实践中起到一种积极的作用，那“影射史学”又该如何评说呢？因为“影射史学”与“以今说古”在逻辑方法上是完全一样的，我们凭什么肯定“借古说今”而否定“影射史学”呢？“借古说今”与“影射史学”的区别在哪里呢？[①]而且，在实践上我们还会遇到一件更麻烦的事：如果我们的“用”不必寓于“真”，如果无“真”也能有“用”，那么，历史知识的错用、误用就难以避免了。

每个人（集团、党派、阶级）都是从自己的实际利害关系出发去学习历史，不同的人，在历史中学得不同的东西，获得不同的经验教训。有的学了大彻大悟，有的学了更懂得明哲保身，

---

① 或许我们可以作这样的解释，“影射史学”与“以今说古”的区别不在于它们是否歪曲或违背了历史事实，而在于它们的价值判断所显示的主体需要是否具有普遍性、进步性和合理性，是否代表了历史发展的要求与方向。参见拙文《论历史研究中的价值认识》，《学术研究》1994年第8期。

有的学了便噤若寒蝉，有的学了更善于见风使舵，还有的将历史的糟粕视为宝贝、尤物。

7．历史该怎么用？

说起历史之用，多数人会不假思索地回答：历史是前车之鉴。所谓前车之鉴，即前人所做的事情，成功的，后人可奉以为法；失败的，后人当引以为戒。如果我们把人类的文明比作一种“挑战与应战”，那么，借助昨日的经验来应对今日或明日的挑战，就是历史学的另一种功能，或称之为历史的“应对挑战”之用。

不过，把历史视为“前车之鉴”也常会落空。汉高祖“惩亡秦孤立之败”，“内靠戚族，外靠宗室”，以求长治久安，永保王位，结果尸骨未寒，便有吕后篡权，其后又是七国发难，同姓诸王自乱天下。宋赵匡胤加强集权，以“矫唐末之失策”，结果藩镇割据的问题似乎解决了，但随之而来的则是积贫积弱，文官不能治国，武官不能打仗，虽有军士百万，仍为外来的侵扰所倾覆。第二次世界大战前，耗费巨资修建的马其诺防线，是法国人认真总结两次德法战争（普法战争和第一次世界大战）的经验后作出的战略决策，以为敌方突破这条固若金汤的防线是不可能的。但是历史并不会简单地重复，德军以“黄色计划”，而不是“施里芬计划”，绕过了防线，结果法军全线崩溃。吕思勉先生认为，这都是历史的误用。以史为鉴，最易导致的失误是“执陈方以医新病”，“世事亦安有真相同的？执着相同的方法，去应付不同的事情，哪有不失败的道理？在社会变迁较缓慢之世，前后的事情，相类似的成分较多，执陈方以医新病，贻误尚浅，到社会情形变化剧烈时，就更难说了”[①]。显然，应对挑战，借鉴经验，并非依样画葫芦这般简单，否则就会错用或误用了历史。

史学家弗兰克·安克斯密特在《为历史主观性而辩》一文中，有一段

---

① 吕思勉:《吕著史学与史籍》，第 1 页。

有关“历史之用”的论述：

> 正是在历史著述中，而不是在不管有什么变化的理性主义和先验论观点中，我们将找到最可靠的工具来决定我们最可取的政治的和道德的价值是什么。可以说，历史著述是一块试验田，我们可以用它来验证政治的和道德的价值，并且，在其中，我们有权评估全部表现性成果的审美标准各自的优缺点。另外，我们本应在实际的社会和政治现实中验证不同的伦理和政治标准的优缺点，然而，历史写作为我们提供了这样一块试验田，使我们可能避免在现实中可能遇到的灾难，这一点，我们应当特别感激。在以某些政治理想的名义开始一场革命之前，人们最好先尽可能准确地和冷静地评估一下由这种政治理想激发的同类历史写作的优缺点。①

为了避免因我们的计划（规划）的失误而带来的灾难，把本来要付之于现实社会的种种措施、政策、行动等，先将它们在历史中“实施”，作一番历史的实验，将历史视为现实的试验田，这确实是一个“理性地运用历史经验”的理想模式。所以汤因比也认为：近代人有积累的经验作为指导，因而有一个较好的机会来避免过去如此多的试验所遭遇的那个命运②。这是无可怀疑的。但是，同样无可怀疑的是，人是否都能够很理性地吸取历史经验教训呢？黑格尔曾说过：

> 人们惯以历史上经验的教训，特别介绍给各君主、各政治家、各民族国家。但是经验和历史所昭示我们的，却是各民族和各政府没有从历史方面学到什么，也没有依据历史上演绎出来的法则行事。每个时代都有它特殊的环境，都具有一种个别的情况，使它的举动行事，不得不

① 参见陈新:《当代西方历史哲学读本（1967—2002）》，复旦大学出版社 2004 年版，第 242—243 页。

② 古奇:《十九世纪历史学与历史学家》，第 57 页。

全由自己来考虑、自己来决定。当重大事变纷乘交迫的时候，一般的笼统的法则，毫无裨益。回忆过去的同样情形，也是徒劳无功。[①]

按照黑格尔的说法，人们之所以不能从历史中学到什么东西，是因为含糊而笼统的历史经验总不能合适地去应对具体复杂的个别。不过，人们也常常断章取义地引用黑格尔此段名言的前半部分，以感慨人们总是从一己的利害关系出发而不能理性地吸取历史教训。然而，上文所说的借鉴历史而犯“执陈方以医新病”一类错误尚可原谅，更麻烦的事情是，何为“良方”，何为“毒药”分辨不明，明明是毒药、病症，却视为宝贝、尤物。历史的试验田，本来是为了提供正面的经验和教训的，所谓“见贤而思齐，见不贤而内自省”，如果是非颠倒，善恶不分，历史的试验田，却提供了反面的教材，最终导致人们对历史经验教训的“反用”。有位学者曾说：

中国人最讲修史，故有二十四史之盛，可是中国两千年来硬是眼睁睁日近衰朽，没有在前鉴上获得任何新生，到头来还是借西洋人总结出来的经验教训，包括马恩的主义，作愈合剂，才止住越溃越大的伤口而转现生机。但凡二十四史的经验教训中有万分之一的为国人世代所津津乐道的所谓免蹈前辙的功效，谅不至此。司马光神圣地领衔主编的《资治通鉴》，自负为治国通用大全，后世治者也真当经典锦囊去读，可他们从中到底读到些什么？于中国社会究竟有何补益？我不知道。我倒觉得，凡经验，如“先天下之忧而忧，后天下之乐而乐”之类，到后来往往成了中堂对子的内容，而凡教训，如“民可使由之，不可使知之”之类，却重现在历代封建社会的行政行为当中。[②]

如果拿这一番话去规劝历代帝王，说历史当这样“用”，不当那样“用”，那无异于对牛弹琴、与虎谋皮。古今中外，这一类错用、误用，乃

① 黑格尔著，王造时译:《历史哲学》，上海书店 2001 年版，第 6 页。
② 焦国标:《〈毛泽东评点二十四史〉翻阅断想》，《文汇报》1997 年 9 月 25 日。

至反用的事例，比比皆是，如今更是愈演愈烈，大有不如此，便无法生存的趋势[①]。

俗话说：吃一堑，长一智。人都是趋利避害的，趋利避害是人的本能，这无可非议，也不能非议。所以，每个人（其实，不仅个人，每个集团、党派、阶级）都有权从自己的实际利害关系出发来总结历史经验教训。于是，不同的人，在历史中学习不同的东西，或者同一历史内容，不同的人，从中得到不同的经验教训。一位学者说："人们往往会有一种误解，以为在'文革'这样惨痛的经历之后，人们也许变得清醒一些，其实不然。'文革'过后，我们分明看到，除有的人大彻大悟外，有的学会了明哲保身，有的变得噤若寒蝉，有的则更加善于见风使舵"[②]。吕思勉先生曾说：

> 世界所以多事，正和我们的屋子，住了一年要大扫除一次一样。灰尘垃圾，都是平时堆积下来的。堆积了一年，扫除自然费力了。……屋子住了一年要扫除，是没人反对的，而且大多数人认为必要。社会上堆积着千万年的灰尘、垃圾，却赞成扫除的人少，反对扫除的人多，甚而至于把灰尘、垃圾，视为宝物，死命地加以保存。世界之所以多事，岂不以此？[③]
>
> （况且）社会的体段太大，其利害复杂而难明。更有一班私利害和公利害相违反的人，不惜创为歪曲之论。于是手段和目的，牵混为一。目的本来好的，因其手段的不好，亦必一并加以辩护；遂至是非淆乱，越说越不清楚。[④]

---

① 类似的批评文章很多，仅举二例：张恩和《"以史为鉴"和从"史"学坏》(《中华读书报》2002 年 9 月 11 日)、《挖历史垃圾重新包装，所谓"成功学"毒害人心》(《长江日报》1997 年 11 月 24 日)。林培先生曾以《县官读的什么书》为题，写了一篇小文，说他有几位熟识的地方官，他们书架上的"私密读物"有《官经》《厚黑学》《中国历代君臣权谋大观》《古代帝王驭人术》《孔子为官之道》《官场文化与潜规则》等等（参见《南方周末》2008 年 11 月 27 日）。如此读书，自然也是为了学习历史的经验。

② 徐怀谦:《文化的良心》,《文汇报》1998 年 11 月 5 日。

③ 吕思勉:《两年诗话》,《吕思勉遗文集》(上)，华东师范大学出版社 1997 年版，第 429 页。

④ 吕思勉:《从章太炎说到康长素、梁任公》,《吕思勉遗文集》(上)，第 386 页。

这么一来，何谓正用，何谓反用，何谓错用或误用，又如何说得清呢？看来，我们与其讨论历史有没有用，倒不如先讨论历史究竟该怎么用[①]？

史学就其起源和本质而言，原本是一项公益性的事业，出于对整个群体命运的关怀，而不带有任何私人目的和利益取向。但自史学的本质发生异化后，公益性让位于私利性，学问的研究遂与集团、政党、阶级的利益相纠缠。于是，歪曲历史，误用、错用，甚至反用历史，比比皆是。

8. 史学的异化和社会良心

平心而论，大多数称历史无用的人，其真正的用意并非否认历史之用，而是感慨历史被错用、误用，乃之反用，感慨它未能产生正面的效用。贝克尔曾不无遗憾地说：从 1814 年到 1914 年这一百年中，历史学进行了空前的、令人惊异的大量研究，但“所有这些专门研究对于我们时代的社会生活会产生什么作用呢？它对于制止政客的愚蠢，或增长政治家的智慧是否起了作用呢？它对于启发广大人民，使他们能更明智地行动或适应某种更为理智的要求，是否起了作用呢？如果有什么作用的话，那确实太少了。”[②]

---

① 耿云志：《历史能给我们什么？》，《史学理论研究》1996 年第 2 期。

② 《现代西方历史哲学译文集》，第 241 页。漫画家廖冰兄曾说过“漫画没用！”的话。不过，这话也不能从字面上去理解。漫画作为一种社会评议，怎会没用？然而，漫画家方成针对浪费国家公款的现象画了不少讽刺画，有些画稿一用再用，二十多年过去了，所评议的社会现象依旧，毫无效果，最终他也体会到廖冰兄的苦恼而说：“漫画没用！”（方成：《弹琴图》，《新民晚报》1999 年 1 月 13 日）历史学家所说的“历史无用”，大都也当这么理解。

史学就其起源和本质而言，原本是一项公益性的事业，出于对整个群体命运的关怀，而不带有任何私人目的和利益取向。人人都是他自己的历史学家，但人人未必肯做他所生活于其中的那个群体的历史学家。后者虽然也像"普通先生"一样，要关心和记忆自己的历史，但他们主要的职责是关心和记忆群体的历史，了解所有以往岁月中人们说过做过的事情，并使之传之久远，不管它们已经十分遥远，不管它们与他自己的生活的联系是多么疏远。正如萨缪尔·莫里逊所说：历史学家"有权利也有义务把这种屡验不爽的历史教训指出来，即使这同他本身的信仰或社会相抵触"[①]。所以，真正意义上的"史德"一定带有几分宗教性，必须有追求真理的信徒式的虔诚，有一种对公众的责任感和为公众谋利而不惜牺牲自己的精神。

然而，自进入文明时代以后，"著述只为稻粱谋"，当历史研究成为一种职业，一种谋生手段，历史学就开始逐渐走向它的反面。史学发生了异化，史学的功用也随之发生了质变。历史学逐渐失去了它应有的公益性，而直接与个人、集团、政党、阶级的利益相纠缠，历史学家也纷纷从个人、集团、政党、阶级的利益出发去研究历史。尤其是历史的话语权为统治者所垄断，他们以各种方式影响或改造一般民众的历史意识。哈耶克说：

> 现在的史学虽然自称更科学，但是在它对政治观点发挥最大影响的领域，它是否已成为更为可靠和可信的指导，却颇令人生疑。……新的政治观念进入普通大众是一个间接迂回的过程，历史学家在其中处于关键位置，……一般人对历史的了解，要通过小说和报纸、电影院和政治演说，至多是通过学校和普通的演说。……大多数人若是知道，他们有关这些事情的大多数信念并没有可靠的事实根据，而是建立在出自政治动机的神话上，并且是一些有着善良愿望的人把这些神话传播给了一般信念与他们很投合的人，他们定会大吃一惊。[②]

① 萨缪尔·莫里逊：《一个历史学家的信仰》，《现代西方历史哲学译文集》，第264—265页。
② 哈耶克：《经济、科学与政治——哈耶克思想精粹》，第270、271—272页。

与此同时，随着历史学的发展与知识门类的专业化，历史学家越来越退缩到其个人狭小的天地里，作为一名学者，他将耗费他大部分的时间和精力，用来撰写论文著作，他们孤灯苦守，皓首穷经，有的是精湛的技术和深奥的知识，缺乏的是“己饥己溺之怀”和思想驰骋的能力[①]。学术的异化又培植了另一类学者，他们频频在公众传媒上亮相，评论时事，引导舆论，宛如一位公共的知识分子[②]，但实际上已沦为潮流的随从、政治的附庸。难怪历史学家古奇曾要大声疾呼：

> 任何一个为自己的种族、自己的国家、自己的党派或教会大声辩护的人，是无缘进入历史女神之庙的。如果有人要我起草历史学家的“十诫”，我将首先写道：“不要忘记你们对读者的道义上的责任。”[③]

因为，任何出于一己私利的研究者，难免会歪曲历史，常常会误用、错用，甚至反用历史。

科学家的责任是说真话，历史学家自然也不例外。但如何保证不说假话，至今仍无有效的办法。与自然科学和自然科学家相比，历史学有一个明显的特征，即它的研究成果，不仅与史家所处的时代、社会或学术环境有关，也与史家的性格、气质以

---

① 吕思勉先生曾说：“社会科学其本在识。当识人事之万象纷纭，而能明其理，知其所以然之故，然后知所以治之之方，而识之本，尤在于志，必有己饥己溺之怀，然后知世有饥溺之事，不然饥溺者踵接于前，彼视之若无所见也。”又说他“小时所遇之读书人，其识见容或迂陋可笑，然其志则颇大，多思有所藉手以自效于社会国家，若以身家之计为言，则人皆笑之矣。”李永圻：《吕思勉先生编年事辑》，上海书店1992年版，第192、191页。

② 潘洁：《谁是知识分子？》，(中国香港)《信报》2002年2月7日。

③ 古奇：《十九世纪历史学与历史学家》，第3—4页。

及个人的经历、阅历、德行等因素相关，其中最紧要的是历史学家的“心术”。

9. 历史学家的责任

科学家的责任是说真话，历史学家自然也不例外。然而，不管是自然科学，还是社会科学，如何保证这一点的实现，至今仍无有效的办法①。有学者认为，科学家的说真话，不是靠研究者个人的道德品行，而是靠学科内在的一整套行为规则②。需要补充的是，不是形式上的学科规范，而是规范的正常运作和严格推行。正是后者使得人们能够发现谁在违反规则，谁在篡改、伪造实验数据，谁是隐瞒或剔除不利证据的“科学骗子”。正是规范的正常运作及其检视、识别和纠错功能，保证了科学家不太敢说假话。大体而言，规范的运作越正常、越严格，其检视、识别和纠错功能越强，其对学者的约束作用就越明显；反之，则越弱、越不明显。毫无疑问，历史学是一门有着自身的学术准则和行为规范的学科。只是与其他学科相比，历史学的学科规范的检视、识别、纠错的功能是较弱的，且常常未能正常运作、严格推行。叶书宗先生在《寻求历史的真实 写真实的历史——也谈历史人物的评价问题》一文中，讲到苏联史学界对有关布哈林的史实真相及其评价的经过，也可以为这里的讨论提供一个案例。有关布哈林的真实史料早已存在，“作者确曾查阅过当时尚未解密的档案”，但他“却不根据事实来写历史”。直到二十年后，有关布哈林的史实真相才得到了澄清和纠正③。但这时候的澄清和纠正也不是靠学科自身的发展（如史料的新发现）和学科规范的正确运

---

① 其实，就个人的道德品性而言，自然科学家与社会科学家并无太大差别，学术界的腐败现象，古今中外，如出一辙。相对而言，处于“边缘化”的历史学，其腐败现象的滋生远不如那些热门学科来得多且快。参见曹林：《经济圈歌舞升平是种病》，《参考消息》2004 年 9 月 28 日；《眼下为何无人敢请何祚庥》，《新民晚报》2005 年 2 月 28 日；叶子：《弄虚作假：科学的特例还是常态》，《中华读书报》2005 年 3 月 16 日。

② 史蒂文·夏平著，赵万里等译：《真理的社会史》，江西教育出版社 2002 年版，第 406 页。

③ 叶书宗：《寻求历史的真实 写真实的历史——也谈历史人物的评价问题》，《探索与争鸣》2005 年第 1 期。

作（学者依据学科规范的互相检视、纠错等）来实现的，而是俄罗斯的现实社会允许、需要这样的“澄清和纠正”。如果历史学的某些错误结论，不是靠学科规则自身的正常运作来加以纠正，而总是要等待现实主题的变换，那么，这些学科规则不能说毫无意义，至少在保证历史学的真实性上是难以令人满意的。也正是因为如此，历史学的职业道德就显得十分重要了。

与自然科学和自然科学家相比，历史学有一个明显的特征，即它的研究成果，不仅与学者所处的时代、社会或学术大环境有关，也与史家自身的性格、气质以及个人的经历、阅历、品行等因素相关。由于研究者与研究对象之间存在着密切联系，使得史学研究的主体性更加突出，研究者的文化修养、价值观念、身世经历等对他的研究成果的影响更加明显。而其中最为吃紧者，便是人文学者的“心术”问题[①]。二百多年前的章学诚，在他的《文史通义·史德》篇里，已经说到了这一点：

> 能具史识者，必知史德；德者何？谓著书者之心术也。夫秽史者所以自秽，谤书者所以自谤，素行为人所羞，文辞何足取重！……而文史之儒，竞言才、学、识，而不知辨心术以议史德，乌乎可哉？[②]

近代以来，史学研究的一个重要特点和趋势是注重方法，从史学自身的方法的规范整齐，到史学以外的各种自然科学、社会科学理论方法的引进，从史学本身的发展演变而言，这无疑是合乎逻辑的一环，其价值和意义不可否认。但是，如果认为史学的根本问题就在于方法，史学的进步就在于方法的更新，以至于走向一种“方法的崇拜”[③]（这里所说的“方法”，不仅是指一些技术手段，如数学中的量化方法，也包括一些理论方法，如

---

① 焦国标先生曾发表《名人的祖籍》（《文汇报》2003 年 8 月 22 日）一文，对 2003 年在《河南大学学报》上刊出的文章《论毛泽东祖籍河南原阳》，提出批评，并称有关的研究，“实乃一些学者心术不正，乱用祖籍”。

② 章学诚著，叶瑛校注：《文史通义校注》，中华书局 1985 年版，第 209—210 页。

③ 20 世纪中期发展起来的西方“新史学”，就是特别注重“方法”运用的一个史学流派，且把史学的科学化完全寄托于新方法的使用上，其中，计量史学可以视为这一倾向的极端代表。

长时段、中时段等理论），这就误解了历史学的本质，也使人陷入一种认识上的误区。近二三十年来，国内史学理论研究，热衷于各种流派、研究方法、手段的介绍，而或多或少地忽视了对史学家的人品、德行、社会责任、历史使命等问题的反思。从中国古代史学史上看，司马迁比之于后来的史学家，在方法上并没有什么优势或特殊可言，《史记》之所以被誉为“史家之绝唱，无韵之离骚”，比之其他的史学作品，更有人民性，更具普遍性和永恒的价值，别无它，全在于司马迁所站的社会位置，所持的价值观念，以及他那特殊的史识和史德。在中西学术史上，兼具史识与史德的学者很多，罗素是其中比较突出的一位。何兆武先生深情地写道：

> 无论如何，（罗素）作为一个历史学家，他不仅是回顾着过去和古人，而且更其是展望着未来和来者。他那眼光始终朝向前方，它仿佛是在论证：一个历史学家的尊严就在于他关心着未来的可能的忧患。……他的文章以清通流畅见称，洋溢着机智、博学、深思和幽默，所以吸引了许多读者；然而更为值得称道的，却是他那谴责人间丑恶的道德勇气。他的史学观点中隐然有一个最重要的见解：一个历史学家的品质就在于他勇于谴责一切邪恶、卑鄙和愚昧，或者说就在于他的史德。他的这种精神和风格，曾博得《纽约时报》送给他一顶“一个（堂）吉诃德式的人物”的帽子。[①]

在这方面，中国古代的史学曾留下丰富的文化思想遗产。史学在古代中国被赋予特别崇高的地位，史学家也被寄予特殊的使命和神圣的责任。刘知幾曰：

> 史之为务，厥途有三焉。何则？彰善贬恶，不避强御，若晋之董狐、齐之南史，此其上也。编次勒成，郁为不朽，若鲁之丘明、汉之

① 何兆武：《苇草集》，第273—274页。

子长，此其次也。高才博学，名重一时，若周之史佚、楚之倚相，此其下也。(《史通·辨职篇》)[①]

这一种言论，倒是与西方近代以来对知识分子的界定有点不谋而合。在近代西方，知识分子被视为一群特殊的人，属于一个特殊的阶层，他们不是一般意义上有知识、有文化的人，而被视为社会公正、理性、自由的维护者。如果让古奇来担当看门人，他只允许那些能超越个人（或其所属的团体）私利，关怀人类普遍命运的人进入历史女神的殿堂，他们是“社会的良心”，是人类的基本价值（如理性、自由、公平等）的维护者。他们一方面根据这些基本价值来批判社会上一切不合理的现象，另一方面则努力推动这些价值的充分实现[②]。一如尼采把人类的命运托付给超人，人们也只得指望越来越多的历史学者能怀抱宗教式的虔诚，绝去名利之念，做真正的历史学者，担负起合理运用历史的责任，从而把对历史的滥用、误用的可能性、危害性降到最低。历史学和历史学家能否担当得起这番责任和使命呢？这是每一位从事史学研究的人都该正视的问题。

从历史上看，大部分历史学家确实不该为历史的误用、滥用负责。但他们应该有所警觉，应该不断地反思：他的研究是否有意无意地、自觉不自觉地助长了历史的误用和滥用，而不是有意、自觉地去遏制历史的误用、滥用。

10. 如何遏制历史之滥用

历史之误用和滥用，可以表现为各种各样的方式，从历史上的情况来

① 刘知幾著，浦起龙释:《史通通释》，第 87 页。
② 余英时:《士与中国文化》，第 2 页。

看，对社会危害最大的，莫过于因统治者垄断历史的解释权而滥用、反用历史。比如，历史上的统治阶级都喜欢“借历史以激发爱国家、爱民族之心”[①]，但他们并不是真正提倡“爱国家、爱民族”，而是将“爱国家、爱民族”与爱他的刘姓王朝或李姓王朝等同起来，你如果不爱他的王朝，那么，你就是不爱国、不爱民族。由于统治阶级掌握了历史的解释权，掌握了对“真实”“真理”的解释权，这样，他就成了“历史”的代言人，成了“真实”和“真理”的代言人。于是，“借历史以激发爱国家、爱民族之心”就变成了统治者维护自身既得利益的一件工具。

一般说来，人们总是倾向于把“历史”视为“真实”，而“真实”又容易被视为“真理”；总是认为统一认识要比众说纷纭好，真理越辩越明，不同的认识总能分辨出是非正误来，即便允许不同意见的争论和不同观点的商榷，但争论、商榷的最终目标还是要“定于一”。如果这样的思想倾向获得历史学的支持，或者说历史学的理论观念影响和强化了普遍民众的这种思想意识，这就为统治者垄断历史解释权提供了便利。统治者就可以利用这种普遍的历史观念，统一认识，同一声音，任何与主流历史意识不相符的、不协调的，都被视为不真实、不客观而受到压制、排斥，以至于无立锥之地。同时，将他的“历史话语”客观化、真理化、权威化，到了这时候，他就可以以“真理”“真实”“历史”的名义来滥用历史。当然，这并不是说要历史学或历史学家对统治者、政治家的滥用、误用历史负责，而是说这样的史学观念无意地、不自觉地起了一种“帮凶”的作用，虽然最终的结果往往也是史学家们所不愿看到的[②]。

---

① 吕思勉先生对“借历史以激烈爱国、爱民族之心”、“借历史以维持道德的观念”或者“借历史以维护宗教”等做法都有所担忧，因为抱着这样的意图来使用历史，最容易产生流弊，其结果难免是历史的误用或错用。他说：“借历史以激发爱国家、爱民族之心，用之太过亦有弊。……这在欧洲，19 世纪后半期各国的历史，都不免有此弊，而德国为尤甚。亚洲新兴的日本，此弊亦颇甚。……如中国宋以后盲目的排外之论，……近代和西洋人交涉的初期，即颇受其弊。”吕思勉：《吕著史学与史籍》，第 17—18 页。

② 哈耶克在《通往奴役之路》一书中说到的一种现象，与我们在这里讨论的问题和现象如出一辙：通常人们总是倾向于认为，有计划地处理事情比无计划要好，而对于社会生活，集中的计划也总比盲目的竞争要好。如果我们把这样的人称为“计划拥护者”，那么，你我很可能也属于这种“计划拥护者”。然而当整个社会的经济生活受到了严格的计划——彻底管制的时候，政治上（转下页）

从学理上说，20 世纪后兴起的相对主义和后现代主义的史学观念，实在是破除历史权威，打破垄断历史之“真”的思想利器。相对主义的史学观念常常被人误解，尤其它对历史学的“真”的看法，总与我们的理论基调、思想原则不契合。相对主义史学观对历史之“真”的理解是与众不同的，它将“真”置于时间与变化之中。也就是说，任何“真”都是相对于一定的条件、范围、境遇而言的，离开了条件、范围、境遇的“真”——那就是绝对的“真”——那是没有的。这实在是一个可以认可和接受的观念。今天，大概没有哪一位历史学家能说自己已经掌握了历史之真，能够代表历史之真。即便是像“昨晚邻家猫生子”之类的问题，在历史学里也常常是众说纷纭、莫衷一是。历史学家总是认为事实是说得清的，事实胜于雄辩。其实，说得清、辩得明的，总是那些与我们的利害得失没有发生关系的历史事实，一旦扯上了这种关系，事实就不那么明白无误、不辩自明了。

后现代主义的史学观对历史之“真”的解释比相对主义走得更远。后现代主义反对宏大叙事，这里所说的“宏大叙事”，表面上是针对传统史学叙事上的宏观性，实在也是针对叙事背后所蕴含的终极性、绝对性和权威性。他们宣称没有真实的历史学，这一点也容易引起误解，批评者会说，史学离开了真实性，就没有了它的立足之地了。其实，后现代主义并不是简单地宣告历史无真实，或者说，他们想要肯定的是历史学不等于真，历史学也不能垄断“真”，要将史学代表“真”，变为追求“真”、尝试“真”。

这两种史学思想对历史认识的复杂性、局限性，对历史之真的相对性，以及历史学家自身的处境的体认，都要比传统的史学观念更为深刻、更为

（接上页）的独裁就不可避免。其典型的事例，就是希特勒法西斯统治下的德国。哈耶克认为，“在德国，即使在希特勒上台以前，这种运动已经进展得很远了。在 1933 年以前的一些时间里，德国已经达到一个实质上不得不实行独裁统治的阶段”。所有的“计划拥护者”都出于一种良好的愿望，我们不能说“计划拥护者”的理想导致了法西斯的独裁，但是，历史的结局完全出乎“计划拥护者”的意料。主观逻辑与客观逻辑的背道而驰，实在是历史世界里很常见的普遍情形。哈耶克:《通往奴役之路》，中国社会科学出版社 1997 年版，第 69 页。

清醒。因此，任何一种意见或观点，都不可轻易忽视、随意排斥，都有同样的地位和价值，都应受到同样的尊重和重视。所以，相对主义、后现代主义提倡有各种不同的声音，不同的看法和意见，尤其反对以一种声音来排斥、压制其他声音。

从表面上看，相对主义和后现代主义的史学观念，言辞颇为“极端”，态度颇为“偏激”，行文遣句常带有挑衅的口吻，但其合理性实在不容忽视。孔子曰：“君子和而不同，小人同而不和。”撇开“君子”与“小人”的限定来作一个类比：相对主义和后现代主义的史学思想倡导的是一种“和而不同”的氛围，而传统史学观念更容易形成一种“同而不和”的局面。只有肯定人人都有历史的解释权，才不会轻易地让人垄断了历史解释权；只有人人可以享有历史的解释权，才不至于有人借历史之名来压制、控制他人。哈耶克曾说：

> ……我们这一代已经忘了的是：私有制是自由的最重要的保障，这不单是对有产者，而且对无产者也是一样。只是由于生产资料掌握在许多个独立行动的人的手里，才没有人有控制我们的全权，我们才能够以个人的身份来决定我们要做的事情。[①]

同样，谁也不可能掌握历史真理，谁也不能代表历史真实，人人都可以在遵循学术规范、学科准则的前提下，进行各自不同的历史理解。从消极的方面看，相对主义、后现代主义的史学观念很容易导致历史的虚无主义。从积极的方面看，强调差异，提倡多元，建立“和而不同”的学术氛围，从而在客观上，对统治阶级因垄断历史解释权而滥用、误用历史起到一些遏制的作用。

世纪之交，尼采的问题——历史的滥用和误用问题再次被提起，2000年在挪威首都奥斯陆召开的第19届国际历史科学大会，会议的议题之一就

① 哈耶克：《通往奴役之路》，第101页。

是“过去与现在历史的利用和滥用与历史学家的责任”[①]。如此看来，尼采当年将书名题为《历史的用途与滥用》，并非骇人听闻。事实上，近一百年来，人们对历史的误用、滥用的现象不仅没有减少，反而是愈演愈烈。当历史学的用，尤其是它的滥用和误用成为一个国际史学界讨论关注的问题之时，国内史学界的反应是冷漠、迟钝和滞后的——几乎没有反应[②]。奥斯陆会议及议题是否意味着进入新世纪的历史学者开始了一场新的反省——全面检讨长期以来（人们）对历史的滥用和误用以及历史学者的责任呢？果真如此，那么我们对历史学、对人类的未来命运都可以持谨慎的乐观主义。

---

① 张顺洪:《第十九届国际历史科学大会学术见闻》(《史学理论研究》2001 年第 1 期)，该文详细介绍了此次大会的有关情况。

② 笔者曾撰有《论历史学的用途及其滥用和误用》，刊于《史学理论研究》2003 年第 3 期，自拙文刊出以后，未见有同一问题的学术讨论。2007 年 11 月，在上海华东师范大学召开的“全球视野下的史学:区域性与国际性”学术会议上，荷兰学者安通 · 德 · 贝兹（Antoon De Baets，1955—）提交了一篇题为《滥用历史的历史学:来自西方的教训》论文，详细列举并讨论了滥用历史经验的数十种情况。

基本读本和参考书目

论著

［英］爱德华·卡尔（Edward Hallett Carr）著，吴柱存译:《历史是什么?》，商务印书馆 1981 年版。

［意］克罗齐（Benedetto Croce）著，傅任敢译:《历史学的理论和实际》，商务印书馆 1982 年版。

田汝康、金重远选编:《现代西方史学流派文选》，上海人民出版社 1982 年版。

张文杰等编译:《现代西方历史哲学译文集》，上海译文出版社 1984 年版。

［瑞士］皮亚杰（Jean Piaget）著，倪连生、王琳译:《结构主义》，商务印书馆 1984 年版。

［德］恩斯特·卡西尔（Ernst Cassirer）著，甘阳译:《人论》，上海译文出版社 1985 年版。

［英］柯林武德（Robin George Collingwood）著，何兆武、张文杰译:《历史的观念》，中国社会科学出版社 1986 年版。

［德］李凯尔特（Heinrich John Rickert）著，涂纪亮译:《文化科学和自然科学》，商务印书馆 1986 年版。

夏甄陶:《认识论引论》，人民出版社 1986 年版。

［英］巴勒克拉夫（Geoffrey Barraclough）著，杨豫译:《当代史学主要趋

势》，上海译文出版社 1987 年版。

刘昶:《人心中的历史》，四川人民出版社 1987 年版。

[英] 布莱恩·麦基（Bryan Magee）编，周穗明、翁寒松译，翟宏彪校:《思想家——当代哲学的创造者们》，生活·读书·新知三联书店 1987 年版。

[英] 波普尔（Karl Raimund Popper）著，邱仁宗、段娟译，舒炜光校:《无穷的探索——思想自传》，福建人民出版社 1987 年版。

[英] 波普尔著，纪树立编译:《科学知识进化论》，生活·读书·新知三联书店 1987 年版。

[美] 威廉·德雷（William H. Dary）著，王炜、尚建新译:《历史哲学》，生活·读书·新知三联书店 1988 年版。

李振宏:《历史学的理论与方法》，河南大学出版社 1989 年版。

[法] 勒高夫（Jacques Le Goff）等主编，姚蒙编译:《新史学》，上海译文出版社 1989 年版。

[英] 乔治·皮博迪·古奇（George Peabody Gooch）著，耿淡如译:《十九世纪历史学与历史学家》，商务印书馆 1989 年版。

汪荣祖:《史传通说——中西史学之比较》，中华书局 1989 年版。

张广智、张广勇:《史学，文化中的文化——文化视野中的西方史学》，浙江人民出版社 1990 年版。

景天魁:《社会认识的结构和悖论》，中国社会科学出版社 1990 年版。

欧阳康:《社会认识论导论》，中国社会科学出版社 1990 年版。

王建华等译:《现代史学的挑战》，上海人民出版社 1990 年版。

[瑞士] 皮亚杰著，范祖珠译:《发生认识论》，商务印书馆 1990 年版。

[波兰] 托波尔斯基（Jerzy Topolski）著，张家哲、王寅、尤天然译，尤天然校:《历史学方法论》，华夏出版社 1990 年版。

李连科:《哲学价值论》，中国人民大学出版社 1991 年版。

[英] 罗德里克·弗拉德（Roderick Floud）著，王小宽译，袁宁校:《计量史学方法导论》，上海译文出版社 1991 年版。

[英] 罗素（Bertrand Arthur William Russell）著，何兆武、肖巍、张文杰译:《论历史》，生活·读书·新知三联书店 1991 年版。

[英] 沃尔什（William H. Walsh）著，何兆武、张文杰译:《历史哲学——导论》，社会科学文献出版社 1991 年版。

[法] 马克·布洛赫（Marc Léopold Benjamin Bloch）著，张和声、程郁译:《历史学家的技艺》，上海社会科学院出版社 1992 年版。

韩震:《西方历史哲学导论》，山东人民出版社 1992 年版。

陈启能:《史学理论与历史研究》，团结出版社 1993 年版。

张嘉同、沈小峰主编:《规律新论》，中共中央党校出版社 1993 年版。

金岳霖:《论道》，商务印书馆 1994 年版。

王锐生、陈荷清等:《社会哲学导论》，人民出版社 1994 年版。

郑玉玲:《必然性与偶然性——在科学理论和科学认识中》，北京大学出版社 1995 年版。

杨世昌:《微观哲学初探》，华东师范大学出版社 1995 年版。

张汝伦:《历史与实践》，上海人民出版社 1995 年版。

陈启能、于沛、黄立茀:《苏联史学理论》，经济管理出版社 1996 年版。

陈登原:《历史之重演》(《民国丛书》第五编)，上海书店 1996 年版。

金岳霖:《知识论》，商务印书馆 1996 年版。

何兆武、陈启能主编:《当代西方史学理论》，中国社会科学出版社 1996 年版。

严建强、王渊明:《西方历史哲学: 从思辨的到分析与批判的》，浙江人民出版社 1997 年版。

[英] 波普尔著，何林等译:《历史主义贫困论》，中国社会科学出版社 1998 年版。

[美] 弗兰西斯·福山（Francis Fuknyama）著，本书翻译组译:《历史的终结》，远方出版社 1998 年版。

[德] 马克斯·韦伯（Max Weber）著，冯克利译:《学术与政治: 韦伯的两篇演说》，生活·读书·新知三联书店 1998 年版。

王晴佳:《西方的历史观念——从古希腊到现代》,(中国台湾)允晨文化实业股份有限公司 1998 年版。

陈启能等:《马克思主义史学新探》,社会科学文献出版社 1999 年版。

何兆武主编:《历史理论与史学理论》,商务印书馆 1999 年版。

何兆武:《苇草集》,生活·读书·新知三联书店 1999 年版。

[瑞士]皮亚杰等著,郑文彬译:《人文科学认识论》,中央编译出版社 1999 年版。

[英]波普尔著,陆衡、郑一明等译:《开放社会及其敌人》,中国社会科学出版社 1999 年版。

[美]阿普尔比(Joyce Appleby)等著,刘北成、薛绚译:《历史的真相》,中央编译出版社 1999 年版。

彭刚:《精神、自由与历史》,清华大学出版社 1999 年版。

庞卓恒:《唯物史观与历史科学》,高等教育出版社 1999 年版。

袁吉富:《历史认识的客观性问题研究》,北京大学出版社 2000 年版。

张广智主著:《西方史学史》,复旦大学出版社 2000 年版。

[美]保罗·康纳顿(Paul Connerton)著,纳日碧力戈译:《社会如何记忆》,上海人民出版社 2000 年版。

[德]尼采(Friedrich Wilhelm Nietzsche)著,陈涛、周辉荣译,刘北成校:《历史的用途与滥用》,上海人民出版社 2000 年版。

[英]弗里德里希·冯·哈耶克(Friedrich August von Hayek)著,冯克利译:《经济、科学与政治——哈耶克思想精粹》,江苏人民出版社 2000 年版。

[英]波普尔著,舒炜光、卓如飞等译:《客观知识——一个进化论的研究》,上海译文出版社 2001 年版。

[英]尼尔·弗格森(Niall Ferguson)著,丁进译:《未曾发生的历史》,江苏人民出版社 2001 年版。

何兆武:《历史理性批判论集》,清华大学出版社 2001 年版。

邹兆辰、江湄、邓京力:《新时期中国史学思潮》,当代中国出版社 2001 年版。

韩震、孟鸣歧:《历史哲学——关于历史性概念的哲学阐释》，云南人民出版社 2002 年版。

韩震、孟鸣歧:《历史·理解·意义——历史诠释学》，上海译文出版社 2002 年版。

黄进兴:《历史主义与历史理论》，陕西师范大学出版社 2002 年版。

吕思勉:《吕著史学与史籍》，华东师范大学出版社 2002 年版。

[英] 汤因比（Arnold Joseph Toynbee）等著，张文杰编:《历史的话语——现代西方历史哲学译文集》，广西师范大学出版社 2002 年版。

[英] 霍布斯鲍姆（Eric John Ernest Hobsbawm）著，马俊亚、郭英剑译:《史学家——历史神话的终结者》，上海人民出版社 2002 年版。

[英] 理查·伊凡斯（Richard J. Evans）著，潘振泰译，古伟瀛校订:《为史学辩护》，（台北）巨流图书公司 2002 年版。另参见张仲民等译:《捍卫历史》，广西师范大学出版社 2009 年版。

[美] 戴卫·赫尔曼（David Herman）主编，马海良译:《新叙事学》，北京大学出版社 2002 年版。

[德] 卡尔·洛维特（Karl Löwith）著，李秋零、田薇译:《世界历史与救赎历史：历史哲学的神学前提》，生活·读书·新知三联书店 2002 年版。

[法] 伊曼纽埃尔·勒鲁瓦·拉迪里（Emmanuel Le Roy Ladurie）著，杨豫、舒小昀、李霄翔译:《历史学家的思想和方法》，上海人民出版社 2002 年版。

[法] 莫里斯·哈布瓦赫（Maurice Halbwachs）著，毕然、郭金华译:《论集体记忆》，上海人民出版社 2002 年版。

[美] 托马斯·库恩（Thomas Samuel Kuhn）著，金吾伦、胡新和译:《科学革命的结构》，北京大学出版社 2003 年版。

[法] 雷蒙·阿隆（Raymond-Claude-Ferdinand Aron）著，西尔维·梅祖尔（Sylvie Mesure）编注，冯学俊、吴弘缈译:《论治史——法兰西学院课程》，生活·读书·新知三联书店 2003 年版。

[美]海登·怀特（Hayden White）著，陈永国、张万娟译:《后现代历史叙事学》，中国社会科学出版社 2003 年版。

[美]伊格尔斯（Georg G. Iggers）著，何兆武译:《二十世纪的历史学——从科学的客观性到后现代的挑战》，辽宁教育出版社 2003 年版。

陈启能、倪为国主编，陈恒执行主编:《书写历史》，上海三联书店 2003 年版。

王晴佳、古伟瀛:《后现代与历史学——中西比较》，山东大学出版社 2003 年版。

李幼蒸:《历史符号学》，广西师范大学出版社 2003 年版。

[德]狄尔泰（Wilhelm Dilthey）著，赵稀方译:《人文科学导论》，华夏出版社 2004 年版。

[法]保罗·利科（Paul Ricoeur）著，姜志辉译:《历史与真理》，上海译文出版社 2004 年版。

陈新主编:《当代西方历史哲学读本（1967—2002）》，复旦大学出版社 2004 年版。

[美]海登·怀特著，陈新译:《元史学：十九世纪欧洲的历史想像》，译林出版社 2004 年版。

陈恒等主编:《柯林武德的历史思想》(《新史学》第三辑)，大象出版社 2004 年版。

周建漳:《历史及其理解和解释》，社会科学文献出版社 2005 年版。

[英]柯林武德著，陈静译:《柯林武德自传》，北京大学出版社 2005 年版。

[英]迈克尔·奥克肖特（Michael Oakeshott）著，吴玉军译:《经验及其模式》，文津出版社 2005 年版。

[英]帕特里克·加登纳（Patrick Lancaster Gardiner）著，江怡译:《历史解释的性质》，文津出版社 2005 年版。

[德]约恩·吕森（Jörn Rüsen）著，綦甲福、来炯译:《历史思考的新途径》，上海人民出版社 2005 年版。

康乐、彭明辉:《史学方法与历史解释》，中国大百科全书出版社 2005 年版。

陈新:《西方历史叙述学》，社会科学文献出版社 2005 年版。

何兆武:《历史理性的重建》，北京大学出版社 2005 年版。
《历史研究》编辑部:《〈历史研究〉五十年论文选（理论与方法)》(上、下)，社会科学文献出版社 2005 年版。
刘北成、陈新编:《史学理论读本》，北京大学出版社 2006 年版。
［美］格奥尔格·G.伊格尔斯著，彭刚、顾杭译:《德国的历史观》，译林出版社 2006 年版。
［德］德罗伊森（Johann Gustav Droysen）著，耶尔恩·吕森（Jorn Rusen）、胡昌智选编，胡昌智译:《历史知识理论》，北京大学出版社 2006 年版。
陈启能主编:《二战后欧美史学的新发展》，山东大学出版社 2005 年版。
陈启能等主编:《消解历史的秩序》，山东大学出版社 2006 年版。
严耕望:《怎样学习历史》，辽宁教育出版社 2006 年版。
汪荣祖:《史学九章》，生活·读书·新知三联书店 2006 年版。
［英］詹京斯（Keith Jenkins）著，贾士蘅译:《历史的再思考》，(中国台湾）麦田出版社 2006 年版。
李剑鸣:《历史学家的修养和技艺》，上海三联书店 2007 年版。
王家范:《史家与史学》，广西师范大学出版社 2007 年版。
［英］爱德华·卡尔著，陈恒译:《历史是什么？》，商务印书馆 2007 年版。
［英］基思·詹京斯著，江政宽译:《论“历史是什么”？——从卡尔和艾尔顿到罗蒂和怀特》，商务印书馆 2007 年版。
［英］布莱德雷（Francis Herbert Bradley）著，何兆武、张艳丽译:《批判历史学的前提假设》，北京大学出版社 2007 年版。
［德］李凯尔特著，涂纪亮译:《李凯尔特的历史哲学》，北京大学出版社 2007 年版。
［德］哈拉尔德·韦尔策（Harald Welzer）编，季斌、王立君、白锡堃译:《社会记忆：历史、回忆、传承》，北京大学出版社 2007 年版。
［波兰］埃娃·多曼斯卡（Ewa Domanska）著，彭刚译:《邂逅：后现代主义之后的历史哲学》，北京大学出版社 2007 年版。

[美]巴巴拉·W.塔奇曼（Barbara Wertheim Tuchman）著，孟庆亮译:《实践历史》，新星出版社2007年版。

[美]格特鲁德·希梅尔法布（Gertrude Himmelfarb）著，余伟译:《新旧历史学》，新星出版社2007年版。

《第欧根尼》中文精选版编辑委员会编选:《对历史的理解》，商务印书馆2007年版。

[美]阿瑟·丹图（Arthur C. Danto）著，周建漳译:《叙述与认识》，上海译文出版社2007年版。

[法]费尔南·布罗代尔（Fernand Braudel）著，刘北成、周立红译:《论历史》，北京大学出版社2008年版。

[英]埃尔顿（Geoffrey Rudolph Elton）著，刘耀辉译:《历史学的实践》，北京大学出版社2008年版。

[英]彼得·伯克（Peter Burke）著，杨豫译:《图像证史》，北京大学出版社2008年版。

[美]伯克霍福（Robert F. Berkhofer, Jr）著，邢立军译:《超越伟大故事:作为文本和话语的历史》，北京师范大学出版社2008年版。

[澳]麦卡拉（C. Behan McCullagh）著，张秀琴译:《历史的逻辑:把后现代引入视域》，北京师范大学出版社2008年版。

[澳]艾维尔泽·塔克尔（Aviezer Tucker）著，徐陶、于晓风译:《我们关于过去的知识:史学哲学》，北京师范大学出版社2008年版。

黄进兴:《后现代主义与史学研究》，生活·读书·新知三联书店2008年版。

林璧属:《历史认识的科学性》，科学出版社2008年版。

彭刚:《叙事的转向:当代西方史学理论的考察》，北京大学出版社2009年版。

邓京力:《历史评价与实践》，人民出版社2009年版。

陈新:《历史认识:从现代到后现代》，北京大学出版社2010年版。

[美]海登·怀特著，董立河译:《话语的转义——文化批评文集》，大象出

版社 2011 年版。
[荷]安克斯密特(Frank Ankersmit)著,周建漳译:《历史表现》,北京大学出版社 2011 年版。
[美]迈克尔·斯坦福(Michael Stanford)著,刘世安译:《历史研究导论》,世界图书出版公司 2012 年版。
[美]莫里斯·曼德尔鲍姆(Maurice Mandelbaum)著,涂纪亮译:《历史知识问题——对相对主义的答复》,北京大学出版社 2012 年版。
[英]赫伯特·巴特菲尔德(Herbert Butterfield)著,张岳明、刘北成译:《历史的辉格解释》,商务印书馆 2012 年版。
[荷]安克斯密特著,田平、原理译:《叙述的逻辑:历史学家语言的语义分析》,大象出版社 2012 年版。
[法]米歇尔·德·塞尔托(Michel de Certeau)著,倪复生译:《历史书写》,中国人民大学出版社 2012 年版。
[法]安托万·普罗斯特(Antoine Prost)著,王春华译:《历史学十二讲》,北京大学出版社 2012 年版。
[英]约翰·H.阿诺德(John H. Arnold)著,李里峰译:《历史之源》,译林出版社 2013 年版。
周建漳:《历史哲学》,北京大学出版社 2015 年版。
[荷]弗兰克·安克斯密特著,周建漳译:《历史表现中的真理、意义与指称》,译林出版社 2015 年版。
[德]扬·阿斯曼(Jan Assmann)著,金寿福、黄晓晨译:《文化记忆:早期高级文化中的文字、回忆和政治身份》,北京大学出版社 2015 年版。
[德]阿莱达·阿斯曼(Aleida Assmann)著,潘璐译:《回忆空间:文化记忆的形式与变迁》,北京大学出版社 2016 年版。
彭刚主编:《后现代史学理论读本》,北京大学出版社 2016 年版。
[加]南希·帕特纳(Nancy Partner)、[英]萨拉·富特(Sarah Foot)著,余伟、何立民译:《史学理论手册》,格致出版社 2017 年版。
[美]乔·古尔迪(Jo Guldi)、[英]大卫·阿米蒂奇(David Armitage)

著，孙岳译:《历史学宣言》，格致出版社 2017 年版。
[法]保罗·韦纳(Paul Veyne)著，韩一宇译:《人如何书写历史》，华东师范大学出版社 2018 年版。
[美]斯特尔特·休斯(H. Stuart-Hughes)著，刘晗译:《历史学是什么》，北京师范大学出版社 2018 年版。
[美]海登·怀特著，[美]罗伯特·多兰(Robert Doran)编，马丽莉等译:《叙事的虚构性》，南京大学出版社 2019 年版。
[美]阿兰·梅吉尔(Allan Megill)著，黄红霞、赵晗译:《历史知识与历史谬误:当代史学实践导论》，北京大学出版社 2019 年版。

论文

[德]文德尔班(Wilhelm Windelband):《历史与自然科学》,《西方现代资产阶级哲学论著选辑》，商务印书馆 1982 年版。
姜义华:《马克思主义认识论与历史研究》,《沿着马克思的理论道路前进》，上海人民出版社 1983 年版。
宁可:《什么是历史科学理论——历史科学理论学科建设探讨之一》,《历史研究》1984 年第 3 期。
刘泽华、张国刚:《历史认识论纲》,《文史哲》1986 年第 5 期。
刘泽华、张国刚:《历史研究中的价值认识》,《世界历史》1986 年第 12 期。
庞卓恒、谭天荣:《关于历史学和量子力学中的非决定论——不确定性问题的探讨》,《史学理论》1987 年第 1 期。
盛国雄、崔世广:《评历史的必然性与偶然性》,《湖北社会科学》1987 年第 3 期。
陈启能:《论历史事实》,《史学理论》1987 年第 4 期。
王和、周舵:《试论历史规律》,《历史研究》1987 年第 5 期。
曹伯言:《“史学概论”三题》,《学术月刊》1987 年第 6 期。
赵轶峰:《历史认识的相对性》,《历史研究》1988 年第 1 期。

陈光前:《关于历史事实的概念》,《东北师大学报》1988 年第 4 期。
[日] 神山四郎(コウヤマ,シロウ)著,沈仁安译:《历史学的思索》,《史学理论》1988 年第 4 期。
[英] 霍布斯鲍姆:《从社会史到社会的历史》,蔡少卿主编:《再现过去:社会史的理论视野》,浙江人民出版社 1988 年版。
刘泽华、叶振华:《历史研究中的考实性认识》,《文史哲》1989 年第 1 期。
周文彰:《认识的主体性和客观性》,《求索》1989 年第 2 期。
张盾:《无须存在公理的指称理论》,《哲学研究》1989 年第 6 期。
金岳霖:《势至原则》,《金岳霖学术论文选》,中国社会科学出版社 1990 年版。
陈德荣:《符合真理论的困难:康德的挑战》,《德国哲学》第 11 辑,北京大学出版社 1990 年版。
李晓风:《历史研究的逻辑:解释和假说的形成》,《八十年代的西方史学》,中国社会科学出版社 1990 年版。
陈启能:《从“叙事史的复兴”看当代西方史学思想的困惑》,《当代西方史学思想的困惑》,中国社会科学出版社 1991 年版。
姜义华:《历史认识论的可贵起步》,《当代西方史学思想的困惑》,中国社会科学出版社 1991 年版。
何兆武:《重评梅茵的公式:“从身份到契约”》,《史学理论研究》1992 年第 1 期。
张志刚:《关于“历史解释”的历史解释——现代西方历史哲学生成背景批评》,《史学理论研究》1992 年第 1 期。
张耕华:《试论历史认识的主体性——兼评西方史学思想的两种倾向》,《探索与争鸣》1992 年第 3 期。
于沛:《史学的科学认识功能和理论思维》,《史学理论研究》1992 年第 3 期。
仲伟民:《历史学的科学性问题》,《史学理论研究》1992 年第 3 期。
林壁属:《论韦伯的历史哲学》,《史学理论研究》1992 年第 4 期。
张耕华:《有关“历史事实”及其相关问题》,《史学理论研究》1993 年第 4

期。
赵吉惠:《当代历史认识论的反省和重建》,《历史研究》1993 年第 4 期。
王学典:《历史研究的致用寓于求真之中》,《文史哲》1993 年第 6 期。
刘克辉:《历史:人类生活经验的回忆——关于历史是什么及其作用的理解》,《学习与探索》1994 年第 1 期。
何兆武:《评柏克的〈法国革命论〉》,《史学理论研究》1994 年第 2 期。
赵吉惠:《科学主义、教条主义对当代历史认识论研究的影响》,《学术月刊》1994 年第 4 期。
张耕华:《论历史研究中的价值认识》,《学术月刊》1994 年第 8 期。
赵世瑜:《论历史学家的直觉》,《史学理论研究》1995 年第 1 期。
张耕华:《历史认识真理的界定及其相关问题》,《史学理论研究》1995 年第 4 期。
张耕华:《关于历史认识论的几点思考》,《历史研究》1995 年第 4 期。
刘爽:《历史学功能的动态结构——兼论历史学的科学性及其艺术的关系》,《史学理论研究》1996 年第 1 期。
耿云志:《历史能给我们什么?》,《史学理论研究》1996 年第 2 期。
何兆武:《对历史学的若干反思》,《史学理论研究》1996 年第 3 期。
张耕华:《试论历史的“重演”和历史学的“预言”》,《史学理论研究》1997 年第 1 期。
林璧属:《历史认识的主体性与客观真理性》,《史学理论研究》1997 年第 3 期。
庞卓恒:《历史学是不是科学》,《史学理论研究》1997 年第 3 期。
何兆武:《历史学两重性片论》,《史学理论研究》1998 年第 1 期。
张文杰:《从奥古斯丁到汤因比》,《史学理论研究》1998 年第 3 期。
何平:《解释在历史研究中的性质及其方式》,《史学理论研究》1998 年第 4 期。
张耕华:《从怀疑论、配景论说到历史学Ⅱ的普遍性》,《史学理论研究》1999 年第 1 期。

张耕华:《历史规律问题的新思考》，陈启能等:《马克思主义史学新探》，社会科学文献出版社 1999 年版。
于沛:《历史认识的主体与客体》，陈启能等:《马克思主义史学新探》，社会科学文献出版社 1999 年版。
王晴佳:《后现代主义与历史研究》,《史学理论研究》2000 年第 1 期。
陈新:《论历史叙述中的理解与解释》,《史学理论研究》2000 年第 2 期。
林璧属:《历史认识性质辨析》,《史学理论研究》2000 年第 3 期。
赵世瑜:《20 世纪历史学概论性著述的回顾与评说》,《史学理论研究》2000 年第 4 期。
陈新:《理性、保守主义与历史学家的责任》,《世界历史》2001 年第 1 期。
王加丰:《“理解”: 二十世纪西方历史学的追求》,《历史研究》2001 年第 3 期。
劳伦斯 · 斯通（Lawrence Stone）著，古伟瀛译:《历史叙述的复兴: 对一种新的老历史的反省》,（台北)《历史: 理论与批评》第 2 期，2001 年。
伊格尔斯著，王贞平译:《介绍学术与诗歌之间的历史编纂——对海登 · 怀特历史编纂方法的反思》,（台北)《历史: 理论与批评》第 2 期,2001 年。
陈新:《我们为什么要叙述历史》,《史学理论研究》2002 年第 3 期。
何兆武:《西方哲学精神》，清华大学出版社 2002 年版。
何兆武、邓京力:《没有哲学深度，就不能真正理解历史——何兆武先生访谈》,《历史教学问题》2002 年第 3 期。
［美］海登 · 怀特著，陈新译:《西方历史编纂的形而上学》,《文汇报》2004 年 4 月 18 日。
刘北成等:《后现代主义与历史学》,《史学理论研究》2004 年第 2 期。
张耕华:《史学研究在验证上的困境》,《学术月刊》2005 年第 2 期。
陈新:《历史 · 比喻 · 想象——海登 · 怀特历史哲学述评》,《史学理论研究》2005 年第 2 期。
张耕华:《试论历史叙事中的想象问题》,《史学理论研究》2005 年第 4 期。
吕和应:《历史学的课题: 可能之事》,《史学理论研究》2005 年第 4 期。
张耕华:《史实真相是如何被掩盖的——兼论历史人物的评价问题》,《探索与争鸣》2005 年第 7 期。

何兆武:《对历史学的反思》,《史学理论研究》2006 年第 4 期。

陈立新:《从存在根基看唯物史观与史学的内在会通》,《史学理论研究》2006 年第 4 期。

张耕华:《历史知识在致用上的特殊性》,《探索与争鸣》2006 年第 11 期。

张耕华:《历史的“硬性”与解释的“弹性”》,《史学理论研究》2007 年第 2 期。

王和:《再论历史规律——兼谈唯物史观的发展问题》,《清华大学学报》2008 年第 1 期。

王学典:《“二十世纪中国史学”是如何被叙述的——对学术史书写客观性的一种探讨》,《清华大学学报》2008 年第 2 期。

彭刚:《相对主义、叙事主义与历史学客观性问题》,《清华大学学报》2008 年第 6 期。

王和:《实事求是是唯物史观的基本原则——以“五种社会形态理论”为中心的探讨》,《史学月刊》2008 年第 11 期。

后记

对史学理论的兴趣，源于学生时代。我是“老三届”学生，恢复高考才得以进大学，那时，已经快三十岁的人了，坐在大学课堂上第一次听老师高谈阔论，那种兴奋，是现在的大学生体会不到的。大学四年，我们同学最喜欢的是王家范师的课。家范师治中国史，擅长理论思辨，讲课富有激情，视野宏阔通贯，见解犀利深邃。一堂课下来，与其说解决了许多问题，倒不如说给我们留下了许多问题。于是，家范师的课连同他的问题，又被带回到我们的寝室，熄灯后，成为我们在黑暗中讨论争辩的话题。一个寝室的同学常常分成二三派，争得面红耳赤（只是彼此看不见），且一无结果。当年家范师讲些什么，如今早已忘得一干二净了，唯有那思考、探索、争论所带来的乐趣，至今回味无穷，真是难以言传。二十多年过去了，与同学长华君、念祺君相聚，说起学生年代的听课，仍是追忆万分，感慨不已。

研究生时，我读的中国古代史，导师简修炜先生也是擅长论史的，他是魏晋南北朝史的专家，但也撰写史学理论方面的文章，这无疑使我在理论分析方面深受影响，且得到了训练。研究生毕业以后，因教学工作的需要，我在华东师大历史系承担“史学概论”的课程。在 20 世纪 80 年代初，“史学概论”是大学本科的一门新课程，对于它究竟应该讲些什么，大家都还茫无头绪。其时，已经出版了不少著述，主要是讲唯物主义原理，讲唯物主义原理在历史学中的运用。这当然也可以成为大学历史专业中的一门很好的课程，但它不是概论史学，也不属于史学的理论，更麻烦的是偏重于讲唯物史观及其在历史学中的运用，难免与哲学、历史唯物主义等课程重复，学生听了自然不甚满意。当时，指导老师曹伯言先生指导我从认识论的层面上去研究史学。伯言师是研究中国思想史的，是国内最早从事历史认识论研究的学者之一。他希望我写专题论文，不要急于写书编专著。这一研究方向，最终将导向分析、批判的历史哲学的研究路数，但当时对此并不十分清楚。

对我的学习和研究影响最大的，当是三位当年都还是在纸上相识的老师，即何兆武、陈启能和庞卓恒三位先生。这几位先生的论著、论文，我都逐字逐句地学习"精读"，所谓道德学问，尽在纸上得之。所以，若干年之后，当我有机会向这三位先生当面请教时，已经是"一见如故"了。何先生是史学理论研究领域里的名人了（何先生是最反对他人称他为"名人"的），请他写序言，并非想借名人以自重，实在是我受他的影响最深，读先生之论文论著，想见其处世为人，学问道德受到启发的地方实在不少。还有陈启能先生，我的第一篇论文，就是与他商榷的，寄到由他主编的《史学理论研究》，他读了以后，毫不犹豫地把它刊登出来，就是这一篇文章，结成了我们的学术友情。

从"史学概论"到历史认识论，再到关注思考分析、批判的历史哲学的问题，这大概是我这些年来寻找摸索之路。这一轨迹大体与20世纪我国史学界所走过的研究历程相一致。回顾二三十年代的史学理论研究，不管是哪家哪派，当时的"史学概论"都要比我们80年代初的"史学概论"更像"史学概论"。在中断了学术脉络之后，我们甚至于毫无头绪，没有了方向，直到90年代，才算找到了研究的对象，才将中断的学术脉络连接上。由于一时的中断和迷失，我们做了多少无用功，浪费了多少学者的时间和聪明才智，这里的经验教训是值得深长思之的。

庞先生曾与笔者说过，史学理论的文章是最容易写的，人人都可以写，不是搞史学理论研究的，也可以写几篇这样的文章，而且可以写得没有一点错误，没有一点商榷的余地。但真正要写好理论性的文章却不容易。这一番话，既是对当时史学理论研究的一种委婉的批评，也是给我的一份告诫。今天回过来看，这种社论性的史学理论文章，确实是没有什么价值的。学术研究由“问题”引发，围绕着“问题”而展开；没有“问题”，也就没有研究。这就是学术研究中的“问题意识”。王晴佳先生对国内学术界缺乏“问题意识”提出过严厉的批评。这当然不是说国内的学术研究没有“问题”，而是说我们的学术研究常常是绕过问题，而不是盯住问题。每每有新问题、新领域的开辟，却总是不能盯住问题“刨根问底”“穷追不舍”。结果，每每只是热闹一阵子，过后，如云消雾散，没留多少痕迹。有鉴于此，笔者近些年老喜欢写商榷性的文章，咬文嚼字，寻找瑕疵，每每与自己的同行“过不去”。如此这般，虽不能说解决问题，但至少可以厘清问题。

本书是我历年来对史学哲学研究的一个小结，近十多年来，我一直遵循曹先生的告诫，先写单篇论文，有关的论文，已经写了不少了，相关的问题几乎都有所涉及。但当我在这个基础上，来做一番总体概括时，却碰到了意想不到的困难，这里不仅有技术上的困难，更有思想观点上的变化，有一些较早写成的，现今看来，很不满意，有些是重写，有些是修正。还有逻辑整体融洽，行文上的前后一致，至此，我才真正体会到专著的难写。史事考实的文章，在没有新材料的情况下，往往就可以定稿杀青了。除非发现新材料，其结论或许可以经久不变。理论性问题文章有所不同，它需要反复思考，反复斟酌，而且，往往越是深入，越是没有把握。比如，几年前，我认为历史中的规律问题，大概是“理有固然，势无必至”，如今只能退到“理有概然，势无必至”了，几年以后是否还会再有改变，真是自己也不知道。真是“头白可期，杀青无期”。即便反复推敲，它总还是有缺陷、有漏洞的；总是不完善、不全面；总会招来批评和商榷，但这或许就是理论思索的魅力所在。狄尔泰在生前仅仅发表了三部著作和一些论文，这都是他原有计划的很小一部分。他逝世后，后人发现了他留下的数量惊人的手稿。他在七十诞辰所作的一篇题为《梦》的报告中，作者深情地说道：广阔无垠，神秘莫测和无限深邃的宇宙十分明显地反映在宗教的奠基者、诗人和哲学家的身上，而这些人又全都处于时间和空间的影响下。

每一种世界观都取决于具体的历史条件，所以是有限的和相对的[①]。他深深地理解自己的处境，所以对自己所思索的问题，不能作出结论性的阐述，而宁可让它们悬而不决。这里的理由是极其明显的，任何学说、观点，都是学术发展史上不同阶段的一瞥，它不仅依赖于先驱者的工作，还受制于各种现实条件。笔者在撰写本书时，也同样体验到狄尔泰的苦恼。遥想学术史上的这些大家，我辈真是急功近利之徒，禁不住"世俗"种种引诱而把它刊印出来。

我总是感到人文科学的研究有它的特殊性，这种特殊性，反映在研究主体上，就是研究者本人的境遇，与他的作品关系极大。要么让他受尽磨难、屈辱和折磨，如此，才能写出悲天悯人的大气之作；要么养尊处优，让他安心、静心，吃饱喝足，做一些"钻牛角尖"的研究。最糟糕的是，我们这些人，既不能悲天悯人，又不能平心静气。何兆武先生曾自谦是"打杂出身而且终生是在打杂"，其实，何先生在史学理论领域作出的贡献是有目共睹的。真正打杂且一无所成的，大概还是我们这些人：该念书时，不能念书；该成家时，没有成家。人到中年，再来读书做学问，注定只能发挥些过渡性的作用。在此，我要感谢何兆武、陈启能、庞卓恒、张文杰、张广智、于沛、王和、陈新、李振宏、林璧属、彭刚诸先生，感谢他们的论文、论著和译著给我的帮助和启示，特别是陈新、黄红霞夫妇，将他们的翻译稿《当代历史哲学基本读本》借我阅读，没有这些帮助和启示，我上述的研究是无法完成的。

有一种说法，认为读书、做学问是一种享受，我则认为，读书、做学问也是一种自私。何以说它是自私的事？做过学问的人（不管是否做成学问）都会有这一种希望，即做学问时，最好是"饭来张口""衣来伸手"，最好是什么事也不管，六根清净。如此，就要家人来侍候你，岂不自私？这般养尊处优，如真能做出点学问来，还算对得起你的家人。所以，我也要感谢我的家人。对于大多数历史学者来说，历史学仅是一个能够养家

① 狄尔泰：《梦》，《现代西方史学流派文选》，第 6 页。

糊口的职业，没有家人的支持和理解，想要六根清净地读书做学问是不可能的。

我以前曾在工厂里当过工人，工作的对象是学生用的笔记本。纸做的产品，是无生命的，即使做得高妙，也只是独自一个人享受、欣赏，只能独乐，不能与产品共乐。教书可不同，说到精彩得意时，能与同学共享，同乐，这种因为相互沟通而带来的快感，是其他职业所没有的。古人说，教学相长，这确是至理名言。教师并非单纯的付出，在讲授中、在与学生的交流讨论中，你能整理你的问题和思路，你会得到启发。因此，我特别要感谢华东师大历史系 1998 年至 2003 年的研究生们，他们是本书的第一批读者，曾经听过我的讲授，向我提出怀疑或问题，与我讨论商榷，这无疑都促成了我对其中的许多问题，作了更加深入、仔细的思考和推敲。

最后要感谢的是复旦大学出版社的吴仁杰先生和史立丽女士。今年 3 月，一次偶然的机会，与冯贤亮先生参加了复旦大学出版社“21 世纪大学精品课程及教材建设研讨会”。在会上，初次得与吴先生、史女士谋面。会议仓促，仅仅只是数分钟的交谈，但两位待人之热情真诚，办事之笃实诚信，已给我留下深刻的印象，我直觉地认定这是一家完全可以信赖、可以托付的出版社。几个月后，当我拿到书稿的清样时，我再一次感到这本书稿的“幸运”，因为在此之前，我已经联系了多家出版单位了。书的出版似乎经历了一次“奇遇”——愿当今还在为出版犯难的学界同仁，都能碰到我这样的“幸运”和“奇遇”。

波普尔在他的自传中说他常会深深陷入不可解决的困难，“但是我在发现新问题时，同这些问题搏斗时，作出进展时最为高兴。因此我认为，这就是最好的生活”，“这是一种完全不平静的生活，但是它是高度自满自足的——柏拉图式的自满自足”，所以，他称自己是“我所见到过的最幸福的哲学家”[①]。生活不可能完全自满自足，但波普尔却能找到他的自满自足，

---

① 波普尔著，邱仁宗、段娟译，舒炜光校：《无穷的探索——思想自传》，福建人民出版社 1987 年版，第 131—132 页。

所以，把他的自传取名为《无穷的探索》，无穷的探索，也是无穷的快乐，做一个世界上最幸福、最快乐的人。我愿，也愿有志于此的学界同仁，能共享波普尔式的快乐生活，做一个“幸福而快乐的思索者”。

著者

2004 年 9 月

再版后记

本书为教育部人文社会科学研究2005年度规划基金项目“历史学的元问题研究”的最终成果，也是华东师范大学研究生院研究生教材基金资助项目。回想立项之初，我的目的是想通过对一百多年来历史哲学研究的中心问题的全盘清理，试着提出自己的一种解释，也为学生提供一本研讨史学理论的基本读物。今日“打扫战场，清点战果”，自问：当日设想的目的是否已经达到？似乎也不敢作出肯定的回答。但本课题及其目标：元问题的全盘清理，并作出自己的解释，一直是我努力达到的目标。

史学理论的研究，常常不能引起历史学者的注意，甚至引来反感。其原因自然是多方面的。其中之一，就是命题结论常常表现为外在的强加，而不是内在的自然引出。历史哲学家的研究大都离史学实践较远，且常常不肯在论证中列举事例加以说明，或许是他们认为这样的论证说明是多余的。然而，就历史学者看来，他们的结论命题是外在于史学实践而强加上去的。且不论这种看法的对错，如何从史学实践中内在地引出问题，并加以概述，这是当下史学理论研究亟须改进的地方。既不能像西方史学理论那样过分抽象，也不能像以前的理论文章那样空洞说教。我想，中国古代史论“言理在事，理不离事”的传统值得借鉴。本书的叙述，可以看作这一设想的尝试。至于行文中的大段引文和注释，我也是有所用意，并在“引言”的注文中加以说明，但仍有读者向我提问。史事考证与理论研讨大不一样。史事考证，只要史料、史实弄清楚了，大都能够做到让人信服，让人共享。理论研究则不同，这里不可能有一锤定音，不可能有终结的解答。故而，有关的讨论，就如一次学术会议，让古人、前贤，乃至今日学界同仁都来参与发言。读者阅读此书，一如亲临会场，既可聆听各家的高见，又可“按图索骥”追寻思想资源。读者如能以本书为垫脚石，登堂入室，进而做自己的思考研究，这正是我所期望的本书的最终价值。

本次修订，将四五年来我对此课题的思考和发表的论文，再做一次清理综合，篇幅比原书增加了约四分之一，还添加了一些图片。然而，这也只能视为阶段性的成果。我自忖既无天赋，又不甚勤勉，对于这样的课题和目标——元问题的全盘清理，并作出自己的解释，只能是“虽不能至，心向往之”。最后，要向教育部有关部门、华东师大研究生院以立项的方式给予的支持表示感谢。还感谢党为、吕和应、蔡军剑、张小忠等诸位学友，他们的批评指正，避免了本书不少错误。

张耕华

2009 年 1 月

三版后记

本书原名《历史哲学引论》，于2004年初版，2009年重印了增订本，至今已有十年。去年，北京东方出版社的李森先生与我通信，说起这本书在市场上已经脱销，可否再次重印？这便促成了这本书的第三版。与前两版相比，这次重印，除了书名改为《历史学的真相》外，还做了不少增补、修订工作。其中第三、四、五章，都有一节增补，也有一些文字段落的前后调整。至于修订工作，大致包括改正前两版的一些错误看法，订正错字、勘误以及注释中不规范的地方。本次修订，要感谢陈恒、康凯、张小忠、贾鹏涛等诸位同仁的帮助，尤其是陈恒先生提议本书封面采用“雅努斯”头像，寓意深长，使拙书增色不少。责编李森先生参与了拙书的修订，他在审稿中提出的疑问，避免了笔者的不少错误，也使书稿的文字更为通俗易懂。

张耕华

2020年3月30日